Johannes Berning, Nicola Keßler, Helmut H. Koch (Hg.)

Schreiben im Kontext von Schule, Universität, Beruf und Lebensalltag

D1727114

Schreiben – interdisziplinär

Studien

herausgegeben von

Prof. Dr. Helmut H. Koch
Dr. Johannes Berning
Dr. Nicola Keßler

Band 1

LIT

Johannes Berning, Nicola Keßler, Helmut H. Koch (Hg.)

Schreiben im Kontext von Schule, Universität, Beruf und Lebensalltag

LIT

Gedruckt auf alterungsbeständigem Werkdruckpapier entsprechend
ANSI Z3948 DIN ISO 9706

Umschlag- und Buchgestaltung, Satz: Traudel Saller, Münster

Umschlaggestaltung unter Verwendung eines Motivs
von usus: satz—wechsel.

Bibliografische Information der Deutschen Nationalbibliothek
Die Deutsche Nationalbibliothek verzeichnet diese Publikation in der
Deutschen Nationalbibliografie; detaillierte bibliografische Daten sind
im Internet über http://dnb.d-nb.de abrufbar.

ISBN 3-8258-9260-3

© LIT VERLAG Berlin 2006
Auslieferung/Verlagskontakt:
Fresnostr. 2   48159 Münster
Tel. +49 (0)251–620320   Fax +49 (0)251–231972
e-Mail: lit@lit-verlag.de   http://www.lit-verlag.de

Inhalt

Geleitwort

Prof. Dr. Jürgen Hein
Dekan des Fachbereichs Philologie an der Westfälischen
Wilhelms-Universität Münster

Bereits zu Ende der siebziger und Anfang der achtziger Jahre kamen im Streit um Gegenstand und Methoden von Germanistik, Linguistik und Fachdidaktik Schreiben und Schriftlichkeit in den Blick. Die „Schreibbewegung" breitete sich in die verschiedensten Richtungen aus und führte auch zu neuen Formen „literarischer Geselligkeit".

Insbesondere in den Reformdebatten wurden sozialgeschichtliche, kulturwissenschaftliche, strukturalistische und textwissenschaftliche Perspektiven geöffnet, rückten mit der Verfeinerung des rezeptionsästhetischen Instrumentariums Leser- und Schreiberrollen sowie die Prozesshaftigkeit des Schreibens in den Vordergrund. Parallel und nicht selten in Wechselbeziehung zur fachwissenschaftlichen Germanistik gingen innovative Impulse von der fachdidaktischen Schreibforschung aus.

Die Körperlichkeit des Schreibens als ‚Geste' sowie materielle Aspekte des Schreibens und seiner Speichermedien haben zu einer Erweiterung und Differenzierung von Text-Konzepten geführt und damit den Dialog zwischen linguistischer Textforschung, Literaturwissenschaft und intermedialer Kulturwissenschaft befruchtet.

Ergebnisse der Schreibforschung sind auf verschiedenen Ebenen sowohl in die Förderung privaten Schreibens als auch in die schulische Schreibdidaktik eingegangen. Die Professionalisierung des Schreibens in der Hochschule hat nicht nur die Reflexion des Theorie-Praxis-Diskurses angeregt, sondern auch die kreative Begegnung zwischen Texten und Lesern gefördert.

Im Blick auf institutionelle Perspektiven möchte ich auf frühe Aktivitäten zur Erforschung der alltäglichen Schreibpraxis und zur Entwicklung einer Schreibkultur an unserer Universität und zuvor an der Pädagogischen Hochschule Westfalen-Lippe, Abt. Münster, hinweisen, die schließlich zur Einführung von Zertifikaten „Mündlichkeit" und „Schriftlichkeit" des Fachbereichs Philologie geführt haben und durch die Neustrukturierung der Germanistik, der (neueren) Philologien sowie auch fächerübergreifend und interdisziplinär diesem Lehr- und Forschungsfeld neue Impulse geben und im Rahmen der neuen Studiengänge an Bedeutung gewinnen.

In der Ringvorlesung „Schreiben im Kontext von Schule, Universität, Beruf und Lebensalltag", die im WS 2005/2006 an der Westfälischen Wilhelms-Universität Münster durchgeführt wurde und in diesem Band dokumentiert wird, werden vielfältige Aspekte angesprochen; das Spektrum reicht vom schulisch verordneten Schreiben und neuen Ansätzen einer Schreibdidaktik über das Schreiben in Institutionen und im Alltag, über autobiographisches Schreiben und Schreiben in therapeutischen Prozessen sowie das Schreiben in interkulturellen Kontexten bis zum Schreiben in den Medien, dem ‚Medienschreiben' und zum literarischen Schreiben. Mögen die Beiträge dazu anregen, unsere Schreibprozesse, unser aller „Sich Schreiben" – frei nach Elfriede Jelinek – zu einem produktiven Sprach- und Schreibbewusstsein zu befördern.

Schreiben und seine Kontexte
Vorwort

Wir leben in einer auf Schrift ausgerichteten Gesellschaft. Für die einen stellt Schreiben eine Schlüsselqualifikation für nahezu alle Arbeits- und Lebensbereiche dar, die mit Blick auf spezifische Gebrauchssituationen grundlegend und anwendungsorientiert vermittelt werden muss. Für die anderen besteht der Wert des Schreibens in einer schöpferischen Auseinandersetzung mit sich und der Welt, die frei ist von Normierungen und Leistungsstandards.

In verschiedenen gesellschaftlichen und institutionellen Kontexten hat das Schreiben einen je eigenen Stellenwert:

- Die Schule fördert die Kinder im Prozess des Schriftspracherwerbs und vermittelt den Heranwachsenden vielfältige Fähigkeiten des Verfassens formgebundener Texte. Neben dem sachlich-diskursiven Schreiben werden auch kreative Ausdrucksformen erprobt, die Freiräume für emotional-subjektive Lehr- und Lernformen eröffnen.
- An der Universität steht das wissenschaftliche Schreiben im Vordergrund, jedoch öffnet man sich auch hier zunehmend gegenüber neueren prozessorientierten Arbeitsmethoden, um nicht nur das Verschriftlichen von Arbeitsergebnissen, sondern auch das Wissen schaffende Schreiben zu fördern und weit verbreiteten Schreibstörungen entgegenzuwirken.
- In einer kulturwissenschaftlich ausgerichteten Literaturwissenschaft und Literaturdidaktik geraten Möglichkeiten des Schreibens in psychischen und sozialen Problemsituationen in den Blick. Auch der Wert eines Schreibens zwischen den Kulturen erfährt wissenschaftliches Interesse.
- Die geschlechterdifferenzierende Erforschung von Schreibprozessen er-

regt vermehrt Aufmerksamkeit.
- Im Berufsleben werden spezialisierte Schreibkompetenzen vorausgesetzt und weiterentwickelt. Durch die Neuen Medien sind veränderte Formen der Textkommunikation mit eigenen Darstellungs- und Ausdrucksmitteln entstanden.

Wir möchten in diesem Buch, das aus einer an der Universität Münster im WS 05/06 durchgeführten Ringvorlesung hervorgegangen ist, verschiedene Ansätze aus der Theorie und Praxis des Schreibens in unterschiedlichen Kontexten gegenüberstellen. Dabei treffen durchaus kontroverse Positionen aufeinander. Einige Schlaglichter werfen wir auf aktuelle wissenschaftliche und didaktische Diskussionen und thematisieren besonders innovative Vorschläge in Richtung einer Neubestimmung und Professionalisierung des Schreibens. Von den Beiträgen der überregional tätigen Autoren und Autorinnen gehen, so wäre zu hoffen, vielleicht auch Synergieeffekte auf die Schreibdidaktik an Schulen und Hochschulen aus.

Freilich finden wir uns, das Schreiben betreffend, trotz neuer Erkenntnisse, vielfach eher noch in der Situation des Suchens und Fragens als der definitiver Gewissheiten. **Gerd Bräuer** stellt eingangs die Frage „Warum schreiben?" und nähert sich einer ersten Antwort an, indem er auf den Paradigmenwechsel verweist, der durch Peter Elbows Konzept des *freewriting* in der amerikanischen Schreibpädagogik eingeleitet wurde. *Freewriting* öffnet individuelle Zugänge zum Text und erweitert das Spektrum an Möglichkeiten des Schreibens um die Komponenten des Loslassens und der Befreiung aus Konventionen. Schreiben wird zum Gespräch des/der Schreibenden mit sich selbst und damit zum Medium der Selbstvergewisserung in einer Welt, die nicht mehr viele Sicherheiten zu bieten hat. Gerd Bräuer verweist in seinem Beitrag auch auf Kontroversen, die bis heute nicht verstummt sind, etwa die zwischen einem „individualistisch" oder „therapeutisch" angelegten Schreiben und einem „wissenschaftlichen" Schreiben. **Hanspeter Ortner** fragt in diesem Zusammenhang nach dem Verhältnis von Schreiben und Denken, insbesondere dem Prozess der Begriffsbildung und der Entwicklung einer Wissenschaftssprache. „Der Faktor ‚persönliche Involviertheit' erschwert die Distanzierung von der Sache und damit auch die Gestaltung eben dieser Sache. Die Differenzierung ist kein Geschenk des Himmels, sondern das Ergebnis intensiver Arbeit."

Schreiben hat sich in den letzten 50 Jahren verändert, weil sich die gesellschaftlichen Kontexte, in denen es steht, verändert haben und sich auch zukünftig verändern werden. Die Studentenbewegung Ende der 1960er und zu Beginn der 1970er

4

Jahre lotete das politische und emanzipatorische Potenzial des Schreibens aus und versuchte, Brücken vom Schreiben zu theoretischer Reflexion und sozialer Praxis zu schlagen. Schreiben war eine Form der Wirklichkeits- und Alltagserfahrung. In den Texten, z. B. des „Werkkreises Literatur der Arbeitswelt", spiegelte sich das Ich als Konstrukteur, vor allem aber als Opfer einer auf Entfremdung und Disziplinierung gerichteten Wirklichkeit. Später wandten sich viele enttäuscht wieder ab von dieser Form des sozialen Schreibens, weil die großen gesellschaftlichen Reformen ausblieben und sich stattdessen erneut restaurative Entwicklungen einstellten. Im Schreiben gesellschaftlicher Randgruppen findet sich allerdings bisweilen noch, wenngleich nicht ohne Momente der Resignation, ein solches Aufklärungs- und Widerstandspotential. Schreiben bedeutet hier Gegenwehr gegen die Zerstörung der eigenen Person und Hilferuf an die Öffentlichkeit (s. den Beitrag von **Helmut H. Koch**).

In den von Psychologie und Esoterik, von intimistischen Tendenzen geprägten 80er und 90er Jahren sollte das kreative Schreiben, das sich in der Psychoanalyse Freuds, in der Gestalttheorie und in der Gehirnforschung verortet, wenigstens dem Einzelnen zu seinem privaten Glück verhelfen. Praktische Handlungen, wie beim sozialen Schreiben, folgten aus diesem schönen, ästhetischen und subjektorientierten Spiel mit Sprache allerdings kaum.

Angesichts nur schwer beeinflussbarer weltumspannender, globaler Strukturen hat sich daran auch zu Beginn des neuen Jahrtausends nichts verändert. Das Interesse an sozialen Themen ist zwar vorhanden, aber das utopische und verändernde Moment z. B. des literarischen Schreibens, auch die Widerstandskraft von Literatur, wird selten artikuliert. Gerade das literarische Schreiben wird vor dem Hintergrund eines in Deutschland stark ausgeprägten Geniekults („Der Dichter dichtet") und einer damit einhergehenden unseligen Diffamierung des literarischen Dilettanten den interessierten Laien, und damit auch Schülern und Studenten, weder zugemutet noch zugetraut. Der Schriftsteller **Burkhard Spinnen** konstatiert insofern kritisch, dass an deutschen Universitäten noch immer Studenten der Germanistik im Schreiben „weder angeleitet noch betreut" werden. Er wendet sich jedoch auch gegen eine Relativierung des Anspruchs literarischen Schreibens durch die Praxis diffuser Kreativitätsübungen oder die Einbindung in normierte Schreibcurricula. „Literatur zu schreiben ist Kunst; hier entstehen die Werke nicht durch die Anwendung von Regeln."

Trotz einer gigantischen Gefühlsunterdrückung in Familie, Schule und Gesellschaft ist aber das Schreib- und Ausdrucksbedürfnis heute ungebrochen. Auch die Schreibsubkulturen gibt es noch: Schreiben findet statt auf Toiletten, an Bäumen im Stadtpark, an öffentlichen Plätzen. Auch die Graffitis der Sprayer gehören dazu, die zu einer neuen Freiheit des Bezeichnens und Deutens und auch zu einer neuen Lust an den poetischen und ästhetischen Möglichkeiten der Typografie beitragen. **Uta Schneider** und **Ulrike Stoltz** nutzen in ihrem künstlerischen Schaffen die poetischen Möglichkeiten der Typografie aus: Indem sie die visuellen Formen von Texten verändern, erschaffen sie neue Bedeutungen und laden die Betrachter und Betrachterinnen ein, immer wieder Perspektivwechsel zu vollziehen.

Es sind eher lebenspraktische Momente, die heute mit dem Schreiben verbunden werden. Die Humanistische Psychologie sieht in der Sprache eine Möglichkeit, Sinn zu erfassen. Sprache ist überhaupt eines der ältesten therapeutischen Medien. Die Poesietherapie, also die wissenschaftliche Anwendung der Poesie für therapeutische Zwecke, macht Schreibangebote nicht nur für klinisch kranke Menschen, sondern für alle, die sich in einer Lebens- oder Sinnkrise befinden, die Friktionen und Brüche erfahren. Gerade die Poesie, als eine Disziplin des Innenlebens, die aus der Stummheit, auch aus Unterdrückung und Isolation, erlöst, kann Trost spenden und heilen. Sie ist Ausdruck der schöpferischen Kraft des Selbst (siehe die Beiträge von **Angela Thamm** und **Helmut H. Koch**).

Die Absurdität des Lebens zu verstehen, Erinnerungsspuren nachzugehen, Themen des Ichs und der Imagination zu verfolgen, ist auch Anliegen des autobiografischen Schreibens. Eine solche Form des Schreibens, die auch interessante formale Verbindungen mit dem literarischen Schreiben eingeht, kann einen wichtigen Beitrag zur Herstellung und Balance von Identität leisten, die im Rahmen einer Schnipsel- oder Bastel-Biografie, wie sie heute üblich geworden ist, immer nur vorübergehend aufspürbar ist, an verschiedenen (textuellen) Orten. Denn schließlich ist das, was geschieht, nicht wirklich fassbar, nicht wirklich darstellbar. Das Gedächtnis ist ein unermüdlicher Mythenschöpfer: Wir schreiben uns unsere Geschichte(n) und die Geschichten schreiben uns. **Martina Wagner-Egelhaaf** diskutiert die Möglichkeiten bzw. Unmöglichkeiten autobiographischen Schreibens in der Moderne. Pointiert ihre Frage: „Heißt das nun, dass in autobiographischen Texten alles Dichtung, Fiktion, Täuschung, Selbstimagination und Zeichenspiel ist?" Und fast paradox ihre Antwort: „Ja, sicher, aber das ist weder schlecht noch schlimm und der autobiographischen ‚Wahrheit', was immer man darunter verstehen möchte, erst recht nicht entgegengesetzt." Der Begriff der Autofiktion wird in diesem Zusammenhang auf seine Aussagekraft überprüft. Einen besonderen Beitrag zum Verhältnis von Narration und Identität hat in den letzten Jahrzehnten die *Gender*-Forschung geleistet. **Nicola Keßler** nimmt diese Fragestellung mit Blick auf „Grenzgängerinnen der Literatur auf" und untersucht Schreibweisen und Schreibkonzepte, in denen Frauen kulturelle geschlechtsspezifische Zuweisungen durchbrechen und neue Sinnhorizonte erschließen.

Die Kontexte des Schreibens haben sich erweitert. Schreiben findet statt in elektronischen Welten. Der Computer verknüpft technische, geistige und soziale Aspekte des Schreibprozesses. Insbesondere ermöglicht er, dass der linear strukturierte Text nicht auf lineare Weise zustande kommen muss. Der Computer kommt der Interaktivität und Verwobenheit, der Sprunghaftigkeit des Schreibprozesses entgegen, weil der entstehende Text auf dem Bildschirm einen vorläufigen Charakter hat. Man kann ihn schieben, dehnen, kürzen, kneten und ersetzen, bis der Schreiber die Arbeit daran für beendet erklärt. Die Überarbeitung wird so zu einem immanenten Bestandteil der Textentstehung von Anfang an.

Schreiben im Netz kann darüber hinaus Schreibern eine Plattform für selbst geschriebene (auch literarische) Texte schaffen. Mit Blick auf die immense Zahl erreichbarer Adressaten bzw. Leser steckt darin eine große Chance zur Befriedigung persönlicher Mitteilungsbedürfnisse. Darüber hinaus lassen sich die besonderen Bedingungen des Internets nutzen, um auch gemeinsam an einem Text zu schreiben bzw. verschiedene Texte einzeln oder in der Gruppe weiterzuschreiben. Vorschläge, Ideen und Kommentare können schnell und unkompliziert weitergegeben werden. Rückmeldungen an einzelne Schreiber sind via E-Mail jederzeit, vor allem in schwierigen Phasen des Schreibprozesses, möglich. Selbst das weltweite Internet steht hier als Kon-Text zur Verfügung. **Berbeli Wanning** geht am Beispiel von Netzliteraturprojekten der Frage nach, inwieweit softwaregesteuerte Kreativität ästhetische Potenziale beim Leser weckt, und stellt bedeutsame Veränderungen der Wirkung von Literatur durch multimediale Möglichkeiten heraus.

In vielen Arbeitsfeldern ist es wesentlicher Bestandteil des beruflichen Alltags, Texte herzustellen: so auch in der Sozialarbeit und im Journalismus. **Michael Becker-Mrotzek** weist am Beispiel des Gutachtens in der Sozialarbeit nach, wie hier durch die Schreibweise die Entscheidungsfindungsprozesse ausgeblendet werden, und fordert mehr Transparenz und Nachvollziehbarkeit. **Stephan Porombka** entwirft vor dem Hintergrund eines weiten Kulturbegriffs („*alle* Dinge, *alle* Ereignisse, *alle* Personen, die in ihr eine Bedeutung haben und die selbst an der Produktion von Bedeutung beteiligt sind") konkrete Anwendungsfelder für kulturjournalistisches Schreiben an der Hochschule. Jeder kulturwissenschaftlich ausgerichtete Studiengang habe sich dieser Herausforderung der Jetztzeit zu stellen.

Durch die kognitive und emotionale Schreibforschung wissen wir heute mehr darüber, was Schreibkompetenz ist und wie sie sich an Schulen und Hochschulen vermitteln lässt. Wir haben verstanden, dass Schreiben an der Hochschule nicht allein wissenschaftliches Schreiben meinen kann, sondern auch Felder wie journalistisches, literarisches, kreatives und fremdsprachliches Schreiben umfassen sollte. Insgesamt wäre der Begriff der Textsorten deutlich auszuweiten, z. B. durch eine kreative Verwendung eher reflexiver und stärker öffentlichkeitsbezogener Formen des Schreibens. Auch so würde die Schreibkultur wieder eine öffentliche und politische.

Und das Schreiben in der Schule? Zunächst fallen hier die Defizite der aufsatzdidaktischen Konzepte der letzten hundert Jahre auf. Sie alle waren letztlich einseitig ausgerichtet auf nur einen Aspekt dessen, was Schreiben ausmacht. Der freie Aufsatz (1900–1920), propagiert von Anhängern der Reformpädagogik (Maria Montessori, Celestin Freinet, Georg Kerschensteiner, Peter Petersen u. a.), zielte auf die Entfaltung des kindlichen Ausdrucks. Dem sprachschaffenden und später sprachgestaltenden Aufsatzunterricht (1920 bis Ende der 1960er Jahre) ging es weniger um Inhalte und Stoffe, sondern vielmehr um die angestrengte Arbeit an der sprachlichen Darstellung. Diese normorientierte Sicht auf Schreiben – mit an der klassischen Literatur orientierten Textsorten und einer festgelegten Stillehre – hat sich bis heute hartnäckig gehalten. Die Dominanz der Textsorten über die eigenen Entscheidungen von Schreiberinnen und Schreibern führt aber zu einem Schreiben in einer Spur, zu antizipierten Arbeitsergebnissen und zu der Vorstellung, Schreiben sei das lineare Abarbeiten eines vorher festgelegten Plans. Traditioneller Aufsatzunterricht dieser Art hat wesentlich dazu beigetragen, dass viele Schülerinnen und Schüler schon am Ende der Grundschule dem Schreiben nur noch widerwillig begegnen. In der aufsatzdidaktischen Theorie zumindest richtete sich der Fokus in den 1970er Jahren vom Text auf den bis dahin noch unbekannten Leser. Die kommunikative Aufsatzdidaktik, die im Kontext der gesellschaftlichen und damit auch didaktischen Wende der damaligen Zeit stand, trug Wesentliches zur Aufhellung dessen bei, was wir heute die Analyse der Schreibsituation im Rahmen des Schreibprozesses nennen: Was ist mein Thema? Was ist meine Intention? An wen richte ich mich? Und wie muss ich schreiben, um die gewünschte Wirkung zu erzielen? Einseitig aber war auch diese Form des an der Konflikttheorie orientierten Schreibens, weil sie zwangsläufig expositorische und weniger fiktionale Texte hervorbrachte.

Die Zeit der 80er und 90er Jahre war gekennzeichnet durch neue wissenschaftliche, didaktische und pädagogische Entwicklungen: Die Schriftspracherwerbsforschung wies nach, dass Schreiben und auch Lesen Denk- und Entwicklungsprozesse sind, die sich durch ständige Umorganisation von Hypothesen und Strategien in Bezug auf Schrift in den Köpfen der Kinder immer mehr verfeinern und sich dem kompetenten Schreiben und Lesen von Erwachsenen schrittweise annähern. Der Motor dieser schriftsprachlichen Entwicklung ist das eigene Tun, insbesondere das freie Schreiben der Kinder. Diese wissenschaftliche Erkenntnis verband sich mit einer Renaissance reformpädagogischer Ansätze. Schließlich hatte bereits Freinet vor mehr als hundert Jahren das freie Schreiben als Alternative zum Fibelunterricht entdeckt und es darüber hinaus als eine politische Möglichkeit gesehen, den Kindern das Wort zu geben. Das freie Schreiben hat also auch identitätsstiftendes Potenzial und berührt sich in diesem Punkt mit dem personalen Schreiben. Dieses berücksichtigt vor allem Texte und Schreibprozesse mit betont expressivem und selbstreflexivem Charakter, die in der bisherigen Aufsatzdidaktik wenig Beachtung gefunden haben. Dazu gehören z. B. spontane, assoziative, experimentelle Texte, Sprachspiele, erlebnisbetonte Erzählungen und Schilderungen und alle für die Darstellung subjektiver Befindlichkeit geeigneten Texte, auch Versuche mit literarischen Texten, Selbstdarstellungen im Tagebuch, selbstentworfene Steckbriefe, Aufzeichnungen von Träumen und Tagträumen, Utopien für die eigene Zukunft.

Freies Schreiben ist deshalb nicht nur ein alternativer Weg zur Alphabetisierung, sondern auch ein erster Baustein im Rahmen eines ganzheitlichen Schreibunterrichts, der von Anfang an Schreiblust, Schreibfunktionalität, Schreibbewusstsein sowie Schreib- und Textkompetenz aufbauen will. Die amerikanische Schreibentwicklungsforschung, die Schreibkompetenz als zunehmende Integration von immer komplexeren Schreibstrategien beschreibt, die von der Reihung zur Gestaltung führen, vom assoziativ-expressiven zum epistemischen, Wissen schaffenden Schreiben, bereitete dafür die Grundlage. Damit war zumindest zu Beginn der Grundschulzeit der Weg geebnet für ein freies, kreatives Schreiben, das nicht etwa von schriftsprachlichen Normen ausgeht, sondern von affizierenden Inhalten, von dem, was Kinder können und wofür sie sich interessieren. In diesem Sinne entwirft **Johannes Berning** Perspektiven für einen anderen Schreibunterricht und stellt an konkreten Schülertexten einer Potsdamer Grundschule dar, wie ein regelmäßiges Warmschreiben zu Beginn eines jeden Schultages Ideen für das Schreiben spendet und miteinander vernetzt, Themen entwickelt und einen roten Faden spinnt. **Jürgen Baurmann** geht es um die Förderung des Schreibbewusstseins bei Schülerinnen und Schülern. Seine These: Nur über eine Vielfalt an kreativen, handwerklichen und pragmatischen Erfahrungen sei ein reflektiertes Bewusstsein über das Schreiben zu gewinnen, welches stets mit einer sich entwickelnden Schreibkompetenz korrespondiere. Aufgabe der Schreibforschung und Schreibdidaktik sei es, solche Erfahrungsräume zu öffnen, in denen sich die Entwicklung des Schreibbewusstseins entfalten könne. **Wilhelm Grießhaber** stellt in seinem Beitrag Auszüge aus seinen empirischen Forschungen zum Schreiben ausländischer Kinder vor und weist Konsequenzen für die Schreibdidaktik auf: Der komplexe Schreibprozess müsse noch stärker als im muttersprachlichen Schreibunterricht in leichter überschau- und beherrschbare Teilprozesse des Planens, des Schreibens und der Überarbeitung zerlegt werden. Die amerikanische Schreibprozessforschung, die das Schreiben als eine Interaktion von hochgradig miteinander verwobenen Teil- oder Subprozessen in den Bereichen Planen, Entwerfen und Redigieren sieht, hat uns daran erinnert, dass Schreiben Überarbeiten von Anfang ist. Für alle Phasen des Schreibprozesses müssen schreibende Kinder in besonderer Weise geschult werden und eine Meta-Sprache entwickeln können, mit deren Hilfe sich über Geschriebenes sprechen lässt. Letzteres wird heute durch so genannte Schreib- oder Textkonferenzen geleistet, in denen Schreiberinnen und Schreiber Autoren- und Leserperspektiven gefahrlos ausprobieren können.

Auch wenn es bis heute kein praktikables ganzheitliches Konzept einer Schreibdidaktik gibt, das sowohl kreatives als auch prozessorientiertes Schreiben integriert, muss es gleichwohl Aufgabe des Schreibunterrichts sein, Schreiben als eine faszinierende Form des Denkens in einem anderen Medium zu vermitteln. Schreiben schafft neue Gedanken, neue Gefühle, neues Wissen. Es ist weit mehr als nur ein Instrument zur Wiedergabe von Wissen, vor allem, wenn wir es mit Bereichen wie Wahrnehmung, Gefühle, Motivation, Lesen und Lernen verknüpfen. Aus solchen Vernetzungen lassen sich am Ende zentrale Elemente einer anderen, ganzheitlichen Schreibpädagogik gewinnen, die Schreiber endlich zu Autoren macht und dazu beiträgt, die Kluft zwischen schulischem und außerschulischem Schreiben zu verkleinern.

Ein besonderer Dank gilt an dieser Stelle Snjezana Aschenbroich für die engagierte Betreuung der Vorlesungsreihe.

Johannes Berning
Nicola Keßler
Helmut H. Koch

Münster, August 2006

Gerd Bräuer
Peter Elbows Konzept des *freewriting* als Paradigmenwechsel in der amerikanischen Schreibpädagogik

---

Warum schreiben?

Als ich Peter Elbow, einen der bekanntesten Schreibpädagogen in den USA, vor Jahren einmal fragte, welche Bedeutung das Schreiben für ihn persönlich habe, antwortete er mir:

Why do you eat or drink? To stay alive, you would probably reply. I also need to write in order to stay alive. More precisely, writing helps me to figure out what I am actually doing here on this planet.

In seinem ersten Buch mit dem provokanten Titel, *Writing Without Teachers*, das bereits 1973 erschien, findet man m.E. den Kontext zu Elbows Antwort auf meine Frage „Warum schreiben?". Er erklärt dort, dass Schreiben aufgrund der Chance, Texte überarbeiten zu können, genauere Aussagen ermögliche als mündliche Äußerungen. In dieser Gelegenheit, den Text zu überarbeiten, sieht Elbow jedoch auch gleichzeitig die größte Verführung für Schreibende, indem ihnen – während des Vertextens eines Gedankens – immer wieder Aspekte der Textrevision in die Quere kommen.

This is partly because schooling makes us obsessed with the „mistakes" we make in writing. Many people are constantly thinking about spelling and grammar as they try to write. I am always thinking about the akwardness, wordiness, and general mushiness of my natural verbal product as I try to write down words. (Elbow 1973, S. 5)

Der Autor dieser Zeilen weiß, wovon er redet, hat er doch in den 60er Jahren selbst mehrfach Anlauf nehmen müssen, sein Studium abzuschließen bzw. seine Dissertation niederzuschreiben.

Seinen ersten Ruf als Professor erhält Peter Elbow von *Evergreen State College*, einer Hochschule im US-Bundesstaat Washington. Es ist eine besondere Hochschule während Elbows Aufenthalt dort in den 70er Jahren. Die Einrichtung unterscheidet sich damals durch folgende hochschuldidaktische Aspekte von anderen amerikanischen Hochschulen: Thematische Cluster von KollegInnen als Organisationsstruktur (anstatt Einteilung in Fächer), ein interdisziplinäres Curriculum, *team teaching*, keine Benotung, sondern mündliche und schriftliche Fremd- und Selbstreflexion (u. a. Portfolio) – um nur einmal die wesentlichen Unterschiede zu nennen.

Es ist nicht zuletzt die pädagogisch stimulierende Umgebung dieser Hochschule, die Peter Elbow dazu ermutigt, seine eigene Biografie als Schreibender, seine zum großen Teil schmerzhaften Erfahrungen im Umgang mit Texten direkt in seine Arbeit mit den Studierenden einzubringen. Obwohl Lehrkraft für *English Composition*, einer für alle Studierenden obligatorischen Einführung in das wissenschaftliche Schreiben, verspürt Elbow kein Bedürfnis, das Schreiben *an sich* zu lehren: Er glaubt nicht an eine zwingende Verbindung zwischen Lehren und Lernen: „It is possible to learn and not to be taught," sagt er im Vorwort zu seinem Buch *Writing Without Teachers* (1973, ix). Indem er sich der traditionellen Rolle als Lehrender, der Wissen vermittelt und den Erfolg der Wissensaneignung anhand der Arbeiten seiner Studierenden überprüft, verweigert, propagiert er *the teacherless writing class*, das Schreibseminar ohne Lehrperson. Elbow sieht sich hier als *facilitator*, als **Begleiter** der Studierenden auf ihrem Entwicklungsweg als Schreibende, nicht aber als **Vermittler** von Regeln für bessere Texte.

Freewriting als hochschuldidaktisches Prinzip und Methode der Textproduktion

Diesen Begleiter Peter Elbow erleben die Studierenden am *Evergreen State College* hauptsächlich als Schreibenden, der immer wieder vor allem durch eine Technik zu seinen Texten zu kommen scheint – *freewriting*. Er steckt seine Studierenden an mit dem Virus dieser als „assoziativ" zu charakterisierenden Schreibtechnik, ganz gleich, ob er sich „aufwärmt" für einen Schreib-Workshop oder Text-Müll, *garbage*, wie er sagt, anhäuft, um dort später nach brauchbarem Ideengut oder Sprachmaterial zu suchen. Diesen Vorgang nennt er auch *growing*/"wachsen", wenn aus dem Wörter-Humus neue Einfälle und Sichtweisen hervorsprießen. Seine

StudentInnen eifern ihm nach, wenn er mit einer Version des *freewriting*, die er *directed freewriting* nennt, auf ein Thema zuschreibt, um zu testen, ob dieses Thema, zum Beispiel, sich als genügend eingegrenzt erweist. Oder wenn er mit *loop writing* versucht, schreibend einen Gedanken einzukreisen und dessen Kontext auszuloten. Letzteres charakterisiert Elbow auch gern als *cooking*/"kochen", um sich über die Zusammensetzung der „Speise" Text und des Geschmacks oder Geruchs, der Sinneswirkung einzelner Zutaten bewusst zu werden.

Hier ist Peter Elbows eigene Begriffserklärung zu *freewriting*, und ich bitte Sie, liebe Leser/innen, diese Erklärung gleich als Handlungsanleitung für eine kurze, eigene Schreibsequenz zu lesen:

Freewriting
The idea is simply to write for five minutes (...). Don't stop for anything. Go quickly without rushing. Never stop to look back, to cross something out, to wonder how to spell something, to wonder what word or thought to use, or to think about what you are doing. If you can't think of a word (...) just use a squiggle or else write, „I can't think of it." (...) as many times as you want; or repeat the last word you wrote over and over again (...). The only requirement is that you never stop. (1973, S. 3)

Also, nehmen Sie sich jetzt bitte ein leeres Blatt Papier vor und schreiben Sie los. Die von Peter Elbow vorgeschlagenen fünf Minuten sind für den Anfang praktisch, da man durch die Kürze der Schreibsequenz das bei vielen Schreibenden ausgeprägte Bedürfnis verhindert, den Text sprachlich-formal zu kontrollieren. In einem Workshop könnte man den TeilnehmerInnen nach der Schreibsequenz ein paar Minuten Zeit geben, um die gemachte Schreiberfahrung im gemeinsamen Gespräch zu reflektieren: Wie haben Sie *freewriting* erlebt? Worüber haben Sie da eigentlich geschrieben? Wenn die Workshop-Teilnehmer/innen möchten, könnten sie ihre Texte auch zum Lesen austauschen. Als Workshop-Leiter/in sollte man jedoch an der Stelle betonen, dass man seinen Text nur dann weitergeben sollte, wenn man das auch wirklich möchte. *Freewriting* ist zuerst einmal privates Schreiben.

Freewriting vs. Freies Schreiben

Ich möchte *freewriting* abgrenzen vom deutschen Begriff des „Freien Schreibens" aus dem handlungs- und produktionsorientierten Deutschunterricht, aber auch von dem, was Karl Schuster (1995) als „personal-kreatives Schreiben" bezeichnet: Hinter beiden Begriffen verbergen sich methodisch-didaktische und organisatorische Bezugsrahmen, die den SchülerInnen ermöglichen, ihren Textproduktionsprozess selbst zu gestalten und vom Regelkanon der schulischen Genres loszubrechen bzw. Texte thematisch und formal frei zu gestalten. Wie die meisten von uns aus der eigenen Schulpraxis wissen, entstehen beim Freien Schreiben oder personal-kreativen Schreiben oft Gedichte, Kurzgeschichten oder tagebuchähnliche Texte - Ich-Texte, die Erlebnisse und Empfindungen der Schreibenden direkt widerspiegeln.

Auch wenn es gerade im Punkt der Ich-Bezogenheit natürlich Berührungspunkte zum *freewriting* gibt, so möchte ich *freewriting* als Schreib*technik* bezeichnen, die vor allem darauf abzielt, Eindrücke und Gedanken bewusst zu machen, Ideen zu schärfen und die Motivation für eine zukünftige oder bereits im Gang befindliche Textproduktion zu reflektieren.

Freewriting ist also nicht, wie beim Freien Schreiben oder personal-kreativen Schreiben, die Produktion eines für sich stehenden Textes, der oft sogar für einen konkreten Leser verfasst wird, sondern *Mittel* auf dem Weg *zu* einem Text in einem bestimmten Genre. Ich schlage vor, *freewriting* als eine Technik zu verstehen, die weder auf ein bestimmtes Ausbildungsgebiet, noch auf ein bestimmtes Genre zielt. *Freewriting* benutzen Schreibende, um z. B. einen Einstieg in einen wissenschaftlichen Text zu erreichen oder das eigene Verständnis von einer Roman-Figur zu schärfen. Natalie Rogers, die den gesprächstherapeutischen Ansatz ihres Vaters, Carl Rogers, Begründer der Humanistischen Psychologie, weiterentwickelt hat, fordert ihre Klienten zu Beginn des Therapiegesprächs auf, alles, was ihnen in dem Moment der Gesprächseröffnung in den Sinn kommt, aufzuschreiben und das Blatt Papier anschließend in den Papierkorb zu werfen.

Ob in der Funktion des Loslassens genutzt, wie im letzten Beispiel gesehen, oder in der Funktion der Konkretisierung einer Idee, wie am Beispiel des literarischen Schreibens angedeutet, oder eingesetzt, um sich eigener thematischer Vorstellungen erst einmal bewusst zu werden, wie am Beispiel des akademischen Schreibens verdeutlicht – eines soll mit *freewriting* aber **nicht** erreicht werden: ein leserwirksamer Text. *Freewriting* ist das Gespräch des Schreibenden mit sich selbst *über* einen zu verfassenden Text, ganz gleich, ob dieser im Moment eines konkreten *freewriting* bereits in Arbeit ist oder erst später aus dem Müll/*garbage*, wie Elbow so bildhaft formuliert, sich herauskristallisiert.

Peter Elbow zufolge (2000, S. 77) ist *freewriting* nicht zuletzt eine wichtige Ergänzung zum allzu einseitig strapazierten „Spiel des Zweifelns", *doubting game,* im akademischen Diskurs: Anstatt Ideen nur entpersonalisiert und nach den Regeln „objektivierender" Wissenschaftlichkeit zu kritisieren, über sie zu debattieren oder für bzw. gegen sie zu argumentieren, plädiert Elbow für das verstärkte Einbringen der involvierten *Personen* in ein „Spiel des Glaubens", *believing game*. In diesem *believing game*, und Elbow sieht *freewriting* als wichtige Arbeitstechnik dafür, geht es um das Zuhören, um das Eingehen auf Ideen von konkreten Personen, das Verstehen-Wollen bzw. Bestätigen derselben. Es geht Elbow um das Wahrnehmen der Menschen *mit* ihren Einsichten.

Die Beschreibung von *freewriting* möchte ich mit der für mich wichtigsten Aussage abschließen: *Freewriting* ist befreiendes Schreiben, ganz in dem Sinne, dass es hilft, sich von Konventionen jeglicher Art zu befreien, die tendenziell das eigene Schreibhandeln blockieren.

Das Gespräch mit mir selbst, mein *freewriting*, mit dem ich mich an das Thema des diesem Kapitel zugrunde liegenden Vortragsmanuskripts herangeschrieben habe, sieht übrigens so aus:

Warum schreiben also warum das soll doch müsste doch ein überblick werden zur US schreibpäda was interessiert mich das ist schnee von gestern abgearbeitet abgewirtschaftet was macht mich heiss ich suche neue fragen was interessiert mich peter elbow den habe ich das gefragt das leben ists was ihn interessiert believing game game game game warum nach münster münster für eine folie die jeder nachlesen kann ich hab dich auch neue fragen weiter geht's im galopp hop hop hop ich interessiere mich für was ist da muss icherts stochern ausgraben rausholen zerren ziehen zurechtschneiden keine lust auf hochglanz (...) (Freewriting, 09-09-2005)

Mit *freewriting* Motivation für individuell bedeutsames Problemlösen schaffen

Man kann sich an dieser Stelle natürlich fragen, ob ich mich nicht auch mit einem Mind-Map, einer Gliederung oder einem Exposee dem Vortragsthema hätte nähern können, also mit analytisch-strukturierenden Techniken und Textsorten, die wir normalerweise im wissenschaftlichen Schreiben nutzen. Das habe ich tatsächlich auch getan und ich hätte es wohl dabei bewenden lassen, wenn ich ein paar Wochen vor dem Vortragstermin nicht ins Zweifeln darüber gekommen wäre, ob ich mit meinem Vortrag auch **wirklich** etwas zu sagen hätte. Selbstverständlich traue ich mir zu, einige allgemeine Aussagen zur Frage *Warum schreiben?* (Bräuer 1996) zu formulieren, wie das die OrganisatorInnen der Ringvorlesung „Schreiben" an der Universität Münster mir ursprünglich vorgeschlagen hatten. Mit diesem Fremd-Fokus begann ich auch meine Vorbereitungen. Ich wollte an dieser Stelle also ursprünglich einen Überblick über die amerikanische Schreibforschung liefern.

Mitten in der Arbeit und mit Blick auf das gesammelte Material und einige Gliederungsentwürfe beschlich mich ein unangenehmes Gefühl: Da stimmt etwas nicht. Will ich wirklich einen Überblick über die amerikanische Schreibforschung geben? Mit welchem Fokus? Mit welcher speziellen Aussage? Wo wäre der Dreh- und Angelpunkt meiner Gedanken? Was habe *ich* eigentlich davon? In meinem *freewriting*, das ich daraufhin absolvierte, tauchten plötzlich zwei Fragen auf, die ich von meinen amerikanischen Kollegen schon oft gehört habe, wenn es darum geht, eine Aufgabe nach ihrer individuellen Bedeutsamkeit auszuloten: *What is at stake **for me**? Where is **my** burning question?* An diesem Punkt des Arbeitsprozesses kam ich zur Einsicht, dass ich mir zuerst meine „brennende Frage" erschreiben müsste, um einen Vortrag verfassen zu können, von dem beide – Autor und Leser/innen - neue Einsichten gewinnen könnten.

Nach einigen Seiten *garbage/Text-Müll* schälten sich in meiner Vortragsvorbereitung die folgenden Aspekte heraus:

1. Wie erklärt sich, dass ich mir durch *freewriting* helfen kann, herauszufinden, was ich in einem Text *wirklich* sagen will?

2. Gibt es Erklärungsmuster für *freewriting*, die verdeutlichen, dass diese Schreibtechnik nicht nur mein eigenes Schreibhandeln befruchtet, sondern ein allgemeingültiges Lernpotenzial in sich birgt, von dem im Prinzip *alle* Schreibenden profitieren könnten?

3. Welches Wissenschaftsverständnis und welche institutionellen Voraussetzungen braucht es, um eine subjektivierende Schreibtechnik wie das *freewriting* in einer Arbeitswelt (z. B. Universität) zu verbreiten, die den Anspruch erhebt, mit objektivierenden Mitteln und Methoden der Erkenntnis zu arbeiten?

Ich werde im Folgenden versuchen, diese drei Fragen zu beantworten.

Zur ersten Frage:

Wie erklärt sich, dass ich mir durch *freewriting* helfen kann, herauszufinden, was ich in einem Text *wirklich* sagen will?

Ich möchte mich mit dieser ersten Antwort recht kurz fassen und mich deswegen noch einmal mit meinem eigenen Produktionsprozess für das ursprüngliche Vortragsmanuskipt auseinandersetzen. Meinen Plan zum Verfassen des Textes änderte ich, als mir der Begriff *burning question* aus einem *freewriting*-Text förmlich ins Gesicht sprang. *It hits you/Es trifft dich wie ein Schlag*, sagt Eugene Gendlin, Schüler von Carl Rogers. Gendlin meint damit den Moment, wenn sich unerwartet eine Erkenntnis einstellt. Jeder von uns hat sicher schon einmal ein so genanntes Aha-

Erlebnis gehabt – einen Moment, in dem einem der Atem zu stocken scheint und danach körperlich spürbare Erleichterung einsetzt. Der damit manchmal verbundene Ausruf „Aha!" (oder eine andere Version davon) lässt, von der physischen Seite betrachtet, Spannung entweichen und schafft Platz im Körper. Vielleicht kann man diesen Vorgang auch mit einem Ventil vergleichen, aus dem, durch Innendruck und äußeren Einfluss, etwas vom Gefäßinhalt ausströmt. Eugene Gendlin bezeichnet diese Körperreaktion als *felt sense* und dessen Ausformung beschreibt er in seinem Buch *Focusing* (1981) wie folgt:

A felt sense is usually not just there. It must form. You have to know how to let it form by attending inside your body. When it comes, it is at first unclear, fuzzy. By certain steps it can come into focus and also change. A felt sense is the body's sense of a particular situation. It is a body-sense of meaning.
(ebenda, S. 10)

Ich möchte das, was ich bereits zur Ausformung meines ursprünglichen Vortragsthemas gesagt hatte, noch einmal kurz im Licht von Gendlins *felt sense*-Definition interpretieren: Ich begann also mit einem von meinen Münsteraner Kollegen vorgeschlagenen Thema zu arbeiten, ich sammelte Material und gliederte es. In der Auseinandersetzung mit dem Material beschlich mich aber ein seltsames Gefühl, dem ich nachging, indem ich mich durch *freewriting* damit auseinandersetzte. Irgendwann tauchte die Redewendung der „brennenden Frage" auf. The *burning question* schlug ein (*It hit you*, würde mir Eugene Gendlin sagen.): Mein *felt sense* zu diesem „Ereignis" der Themensuche war letztlich ausgeformt und trat als körperliche Erleichterung zutage. Dieses „Aha-Erlebnis" motivierte mich dann – trotz der bereits geleisteten Arbeit – meine bisherige Praxis zu verändern. Meine Arbeit hatte endlich für mich einen Sinn bekommen.

Zur zweiten Frage:
Gibt es Erklärungsmuster für *freewriting*, die verdeutlichen, dass diese Schreibtechnik nicht nur mein eigenes Schreibhandeln befruchtet, sondern ein allgemeingültiges Lernpotenzial in sich birgt, von dem *alle* Schreibenden profitieren könnten?

Im Kontext der Forschungen von Eugene Gendlin, Peter Elbow und Sondra Perl, wäre eigentlich auch meine zweite Frage schnell zu beantworten: *Freewriting* birgt insofern ein allgemeingültiges Lernpotenzial in sich, da es sich offensichtlich dazu eignet, einen Sprachraum zu schaffen, in dem sich *felt sense* für Textarbeit, die Sinnhaftigkeit des Vollzugs einer Schreibaufgabe als geistiges und körperliches Phänomen entfalten und ausformen kann.

Die Wahrnehmung dieses „gefühlten Sinns" einer Handlung muss allerdings erlernt werden und zwar in zwei Bereichen:

a) im Erspüren dessen, was „stimmt" oder „nicht stimmt" in der individuellen Auseinandersetzung mit einem Problem (oder in meinem Fall einer Schreibaufgabe), und

b) im Erkennen von alternativen und dann hoffentlich *authentischen* Gestaltungsmöglichkeiten.

Sondra Perl hat, auf der Basis der Arbeit von Gendlin und Elbow, in ihrem 2004 erschienen Buch *Felt Sense: Writing With the Body* eine überaus nützliche Anleitung zum Schreiben veröffentlicht, mit der sie bereits Anfang der 90er Jahre experimentierte. Mit Hilfe der *Guidelines for Composition*, wie Sondra Perl ihre Anleitung nennt, werden die Schreibenden beim Entwickeln authentischer Entscheidungen zu Thema, Genre und stilistischer Gestaltung begleitet. Wenn Sie möchten, liebe Leser/innen, können Sie den folgenden Ausschnitt aus Sondra Perls Handlungsanleitung nutzen, um Ihr *freewriting* vom Beginn des Kapitels weiterzuentwickeln.

Set aside what you have just written so that you can have a clear space in which to explore. Whatever is there will remain there and you can return to it later on. Now, though, you're going to create a list of possible topics for writing. Inhale deeply and relax. With your eyes closed, ask yourself, „What's on my mind? What am I interested in?" When you hear yourself answering, open your eyes and make a list." (Write for one minute.)

Now, ask yourself, „What else is on my mind? Is there a topic or issue I've been thinking about lately that I might want to write about? Does a particular person or place or image come to mind? Are there memories or situations that strike me as interesting or compelling? If so, jot these down. (Write for one minute.) (2004, S. 27 f.)

Ich möchte eine weitere Erklärung zum besonderen Potenzial von *freewriting* für die Entwicklung von Texten *und* Schreibenden vorstellen. Ich werde dafür kurz auf eine Phase der amerikanischen Schreibforschung eingehen, die, gerade auch für die europäische Schreibdidaktik, Grundlagenforschung geleistet hat.

Peter Elbow kommt Anfang der 80er Jahre, also nach fast zehn Jahren Erfahrung im Umgang mit *freewriting* in ganz unterschiedlichen Schreibumgebungen innerhalb und außerhalb der Universität, zu folgender Erkenntnis:

Freewriting is the best way to learn – in practice, not just in theory – to separa-

te the producing process from the revising process. (1981, S. 14)

Mit der Unterscheidung von *producing process* (Texte entwerfen) und *revising process* (Texte überarbeiten), wendet Elbow die damals aktuellen Erkenntnisse der angelsächsischen Schreibprozessforschung auf seine Vorstellungen vom Schreiben an. Bereits Anfang der Siebziger Jahre hatte Janet Emig (1971) begonnen, so genannte *think-aloud protocols* als Untersuchungsmethode zu nutzen, um herauszubekommen, was eigentlich passiert, wenn wir schreiben. Bei ihren Probanden, die das, was ihnen während der Textproduktion durch den Kopf ging, auf ein Tonbandgerät sprachen, zeigten sich deutlich zwei Arbeitsschwerpunkte, die sich immer wieder gegenseitig stören: das Sich-bewusst-Machen dessen, was man eigentlich sagen will und das Nachdenken darüber, *wie* man dies der angezielten Leserschaft am wirkungsvollsten mitteilt. Durch weitere, im Untersuchungsdesign ähnliche Studien mit unerfahrenen bzw. erfahrenen Schreibenden, durchgeführt von Sondra Perl (1979) und Nancy Sommers (1980) wurden die Untersuchungsergebnisse von Janet Emig grundsätzlich bestätigt. Die Studien zeigen, dass es erfahreneren Schreibenden zwar besser gelingt, sich die beiden o. g. Schwerpunkte der Textproduktion sprachlich bewusst zu machen. Was auch bei dieser Gruppe tendenziell bleibt, ist das Sich-gegenseitige-Stören der beiden, so unterschiedlichen Ziele in der Textproduktion. Erfahrenere Schreibende bemerken natürlich öfter diese Reibungsverluste in ihrem Schreibprozess, aber auch ihnen gelingt es nur bedingt, ihr Schreibhandeln entsprechend zu modifizieren.

Diese ersten empirischen Untersuchungen zum Schreibprozess stellen nicht zuletzt die Position von C. Day Lewis in Frage, der 1948 behauptet hatte, wir schrieben nicht, um verstanden zu werden, sondern um zu verstehen. Wenn Janet Emig (1983) meint, dass Schreiben ein Lernmedium sei (sie sagt *writing as a mode of learning*), dann schließt dies das Lernen über sich selbst *und* den jeweiligen Diskurs, in dem man sich wirkungsvoll über das Gelernte/Erkannte mitteilen möchte, mit ein. Natürlich wollen wir mit dem, was wir gelernt bzw. geschrieben haben, von anderen Menschen verstanden werden. Wir erleben das Feedback von unseren Lesern oder Kommunikationspartnern als Bestätigung unserer Lernleistung. Darin liegt nicht zuletzt eine wesentliche Motivation für weiteres Lernen und Schreiben.

Etwa zur selben Zeit, also Anfang der 70er Jahre, hat James Britton, ein Erziehungswissenschaftler aus England, in der ersten Großstudie der Schreibprozess-Forschung rund 2000 Schüleraufsätze und die Texte, die zur Endfassung dieser Aufsätze beigetragen haben, drei Grundfunktionen des Schreibens analysiert: *expressive, poetic, transactional functions of writing.* Im Einzelnen hat er festgestellt, dass die transaktionale oder erklärende Funktion des Schreibens optimiert wird und Sachtexte qualitativ ansprechender, d. h. lesbarer (adressatengerichteter) ausfallen, wenn diese durch Schreibaufgaben vorbereitet werden, bei denen gezielt die expressive Funktion des Schreibens (ein Ausdrücken für sich selbst) oder die poetische Funktion (Anderen zeigen, aber nicht erklären) des Schreibens zum Einsatz kommt. Zurückführen lassen sich diese funktionalen Zusammenhänge mit Piaget und Wygotsky verkürzt auf folgendes: *inneres Sprechen (inner/egocentric speech)* des Kleinkindes – Janet Emig (1983) sieht hier die Wurzeln der expressiven Schreibfunktion – und *symbolisches Spiel (symbolic play)* – nach Emig die Wurzel für die zeigende Schreibfunktion – sind zwei wichtige Bezugspunkte nicht nur für die Herausbildung mündlicher Kommunikationsfähigkeit, sondern auch die entwicklungsgeschichtlichen Grundlagen für den Erwerb und die lebenslange Weiterentwicklung von Schreibkompetenzen.

Die so genannten expressiven und poetischen Aspekte des Spracherwerbs fließen im Verlaufe des kindlichen Lernprozesses, sich in unterschiedlichen kommunikativen Situationen, Genres bzw. für verschiedene Adressaten auszudrücken, ebenso in die Herausbildung der transaktionalen Funktion des Schreibens mit ein. Nach James Britton (1975) lässt das vermuten, dass an der Entstehung eines jeden Textes, ganz gleich welche Schreibfunktion letztendlich genrebedingt dominiert (z. B. die poetische Funktion für das Gedicht, die expressive für das Tagebuch, die transaktionale für das wissenschaftliche Essay), alle drei Schreibfunktionen zu einem bestimmten Maße beteiligt sind und dementsprechend auch im Verlaufe des Schreibprozesses stimuliert werden sollten, um das ideen- und sprachbildende Potenzial einer jeden Schreibfunktion für das Erreichen einer erhofften Textqualität zu nutzen. Die schreibpädagogische Praxis hat inzwischen vielfach gezeigt, dass sich das kreative Schreiben – und ich sehe Peter Elbows *freewriting* als einen Teil davon – aus didaktischer Sicht für die Organisation eines sinnvollen Zusammenspiels von expressiver, poetischer und transaktionaler Schreibfunktion besonders gut eignet. Ich möchte dies im Folgenden kurz konkretisieren:

    a)   Die expressive Funktion des Schreibens wird immer dann gefördert, wenn Ideen nahe an der gesprochenen Sprache *ausgedrückt* werden. Peter Elbows *freewriting* ist dafür eine sehr unmittelbare Form. Die expressive Funktion des Schreibens kommt aber auch zum Tragen, wenn z. B. in einer E-Mail dem Freund (und in gewisser Weise auch sich selbst) mitgeteilt wird, über welches Thema man eine wissenschaftliche Hausarbeit schreiben wird. Stilistische Konventionen und latente Zeitknappheit beim Online-Schreiben erleichtern eine Nähe zum Gesprochenen, die noch vergrößert wird, je weniger der Freund vom vorgestellten Thema versteht. Der unkundige Leser benötigt klare und einfach zu verstehende Informationen, anstatt komplexe Erklärungen.

b) Die poetische Funktion des Schreibens wird immer dann gefördert, wenn Sprache *gezeigt*, d. h. bildhaft gestaltet (*cluster, mind map*) oder verwendet wird. Antizipation (*Stell dir vor...*) und Analogiebildung (*Schreiben ist wie schwimmen gegen den Strom...*) knüpfen direkt an die Erfahrungswelt des Schreibers bzw. Adressaten an und lassen das Vorgestellte lebendig und konkret werden. Die simple Mitteilung (vgl. a) erfährt hier eine Überhöhung, Verallgemeinerung und den Ansatz einer Modellbildung.

c) Dort, wo expressive und poetische Funktionsbereiche sich überlagern und dabei die Qualität von argumentativen Strukturen erlangen, befindet sich der Übergang zur transaktionalen Funktion des Schreibens, die in allen sachorientierten Textsorten (z. B. wissenschaftliche Hausarbeit im Studium) dominiert: Ein Gedanke ist durch freien Ausdruck (*expressive function of writing*) und modellierenden Umgang damit (*poetic function of writing*) dem Verfasser/der Verfasserin soweit konkret und klar geworden, dass er/sie diesen Gedanken nicht nur selbst *versteht*, sondern ihn nun auch unbekannten Adressaten *erklären* kann bzw. abzuschätzen weiß, welche zu sätzlichen Kenntnisse und Fähigkeiten nötig sind, um innerhalb eines Diskurses, an dem er/sie sich mit einem Text beteiligen will, erfolgreich kommunizieren zu können.

Zusammenfassend möchte ich sagen, dass *freewriting* u. a. Techniken des kreativen Schreibens als Stimuli für die expressive und poetische Funktion des Schreibens dazu beitragen, AutorIn und LeserIn eines Textes Einlass zu verschaffen in eine angezielte Wissensgemeinschaft – Kenneth Bruffee (1990) bezeichnet diese als *knowledge communities*. Er spricht von der Notwendigkeit eines Übergangsmediums, das genutzt werden muss, um die eigenen Ideen nicht nur innerhalb der eigenen Wissensgemeinschaft (z. B. Freunde) erfolgreich zu kommunizieren, sondern auch in neuen, fremden Wissensgemeinschaften (z. B. dem Seminar). Diesen Übergang definiert Bruffee als *Lernen* und kreatives Schreiben im Allgemeinen bzw. *freewriting* im Besonderen sind in diesem Falle das *Medium*, in und mit dem Wissen *konstruiert* wird. Die Intensität, mit der *schreibend gelernt* wird (vgl. Bräuer 1998), hängt von der Qualität des Austauschs zwischen Schreibenden und ihren LeserInnen ab. Erkenntnis ist nach Bruffee (1990) vor allem ein sozialer Prozess, dessen Ergebnis (Wissen) in der Kommunikation zwischen den Menschen immer wieder neu konstruiert wird.

Auf der Grundlage der Erkenntnisse aus der kurz skizzierten frühen Schreibprozessforschung und des 1980 erstmals veröffentlichten und inzwischen auch in

Deutschland weit verbreiteten Schreibprozess-Modells von Linda Flower und John Hayes, haben Marlene Scardamalia und Carl Bereiter (1987) eine Darstellung des Schreibprozesses vorgelegt, welche sich bemüht, didaktische Konsequenzen aus dem Modell von Hayes/Flower zu entwickeln.

Meines Erachtens liegt in der Wahrnehmung und gezielten didaktischen Nutzung der Phase der auf den Schreibenden selbst bezogenen Textproduktion (Scardamalia und Bereiter sagen **writer-based prose**) vor der Phase des Ausrichtens eines Textes auf eine angezielte Leserschaft (**reader-based prose**) nach wie vor einer der Hauptunterschiede zwischen angelsächsischer und deutscher Schreibkultur an Universitäten und Schulen. Wie bereits oben zitiert, sagt Peter Elbow in *Writing with Power* „(...) to seperate the producing process (...)" (das wäre gleichzusetzen mit *writers prose*) „(...) from the revising process" (das wäre *readers prose*): Vielleicht kann *freewriting* auch uns in Zukunft dabei helfen, Schreiben als Prozess zu verstehen, dies aber nicht nur als theoretisch vollzogene Einsicht, sondern auch als Teil der eigenen Schreibpraxis.

Ich möchte Sie, liebe Leser/innen, zu einer weiteren Schreibsequenz anstiften, diesmal mithilfe des *loop writing*, einer weiteren Variante von Peter Elbows *freewriting*:

Kreisen Sie einen Aspekt Ihres bisherigen Materials ein, loten Sie dessen Kontext aus: Schreiben Sie einen Schwerpunkt Ihrer Wahl auf eine neue Seite und schreiben Sie drauflos. Wenn Sie so richtig im Schreibfluss sind, unterbrechen Sie sich selbst. Reißen Sie sich heraus aus Ihrem Gedankenstrom. Nehmen Sie ein neues Blatt, schreiben Sie denselben Schwerpunkt auf die erste Zeile und beginnen Sie eine weitere „Schleife". Wiederholen Sie das dreimal.

Zu meiner dritten Frage:
Welches Wissenschaftsverständnis und welche institutionellen Voraussetzungen braucht es, um eine subjektivierende Schreibtechnik wie das *freewriting* in einer Arbeitswelt (z. B. der deutschen Universität) zu verbreiten, die den Anspruch erhebt, mit objektivierenden Mitteln und Erkenntnismethoden zu arbeiten?

Für die amerikanische Schreibpädagogik gibt es so etwas wie ein Schlüsselerlebnis, ein Ereignis, durch das, im Diskurs der Wissenschaftsdisziplin *Composition Studies* deutlich wahrnehmbar, Weichen gestellt wurden für einen Paradigmenwechsel im Verständnis davon, was Schreiben ist und welche Rolle es spielen kann innerhalb von Bildungsprozessen. Dieser Paradigmenwechsel vollzog sich von Positionen des Behaviorismus (die biologische Entwicklung bestimmt unser Sein) hin zu Erkenntnissen des Konstruktivismus (in der sozialen Interaktion konstruieren wir unser Sein). Die pädagogischen Konsequenzen der konstruktivistischen Lerntheorien brachte der Germanist Kaspar Spinner 1994 auf dem Symposion Deutschdidaktik in Zürich wie folgt auf den Punkt:

Lehrenden ist die Aufgabe gestellt, die innere Aktivität der Lernenden zu stimulieren, also nicht einfach Regeln, Merkmale und Kategorisierungen vorzusetzen. Individuelle Lernwege müssen gestützt, kognitive und emotionale Prozesse aufeinander bezogen und Lernergebnisse auch da geachtet werden, wo sie sich der direkten Beobachtung entziehen. (1994, S. 146)

Zurück zum Schlüsselereignis, das ich gerne als *Urknall* der modernen amerikanischen *Composition Studies* bezeichne – mit lang anhaltenden Konsequenzen, m.E. auch für die deutsche Schreibdidaktik. Die Rede ist von einer Tagung, die 1966 im englischen Dartmouth stattfand (vgl. James Berlin 1987), u. a. von Piaget und Wygotsky organisiert, auf der sich Erziehungswissenschaftler, Psychologen und auch Schreibpädagogen versammelten, um neue Positionen zum Lehren und Lernen an Schulen und Hochschulen zu diskutieren. Im Zentrum der Tagung standen auf der einen Seite amerikanische Lehr/Lernkonzepte (u. a. Jerome Bruner, *The Process of Education*, 1960) zur Diskussion. Diese amerikanischen Konzepte orientierten das Design von Ausbildungsprozessen an den Erfordernissen der jeweiligen Ausbildungsdisziplin und betrachteten Schreiben als das Lösen von Problemen der jeweiligen Disziplin. Die andere Seite der Dartmouth-Tagung wurde von britischen Lehr/Lernkonzepten bestimmt, die sich von den individuellen Bedürfnissen der Lernenden leiten ließen und der frühkonstruktivistischen These, dass durch Bedürfnisbefriedigung beim Lerner ein eigenes Weltbild entwickelt wird. Ganz in diesem Sinne wurde auch das Schreiben als Auseinandersetzung mit der Erkenntniswelt des Text produzierenden Subjekts verstanden.

Neben den hier angedeuteten Unterschieden hat die Tagung in Dartmouth auch eine wichtige Gemeinsamkeit in den Standpunkten beider Lager hervortreten lassen: dass Lernen als individuell geprägter Entwicklungsprozess zu verstehen ist und dass Lehren entsprechend differenziert auf die unterschiedlichen Lerner einwirken muss, anstatt vorgeprägten Lehrschablonen zu folgen.

Es gibt einige ganz eindrucksvolle Auswirkungen der Tagung in Dartmouth auf die vor allem nach 1968 fortschreitende Institutionalisierung der amerikanischen Schreibpädagogik. Hier sollen nur die wichtigsten im Hochschulwesen aufgelistet und kurz kommentiert werden:

Composition:

Die für alle amerikanischen Studierenden verbindliche Ausbildung im wissenschaftlichen Schreiben wird nicht mehr auf einen Einführungskurs (*Freshman Composition*) reduziert. Man war lange davon ausgegangen, dass die Lernbedürfnisse alle Studierenden mit einem uniformen Kurs zu Beginn des Studiums abgedeckt werden könnten. Seit den 70er Jahren sind neben Freshman Composition im Verlaufe des Studiums weitere, so genannte *writing intensive courses* vorgeschrieben, Seminare in der Fachausbildung, in denen Textproduktion eine zentrale Rolle der Wissensvermittlung und -aneignung spielt.

Writing Centers:

Ebenfalls seit den 70er Jahren kommt es zur massenhaften Einrichtung von Schreibzentren, womit der Einsicht Rechnung getragen wird, dass Schreiben eine Schlüsselqualifikation des Studiums ist, aber die Aneignung dieser Schlüsselqualifikation einen langwierigen und individuell verlaufenden Prozess darstellt, dem durch extra-curriculare Begleitung entsprochen werden muss.

Writing Across the Curriculum (WAC):

Hinter dieser Bewegung der 70er und 80er Jahre innerhalb von *Composition Studies* steht die Einsicht, dass Schreiben ein fächerübergreifendes Lernmedium ist, mit dem es gelingt, innerhalb der Fachausbildung die (Denk-)Genzen der eigenen Disziplin auszuloten und zu erweitern. Hochschuldidaktische Konsequenzen sind verstärktes *team teaching* und fächerübergreifende Schreibprojekte, die *Textrecycling* (das Bearbeiten ein und desselben wissenschaftlichen Gegenstandes aus der Perspektive verschiedener Disziplinen und Genres) als hochschuldidaktisches Prinzip hervorbringen.

Writing in the Disciplines (WID):

Im Kontext von *WAC* reift auch die Erkenntnis, dass jeder wissenschaftliche oder berufliche Diskurs seine eigene Text-Kultur, einschließlich spezifischer Genres, herausbildet und damit auch Textproduktionsprozesse unterschiedlich prägt. Schreiben muss also auch disziplinspezifisch – oder domänenspezifisch, wie die deutschsprachige Schreibforschung sagt – gelernt werden.

Portfolio:

Peter Elbow initiiert Anfang der 90er Jahre eine Initiative zur Nutzung von Portfolios in der universitären Ausbildung. Dahinter verbirgt sich die Erkenntnis der amerikanischen Schreibpädagogik, dass Leistung nicht nur, wie bis dahin üblich, produktorientiert erfasst und bewertet werden sollte, sondern auch prozessorientiert, um ein ganzheitliches Bild von den Studierenden und ihrer Lernersozialisation zu erhalten. Was von Peter Elbow ursprünglich als Reflexionsinstrument für die eigene Textproduktion gedacht war, entwickelt sich in den Folgejahren zur wirkungsvollen Alternative in der Leistungsmessung für alle beteiligten Seiten: Lernende, Lehrende und Bildungsinstitution.

National Writing Project (NWP):
Seit 1974 existiert diese nationale Lehrerfortbildungsinitiative, die auf der Erkenntnis basiert, dass die oben skizzierte Lern- und Schreibkultur im Studium sich nur mit Studierenden entfalten kann, die bereits in der Schule gelernt haben, die Produktion von Texten als Prozess zu verstehen, die das enorme Lernpotenzial von Peer-Feedback und Textrevision erkannt und die gelernt haben, das Entstehen von Texten, aber auch ihre Entwicklung als Schreibende zu reflektieren. Diese Kompetenzen ausbilden zu helfen, braucht wiederum Lehrer/innen, die nicht nur die entsprechenden schreibpädagogischen Kenntnisse besitzen, sondern die auch selbst als Schreibende sozialisiert und sich dieser Sozialisation bewusst sind. Das NWP bietet jedes Jahr vierwöchige Fortbildungskurse an, die WID und WAC propagieren.

Trotz dieser m. E. eindrucksvollen Liste von Veränderungen, die den Paradigmenwechsel von einer produktorientierten zu einer prozessorientierten Schreibpädagogik in den USA in den 20 Jahren nach der Dartmouth-Konferenz 1966 prägten, sollen die Widersprüche und Auseinandersetzungen nicht verschwiegen werden, die diese Zeit ebenso hervorbrachte. Die Rezeption der Arbeiten Peter Elbows im Diskurs von *Composition Studies* ist dafür beredtes Beispiel:
In den frühen 80er Jahren, als Elbow vom in den pädagogischen Konzepten als „alternativ" geltenden *Evergreen State College* zum *English Department/Writing Program* an der *State University of New York at Stony Brook* wechselte, musste er sich als Direktor des dortigen Ausbildungsprogramms für wissenschaftliches Schreiben mit Vorurteilen auseinandersetzen, die seine didaktischen Ansätze zu *freewriting, peer review* und Portfolio als „individualistisch", „therapeutisch" oder gar als „unwissenschaftlich" stigmatisierten. Noch 1995 gab es in der führenden Fachzeitschrift der amerikanischen Schreibpädagogik, *College Composition and Communication*, eine öffentliche Debatte in zwischen David Bartholomae und Peter Elbow unter der kontroversen Schlagzeile „Being a writer vs. being an academic". (Elbow 1995)

Resümee: Paradigmenwechsel zur Rolle des Schreibens an Hochschulen in Deutschland?

Als ich den Erstentwurf meines ursprünglichen Vortragsmanuskripts fast zu Ende geschrieben hatte, empfand ich das Bedürfnis, abschließend auch noch der Frage nachzugehen, was es an den deutschen Hochschulen brauchte, um die Rolle des Schreibens so zu verändern, dass aus dem traditionellen Mittel der Wissens-Dokumentation und -Präsentation ebenso ein Medium für Erkenntnis-Suche, Kenntnis-Entwicklung und Wissens-Reflexion werden könnte. Müssten wir darauf warten, bis, ausgehend von einer bereits vorhandenen handlungs- und produktionsorientierten Deutschdidaktik, eine neue Lehrergeneration für schreibende SchülerInnen sorgte, die später in Berufsausbildung und Studium es als selbstverständlich ansähen, disziplinübergreifend und fachspezifisch Genrevielfalt zu erkunden und sich damit unterschiedliche Blickwinkel auf ihre Ausbildung zu erarbeiten? Müssten wir außerdem auf eine Generation von Hochschul-Lehrenden hoffen, die sich dafür einsetzten, dass der doch schon recht weit verbreiteten Erkenntnis über das Schreiben als Schlüssel zum Erfolg in der Bildungsgesellschaft auch endlich konkrete hochschuldidaktische Konsequenzen folgten? Müssten wir aber wirklich auch noch auf Bildungspolitiker und -organisatoren mit genügend Weitblick für die Notwendigkeit der materiellen Investition in die Ausbildung und Begleitung studentischer Schreibender warten? Oder ginge es nicht vielleicht doch so wie gehabt: mit vereinzelten Workshops zur Einführung ins wissenschaftliche Schreiben, mit einsam schreibenden (und nicht selten resignierenden) Studierenden, mit enthusiastischen KollegInnen, die, neben der fachlichen Betreuung von Studierenden, auch noch versuchen, die Schreibberatung in ihrer Sprechstunde zu schultern?

Mit Blick auf die in diesem Buch versammelten Themen und ReferentInnen stellt sich endlich bei mir eine gute Portion Gelassenheit ein. Das Eingangskapitel dieses Bandes zu der von H. H. Koch initiierten wichtigen Ringvorlesung zum Schreiben sollte zwar einige grundlegende Fragen zum Thema stellen, muss aber bei weitem nicht alle selbst beantworten. Ich bin überzeugt, dass jeder einzelne Autor/jede Autorin einen ganz besonderen Beitrag zur Beantwortung dieser, wie mir scheint, zentralen Frage nach der Rolle des Schreibens im Kontext von Hochschulreform und Bologna-Prozess leisten wird.

Bevor ich Sie, liebe Leser/innen, zu einer abschließenden Schreibaufgabe einlade, möchte ich mit ein paar „hoffnungsvollen Wahrheiten"/*hopeful truths*, wie Peter Elbow sie nennt, mein Kapitel beenden. Trotz seiner Beobachtung, dass die meisten Menschen schlechte Erfahrungen mit dem Schreiben in ihrem Leben gemacht haben und es nur wenige unter ihnen zu geben scheint, die freiwillig schreiben, zeigen drei Erkenntnisse aus seinem Umgang mit dem *freewriting*, dass jeder von uns die Chance auf eine *andere* Art von Schreiberfahrung besitzt:

Es ist für jeden von uns möglich, viel zu schreiben, mit Freude und Erfüllung und ohne zuviel Überwindung.

Es ist für jeden von uns möglich herauszufinden, was er/sie wirklich meint und sagen möchte und dieses letztendlich klar aufs Papier zu bringen.

Es ist für jeden von uns möglich, über Dinge zu schreiben, von denen andere lesen möchten. Wenn es Menschen gelingt mitzuteilen, was sie wirklich meinen bzw. in ihr Schreiben zu kommen, dann stellen Leser/innen gewöhnlich den Kontakt mit dem Autor her – eine Erfahrung, die die meisten Menschen suchen. (2000, xiv)

Zum letzten Schreibimpuls:

Lassen Sie sich bei einem *freewriting* von nur einer Minute von der folgenden Frage inspirieren:
Worin besteht die Haupteinsicht, die Sie beim Lesen dieses Kapitels gewonnen haben?
Und ein weiterer Impuls für eine weitere Minute *freewriting*:
Was hat die Haupteinsicht, die Sie soeben formuliert haben, mit Ihnen selbst als Schreibende/r zu tun?

Ich wünsche Ihnen allen beim Schreiben weiterhin viel Aufregung, neue Erkenntnisse und ganz einfach Freude.

Literatur

Bräuer, Gerd (1996): Warum Schreiben? Schreiben in den USA: Aspekte, Verbindungen, Tendenzen. Frankfurt a. M. (u.a.): Peter Lang.
Ders. (1998): Schreibend lernen. Grundlagen einer theoretischen und praktischen Schreibpädagogik. Innsbruck: Studienverlag.
Britton, James (1975): The Development of Writing Abilities (S. 11-18). London: Macmillan.
Bruffee, Kenneth (1990, 2. Auflage): Collaborative Learning. Higher Education, Interdependence, and the Authority of Knowledge. Baltimore and London: The John Hopkins University

Press.

Bruner, Jerome (1960): The Process of Education. Cambridge: Harvard University Press.

Elbow, Peter (1973/1998): Writing Without Teachers. London, Oxford, New York: Oxford University Press.

Ders. (1981): Writing With Power. Techniques for mastering the writing process. London, Oxford, New York: Oxford University Press.

Ders. (1995): Being a writer vs. being an academic. A conflict in goals. In: College Composition and Communication, Vol. 46.1, S. 62-92.

Ders. (2000): Everyone Can Write. Essays toward a hopeful theory of writing and teaching writing. London, Oxford, New York: Oxford University Press.

Emig, Janet (1971): The Composing Process of Twelfth Graders. Urbana, IL: NCTE.

Emig, Janet (1983): The Web Of Meaning: Essays On Writing, Teaching, Learning, and Thinking. Dixie Goswamie and Maureen Butler (Eds.) Portsmouth: Boynton/Cook.

Gendlin, Eugene (1981): Focusing. New York: Bantam.

Hayes, J. R., Flower, L. S. (1980). Identifying the organization of writing process. In: L. Gregg/E. R. Steinberg (Eds.) Cognitive processes in writing. Hillsdale, N. J.: Lawrence Erlbaum, S. 3-30.

Perl, Sondra (1979): The composing process of unskilled college writers. In: Research in the Teaching of English. (December), S. 317-336.

Dies. (2004): Felt Sense. Writing With the Body. Portsmouth, NH: Heinemann.

Scardamalia, Marlene/Bereiter, Carl (1987). Knowledge telling and knowledge transforming in written composition. In S. Rosenberg (Ed.), Advances in Applied Psycholinguistics (pp. S. 143-175). Cambridge: CUP, S. 142-175.

Sommers, Nancy (1980): Revision strategies of student writers and experienced adult writers. In College Composition and Communication. (December), S. 378-388.

Spinner, Kaspar (1994): Neue und alte Bilder von Lernenden. Deutschdidaktik im Zeichen der kognitiven Wende. In: Beiträge zur Lehrerbildung. Zeitschrift zu Theorie und Praxis der Grundausbildung, Fort- und Weiterbildung von Lehrerinnen und Lehrern (Schweiz), Heft 2, S. 146-158.

Hanspeter Ortner
Schreiben und Denken

1 Sprache und Denken – ein Mammutthema

Aus der Hamburger Aufsatzstudie wissen wir, dass Mammutthemen fast sicher den Weg ins Verderben eröffnen. Mammutthemen sind von Novizen sicher nicht und auch von Experten kaum zu bewältigen. Solche Aufgaben führen im Allgemeinen zur Betrachtung eklektischer Fälle, zur selektiven Sichtung von Literatur, zur äußerst selektiven Entnahme von Wissen aus der Literatur und zur synkretistischen, d.h., nur oberflächlichen Verbindung von Wissen. Das Halb- und Viertelwissen wird in holprigen Sätzen in Zusammenhänge gebracht wird, die manchmal gar nicht mehr wie Zusammenhänge aussehen. Triviales z.B., Gemeinplätze und Binsenwahrheiten, steht neben hoch speziellen Aussagen, geschliffene Zitate neben dürftigsten Eigenformulierungen. Die Textsorte wird ebenso wie der Gegenstand der Abhandlung *verfehlt*. Wobei verfehlt gar nicht der richtige Ausdruck ist, denn es wird ja gar nicht erkannt, dass es da etwas Besonderes zu erreichen gälte.

> *Pauschale substantivische Mammutthemen erweisen sich oft als Fußangeln für den Schreiber. Die Schüler bekommen ihr übergroßes Thema nur dadurch in den Griff, daß sie verallgemeinern, vereinfachen und wahllos Aspekte ohne zwingenden Zusammenhang herausgreifen ... Solche Aufsätze werden zum 'Rundumschlag' und sind wenig aussagekräftig. ... [Typisch ist dabei, dass] die Schüler nur Ideen und Meinungen organisieren, die sie vorfinden, aber keine neuen Zusammenhänge schaffen.* (Hartmann/Blatt 1993, S. 29)

Die Berliner Paralleluntersuchung hat dieses Ergebnis bestätigt:

Bei unserer Untersuchung trat diese Erscheinung am häufigsten im Zusammen-hang mit den Themen 'Umwelt' und 'Familie' auf. (Ehlers 1995, S. 304)

Auch das Thema „Schreiben und Denken" ist so ein Mammutthema. Unüberschau-bar die Literatur zum Denken, zur Intelligenz, zur Kreativität, zur Kognition – ge-waltig inzwischen auch die Literatur zum Schreiben, aber noch unbewältigbarer: die Abgrenzungsschwierigkeiten zu damit zusammenhängenden Phänomenen wie „bewusst vs. unbewusst" oder „Wissen". Auch die Positionierung des Themas ge-genüber dem noch größeren und viel älteren Thema „Sprache und Denken" und die Abgrenzung vom Nachbarthema „Sprechen und Denken" verlangten herkulische Anstrengungen.

Was tut man, wenn man weiß, dass die Gefahr groß ist und das Rettende weit und breit nicht zu sehen? – Man erzählt eine Geschichte.

Sechs wissbegierige Männer aus Indien trafen auf einen Elefanten. Obwohl sie alle blind waren, glaubten sie, dessen Gestalt ertasten und beschreiben zu kön-nen. Der erste Blinde strich mit den Händen über die starke Flanke des Elefan-ten und schloss daraus, dass das Tier einer Mauer gleichen müsse. Der zweite Blinde ergriff einen Stoßzahn, und da dieser glatt und spitz war, beschrieb er den Elefanten wie einen Speer. Der Dritte betastete den Rüssel und war sich sicher: ‚Der Elefant sieht aus wie eine Schlange.' ‚Aber nein,' widersprach der Vierte das linke Knie betastend, ‚der Elefant muss eine Art Baum sein.' Das erschien wieder dem fünften Blinden sehr unwahrscheinlich, der ein Ohr be-fühlte und fand, als Fächer wäre der Elefant treffender beschrieben. Der letzte der Blinden schließlich griff nach dem Schwanz des Tieres. Er wunderte sich sehr über die Beschreibungen der anderen, denn natürlich gliche der Elefant einem Seil. So stritten die sechs Männer über das Aussehen des Elefanten, jeder auf seine [!] Meinung beharrend. Und obwohl jeder von ihnen zum Teil recht hatte, hätte kaum jemand nach ihren Beschreibungen einen Elefanten erkannt. (Nach John Godfrey Saxe (1816–1887) in Anlehnung an eine indische Fabel. (Petermann u. a. 2004, S. 2 f.)

Die Geschichte ist wunderschön – aber anthropologisch vollkommen unbedarft. Wenn sich die sechs blinden Inder in ihrem Leben so verhalten hätten, wie es in der Geschichte erzählt wird, dann wären sie längst gestorben. In einer anthropologisch realistischen Geschichte hätte davon die Rede sein müssen, dass – indem die sechs

Inder mit einander kommunizieren – sie eine Neurepräsentation des Elefanten geschaffen hätten, die gar nicht so verschieden gewesen wäre von der der Sehenden. Es wäre eine kommunikativ erzeugte Neurepräsentation entstanden, die weit mehr (in mancher Hinsicht aber auch weniger) gewesen wäre als die Summe der Einzelrepräsentationen.

Neurepräsentation, repräsentationale Neubeschreibung, representational redescription (in Tomasello 2002 mit *Neurepräsentation* übersetzt) ist die Fähigkeit zur Bildung neuer Zusammenhänge auf der Basis ausgewählter Informationen (= Gesichtspunkte). Die Entwicklungspsychologin Karmiloff-Smith hält diese Fähigkeit für den wichtigsten Motor der kognitiven Entwicklung, nicht nur für ein Phänomen, das in der Kommunikation eine große Rolle spielt.

For a number of years I have been building a model that incorporates a reiterative process of representational redescription. I call this the RR model. [...]
The RR model attempts to account for the way in which children's representations become progressively more manipulable and flexible, for the emergence of conscious access to knowledge, and for children's theory building. It involves a cyclical process by which information already present in the organism's independently functioning, special-purpose representations is made progressively available, via redescriptive processes, to other parts of the cognitive system. In other words, representational redescription is a process by which implicit information in the mind subsequently becomes explicit knowledge to the mind, first within a domain and then sometimes across domains.
The process of representational redescription is posited to occur spontaneously as part of an internal drive toward the creation of intradomain and inter-domain relationships. Although I shall stress the endogenous nature of representational redescription, clearly the process may at times also be triggered by external influences. (Karmiloff-Smith 1992, S. 17 f.)

Ich will mich Karmiloff-Smith anschließen und versuchen mich mit ihrem zentralen Begriff „redescription"/„Neurepräsentation" dem Geheimnis von „Schreiben und Denken" zu nähern.

2 Denken = die Fähigkeit zur Neurepräsentation nutzen

Laut Karmiloff-Smith ist es „der Prozeß der repräsentationalen Neubeschreibung", der menschliche und tierische Kognition unterscheidet. Also der Prozess, wodurch (ausgewählte) Wissensbestände neu aufeinander bezogen werden. Dadurch „bilden Menschen immer abstraktere und allgemeiner anwendbare kognitive Fertigkeiten aus" (Tomasello 2002, S. 226).

Ich behaupte, daß eine spezifisch menschliche Weise des Wissenserwerbs darin besteht, daß sich der Geist die bereits gespeicherte Information (sowohl die angeborene als auch die erworbene) zunutze macht, indem er seine Repräsentationen neu beschreibt, oder genauer, indem er schrittweise in verschiedenen repräsentationalen Formaten den Inhalt seiner Repräsentationen noch einmal repräsentiert.

So Karmiloff-Smith zit. in Tomasello 2002, S. 226. Dazu der Kommentar Tomasellos:

Dieser Prozeß ist deshalb so wichtig, weil Menschen ihr Wissen in einer breiten Vielfalt relevanter Kontexte flexibler nutzen können, wenn sie dasselbe Wissen in verschiedenen Formaten noch einmal repräsentieren, von denen jedes einen weiteren Anwendungsbereich als das vorhergehende hat. Ihre Kognition wird dadurch »systematischer«, so, wie bei der Bildung umfassender Verallgemeinerungen in der Mathematik und bei abstrakten Konstruktionen der Grammatik. (Tomasello 2002, S. 226)

Die repräsentationale Neubeschreibung führt Karmiloff-Smith auf einen „inneren Drang nach der Herstellung von Beziehungen innerhalb eines Wissensbereichs und zwischen verschiedenen Wissensbereichen" zurück (Karmiloff-Smith zit. n. Tomasello 2002, S. 227). Tomasello dagegen sieht die Fremdperspektivenübernahme als Motor hinter dem zunehmenden In-Beziehung-Setzen.

Obwohl die Fähigkeit von Kindern, die Perspektive anderer einzunehmen, eine anerkannte Tatsache ist, wird sie normalerweise als eine gesonderte Fertigkeit betrachtet, als eine bloße Fertigkeit zu sozialer Kognition. Meiner Meinung nach, die sich in vielen Aspekten an einige von Piaget in seinen frühen Arbeiten geäußerte Ansichten anlehnt, beginnt der Prozeß der Perspektivenübernahme schon in der frühen Kindheit, alle Aspekte der kognitiven Entwicklung von Kindern zu durchdringen. Seine beiden wichtigsten Manifestationen sind folgende:
* *die zunehmende Fähigkeit der Kinder, einen Gegenstand aus zwei oder mehreren Perspektiven zugleich zu sehen (wie z.B. bei der hier-*

archischen Kategorisierung, bei Metaphern, Analogien, Zahlen etc.); und

- *die zunehmende Fähigkeit, auf ihr eigenes intentionales Verhalten und ihre Kognition zu reflektieren, so daß beides repräsentational neu beschrieben und stärker »systematisiert« werden kann.*

Diese Prozesse könnten sehr wohl nur innerhalb eng umgrenzter Bereiche kognitiver Aktivität stattfinden, die in gewissem Maße unabhängig voneinander sind, wobei jeder einzelne Prozeß auf eine bestimmte »kritische Masse« eines spezifischen Erfahrungsmaterials angewiesen wäre, bevor er in Aktion treten kann. (Tomasello 2002, S. 230)

Die Erklärungen von Karmiloff-Smith und von Tomasello schließen sich nicht aus. In der Selbstorganisation der Kognition kommt es so lange zu Neurepräsentationen, bis Weitergabequalität, wie sie in der Kommunikation üblich ist, erreicht ist.

Durch die Kommunikation kommt es zur Schaffung eines neuen kognitiven Gegenstandes, der zusammen mit ebenso aus der Kommunikation heraus entstandenen Gegenständen die Welt bildet, die Popper Welt 3 genannt hat:

Mit Welt 3 meine ich die Welt der Erzeugnisse des menschlichen Geistes, wie Erzählungen, erklärende Mythen, Werkzeuge, wissenschaftliche Theorien (wahre wie falsche), wissenschaftliche Probleme, soziale Einrichtungen und Kunstwerke. Die Gegenstände der Welt 3 sind von uns selbst geschaffen ... (Popper/Eccles 1990, S. 64). *[Aber sie führen, einmal geschaffen] ein Eigenleben ... Sie schaffen unvorhergesehene Konsequenzen, sie schaffen neue Probleme* (ebd. S. 65).

Die Welt 3 ist die Welt der Kommunikation, also die Welt, in der es den sechs blinden Indern wie Schuppen von den Augen gefallen wäre.

Entscheidend am Phänomen der Neurepräsentation ist das neu entstandene Wissen. Für das Denken aber noch viel entscheidender sind die *Fähigkeiten*, die bei dieser Erzeugung neuen Wissens entstehen. Diese Fähigkeiten bilden sich dadurch aus, dass etwas aus einem Vollzug herausisoliert und mit etwas anderem ebenfalls Herausisoliertem verbunden oder in einen anderen Vollzug eingebracht wird.

Denken heißt ‚isolieren und verbinden'. Das hat nicht erst Karmiloff-Smith so gesehen. Sokrates sagte (in der Übersetzung von Schleiermacher): Denken sei „Zerteilen" und „Zusammenfassen" (vgl. Platon 1994, S. 591); der Nachsokratiker Humboldt übersetzte mit *spalten* und *verknüpfen*:

[...] dies Dichtergenie [Schiller] war auf das engste an das Denken in allen sei-
nen Tiefen und Höhen geknüpft, es tritt ganz eigentlich auf dem Grunde einer
Intellectualität hervor, die Alles, ergründend, spalten, und Alles, verknüpfend,
zu einem Ganzen vereinen möchte. (Humboldt 1900, S. 6)

Zerteilen" und „Zusammenfassen" hat Sokrates gesagt; wir könnten auch sagen:
ausdifferenzieren und integrieren, Komplexität schaffen und reduzieren. Ein solches Verständnis von Denken ist heute Handbuchwissen:

Die kognitiven Vorgänge, in deren Verlauf aus vorhandener Erfahrung neue Er-
kenntnis geschöpft wird, fasst man unter dem Begriff des Denkens zusammen.
(Schönpflug/Schönpflug 1995, S. 181)

Verfahren, bei denen anders als bisher gedacht wird, entstehen über die Isolierung
von Elementen in schon beherrschten Verfahren und im längerfristigen Umgang mit
solchen isolierten Elementen. Wer die Fähigkeit des Denkens, der Neurepräsentation, verstehen will, sollte also dort hinschauen, wo das Denken sich verändert. Dort
sieht er, wie es funktioniert. Und wer verstehen will, inwiefern die Schriftlichkeit
eine „höhere" Form des Denkens stimulieren kann, der soll auf Elemente/Faktoren
achten, die im Schreibprozess isoliert und für die Neurepräsentation genutzt werden können.

3 Neurepräsentation aufgrund der Gestaltbarkeit von Aufgabe/Problem, Produkt und Prozess

Warum stressen Anrufbeantworter?

Es war wirklich ärgerlich, dass Anrufbeantworter sie immer so stressten. Das
Band lief, und sie hatte das Gefühl, jedes Wort musste sitzen, wie auf die Gold-
waage gelegt und außerdem sollte es noch schnell gehen. (Wahlberg 2004,
S. 48)

Ja, warum stressen Anrufbeantworter? – Weil die Fernsprecherin plötzlich das
Ganze ihres Textes bedenken muss, das sie mitteilen will, nicht nur den *Anfang* des
Ganzen. Das sequenziell, d. h. in einer Abfolge von Einzelzeichen, zu entfaltende
Ganze wird zu ihrem Hauptproblem. Bühler hätte statt Ganzes Werk gesagt. Wer
das ganze Werk im Voraus bedenken muss, dem kann angesichts der Größe der

Aufgabe schon bange werden. Den Gegenpol zum Werk bildet nach Bühler die Handlung (wir würden heute eher sagen: die Durch- oder Ausführung oder der Vollzug). Als Telefoniererin mit einem lebendigen Gegenüber, müsste die Sprecherin nicht das ganze Werk im Voraus bedenken, sondern nur und vor allem den ersten und dann den nächsten Schritt. Indem sie gegenüber dem Anrufbeantworter an das Ganze, d. h., die ganze Abfolge von Inhalten (in Sätzen) vom ersten Schritt an denken muss, tut sich eine neue, zusätzliche Dimension auf: in der schon die Eröffnung (der erste Satz) als Teil der ganzen Botschaft konzipiert werden muss.

Wie die gestresste Telefoniererin vor dem Anrufbeantworter überblickt auch die achtjährige Schreiberin folgender Stellungnahme das Ganze noch nicht. Das Ganze, das ist in ihrem Fall der Zusammenhang zwischen dem, was sie alles denkt (sagen will):

Sie [die Hausaufgaben] sollten abgeschaft werden. Oder ich würde sagen nicht so viele. Plos in Zeichnen Hausaufgaben. (Augst/Faigel 1986, S. 193)

Anrufbeantworter stressen nicht in erster Linie, weil die Anruferin sich unerwartet in einer Situation befindet, die nicht mehr eine Situation der Nähe ist. Es ist nicht in erster Linie die partnerlose Situation, die den Stress auslöst, sondern es ist der Inhalt einer Folge von auf einander bezogenen und im Voraus zu bedenkende Aussagen. Der Gesamtinhalt ist das Ganze, er muss als gestaltetes Ganzes auf dem Anrufbeantworter deponiert werden. Durch ihn entsteht, wie gesagt, eine zusätzliche Dimension gesonderter Bearbeitung: die Dimension „Gesamtinhalt vs. Teilinhalte". (Den Sprechern auf den Anrufbeantworter kann man direkt physisch zusehen, wie sie sich – allerdings oft erst im zweiten Anlauf und im Stress – dieser Dimension zuwenden.)

Auch Alice kann, was typisch für Kinder ist, das Gemeinte (den Gesamtinhalt) nicht von dem zu Sagenden ablösen.

Wie kann ich denn wissen, was ich denke [fragt Alice], solange ich nicht weiß, was ich sage! (Alice im Wunderland)

Das Alice-Problem kennen auch viele routinierte und versierte Schreiber – wenn sie Wissen schaffend Langtexte schreiben müssen. Bei ihnen erscheint es als Problem der Zusammenhangbildung:

Eine andere Hemmung bereitet mir meine Denkweise: Ich habe, wenn ich etwas wahrnehme, alsbald lebhafte Assoziationen; wird mir ein Thema gestellt, blei-

ben Einfälle nicht aus; soll ich Rede und Antwort stehen, habe ich meistens keine Probleme, solange der andere fragt [d.h. einen begrenzenden Fokus setzt]. Aber ich habe große Mühe mit der Ordnung der Gedanken – nicht zuletzt, weil dabei immer neue kommen. (Hentig 1999, S. 25)

Das Alice-Problem tritt beim Schreiben dann auf, wenn man weit über den nächsten Satz hinaus blicken muss und hoch über die Sätze hinaus – hinauf zum Gesamtinhalt. Es ist vielleicht trivial festzustellen, dass dieses Problem wächst, je länger die Texte werden. Weniger trivial ist sicher der Hinweis, dass es nicht nur Schwierigkeiten in die eine Richtung gibt: von den Einzelaussagen zum Gesamtinhalt, sondern auch Gewinne in der anderen Richtung: Der Gesamtinhalt stimuliert den Ausbau des Textes im Sinn der texttypischen Normen (wie Geschlossenheit und Autonomie des Textes). Das Entstehen der besonderen Dimension „Gesamtinhalt vs. Teilinhalte" kann zur Bedingung der Möglichkeit für Langtexte werden, denn sie schafft die Möglichkeit, Langtexte zu organisieren.

Gestaltbarkeit der Verhaltensform Schreiben heißt also Isolierung und – davon ausgehend – Schaffung einer neuen Dimension, in der durch die Isolierung ein neues Teil-Ganzes-Problem entstanden ist.

In der Gesamthandlung wird etwas isoliert, um als Einzelkomponente einzeln und mit ganzer Kraft bearbeitet werden zu können. *Mit ganzer Kraft* heißt ‚mit höchstmöglicher Konzentration der Aufmerksamkeit und Energie auf das Relevanteste. Isoliert werden können beim Schreiben zunächst einmal

- die Aufgabe/das Problem
- der Prozess
- das Produkt

Können auch Kompetenzen zerlegt werden? An der Frage irritiert schon die Formulierung. Die Annahme einer zusätzlichen Ebene „Kompetenz" stammt meistens aus einem (zu) mechanistischen Modell. Kompetenz ist das Vermögen, die Faktoren „Aufgabe" und „Produkt" im Prozess auf einander zu beziehen. Sicher: Manchmal kommt es zu einer Aufspaltung in temporäre Haupt- und Nebenaufgaben (vgl. Kap. 8). Und dabei – zwecks Konzentration der Kräfte zunächst auf die Haupt-, dann die Nebenaufgabe – können auch Kompetenzen gesplittet werden. Z. B. wird das Denken oft vom Formulieren getrennt. Am Morgen formulieren, dann – später – beim Gehen (nur noch) denken. Für die Feinmechanik des Denkens, die Formulierung, reicht es nicht mehr oder die Situation (ohne Schreibgelegenheit) ist nicht günstig. Wenn man so will, könte man einen solchen Einsatz unterschiedlicher Kompetenzen als Folge der Zerlegung der Kompetenz verstehen. Doch, wie gesagt

– Gefahr des zu mechanistischen Denkens! – Kompetenz ist nichts außerhalb des Zusammenhangs zwischen Aufgabe und Aufgabenlösung (= Produkt) Liegendes. Sie ist der Zusammenhang – im Prozess. Kompetenz ist die Menge aller im Gedächtnis abgelegter Sedimente aus der Bearbeitung von Zusammenhängen.

Deshalb bleibt's bei den drei Hauptgesichtspunkten: Isolierung (und Bewältigung der Isolierung) von Aufgabe/Problem – Prozess – Produkt. Doch das sind nicht die einzigen Faktoren, deren Veränderung neue Verhältnisse (weil neue Dimensionen der Bearbeitung) schafft, die wiederum zur Neurepräsentation befähigen und stimulieren. Das soll ein schneller Blick auf einige Entwicklungen der Erzählkompetenz zeigen.

Aus Untersuchungen zur Entwicklung schriftlichen Erzählens von Jugendlichen wissen wir, dass ein schriftlich Erzählender in u. a. in folgenden Dimensionen scheitern kann:

- Dimension „persönliche/personale Involviertheit vs. unpersönliche distanzierte Darstellung"
- Dimension „Sachverhaltsvorgabe: z. B. realer (aber sprachlich nachzugestaltender[1]) Sachverhalt vs. fiktiv gestaltbarer Sachverhalt"
- Dimension „Textsortenstruktur", speziell: Dimension „Textmakrostruktur". (Erzählungen haben, grob gesprochen, eine Makrostruktur aus Situierung, Komplikation, Handlung, Lösung. Solche Strukturen wurden u. a. von der story grammar-Theorie ermittelt.)

Wie schwer die Erfordernisse in diesen drei Dimensionen unter einen Hut zu bringen, d. h., auf einander abzustimmen sind, zeigen ein paar Ergebnisse, die nachdenklich machen – vor allem, wenn sie verallgemeinerungsfähig sind:

- 70% der 14jährigen Schreiber schreiben Erzählungen, die der Struktur der Erzählung so folgen, wie sie die story grammar aufzeigt. Allerdings nur, wenn es sich um eine frei erfundenen Geschichte handelt. D. h., ist der Stoff frei gestaltbar, können Textsortenerfordernisse zu 70 % erfüllt werden. Es besteht ein Spannungsverhältnis zwischen Stoff/Sache auf der einen und Textsorte/kommunikative Gattung auf der anderen Seite.
- Wird ein reales Erlebnis erzählt, sind es bei den 14jährigen nur mehr

---

[1] Den Begriff *nachgestalten* verwende ich hier als Gegenbegriff zu: *frei gestalten*. Nachgestaltung liegt beim Erzählen vor, wenn z. B. genau aus den Episoden, Figuren auszuwählen ist, die den realen Grund einer Erzählung ausmachen. Es darf zwar arrangiert (auch weggelassen), aber nichts hinzugefügt werden. Das ist mit *Sachzwang* gemeint.

37

45%. Dieser Wert zeigt mehrere konfliktöse Spannungsverhältnisses auf: Konflikt zwischen Sachlogik/Sachzwang und Text(-sorten-)logik, Textsortenstrukturvorgabe; Konflikt zwischen Gestaltungsfähigkeit bei fiktivem (freiem) Stoff und textsortensystematischen Anforderungen.

- Ein persönliches Erlebnis wird von den 14jährigen zu knapp einem Drittel als Erzählung modelliert, die dem Prototyp entspricht. Von den 18jährigen schaffen es dagegen fast 100%.
- „Für fortgeschrittene 18jährige SchreiberInnen kann die Normalform der Erzählung bei frei erfundenen Geschichten zum Objekt spielerischer Variation werden, was zu dem nur auf den ersten Blick erstaunlichen Ergebnis führt, daß in diesem Fall nur 65% der Schreiber das 'ideale' Schema der 'story grammar' realisieren" (Feilke 1996, S. 1181 ff.). Die Achtzehnjährigen erreichen also Souveränität im Umgang mit Textsortenstrukturvorgaben.

Diese aufgabenspezifischen Befunde lassen sich verallgemeinern und sie bestätigen, dass Schreiben ein juggling with constraints ist (Flower). Dies um so mehr, als nicht Dimensionen einfach andere Dimensionen ablösen. Nein, die neuen Dimensionen kommen dazu. Mit ihnen (und in ihnen) kommt es zu Konflikten, die zu bewältigen sind. Z. B.:

- Sachzwänge vs. Textsortendruck. Sachzwänge kollidieren mit Textstrukturforderungen. Nur wenn das erzählende Ich freie Hand hat, kann es Textsortenstrukturvorgaben (leicht) erfüllen. Wenn ein reales und/oder persönliches Erlebnis als Sache = Stoff zu bearbeiten ist, dann schaffen das viel weniger und erst ältere Schreiber. Im Akkommodationsdilemma „Textsorten gerechte Gestaltung vs. Sach- = Stoffzwänge" verliert tendenziell die Textsorte: bei frei erfundenen Geschichten können 70% der 14jährigen Erzähler der Struktur der Textsorte folgen, bei persönlichen Geschichten kann sich nur knapp ein Drittel der Textsorte „ausliefern" = akkommodieren.
- Der Faktor „persönliche Involviertheit" erschwert die Distanzierung von der Sache und damit auch die Gestaltung eben dieser Sache. Die Differenzierung ist kein Geschenk des Himmels, sondern das Ergebnis intensiver Arbeit.
- Textsortendruck vs. individuelle Gestaltung

---

[2] Vgl. dazu Ortner 2006.

38

- Spontanschreiben vs. organisiertes (elaboriertes[2]) Schreiben

Beim wissenschaftlichen Schreiben kommen – naturgemäß – einige weitere Dimensionen (und damit Konflikte zwischen den Dimensionen) dazu. Einige werden in den folgenden Kapiteln behandelt:

- Erfahrungswissen vs. durch Untersuchung gewonnenes systematisches Wissen (vgl. Kapitel 5)
- Welt der Gegenstände und Sachverhalte als Referenzraum vs. (kollektives) Wissen (aus zweiter Hand = Sekundärliteratur) über die Welt der Gegenstände und Sachverhalte (vgl. Kapitel 6 u. 7). Das Wissen des Ich als Quelle wird durch Wissen aus systematischer Beobachtung (= wissenschaftliche Untersuchung) und Texten (Plural!) ersetzt.
- Wissen wiedergebend vs. Wissen schaffend. Das durch Untersuchung gewonnene systematische Wissen muss organisiert werden = Wissen schaffendes Schreiben. Naturgemäß ist beim wissenschaftlichen Schreiben diese Dimension zentral (vgl. Kapitel 8 u. 9).
- Wissen über die Welt der Gegenstände und Sachverhalte vs. Präsentation als systematisches Wissen. Systematisches Wissen ist durch Forschung gewonnenes Wissen, so solid abgesichert, wie es für die Weitergabe sein soll (= weitergabefähiges Wissen).
- Präsentationskonventionen. Besonderes Instrumentarium aus Fach-, Wissenschafts- und Bildungssprache. Homo faber muss besondere Werkzeuge in die Hand nehmen, wozu auch Graphiken, Abbildungen, Symbole usw. gehören.

Neurepräsentationen werden nicht vorgenommen, weil es schön ist, etwas auch einmal anders zu sehen oder zu sagen. Sie werden geschaffen, weil durch die Isolierung neue Verhältnisse, neue Faktoren entstehen. Ein Faktor wird dadurch isoliert, dass er aus einem Verlauf herausgenommen wird. Dieses Herausnehmen kann zum Beginn einer wunderbaren Entdeckungs- und Entwicklungsgeschichte werden. Das Abenteuer des Denkens kann – buchstäblich – eine neue Dimension bekommen. In der neu entstandenen Dimension wird die Beziehung zwischen herausisoliertem Teil (Element/Faktor) und Ganzem bearbeitet. Das Ganze ist der Prozess (= Vollzug) und/oder das Produkt.

4 – 7   Besondere Gestaltung der Bedingungen des wissenschaftlichen Schreibens: die Schaffung neuer Dimensionen mit neuen Faktoren und/oder neuer Faktoren (in schon existierenden Dimensionen)

Es ist eine Trivialität festzustellen, dass die Themen, die die Schreiber zu bewältigen haben, immer schwerer werden. Ja, die Aufgaben werden immer schwieriger. Ich möchte zeigen, dass sie deshalb schwerer und schwieriger zu lösen werden, weil der Bearbeiter sie schwer/schwierig macht. (Für ein Kind wären sie nicht schwer, es kann sich solche Aufgaben noch gar nicht schwer machen.)

Das Gehirn/das Denken schafft sich neue Dimensionen (durch Ausdifferenzierung) und wendet dann all seine Raffinesse auf, um die einzelnen Werte aus den verschiedenen Dimensionen wieder in einer Version zusammenzuführen (Kapitel 8 u. 9). Welche Dimensionen (und welche Positionen in den Dimensionen) braucht es, wenn das Gehirn wissenschaftlich Denken muss/will? – Zunächst einmal braucht es einen Wechsel der Perspektive.

4   Perspektivenwechsel: vom Ich zu den Texten über Gegenstände und Sachverhalte

Der Begriff *Perspektive*, wie er hier verwendet wird, stammt aus der Entwicklungspsychologie[3]. Piaget hat die Entwicklung der Perspektivenübernahme untersucht. Bekannt ist sein Drei-Berge-Versuch. Seine Frage: Ab welchem Alter kann ein Kind die Perspektive eines Betrachters einnehmen, ohne in der Position dieses Betrachters zu sein? Die Fähigkeit Perspektiven zu übernehmen (und zu wechseln) ist vielleicht die grundlegendste Fähigkeit hinter den Neurepräsentationen[4]. Es ist wohl auch die Fähigkeit, die zur Ausdifferenzierung von besonderen Dimensionen führt. Das wird augenfällig, wenn man Piagets Drei-Berge-Modell neben Bühlers bekanntes Sprachfunktionenmodell legt und sie nach ausreichender Betrachtung sogar übereinander projiziert. Denn auch Bühlers Modell kann Perspektiven- und Perspektivenkoordinationsmodell gelesen werden.

---

[3] Die Forschungen zur Perspektivenübernahme sind vor allem in den siebziger und achtziger Jahren betrieben worden. In den Neunziger-Jahren ist die Karawane weiter gezogen und hat ein neues (aber immerhin verwandtes) Thema aufgetan: die theory of mind.

[4] Zumindest vermutet Tomasello 2002 das.

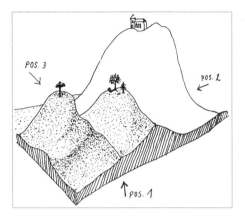 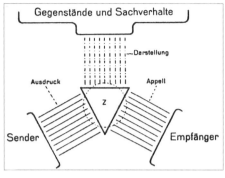

Drei-Berge-Versuch von Piaget
(nach Oerter/Montada 1987, S. 421)

Zum Drei-Berge-Versuch von Piaget:

*Das Kind weiß zunächst nicht, daß es unterschiedliche Ansichten eines Ge-
genstandes von unterschiedlichen Perspektiven aus gibt. ... Versuch: Legen Sie
vierjährigen Kindern ein Modell mit drei Bergen vor ..., die sich deutlich unterscheiden. Setzen Sie jedes Kind vor das Modell (in Position 1) und lassen Sie es
die Ansicht bestimmen, die es von den drei Bergen hat. Es wird vermutlich diese
Aufgabe bewältigen und aus mehreren Zeichnungen oder Fotografien diejenige
auswählen, die seiner Sicht entspricht. Nun fragen Sie die Kinder, wie die Berge
aus der Sicht eines Betrachters aussehen, der in Position 2 oder in Position 3
sitzt. Die Mehrzahl der Kinder wird die eigene Ansicht der drei Berge auswählen. Daraufhin führen Sie die Kinder in die Position 2 bzw. Position 3, lassen
von hier aus die Berge betrachten und die jeweilige Ansicht auswählen, eine
Aufgabe, die wiederum geleistet wird. Schließlich führen Sie die Kinder wieder
in Position 1 und lassen erneut diejenige Ansicht auswählen, die ein Betrachter aus der Position 2 oder 3 hat, die sie gerade vorher selbst auch bestimmt
haben. Mit hoher Wahrscheinlichkeit wird als Lösung wiederum die aktuelle
eigene Ansicht aus Position 1 angeboten. (Oerter/Montada 1987, S. 421)*

Zum Sprachfunktionenmodell von Bühler:

Z: Im Modell von Bühler steht Z für das sprachliche Zeichen, ich setze es aber mit dem sprachlichen Text gleich. Im Zeichen Z werden die Ich- und die Perspektive des Anderen koordiniert. So entsteht die Welt 3 (so genannt von Popper, s. o.), die Welt des sozialen = sozialisierten Wissens, wozu auch die Sprache gehört. Die Welt 3 besteht unter anderem aus der Beziehung zwischen Z und der von Bühler Welt der Gegenstände und Sachverhalte genannten Welt des sozialisierten Wissens über Gegenstände und Sachverhalte.

Die Sprache differenziert, woran auch das Bbühlersche Dreieck nachdrücklich erinnert, einige Arbeitsdimensionen, z. B.:

- die personale Dimension: „Sprecher-/Schreiber-Ich vs. Text"
- die personale Dimension: „Sprecher-/Schreiber-Ich vs. Welt der Gegenstände und Sachverhalte = Erfahrungs- und Beobachtungswelt". In dieser Dimension etabliert sich die Welt des (individuellen) Wissens.
- die Adressatendimension: „Hörer/Leser vs. Text"
- die Adressatendimension: „Hörer/Leser vs. Welt der Gegenstände und Sachverhalte"
- die Sozialdimension: „Sprecher-/Schreiber-Ich vs. Hörer/Leser"
- die indirekte, textvermittelte Sozialdimension: „Sprecher-/Schreiber-Ich – Hörer/Leser – Text"
  Wenn das gemeinsame soziale Objekt fehlt, ist niemand in der Lage, die Perspektive des Anderen zu übernehmen. (Krappmann 1985, S. 167). (Im Drei-Berge-Versuch ist es der Wahrnehmungsgegenstand, die drei Berge.)
- die Text-Wissen-Sache/Sachverhalts-Dimension. Die Sprache schafft eine zusätzliche Dimension, ein soziales Objekt, „bestehend" aus der Beziehung zwischen Z und Welt der Gegenstände und Sachverhalte (=Welt 3).

Für die Untersuchung des Zusammenhangs zwischen Schreiben und Denken ist die Entwicklung aller Dimensionen und in allen Dimensionen wichtig. Für die Entwicklung des wissenschaftlichen Schreibens und Denkens sind – zunächst einmal und lange Zeit – die Text-Wissen-Sache/Sachverhalts-Dimension und die Dimension der sozialisierten Sicht auf die Sachen/Sachverhalte die wichtigsten.

Die folgende Feststellung ist mehr als die Feststellung eines Stilistikums. In ihr geht es um eine Spur, die Jugendliche hinterlassen, wenn sie die Dimension Ich- vs. Beobachterperspektive aufbauen:

Die persönliche und lebendige Ausdrucksweise tritt gegenüber einer betont sachlichen, überpersönlichen zurück; diese unpersönliche Sprache wird für

Schriftsprache gehalten. Dazu paßt, daß die Jugendlichen in dieser Phase statt in Ich-Form lieber in Man-Form schreiben. (Fritzsche 1994, S. 42)

Allerdings: Wissenschaft ist nicht nur: „nicht ich sagen". Das Intersubjektive, Überindividuelle der Wissenschaft entsteht durch ein Verhalten (die Untersuchung), das auch einen Rollenwechsel impliziert.

5   Exploratives Verhalten: vom Einzelfall zu den Abstraktionen aus vielen ähnlichen Fällen

Eine Zeit lang war die Frage noch ein Thema der Sprachdidaktik, ob die sachgenaue Darstellung ein Ziel des Deutschunterrichts sein soll. Heute ist dieses Ziel zum Teil schon aufgegeben worden. (Zum Teil mit Argumenten und Schlussfolgerungen, an denen noch gearbeitet werden sollte.)

Eine sachliche, subjektneutrale Haltung wird in den meisten Fächern verlangt, vor allem in den Sachfächern. Die 'Wissenschaftsorientierung' in der Sek. II tendiert auch zur Ausklammerung individueller Erfahrungen und lebenspraktischer Wertungen. ('Sachlichkeit ist oberstes Lernziel aller wissenschaftlichen Fächer' – so schon ULSHÖFER 1974:157.) Wenn der Deutschunterricht sich vor allem der biographischen, moralischen und ästhetischen Probleme annehmen soll, so kann er sich entsprechend weniger um das kümmern, was in erster Linie Aufgabe der anderen Fächer ist: Sachklärung unter Absehung vom Subjektbezug. Der DU muß an seinen eigenen Gegenständen zum sachlichen und zweckmäßigen Sprachgebrauch anleiten (und zwar vor allem tagtäglich im mündlichen Unterricht) und kann darüber hinaus nur sehr allgemein und propädeutisch eine 'sachliche Sprachhaltung' im Schriftlichen vermitteln [...]. Die immer wieder von anderen Fachlehrern erhobene Forderung, der Deutschlehrer möge dafür sorgen, daß die Schüler genau beobachten und ihre Wahrnehmungen sachlich und sachlogisch zu Papier bringen, ist unberechtigt. Aller Unterricht ist Sprachunterricht, und wenn Schreiben ein Mittel geistiger Arbeit ist, so gilt dies selbstverständlich in allen Fächern. [...] Es ist nicht Aufgabe des auf drei bis fünf Wochenstunden reduzierten Deutschunterrichts, die Schüler über Abwasserklärung (KIRSCHNER 1990) oder ähnliches zu unterrichten, auch nicht unter dem Vorwand der Erziehung zu sprachlicher Genauigkeit. (Fritzsche 1994, S. 100)

Die Diskussion über die Inhalte (*Abwasserklärung*) sollte nicht mit der Diskussion über den Erwerb von Modalitäten der Themenbehandlung (*sachlich, distanziert*) vermengt werden. Als ob Deutschunterricht, der biographische, moralische und ästhetische Probleme behandelt, nicht vor denselben Problemen stünde, auch er kann nicht inhaltfrei sein! (Allerdings: sachlich, das wird er angesichts solcher Probleme kaum werden. Da muss die Subjektivität zugelassen werden.)

Die ApostelInnen der neuen Subjektivität sind meist vehemente VertreterInnen des kreativen Schreibens. Was sie gern übersehen – wenn ich das einmal grob verallgemeinernd so sagen darf – ist, dass sich Kreativität und Sachlichkeit nicht ausschließen. Im Gegenteil: Sachlichkeit und Wissenschaftlichkeit sind Formen höchster Kreativität, auch ontogenetisch. Denn Sachlichkeit oder Wissenschaftlichkeit entstehen nur als Folge des explorativen Verhaltens (= Erkundungsverhalten), das sich neue Dimensionen erschließt.

Das explorative Verhalten ist dadurch gekennzeichnet, dass verschiedene Verhaltensweisen an einem Objekt ausprobiert werden. Dadurch erfährt der Explorator etwas über die Objekte.

Das Einzigartige am explorativen Verhalten ist, daß das Tier wirklich so ziemlich alle ihm zur Verfügung stehenden Verhaltensweisen an einem und demselben Objekt durchprobiert, wenn dieses seine Neugier erweckt. (Lorenz 1978, S. 257)

Ein Rabe etwa erkundet ein ihm unbekanntes Objekt durch Annäherung verbunden mit Fluchtverhalten, durch Versetzen von Schnabelhieben.

Erweist sich das Objekt als lebend und flieht, so ist der Rabe sofort hinterher und geht zu den Bewegungsweisen des Tötens größerer Beute über. Ist das Objekt 'schon tot', wovon sich der Rabe durch immer heftiger werdende Schnabelhiebe vergewissert, so packt er es mit den Krallen an und versucht es zu zerreißen. Erweist es sich dabei als eßbar, so kommen die Bewegungsweisen des Fressens und des Versteckens von Beute an die Reihe, ist das Objekt zu überhaupt nichts brauchbar, so wird es dem Raben allmählich uninteressant und wird unter Umständen als Sitzplatz, oder in Stücken zum Verstecken interessanter Gegenstände verwendet. Dieser Vorgang entspricht genau dem, was Arnold Gehlen als eine sachliche Exploration eines Gegenstandes bezeichnet, durch welche dieser 'intim gemacht' ... wird ... (Lorenz 1978, S. 257 f.)

Anders als die Raben müssen Wissenschaftler ihr finales exploratives Verhalten mit der Sprache betreiben und – jetzt kommt das, was Wissenschaft zur Wissenschaft macht – sie explorieren im Allgemeinen nicht nur einen Fall, sondern mehrere (wenn sie nur einen Fall behandeln, dann untersuchen sie ihn daraufhin, ob es ein Fall von etwas ist).

Das ich-bezogene Denken und die Alltagskommunikation nehmen den Einzelfall exemplarisch (und verallgemeinern – eventuell – von ihm aus). Das wissenschaftliche Denken versteht den Einzelfall als Fall unter Fällen. Beim wissenschaftlichen Schreiben werden mehrere Fälle untersucht. Das ist der Witz der Wissenschaft. Das Erkenntnis-Problem, das dabei entsteht: Wie gelange ich vom Einzelfall zu den Abstraktionen aus vielen ähnlichen Fällen. Indem ich Fall auf Fall „lege" und schaue, was ist an ihnen gleich, was unterschiedlich. Fall-auf-Fall-Projektion ist in der Alltagskommunikation kaum je notwendig. Da gibt es vor allem die sukzessive Fallbehandlung: Fall 1 = erstes Problem, DANN: Fall 2 = zweites Problem. Bei der Fall-auf-Fall-Projektion kommt es darauf an, in allen Fällen etwas zu erkennen, was sie gemeinsam haben. Solche Erkenntnis ist eine Folge des explorativen Verhaltens, das sich aus vielen Teiloperationen zusammensetzt:

- ISOLIEREN
- ABSTRAHIEREN, d. h. das Wesentliche = Relevante erkennen/betonen, das Unwesentliche zum (Hinter-)Grund machen. Abstraktion ist Reduktion auf das in einem Zusammenhang Wesentlichste, ist Konzentration auf das Relevante. Abstraktion ist Isolierung des Relevantesten und dessen Weiterverarbeitung. Abstraktion ist Relevanzmanagement. Sie macht die Fülle der Fälle übersichtlich, indem sie sie ordnet. Zentrierung auf das Relevante ist eine wichtige Denkvoraussetzung. Ohne sie wären Neurepräsentationen nicht möglich.
- BENENNEN, „BESCHRIFTEN", BESCHREIBEN = sprachlich auf das als relevant Erkannte Bezug nehmen
- MIT DEN ABSTRAKTIONSERGEBNISSEN ARBEITEN
- VERALLGEMEINERN
- KONKRETISIEREN, VERANSCHAULICHEN, EXEMPLIFIZIEREN
- SORTIEREN, d. h. das abstrahierend als gleich/ungleich Erkannte ordnen; Arbeitsfrage: Was haben die mir vorliegenden Materialien gemeinsam (haben sie etwas gemeinsam)?
- ISOLIERTE ELEMENTE ZU EINEM GANZEN ZUSAMMENFASSEN (= ZUSAMMENHANGBILDUNG), KOMBINIEREN
- KONTAKTIEREN, IN EINEN ZUSAMMENHANG BRINGEN, AUF ETWAS BEZIEHEN
- BEWEGEN, UMSTRUKTURIEREN; von dem gewonnenen Gedanken

aus eine Reorganisation vornehmen, eine Umstrukturierung des Stoffes, d. h. der Wissenselemente
- GESICHTSPUNKTE HERAUSARBEITEN
- VERGLEICHEN, PARALLELISIEREN
- MIT ANALOGIEN ARBEITEN

Wissenschaft nimmt nicht wahr, sondern beobachtet, sagte Popper immer wieder. Dadurch, dass die Beobachtung (mehrerer Fälle) und die Beobachtungsergebnisse systematisiert werden, bildet der Beobachter eine neue Rolle aus. Er agiert nicht mehr in der Ich-meine-, sondern in der Ich-weiß-weil-ich-es-untersucht-habe-Rolle und er etabliert die neue, für die Sachlichkeit so wichtige Text-Wissen-Sache/Sachverhalts-Dimension. Seine Aussagen basieren nicht mehr auf der persönlichen Glaubwürdigkeit, sondern auf der methodischen Zuverlässigkeit.
  Nicht nur die Abstraktion aus der Fall-auf-Fall-Projektion schafft neues Wissen. Sondern auch die Projektion von Wissensrepräsentation auf Wissensrepräsentation. Wissen über eine Sache aus unterschiedlichen (Text-)Quellen zu be- und zu verarbeiten bedeutet nicht weniger Schwerarbeit als die Projektion von Fällen auf andere Fälle zwecks Erkenntnis des Relevanten.

6   Perspektiven- und Ergebniskoordination durch textuelles Denken

Den Begriff textuelles Denken gibt es (noch) nicht. Wohl aber den des propositionalen Denkens (Proposition = ungefähr: Aussage). Letzterer stammt von Piaget. Das schönste Beispiel für propositionales Denken erbrachte eine Expedition Lurijas zu analphabetischen bzw. gerade erst alphabetisierten Bewohnern Usbekistans und Kirgisiens.

Baumwolle kann nur dort wachsen, wo es heiß und trocken ist.
In England ist es kalt und feucht.
Kann dort Baumwolle wachsen?

Zunächst präsentierten wir deshalb Syllogismen, deren Inhalt der praktischen Erfahrung der Versuchspersonen entstammte. [Syllogismen sind wie das obige Drei-Satz-Beispiel Folgen von Sätzen, aus deren Zusammenhang sich logische Schlüsse ableiten lassen.] ...
Der zweite Typ von Syllogismen bezog sich auf Umstände, die den Versuchspersonen unbekannt waren, so daß sie rein theoretische Schlüsse ziehen mußten.

46

Im hohen Norden, wo Schnee liegt, sind die Bären weiß.
Die Insel Nowaja Semlja liegt im hohen Norden, und dort ist immer Schnee.
Welche Farbe haben dort die Bären?

Menschen aus besonders rückständigen Regionen verweigerten jegliche Art
von Schlußfolgerungen, auch bei Syllogismen des ersten Typs. Sie erklärten,
daß sie niemals an einem solch ungewöhnlichen Ort gewesen seien und nicht
wissen könnten, ob dort Baumwolle wachse oder nicht. Erst nach langen Er-
läuterungen gelang es uns, sie zu bewegen, von der Basis der Wörter selbst
auszugehen. Eher widerwillig zogen sie eine Schlußfolgerung wie: «Aus Ihren
Worten ergibt sich, daß dort keine Baumwolle wachsen kann, weil es dort kalt
und feucht ist. Wenn es kalt und feucht ist, wächst Baumwolle nicht.»

Versuchspersonen dagegen, die über elementare Schulbildung verfügten und
sich an kollektiven Formen der Arbeit beteiligten, gingen problemlos zum ab-
strakten Denken über. Neue gesellschaftliche Erfahrungen, neue Ideen und
Bildung verändern die Beziehung des Menschen zur Sprache: Wörter werden
zum Hauptinstrument der Abstraktion und Verallgemeinerung – zwei Fähigkei-
ten, die sich daher keineswegs als unveränderliche Standardkategorien jeder
menschlichen Entwicklung bestimmen lassen. Sie sind vielmehr selbst Ergebnis
des jeweils erreichten kulturellen Niveaus. (Lurija 1993, S. 88)

Propositionales Denken mit drei Sätzen ist die einfachste Form des textuellen Denkens. Textuelles Denken braucht der Mensch bei der Verarbeitung von Propositionen und der Wissenschaftler noch viel mehr bei der Verarbeitung des Wissens
zu seinem Gegenstand, das schon vorhanden ist (in der Sekundärliteratur). Dabei
geht es um die Verarbeitung großer Mengen heterogenen und heteronomen Wissens (*heterogen* = ‚aus verschiedensten Quellen stammend', *heteronom* = ‚nicht
normalisiert' = ‚weder sprachlich noch inhaltlich aufeinander bezogen'). Das möge
die folgende Skizze andeuten, in der – zwecks Erhalt der Übersichtlichkeit – nur
mit zwölf Wissenseinheiten aus drei verschiedenen Quellen gerechnet wird (was
unrealistisch wenig ist!).

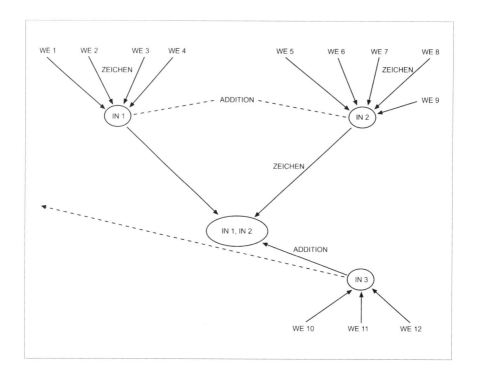

WE = Wissenseinheit,
IN 1, IN 2 usw. = Integrator (= Ergebnis der Integration in eine andere Einheit)
Das Wissen aus verschiedenen Textquellen mit dem Wissen zu verbinden, das aus der Fallbetrachtung gewonnen worden ist, ist eine herkulische Arbeit. Sie wird im Allgemeinen in drei Schritten unternommen. Zuerst wird der Forschungsstand dargelegt, dann die Fallanalyse durchgeführt, schließlich ein Resümee gezogen.

Für den ersten Schritt muss der Bearbeiter etwas Ähnliches, aber noch Schwierigeres tun wie die Usbeken und die Krigisen von Lurija. Diese mussten Sätze (Aussagen) mit Sätzen (Aussagen) verrechnen. Was Lurija seinen Versuchspersonen abverlangt hat, ist die einfachste Form der Koordination von Propositionen. Der Leser der Sekundärliteratur dagegen muss höhere Mathematik betreiben. Er muss Texte mit Texten und Theorien mit Theorien aus dem Universum des Diskurses verarbeiten. Der Syllogismus von Lurija enthält drei Propositionen, die auf einander zu beziehen sind, die Texte der Sekundärliteratur oft tausende. Und auch Theorien sind Netze mit einigen Duzenden oder Hundertschaften von Begriffs-/ Wissensknoten, die auf unterschiedlichste, aber leider auch vielfältigste Art durch

Propositionen mit einander verbunden werden können. Die Gesamtzahl möglicher Aussagen ist auch da beträchtlich.

Nicht umsonst gilt die überblicksweise (synoptische) Darstellung des Forschungsstandes zu einem Problem als Prüfstein für den kognitiven Entwicklungsstand eines Jungwissenschaftlers. Kann er das, das synoptische Darstellen, beherrscht er das für Wissenschaft wichtige textuelle Denken. So mancher aber beherrscht es nicht, er bleibt gefangen in der Struktur der Texte, die er referiert. Ganz anders Karl Marx:

> *[Der] benannte seine Beziehung zu Büchern als ein Ausbeutungsverhältnis. ,Sie sind meine Sklaven und sollen mir nach meinem Willen dienen.' Dementsprechend sahen sie nach der Lektüre aus: blau, rot oder mit Bleistift angestrichene Passagen, Frage- und Ausrufezeichen, Kommentare am Rand, Eselsohren statt Buchzeichen. Es war doch Liebe zu geistvollen Texten, die in solch aktivem ,Bookworming' (Marx an Tochter Jenny) Ausdruck fand. Als er im Londoner Exil auf die Bibliothek angewiesen war, exzerpierte und notierte er seine Gedanken über das Gelesene in zahlreiche Foliohefte. Allein dieser schriftliche Nachlass, zum allergrößten Teil unveröffentlicht, wird in der vierten Abteilung (Exzerpte, Notizen, Marginalien) der neuen Marx-Engels- Gesamtausgabe (Mega) 31 Bände füllen. Sie werden als die eigentliche biographie intellectuelle der Autoren Marx und Engels angesehen. (Lange in Zeit 29/2000, Literatur S. 53)*

Texte als Sklaven des Menschen? – Manchmal ist das Herrschaftsverhältnis eher umgekehrt: der Mensch als Sklave der Bücher. Genauer: als Sklave der Struktur der Texte, von der er sich nicht befreien kann. Besonders wer sich unvorbereitet auf Mammutthemen einlässt, der gerät leicht in die Gefangenschaft der Struktur seiner Texte: aus dem Wissen wiedergebenden Schreiben wird vor allem ein Wissen wiederholendes.

Dazu ein Beispiel aus der eigenen germanistisch-linguistischen Praxis, in der ja die zu bearbeitenden Fälle auch Texte sein können. Textuelles Denken wäre da angesagt. Einmal vergab ich ein Referat mit dem Thema „Schreiberbilder in der Ratgeberliteratur". Die Bearbeiterinnen haben referiert, welches Schreiberbild Kruse hat, welches Reiners, welches Schneider, Bünting usw. (alles Autoren von Schreibratgebern), doch sie haben „nur" einen Autor nach dem anderen behandelt. Ihre Einzelbefunde auf einander projizieren, das konnten sie nicht. Strukturfolgend haben sie einen, zwei, drei Texte (Kruse, Schneider, Reiners) paraphrasiert: *Kruse sieht den Schreiber vor allem als Blockierten. Diesen Sonderfall charakterisiert er so ...*

und/oder sie haben knappe Phänomenbestimmungen vorgenommen *(...hat folgende Merkmale)*. Doch zur Synopse sind die Referentinnen nicht gelangt. Sie hätten sich fragen müssen: Welche Querverbindungen zwischen Ähnlichem ergeben sich, wo zeigen sich Differenzen? Welche Vergleiche sind möglich? Das Schreiberbild von Reiners hat die folgenden Merkmale (1. ... 2. ... 3. ...); hat das Schreiberbild von Schneider dieselben? Findet sich das Merkmal 1 oder 2 oder 3 (oder irgendeine Kombination aus 1, 2 oder 3) auch/nicht bei XY? Weist das Schreiberbild bei XY auch diese Merkmalverbindung auf oder nur einige Merkmale daraus? In welchen Punkten stimmen die bisher erarbeiteten Schreiberbilder überein/nicht überein mit dem Schreiberbild bei Bünting? Der glaubt, dass ein Schreiber Probleme bekommt, wenn 1....; 2. ...; 3. ... Und vor allem: Bünting ist ein Organisationsfetischist. Nein, so stark darf man das auch wieder nicht sagen (= Selbstanweisung). Usw.

Solche Arbeit wäre textüberschreitend und synoptisch gewesen. Die Bearbeiterinnen hätten sich von den Strukturvorgaben der vorliegenden Texte viel weiter entfernen (und befreien) müssen als bei der Text-für-Text-Analyse. Sicher: Jeder Text, der etwas taugt, bahnt – aufgrund der Anstrengungen seines Autors – einen Weg durch einen Ausschnitt der Wissenslandschaft. Diesen Bahnungen muss man folgen, wenn man einen Text verstehen will. Aber man muss sich auch von ihnen befreien, wenn man selbst einen Weg suchen will/muss, der die Essentials mehrerer Texte berücksichtigt. Was im Fall einer Nicht-Befreiung herauskommt, ist bestenfalls ein REFERIEREN.

Wer nur strukturfolgend vorgeht, bleibt immer ein Textsklave. Wer nie zu einem Standpunkt gelangt, von dem aus er einen Wissensbereich (nicht nur das Wissen in einzelnen Texten) perspektivisch überblicken kann, der neigt zur Regression.

- Im besseren Fall referiert er Buch für Buch, Aufsatz für Aufsatz. Nach einem simplen Additions-Schema: *Müller sagt, wohingegen Meyer meint. Interessanterweise sagt aber XY.*
- Im schlechteren Fall erzeugt der Bearbeiter einen Text nach dem Prinzip der allerprimitivsten Aneinanderreihung: Brocken, die nichts miteinander zu tun haben, außer dass sie im gleichen Feld herumliegen, werden zusammengetragen; Fetzen, die aus verschiedenen Stoffen stammen, werden bestenfalls in einem schlechten Patchworkstil zusammengenäht. In einem schlechten, wohlgemerkt; in eincm, der zu Schmerzattacken bei farbsensibleren Gemütern führt.
- Im allerschlechtesten Fall verweigert der Bearbeiter die Synopse und referiert nur einen Text oder gar nur einen Textteil: „*... habe ich für meine Arbeit das Kapitel aus dem Buch XY gewählt ...*".

Das Ergebnis solcher Regression angesichts der Schwierigkeit der Aufgabe sind einfache, „primitive" Texte. Die von der Notwendigkeit zur Synopse überforderten Studierenden stellen Igel-Textteile her: aneinandergefügte Kurzreferate ihrer Ausgangstexte statt einer Synopse aus allen Ausgangstexten. Statt eine neue Struktur zu schaffen werden die Makrostrukturen der Einzeltexte reproduziert und irgendwie zusammengepappt. Auch von Schreibern, die sonst nie mit so „primitiven" Strukturen arbeiten würden.

Mit der Aufforderung zur Synopse kommt beim akademischen Schreiben der Augenblick der Wahrheit. Die Schwierigkeit der Aufgabe liegt einerseits in der Vielzahl und in der Vielstimmigkeit der Beiträge, die die Wissensbasis bilden. Die Synoptiker müssten die einschlägige Literatur durchgehen und gemeinsame sowie divergierende Teilthemen ermitteln, Begriffe erarbeiten oder sich für welche entscheiden, Gleiches unter gleiche Oberbegriffe subsumieren, Verschiedenes in seiner Differenz erscheinen lassen, Aussagen sortieren, Argumente miteinander vergleichen und abstrahierend bewerten.

Bei der Synopse sollte nach der Auflösung der Bindung der einzelnen Begriffe, Propositionen und Themen an die Ausgangstexte das Wichtigste (= das Abstrahierte) in einem vom Schreiber zu schaffenden Zusammenhang wieder zusammengeführt werden. Der Zusammenhang sollte in einer bestimmten Organisation von Haupt- und Teilperspektiven (Zwischenarchitektur) sichtbar werden. Das gelingt aber oft nicht: aus der vielstimmigen Basis wird ein kakophoner Text – wirr, unstrukturiert, oft bis in die Einzelsätze hinein fehlerhaft.

Strukturgefangene können keine Gesamtbilder zeichnen. Deshalb scheitern sie im Augenblick der Wahrheit. Es ist ein kognitives Scheitern; ein Scheitern, dessen Ursachen der Gedächtnispsychologie bekannt sind. Eigler registriert bei seinen Untersuchungen zum Wissen verarbeitenden und bearbeitenden Schreiben, dass Wissen aus Texten

ganz offensichtlich mit einer bestimmten Einstellung verarbeitet [wird], die in der Gedächtnisforschung als compartmentalization bezeichnet wird, d. h. ein Text, ob gehört oder gelesen, wird beim Verarbeiten – soweit es möglich ist – als geschlossene Einheit getrennt vom eigenen Wissen gehalten und als ein Komplex fremder Gedanken zu behalten versucht. So etwas geschieht bevorzugt in Einrichtungen des Lernens, in Schulen, in Universitäten, wo der Lerner weiß, zumindest aber unterstellt, daß von ihm die Aneignung gerade dieses Wissens, womöglich noch in der gegebenen Strukturierung, erwartet wird. Compartmentalization ist also eine Form des Verarbeitens von Texten, die von einer bestimmten Einstellung gesteuert wird, insbesondere von der An-

tizipation der künftigen Verwendung – und das ist Prüfung, allgemeiner: Wiedergeben des Gelesenen. ... Alles was man in der Theorie des Textverarbeitens annimmt, daß der Leser sich auf dem Hintergrund seines Wissens mit dem Text auseinandersetzt, sein Wissen prüft, revidiert, erweitert – all das scheint unter den Rahmenbedingungen eines Lernens in den Institutionen des Lernens konterkariert, zumindest gefährdet. (Eigler 1988, S. 23 f.)

Sogar gestandene Journalisten haben damit – manchmal – Probleme.

Der erste Entwurf zu diesem Buch war z. B. schon zu zwei Dritteln fertig, als ich trotz aller vorher angefertigten Aufbauskizzen bemerkte, daß der Faden immer verworrener wurde; ich sah mich zu allerlei Knoten gezwungen, produzierte immer häufiger Verkrampfungen, kaute nach, was andere gesagt hatten, bloß weil ich nicht weiterwußte. Fast ein Vierteljahr habe ich umgestellt und eingefügt, herausgelassen und neuformuliert, – doch eine verständliche Linie bekam ich einfach nicht zustande. Also habe ich zum Mißvergnügen des Verlags das Buch um ein halbes Jahr verschoben und völlig neu angefangen. Nun ging es plötzlich. Und wenn ich heute den ersten Entwurf vergleiche, sehe ich auch den Grund: Ich hatte mich sklavisch an Vorentwürfe gehalten, die ich vor allem aus der Lektüre anderer Stilbücher entwickelt hatte [der Autor schreibt selbst auch ein Stilbuch]. Als Gliederung sah dieses Korsett sehr gut aus – doch der Faden fehlte im Inhalt. Für mich bleibt in solch einer Situation nur ein Neuanfang; ich will aber nicht ausschließen, daß andere Autoren solche Lagen durch Korrektur und Veränderung des Aufgesetzten meistern. (Raith 1988, S. 142 f.)

Wie gesagt: Es sind herkulische Arbeiten, die da zu vollbringen sind. Aber es gibt auch Ressourcen, auf die man zurückgreifen kann.

7   Die fachspezifischen Ressourcen

Ohne Ressourcen keine Höhenflüge. Das Denken braucht Objektivationen, etwas worauf es sich stützen, woran es sich halten kann (*Objektivation* = das zum Objekt Gemachte). Etwas auch, das zurückwirkt auf das Denken und das ihm zu Gedanken verhilft, zu denen es ohne die Sprache nicht veranlasst worden wäre.

Eccles sieht die „gedankenbildende Sprachfunktion" (1981, S. 281) in folgenden zwei Fällen am Werk:

1. *Wenn wir scharfsinnige und besonders neue und somit noch unklare*

Gedanken zu äußern versuchen, läßt sich beobachten, daß wir probe-
weise bald diesen, bald jenen sprachlichen Ausdruck wählen.

2. *Zweitens können wir durch unsere Formulierungsbemühungen etwas*
klar verstehen lernen, was uns bisher verborgen blieb. Ich habe deshalb
häufig meine Studenten aufgefordert, ihre Gedanken aufzuschreiben
oder sie in Form eines Schemas darzustellen. Dies kann einem Studen-
ten zwar mißlingen, bringt er es aber zustande, hat er dabei viel ge-
lernt, und man hat nun ein Welt-3-Objekt [= Objekt aus der Welt des
Wissens in sozial anerkannter Darstellung und mit kritisierbaren Inhal-
ten], das sich besprechen läßt. (Eccles 1981, S. 301 f.)

[Vgl. auch:] Das Bemühen um Formulierung der Überlegungen hat
eine Art Filter- und Korrekturfunktion und kommt besonders bei unse-
rem Unternehmen den Gedanken selbst zugute. (Wilson 1984, S. 48). *Vgl.*
auch: „ ... daß die Klärung des Gedankens der Formulierung vorange-
hen muß, so wahr es auch ist, daß der Zwang zur Formulierung Schritt-
macher der Klärung ist." (Benckiser 1980, S. 130)

Die Sprache ist das ideale Medium für solche Objektivationen im Dienst des Denkens. Die Wissenschafts- und Fachsprachen sind so etwas wie Arsenale der relevantesten Objektivationen, mit denen die besonderen Aufgaben bisher bewältigt
worden sind – von den Begriffen bis zu den Textsorten.

Fallstudien z. B., von denen oben gesagt wurde, sie seien der Kern jeder Wis-
senschaft, sind ohne Begriffe nicht durchzuführen. Begriffe helfen beim Sortieren.
Mit ihnen können Gleiches und Ähnliches in einer Klasse zusammengefasst und
Unterschiedliches in zwei Klassen auseinander gehalten werden.

Ein Beispiel: In einem Brief an Oskar Heinroth hat sich Konrad Lorenz, ein sehr
sprachmächtiger Wissenschaftler, über die Schwierigkeiten seines wissenschaftlichen Schreibens geäußert,

Ich bemühe mich gegenwärtig (d. i. seit heute) alles, was ich über die Flug-
technik der Vögel an meinen Paradefliegern 'gesehen zu haben behaupten zu
dürfen glaube', in geschriebene deutsche Sprache zu fassen, was viel schwe-
rer ist, als einfach Beobachtungen biologischer Natur zu erzählen. (Lorenz in
Heinroth/Lorenz 1988, S. 86)

Diese Schwierigkeiten hat er u. a. dadurch gemeistert, dass er seine Begriffsnetze
adjustierte, um Ordnung in die vielfältigen Erscheinungen des Vogelflugs zu brin-

gen. Er hat die vorhandenen Begriffe genutzt und neue geschaffen, wo ihm dies notwendig erschien.

Die Abbildungen aus Lorenz 1933 zeigen, in welche Fülle der Erscheinungen da mit der Sprache Ordnung gebracht werden musste.

Deshalb habe ich dafür das Wort G l e i t r u d e r n gewählt. Es ist dies nicht ein Wort, das sich zur rechten Zeit einstellt, wo Begriffe fehlen, sondern eines, das ich mit einer gewissen Mühe konstruiert habe, um einen vertrauten Begriff zu kennzeichnen, und vor Allem, um diese Flugart so scharf wie irgend möglich von der zweiten Form des Ruderfluges, dem später zu besprechenden Rütteln, zu unterscheiden. Demoll bezeichnet Gleiten und das, was ich als Gleitrudern bezeichne, mit dem Worte D r a c h e n f l u g, wodurch zum Ausdruck gebracht wird, daß zu beiden Flugarten eine Bewegung des Vogels zur umgebenden Luft nötig ist.

Das Charakteristikum des Gleitruderns ist also, daß der Luftdruck auch beim Aufschlag auf die Unterseite des Flügels wirkt. Dieser Druck ist genau so groß, wie derjenige, der beim Gleiten ohne Flügelschlag auf der unteren Fläche des Flügels lastet, während der Druck beim Niederschlage natürlich größer ist. Danach hängt der Vogel beim Aufschlag genau so an seiner Niederschlagsmuskulatur, wie beim schlaglosen Gleiten. (Lorenz 1933, S. 121)

Die Denk- = Schreibdidaktiker können das Wort/den Begriff so wenig hoch schätzen wie der übersetzende Faust. Sie sollten es aber. Denn sprachliche Zeichen sind – einmal – Vermessungspunkte im Wirrwarr der Fälle. Begriffe/Wörter (genauer: wortaffine Begriffe) sind für die Operationen ISOLIEREN, ABSTRAHIEREN, MIT DEN ABSTRAKTIONSERGEBNISSEN ARBEITEN usw. unabdingbar.

Denken ohne Begriffe wäre ein Domino-Spielen ohne Dominosteine. Deshalb wird der Begriffsarbeit (BENENNEN) in der Operationenliste (oben) ein so prominenter Platz zugewiesen, wobei mit BENENNEN alles Beschreiben und sonstiges sprachliches Auf-den-Punkt-Bringen gemeint ist.

Doch am Anfang des Textes (nicht nur des wissenschaftlichen Textes) stehen nicht nur das Wort und der Begriff, sondern – mindestens so wichtig – das Begriffsnetz. Ohne Begriffsnetz keine Sätze! Zu Sätzen, also hauptsächlich: Aussagen, gelangt eine Sprecherin/Schreiberin nur, wenn ihre sprachlichen Einheiten zwar Einzelknoten in Begriffsnetzen sind, aber keine isolierten, sondern vernetzte Knoten. Die Verbindungen zwischen den Knoten sind die Basis für Propositionen.

Die Propositionen sind die Einheiten des propositionalen Denkens und die Voraussetzungen dafür. Das ist trivial. Aber nicht, wenn man sich fragt, wie die Propositionen in den und aus dem Kopf in den Text kommen. Früher hat man das semantische Wesen des Satzes darin gesehen, dass in ihm Urteile formuliert werden. Heute sagt man statt Urteile Propositionen. Auf jeden Fall: Hinter den Sätzen bedarf es des propositionsfähigen Wissens. Gedanken entstehen im Wissensnetz. Zur für den Text fruchtbaren Ressource wird ein Begriff erst nach dem Aufbau eines Begriffsnetzes.

Die Ressource Begriffsnetz ist erst aufgebaut, wenn ihre Elemente (Ausdrücke) beherrscht werden. Doch was heißt beherrschen? Nach einer Studie von Lieury muss die Lernende einem Ausdruck etwa sechsmal begegnet sein, bis sie ihn souverän benutzen kann. So wie ein Punkt im Raum durch drei Angaben bestimmt ist (auf der x-, y- und z-Achse), so ist ein Wortinhalt – im Durchschnitt – bestimmt, wenn in ihm sechs Informationspakete verarbeitet sind (wie sie etwa ein Satz oder eine Satzfolge darstellen); Informationspakete, wie sie Sätze in Texten enthalten. Bei jeder Wort-im-Textteil-Begegnung werden Bedeutungselemente gelernt.

chaque épisode où l'on rencontre un mot va ajouter en mémoire sémantique une parcelle de sens. ... Le concept est une sorte de feuilleton à épisodes ... L'idée que les concepts pourraient être acquis à partir de la répétition de contextes se trouve renforcée par une étude de Jenkins et Dixon (1983) contrôlant directement l'effet de la répétition de paragraphes dans lesquels un concept est « défini » par un synonyme. Il faut au moins six contextes de répétitions pour qu'il y ait une augmentation notable de la signification. (Lieury 1997, S. 126) (Jede Begegnung mit einem Wort baut einen Sinnbezug im semantischen (deklarativen) Gedächtnis auf. ... Der Begriff ist eine Art Sammlung von Episoden. ... Die Erkenntnis, dass Begriffe erworben werden, indem man ihnen in Kontexten begegnet, wird durch eine Untersuchung von Jenkins und Dixon

(1983) bestätigt. Sie untersuchten den Einfluss der Wiederholung von Absätzen, in denen ein Begriff durch ein Synonym bestimmt wird. Es bedarf mindestens sechs solcher Begegnungen in Kontexten, bis sich eine nennenswerte Erweiterung der Bedeutung einstellt.)

Wörtern in verschiedenen Aussagekontexten zu begegnen heißt ‚Vernetzungen herstellen'. Ein Vernetzungsschritt ist z. B., wenn ich weiß, inwiefern Umsatz und Gewinn eines Unternehmens mit den Löhnen der Arbeiter und Angestellten dieses Unternehmens zusammenhängen bzw. mit dem Faktum, dass Löhne ausgezahlt werden können (dieses Wissen macht zusammen mit anderem ein Informationspaket aus).

Kein Wunder, dass das Ausmaß des Wortschatzzuwachses in der Schule und schulischer Erfolg hochgradig korrelieren. Nicht das Denkvermögen (raisonnement = logisches Denken) ist entscheidend für den Schulerfolg, sondern der dazu gelernte Wortschatz bzw. das dahinter stehende mémoire encyclopédique (= Weltwissen). (Ausnahme: Mathematik, da sind beide Faktoren gleich wichtig: Wortschatzzuwachs und logisches Denken.) (vgl. Lieury 1997, S. 110-114).

Auf die welterschließende, gegenstandskonstituierende Aufgabe der Sprache wird in der Psychologie gelegentlich hingewiesen.

Besonders in komplexen Lernformen kann das Voranschreiten von den Wörtern zu den Dingen eher erfolgen als das Gegenteil. (Lindesmith/Strauss 1983, 2. Bd., S. 13)

Hinter der WissenschaftlerIn sollte die Wissenschaft stehen, d. h. auch, die Gesamtmenge aller Einheiten und Verfahren, die in einem bestimmten Bereich verwendet bzw. praktiziert werden. Ihre Werkzeuge, wozu auch das unstrittige Basiswissen in einem Fach gehört, erleichtern den Zugang zu den speziellen Objekten der wissenschaftlichen Untersuchung und sie eröffnen eine Dimension, an deren einem Extrem der Einzelkämpfer steht und an deren anderem die scientific community. So wie der Hund sich mit seinen 200 Millionen geruchsempfindlichen Zellen ein anderes Objekt des Riechens schafft als der Mensch sich mit seinen viel wenigeren, so schafft der Ressourcenmächtige (mit viel Ressourcen) einen anderen Gegenstand als der mit nur wenigen (und womöglich noch unsicher beherrschten). Wörter und propositionsfähige Beziehungen sind wichtige Dominosteine des propositionalen Denkens. Aber nicht die einzigen. Zu ihnen kommen weitere Ressourcen:

- (komplexe) Sprechakte: Nicht ERZÄHLEN, sondern ARGUMENTATIV DARLEGEN

- Textsorten

Sprachliche Mittel sind nicht nur Werkzeuge, sondern auch der Stoff, aus dem Werkstücke (Texte) hergestellt werden – durch sprachgestützte Operationen. Zu denen gehört auch die Zusammenhangbildung nach dem versionalen Prinzip.

8   Versionen/Arbeiten nach dem versionalen Prinzip

Quod scripsi scripsi – solche Selbstzufriedenheit können sich im Allgemeinen nur Schreiber von Kurztexten leisten (*quod scripsi scripsi* = was ich geschrieben habe, habe ich geschrieben, @ Pilatus). Die normalen Sklaven im Weinberg der Langtexte müssen nach dem Versionen-Überarbeitungs-Prinzip vorgehen – auch wenn manche Autoren dieses Prinzip gar nicht lieben.

Piaget schrieb eine erste Version nieder, als ob es die definitive sei (er haßte Notizen oder Vorentwürfe) und ich machte meine Kommentare und führte, wenn nötig, eine zusätzliche Untersuchung durch. (Inhelder 1997, S. 65)

Manchmal ergeben sich Qualitätsprobleme aus dieser Quod-scripsi-scripsi-Haltung.

Kein Wunder, daß nichtgraduierte Studenten, die habituell so arbeiten, zumeist sorgenvoll auf das blicken, was sie produzieren. Sie wissen, daß ihre Arbeiten besser sein könnten, es aber eben nicht sind. Was immer sie niederschreiben, ist endgültig. Was dasteht, steht da. Solange das Dokument geheim, d. h. innerhalb der normalerweise privaten Lehrer-Schüler-Beziehung bleibt, hält sich die Verlegenheit des Verfassers dennoch in Grenzen. (Becker 1994, S. 26 f.)

Das Aufgeben dieser Quod-scripsi-scripsi-Haltung, d. h., der Übergang zum Schreiben nach dem versionalen Prinzip kann zu der entscheidenden Schlüsselqualifikation werden, die Neurepräsentationen (Plural!) in komplexen Aufgaben ermöglicht. Wer Versionen verfasst, begnügt sich damit, in einer Version, vieles, wenn auch (noch!) nicht alles unterzubringen, was ihm relevant erscheint. Er begnügt sich damit, weil er weiß, dass er eine zweite und dritte Chance hat, die erste Version zu verbessern. *Versionales Schreiben* heißt, immer bessere Annäherungen verfassen. Das Vorgehen nach dem versionalen Prinzip bei der Produktherstellung ermöglicht eine besondere Dialektik: Sei sie noch so defektös, die erste Version oder die erste

Ahnung einer Version, sie wird zum Ausgangspunkt für die nächstbessere Version; denn sie eröffnet in ihrem Defektsein die Chance, weiter daran zu arbeiten – indem in der nächsten Version auf die festgestellten Mängel reagiert wird.

Als bedeutendes Nebenprodukt dieses Arbeitens tritt die Dimension „Schlusstext vs. Textvorstufe(n)" deutlich in den Fokus der Selbstwahrnehmung. Bei der Analyse der Versionen stößt man vor allem auf zwei Grundformen:

- eine Volltextversion löst die vorangegangene (oft nicht zu Ende geschriebene) Volltextversion ab.
  Jedes meiner Werke ist mindestens zehn Mal geschrieben. (Wiederholung eines Interviews mit Dürrenmatt am 6.1.1996 im Österreichischen Rundfunk, 15–16 Uhr).
- eine Version, in der ein bestimmter Aspekt, z. B. die Gedankenentwicklung, in den Vordergrund tritt, geht der nächsten Version, in der es dann z. B. stärker um die Formulierung geht, voraus. D. h., es kommt zu einer funktionellen Differenzierung und damit zu einer durch Fokussierung bewirkten Leistungsverbesserung (nach dem Wagenheberprinzip).

Die funktionelle Differenzierung manifestiert sich häufig im Phasendreischritt: Denken – Formulieren – Überprüfen. In den frühen Phasen des Schreibens (schwieriger Texte) – wenn das Schreiben noch vor allem ein Denken ist (= im Stadium konzeptueller Arbeit) – aktivieren Wörter/Begriffe das thematische (= konzeptuelle) Denken. Fehlen sie (oder ihre Äquivalente in der inneren Sprache) vollkommen, dann tragen die dabei auftretenden Schwierigkeiten den Klarnamen Schreibhemmungen.

In der Zwischenphase zwischen gedanklichem Entwurf und (Letzt-)Formulierung bekommen die Wörter/Begriffe unterschiedliche Funktionen. Sie sollen

- die Entfaltung der Inhalte vorantreiben, bei der Weiterentwicklung von Inhalten helfen = die das Denken organisierende Rolle des Wortes (einer Teilformulierung) bei der konzeptuellen Arbeit. Das Wort, die Wortgruppe, der Satz usw. als halting place für das Denken (Gehlen).
- die entwickelten Inhalte in einer Kette aus sprachlichen Zeichen präsentierfähig machen = die objektivierende Rolle des Wortes (einer Teilformulierung) für die Weitergabe. (Übrigens ist auch die Sich-selbst-Präsentation denkfördernd.)
- Zwischen der Entwicklung des Inhalts und der Präsentation liegt das Stadium des Formulierens. In dieser Phase hat das Wort auch die Funktion bei der Suche nach weiteren Wörtern (für die Zeichenkette) zu helfen. *Formulieren* heißt *sprachliche* Versionen herstellen mit Elementen, die

textfähig sind. Formulieren ist nicht nur die Arbeit, das richtige Referenz-
= Benennungsmittel zu finden, das berühmte treffende Wort, sondern
auch die stete Überprüfung, ob die gefundenen Benennungsmittel etwas
in den Text einbringen, was zu den schon vorhandenen Textelementen
passt: thematische, stilistische Kohäsion/Kohärenz, Einheitlichkeit der
Perspektiven, der Modalität der Themenbehandlung usw. – sie alle müs
sen hergestellt und in einer guten Gestalt/Figur ausbalanciert werden (was
so schwer ist wie eine Gleichgewichtsübung).

Wer mit dem Wort (oder einer Teilformulierung) in diesen drei Funktionen Probleme hat, wird von Schreibhemmungen und Formulierungsproblemen geplagt. Die
Rolle des Wortes (einer Teilformulierung) geht also weit über das hinaus, was man/
frau bei der Suche nach einem Einzelwort erlebt (oder durchmacht) – meist aber
weder erlebt noch durchmacht, sondern automatisch vollzieht. Beim Formulieren
geht es immer auch um Inhalte (Wissenselemente), zumindest um deren Integration
in die und deren Arrangement in der Zeichenkette (= Version). Dabei wird nicht nur
überlegt, ob man etwas so oder so sagen darf/kann, sondern was man wie sagen
könnte. Dieser Vorgang kann sich mehrere Male wiederholen (was zu Version 2,
Version 3 usw. führt). Die Ergebnisverbesserung gelingt von einer aufgeschriebe-
nen Version (= Objektivation) aus leichter. Denn solche Objektivationen hat der
Schreiber dauerhaft vor sich und sie können auf ihn zurückwirken – so dass er sie
sich noch einmal vornehmen kann. Oder mehrere Male.

Das versionale Prinzip ist für die scientific community weit „über den Autor hinaus" konstitutiv: wissenschaftliche Erkenntnis ist Annäherung in Versionen, ganz
gleich von welchem Autor sie stammen. Jeder Autor sollte, wenn er sich zu einem
Problem äußert, alles berücksichtigen, was in früheren Versionen dazu geschrieben
worden ist und er sollte in seiner Version zusätzlich in irgendetwas über sie hinausgehen.

Das Schreiben nach dem versionalen Prinzip ist allerdings wie das Verfolgen
einer Strategie nichts Spezifisches für das wissenschaftliche Schreiben, sondern
etwas Typisches für schwierige Schreibaufgaben aller Art. Versionen sind auch
wichtige Zwischenprodukte in Strategien.

9   Strategie

Alma-Elisa ist seit einiger Zeit überfällig. Sie sollte ihre Arbeit über den Mythos-
Begriff bei Wagner schon längst fertig geschrieben haben. Aber – so Alma-Elisa –:

‚Ich hatte das Gefühl, der Berg wird immer größer, und ich weiß nicht, wie ich ihn überwinden kann.' Ein Jahr lang schob Alma-Elisa Kittner ihre Hausarbeit über den Mythos-Begriff bei Richard Wagner vor sich her. Den Schein brauchte sie, um das Hauptstudium in Kunstgeschichte abzuschließen. Doch anstelle der verlangten 40 Seiten füllten sich ihre Ordner. Die Studentin hamsterte Texte, statt selbst welche zu schreiben.

Sie glaubte, in die Arbeit auch Nietzsche noch reinpacken zu müssen, und was sie über den Mythos bei australischen Ureinwohnern wusste, durfte ebenfalls nicht fehlen. ‚Von Zeit zu Zeit habe ich meine riesige Materialsammlung rausgekramt, mich reingearbeitet, um dann wieder alles liegen zu lassen', berichtet die 28-jährige Kunsthistorikerin. Dass sie ihr Thema zu weit gefasst und die Ansprüche zu hoch geschraubt hat, sah sie nicht. Stattdessen stellte sie die Selbstdiagnose: ‚Nicht die Arbeit ist zu groß, sondern ich bin zu klein.'
(Neuhäuser in Zeit 48/1999, S. 83)

Welches sind die Probleme der Studentin Alma-Elisa? – Es ist ein ganzer Cluster von Problemen – und alle sind sie so miteinander verknotet, dass guter Rat teuer ist. Sie hat sich in ein Schreiblabor, eine Notaufnahmestelle für Schreibblockierte, begeben. Wir versuchen uns mit einer Ferndiagnose – indem wir uns den Schwierigkeiten zuwenden, die Alma-Elisa Probleme machen. Es sind Gefahren, die alle Schreiber von Langtexten bedrohen.

Alma-Elisa hat den Prozess des Schreibens zerlegt und ist in einem Teilprozess stecken geblieben. Das Teil-Ganzes-Problem ist ihr zum Verhängnis geworden. Das Ganze der Aufgabe, auf die ihr Text reagieren soll, ist ihr abhanden gekommen; sie findet keine Verbindung mehr zwischen Schritt(en) und Globalprozess. Der Schritt, der, wenn sie keine Lösung findet, ihr letzter sein wird, ist der der Wissensbeschaffung und -bereitstellung = Bereitstellung von Material für textuelles Denken. Ein notwendiger, aber kein hinreichender Schritt für die Textproduktion; bei Alma-Elisa sogar ein Schritt ganz nahe an den Abgrund heran. Sie ist einem bedrohlichen Geflimmer (einer Form der Reizüberflutung) ausgeliefert: gehamsterte Texte, gefüllte Ordner, eine riesige Materialsammlung ... und ein Konglomerat ganz unterschiedlicher Gesichtspunkte, die sich an den Etiketten ablesen lassen, die für riesige Wissensbereiche stehen: *Mythos-Begriff, Wagner, Wagners Theorie über den Mythos, Nietzsche, der Mythos in der Ethnologie* ... Etliche andere könnten genau so mit von der Partie sein. Warum nicht auch: *der Mythos-Begriff bei den alten Germanen, in der altisländischen Sage, der Mythos-Begriff im neunzehnten Jahrhundert, die Re-Installation des Mythos gegen die Entzauberung der Welt durch Wissenschaft und Technik, Mythos und Nationalbewusstsein* usw.? Warum nicht auch dies, warum nicht auch jenes? ... anything goes – aber das Geflimmer kann irgendwann zu groß und damit nicht mehr bearbeitbar werden. Wie die Teile (Elemente) zu einem Ganzen verarbeiten? – das ist das Globalproblem, das mit einer Strategie bearbeitet werden muss. Was Alma-Elisa braucht, ist eine Strategie, wie sie mit ihrem Globalproblem zu Rande kommen kann. Der wichtigste Schritt in ihrer Strategie hätte darin bestehen sollen, nicht nur Material für das textuelle Denken bereitzustellen, sondern auch textuell zu denken.

Hätte ich Alma-Elisa betreuen müssen, hätte ich ihr geraten, zunächst einmal ganz nahe beim Material zu bleiben. Der Gestaltung des Mythos in der Nibelungen-Tetralogie (von Wagner) nachzugehen oder (disjunktiv!) der Gestaltung des Mythos im „Parzifal". Das wäre ein bottom up-Angang geworden. Die Studentin hätte sich überschaubaren Fällen zugewandt und dabei etwas in den Griff bekommen, ohne das es nicht geht: die sichere Verfügung über einen kleinen Ausschnitt in dem Wissensfeld, aus dem ihre Arbeit herauswachsen soll. Sie hätte sich in einfachen Protokollsätzen die Mythos-Gestaltung im und am Material erarbeitet. Diese Protokollsätze sollten schriftlich festgehalten werden, ihr Zusammenhang darf ein schematischer sein: *Zentralfigur des Mythos, Eigenschaften dieser Figur, Taten dieser Figur, Mitspieler* usw. Das heißt: ich hätte ihr einen Weg = eine Strategie gezeigt, bei dem/der das textuelle Denken von Beginn an gefordert ist.[5] (Denn nur dann hätte sie angesichts der Aufgabe in der Dimension „Gesamtinhalt vs. Teilinhalte" reüssieren können. Denn Alma-Elisa stand vor einer analogen Erfahrung wie die Telefoniererin, die plötzlich ihre ganze Botschaft auf dem Anrufbeantworter deponieren musste.)

„Erfolg ist 20 Prozent Kreativität und 80 Prozent Umsetzung", sagt Jürgen Schrempp (Zeit 51/2005, S. 32). Das gilt wohl auch für das Schreiben, für das es ja ähnliche Quantifizierungen von Inspiration und Transpiration gibt. *Umsetzung* aber heißt Strategie: Wie kann ich Fülle des Stoffes so nutzen, dass meine Fähigkeiten zur Neurepräsentation (dadurch) stimuliert, nicht ertränkt werden?

Wissenschaftliches Denken ist so gut, so viel es einbeziehen kann. Und es kann viel einbeziehen, wenn seine Organisation gut ist.

Zahlreich sind die Aussagen von Schreibenden, die das Wunder der allmählichen Verfertigung der Gedanken beim Schreiben preisen. Das ist erlebte Neurepräsentation. Emergenz des Gedankens, des Textes aus dem Schreiben.

---

[5] Ausführlich zu den Strategien Ortner 2000 und 2002.

*... mir geht es genauso wie allen Kollegen, die ich danach gefragt habe: sie ...
denken beim Schreiben. Schreiben ist ihre wichtigste Denkmethode. ‚Ich muß
mir alles erschreiben', so sagt einer von Ihnen.* (Hermanns 1988, S. 71)

„Emergentes Schreiben" sagt mein Kollege (Philip Herdina) zu diesem Denken
beim Schreiben. Emergent ist es, weil es sich aus der beim Schreiben vorgenomme-
nen Neukonstellation ergibt, weil es eine Neurepräsentation ist – wovon in dieser
Arbeit einige Aspekte besprochen worden sind.

Das Schreiben ist hilfreich, doch wer die Fähigkeit zur Entwicklung von Neurepräsentationen „im Kopf", d.h., ohne aufgeschriebene Objektivation, so stimulieren kann wie Helmholtz, der kann natürlich auch einfach nachdenken – ohne zu
schreiben.

*sprach sich HELMHOLTZ folgendermaßen über sein Denken und die dabei
auftretenden guten „Einfälle" aus: „Sie schleichen sich oft genug still in den
Gedankenkreis ein, ohne daß man gleich von Anfang an ihre Bedeutung erkennt, dann hilft später nur zuweilen noch ein zufälliger Umstand zu erkennen,
wann und unter welchen Umständen sie gekommen sind; sonst sind sie da,
ohne daß man weiß woher. In anderen Fällen treten sie plötzlich ein, ohne
Anstrengung, wie eine Inspiration. Soweit meine Erfahrung geht, kamen sie nie
dem ermüdeten Gehirn und nicht am Schreibtisch. Ich mußte immer erst mein
Problem nach allen Seiten so viel hin- und hergewendet haben, daß ich alle
seine Wendungen und Verwicklungen im Kopfe überschaute und sie frei, ohne
zu schreiben, durchlaufen konnte.* (Müller-Freienfels 1925, S. 328)

Normalsterblichen reicht speziell bei Mammutthemen der Kopf aber nicht aus. Sie
brauchen das Schreiben für das Denken. Das Schreiben mit seinen vielfachen Möglichkeiten der Ausdifferenzierung von Dimensionen und/oder Faktoren, die zusammen ein Eldorado für Neurepräsentationen schaffen.

Literatur

Augst, Gerhard/Faigel, Peter (1986): Von der Reihung zur Gestaltung. Untersuchungen zur Ontoge-
    nese der schriftsprachlichen Fähigkeiten von 13–23 Jahren (= Theorie und Vermittlung
    der Sprache 5). Frankfurt a. M. usw.: Lang.
Becker, Howard S. (1994): Die Kunst des professionellen Schreibens. Ein Leitfaden für die Geistes-
    und Sozialwissenschaften. Frankfurt a. M.: Campus (= Reihe Campus Studium 1085).
Benckiser, Nikolas (1980): Vom Nutzen und vom Nachteil journalistischer Sprachnormen. In: Mog-

ge, Birgitta (Bearb.): Die Sprachnorm-Diskussion in Presse, Hörfunk und Fernsehen (Deutsche Akademie für Sprache und Dichtung, Darmstadt). Stuttgart: Klett-Cotta (= Der öffentliche Sprachgebrauch Bd. I), S. 128-131.

Bühler, Karl (1934/1978): Sprachtheorie. Die Darstellungsfunktion der Sprache. Frankfurt a. M. usw.: Ullstein (= Ullstein Buch 3392).

Eccles, John C. (1981): Sprache, Denken und Gehirn. In: Wendt, Herbert/Loacker, Norbert (Hrsg.): Kindlers Enzyklopädie. Der Mensch. Bd. IV. Zürich: Kindler. S. 275-304.

Eigler, Gunther (1988): Wissen und Schreiben. In: Freiburger Universitätsblätter 100, S. 21-32.

Ehlers, Holger (1995): Argumentieren in Theorie und Praxis. Einige Schlussfolgerungen aus der Aufsatzstudie. In: Deutschunterricht 48, H. 6, S. 301-307.

Feilke, Helmuth (1996): Die Entwicklung der Schreibfähigkeiten. In: Günther, Hartmut/Ludwig, Otto (Hrsg.): Schrift und Schriftlichkeit. Writing and Its Use. Ein interdisziplinäres Handbuch internationaler Forschung. An Interdisciplinary Handbook of International Research. 2. Halbband, Volume 2. Berlin, New York: de Gruyter (= Handbücher zur Sprach- und Kommunikationswissenschaft 10.2), S. 1178-1191.

Fritzsche, Joachim (1994): Zur Didaktik und Methodik des Deutschunterrichts. Bd. 2: Schreiben. Stuttgart: Klett (= Deutsch im Gespräch).

Hartmann, Wilfried/Blatt, Inge (1993): Nützt empirische Forschung dem Schreibunterricht? Folgerungen aus der Hamburger Aufsatzstudie. Hamburg: Arbeitsstelle für Schreib-Lehr-Lernforschung. Institut für Didaktik der Sprachen (= Schriften zur Schreib-Lehr-Lernforschung 13).

Heinroth, Oskar/Lorenz, Konrad (1988): Wozu aber hat das Vieh diesen Schnabel? Briefe aus der frühen Verhaltensforschung 1930–1940. Hrsg. von Otto Koenig. Mit Beiträgen von Katharina Heinroth u. a. München, Zürich: Piper (= Serie Piper 975).

Hentig, Hartmut von (1999): Eine nicht lehrbare Kunst. In: Narr, Wolf-Dieter/Stary, Joachim (Hrsg.): Lust und Last des wissenschaftlichen Schreibens. Hochschullehrerinnen und Hochschullehrer geben Studierenden Tips. Frankfurt a. M.: Suhrkamp (= suhrkamp taschenbuch wissenschaft 1437); S. 19-26.

Hermanns, Fritz (1988): Schreiben als Denken. Überlegungen zur heuristischen Funktion des Schreibens. In: Der Deutschunterricht 40, H. 4, S. 69-81.

Humboldt, Wilhelm von (1900): Ueber Schiller und den Gang seiner Geistesentwicklung. In: Leitzmann, Albert (Hrsg.): Briefwechsel zwischen Schiller und Wilhelm von Humboldt. Dritte vermehrte Ausgabe. Stuttgart: Cotta'sche Buchhandlung Nachfolger, S. 3-38.

Inhelder, Bärbel (1997): Autobiographie. In: Volkmann-Raue, Sibylle (Hrsg.): Mit Jean Piaget arbeiten: Bärbel Inhelder. Die Autobiographie und andere Texte zur Entwicklungspsychologie. Deutsche Erstveröffentlichung mit französischem Originaltext. (Autorisierte Übersetzung). Münster: LIT (= Piaget-Forschung. Vom Greifen zum Begreifen. Interdisziplinäre Studien zur Entwicklungs- und Erkenntnistheorie 1).

Karmiloff-Smith, Annette (1992): Beyond modularity: A Developmental Perspective on Cognitive Science. Cambridge, Mass.: MIT Press.

Krappmann, Lothar (1985): Mead und die Sozialisationsforschung. In: Joas, Hans (Hrsg.): Das Problem der Intersubjektivität. Neuere Beiträge zum Werk George Herbert Meads. Frankfurt a. M.: Suhrkamp (= suhrkamp taschenbuch wissenschaft 573), S. 156-178.

Lieury, Alain (1997): Mémoire et réussite scolaire. 3éme édition entiérement revue et augmentée. Paris: Dunod.

Lindesmith, Alfred R./Strauss, Anselm L. (1983): Symbolische Bedingungen der Sozialisation. Eine

Sozialpsychologie. 2 Bde. Frankfurt a. M. usw: Ullstein (= Ullstein Materialien 35176–35177).

Lorenz, Konrad (1933): Beobachtetes über das Fliegen der Vögel und über die Beziehungen der Flügel- und Steuerform zur Art des Fluges. In: Journal für Ornithologie, Bd. 81, S. 107-236.

Lorenz, Konrad (1978): Vergleichende Verhaltensforschung. Grundlagen der Ethologie. Wien, New York: Springer-Verlag.

Lurija, Alexander Romanowitsch (1993): Romantische Wissenschaft. Forschungen im Grenzbezirk von Seele und Gehirn. Reinbek bei Hamburg: Rowohlt (= rororo, rororo science 9533).

Müller-Freienfels, Richard (1925): Das Denken und die Phantasie. 2. völlig, umgearbeitete Auflage Leipzig: Verlag von Johann Ambrosius Barth (= Grundzüge einer Lebenspsychologie II).

Oerter, Rolf/Montada, Leo (Hrsg.)(1987): Entwicklungspsychologie. Ein Lehrbuch. 2. Aufl. München, Weinheim.

Ortner, Hanspeter (2000): Denken und Schreiben. Tübingen: Niemeyer (= Reihe Germanistische Linguistik 214).

Ortner, Hanspeter (2002): Schreiben und Wissen. Einfälle fördern und Aufmerksamkeit staffeln. In: Perrin, Daniel/Böttcher, Ingrid/Kruse, Otto/Wrobel, Arne (Hrsg.): Schreiben. Von intuitiven zu professionellen Schreibstrategien. Opladen. Westdeutscher Verlag, S. 63-81.

Ortner, Hanspeter (2006): Spontanschreiben und elaboriertes Schreiben – wenn die ursprüngliche Lösung zu einem Teil des (neuen) Problems wird. In: Kissling, Walter/Perko, Gudrun (Hrsg.): [Sammelband über das wissenschaftliche Schreiben] Erscheint demnächst.

Petermann, Franz/Niebank, Kay/Scheitauer, Herbert (2004): Entwicklungswissenschaft. Entwicklungspsychologie – Genetik – Neuropsychologie. Berlin, Heidelberg: Springer.

Platon (1994): Sämtliche Werke. Bd. 2: Lysis, Symposion, Phaidon, Kleitophon, Politeia, Phaidros. Reinbek b. Hamburg: Rowohlt (= rororo, rowohlts enzyklopädie 562).

Popper, Karl R./Eccles, John C. (1990): Das Ich und sein Gehirn. 9. Aufl. München: Piper (= Serie Piper 1096).

Raith, Werner (1988): Gut schreiben. Ein Leitfaden. Frankfurt a. M., New York: Campus.

Schönpflug, Wolfgang/Schönpflug, Ute (1995): Psychologie: allgemeine Psychologie und ihre Verzweigungen in die Entwicklungs-, Persönlichkeits- und Sozialpsychologie; ein Lehrbuch für das Grundstudium. 3., vollständig überarb. Aufl. Weinheim: Beltz, Psychologie-Verlags-Union.

Tomasello, Michael (2002): Die kulturelle Entwicklung des menschlichen Denkens. Frankfurt a. M.: Suhrkamp.

Wahlberg, Karin (2004): Die falsche Spur. Aus dem Schwedischen von Holger Wolandt. Einmalige Sonderausgabe. München: Random House (= btb 73295).

Wilson, John (1984): Begriffsanalyse. Eine Einführung. Übersetzt und herausgegeben von Karin Guth. Stuttgart: Reclam (= Universal-Bibliothek 9580; Arbeitstexte für den Unterricht)

Zeit, Die. Wochenzeitung. Hamburg.

Burkhard Spinnen
Genie in der Schulbank oder:
Versuch, meine Erfahrungen mit literarischen Werkstätten zusammenzufassen

1 Etwas Grundsätzliches über die Ausbildung im literarischen Schreiben

Einen Satz unbedingt vorweg: Es geht natürlich auch ganz anders. Das heißt, man kann durchaus ein guter Autor werden, ohne eine institutionalisierte oder auch nur fremd organisierte Ausbildung durchlaufen zu haben.

Zum Beispiel so: Man liest viel, schreibt viel, spricht mit niemandem über das Gelesene und Geschriebene, bis man endlich *den* Text geschrieben hat, der den kompetenten Leser (also den Lektor, Kritiker etc.) überzeugt. Das ist möglich; ja es gibt in der Literaturgeschichte viele Beispiele für solches literarische Autodidaktentum.

Oder, als eine Art Mittelweg: Man gründet einen privaten Lese- und Debattierclub, in dem alle anderen Teilnehmer wenig von Literatur verstehen, aber gut dazu taugen, an ihnen die eigenen poetischen Überzeugung oder Texte auszuprobieren. Man kann sich auch ein Vorbild suchen, ihm eifrig nachahmen, sich endlich mit ihm überwerfen (dazu braucht man das Vorbild nicht mal in persona!), um dann wütend und enttäuscht, aber kraftvoll, seinen eigenen Weg finden.

Wie gesagt: all dies und noch viel mehr ist möglich. Und eine der wichtigsten Voraussetzungen, will man sinnvoll über literarische Ausbildung sprechen, ist nach meiner festen Überzeugung der unbedingte Vorsatz, auf keinen Fall eine Debatte um den *einzigmöglichen* Weg anzuzetteln oder sich darin verwickeln zu lassen! Denn wenn auch der Weg zu den allermeisten Berufen nicht an einer Schule, an geordneten Lernprozessen, genormten Prüfungen, Diplomen etc. vorbeiführen wird, so ist das beim Beruf des Schriftstellers grundsätzlich anders. Literatur zu schreiben ist Kunst; hier entstehen die Werke nicht durch die Anwendung von Regeln.

Speziell in der deutschen Literatur ist der letzte Versuch eines Regelbuches für das literarische Schreiben, so lange er auch zurückliegen mag, noch gut in Erinnerung: nämlich nicht nur als fulminanter Fehlschlag, sondern auch als Stimulans für eine moderne Poetik, die sich als *Kritik* an bestehenden (Meister)Werken abarbeitet. Spätestens seit Lessings Auseinandersetzung mit Gottscheds „Dichtkunst" werden die literarischen Regeln den entstandenen Werken erst im Nachhinein abgezogen, ohne dabei freilich Anweisung für die entstehenden zu sein. Autor und Text sind ihrer Poetik immer einen wesentlichen Schritt voraus, besonders wenn das Werk gelungen ist. Und daher ist für das literarische Schreiben ein irgendwie *genormtes* Schulungssystem vom Schnupperkurs bis hin zu Diplom oder Staatsexamen nicht zu haben – ja nicht einmal im Geheimen zu wünschen. Im Gegenteil: jeder Versuch zur Etablierung eines festen Curriculums für die Ausbildung von Autorinnen und Autoren hieße verkennen, was Literatur ausmacht! Und jeder Wunsch nach ver- *bindlicher* Anleitung disqualifiziert den, der sie sich wünscht.

Doch wenn man diesen besonderen Umstand mit all seinen Konsequenzen ein- mal akzeptiert hat, dann kann man durchaus für das Angebot einer Autorenausbil- dung in Anlehnung an andere künstlerische Ausbildungen argumentieren – schlicht und bescheiden als *eine* Möglichkeit unter vielen, den Schwierigkeiten beim Autor- Werden zu begegnen. Und solche *Schwierigkeiten* gibt es ja durchaus! Ich meine damit jetzt weniger die allem Kreativen eigene Problematik, dass ohne einen be- sonderen und möglichst unverwechselbaren Einfall nichts gelingt. Oder, in einer älteren Terminologie gesprochen: dass ohne einen unteilbaren und unerklärlichen Rest von individuellem Genie keine bedeutenden Werke entstehen können. Das ist eine Selbstverständlichkeit, der es allerdings gut tut, gelegentlich wiederholt zu werden, damit in Zeiten der florierenden Unterhaltungsindustrie nicht alle Kreati- vität zum notwendigen Resultat einer professionellen Einstellung herunter geredet wird.

Tatsächlich scheint mir eine der zeitgenössischen Hauptschwierigkeit beim Au- tor-Werden die Forderung nach dem zu sein, was man seit einigen Jahren in weiten Bereichen des literarischen Lebens gerne mit dem Euphemismus "Professionali- sierung" bezeichnet. Genauer: in den 90er Jahren erstarkte in Deutschland viel- fach, ja beinahe flächendeckend die Hoffnung, man könne das Büchermachen als modernes und ertragreiches Business betreiben – und das sogar nicht allein mit bereits garantierten Erfolgen aus dem (angelsächsischen) Ausland, sondern sogar mit einheimischer Literatur. Ein neuer Typus des Verantwortlichen in den Verlagen begreift sich seitdem weniger als Kulturvermittler und mehr als Manager, dessen Leistung wesentlich in den Absatzbilanzen erscheint. Der Verleger alten Schlages konnte die schmalen Gewinne seiner Branche noch verschmerzen, da er sich mehr als Kulturträger und weniger als Unternehmer verstand. Der neue Verlegertypus aber stellt das Büchermachen und Bücherverkaufen unter rein ökonomische Prinzipien. Spektakuläre Aufräumarbeiten in bekannten deutschen Literaturverlagen haben unlängst gezeigt – und damit bin ich wieder mitten in meinem Thema – was bei solchen Mutationen am ehesten auf den Aussterbeetat gesetzt wird: nämlich das Lektorat. Man spart ja am besten da, wo langsam und schleppend, ja vielleicht sogar überhaupt nicht produziert wird. Sprich: wo ein Lektor und ein (junger oder unerfahrener) Autor gemeinsam an einem Text arbeiten, ohne dass überhaupt schon ganz klar ist, ob daraus jemals ein Buch wird werden können.

Solche Zusammenarbeit hat es früher oft gegeben, früher, als der Lektor noch mehr Zeit für solche "Investitionen" hatte und als er, was noch viel wichtiger ist, noch nicht unter so strenger Observanz von Programmleitung, Marketing und Vertrieb stand. Früher war der Lektor wesentlich mehr als heute der ebenso sensible wie selbständige Fühler, mit dem sich der Verlagskörper ins literarische Leben und ins Bewusstsein der Gegenwart tastete. Der Lektor hatte, obwohl er einem Wirtschaftsunternehmen zuarbeitete, die Lizenz, sich nach anderen als wirtschaftlichen Kriterien zu orientieren; er musste dies sogar tun, da zumindest die bedeutenden Literaturverlage ihr Renommee weniger nach den Auflagen ihrer Werke als nach deren literarischer Geltung bemaßen.

Heute ist das anders. Heute stößt das literarische Talent, wenn es die Schreibkammer verlässt, beinahe unmittelbar auf Vermittler, die wesentlich aufs Ökonomische fixiert sind. Also zum Beispiel auf Literatur-Agenten, deren Einkommen direkt abhängig ist von den Summen, die die von ihnen vermittelten Manuskripte (als Vorschuss oder Garantie-Honorar) bei den Verlagen einbringen. Um dabei eines gleich klarzustellen: Ich habe nichts gegen Agenten. Ihre jeweilige Arbeit mag sich nach ihrem Erfolg bemessen, das heißt: nach dem, was sie für das Gesamte der Literatur und des literarischen Lebens leistet. Wenn aber durch das Outsourcen des Lektorats und durch die Zwischenschaltung einer weiteren ökonomisch gebundenen Instanz zwischen Manuskript und Verlag jener Raum noch weiter verschmälert wird, in dem sich eine wesentlich freie, ausschließlich dem literarischen Wert geltende Arbeit am Text vollziehen kann, dann – Pardautz – steigt damit der Stellenwert von Schreibschulen, literarischen Werkstätten etc., sprich von allen Orten, an denen Texte nicht nach ihrer Marktgängigkeit beurteilt werden!

Rechnet man dann noch hinzu – und jetzt verkürze ich einige sehr schwerwiegende Argumente zu einer kurzen Auflistung:

- dass heute viele Familien selbst des gehobenen Bildungs- bzw. Einkommensniveaus vollkommen illiterat sind;
- dass sich der Deutschunterricht häufig auf nichtliterarische Texte kapri-

ziert und viele Deutschlehrer nicht imstande sind, auch nur die Grundzüge einer literarischen Kultur zu vermitteln;

- dass eine immer noch steigende Zahl von Germanistik-Studenten in der
  Ausbildung eigener Schreibfähigkeiten weder angeleitet noch betreut
  wird und
- dass endlich der Anteil literarischer Themen in Presse, Rundfunk und
  Fernsehen sich zusehends verkleinert.

Ja, dann wird unversehens aus der *einen* Ausbildungs-Möglichkeit, die Schreibschulen, literarische Werkstätten etc. für den Werdegang des Autors anbieten, eine
mehr und mehr *notwendige* Instanz. Notwendig zumindest insofern sie verhindern
hilft, dass demnächst die Literatur auch im Bewusstsein der Schreibenden keinen
anderen als den Warencharakter mehr besitzt!

2   Eine nachgeschobene Begriffsbestimmung

Wenn ich bislang und im Folgenden von Ausbildung im literarischen Schreiben
und nicht vom "Kreativen Schreiben" rede, dann mit gutem Grund. Ich will niemandem den Spaß verderben – aber was unter dem mittlerweile sehr landläufigen
Begriff des "Kreativen Schreibens" angeboten und praktiziert wird, mag auf sehr
verschiedenem Niveau stattfinden, zielt aber in den allerseltensten Fällen wirklich
auf Literatur und in den allermeisten auf Person und Psyche der Schreibenden. Ich
will keineswegs abstreiten, dass es befreiend und sinnvoll sein kann, Erlebnisse
aufzuschreiben und dergestalt mitzuteilen oder durch Produktion und Verbreitung
fiktionaler Texte an sprachlicher oder kommunikativer Kompetenz zu gewinnen.
Aber solange Texte solch instrumentelle Funktionen haben, bzw. im Bewusstsein
solch instrumenteller Funktion verfasst werden, können sie kaum den Schritt zur
Literatur tun; und infolgedessen will ich hier nicht über "Kreatives Schreiben" reden.
   Andererseits darf eines nicht vergessen werden: Anleitung und Ausbildung zum
literarischen Schreiben haben schon aus den oben genannten Grundbedingungen
künstlerischen Schaffens heraus niemals die alleinige Tendenz auf hohe Literatur
und nichts als das. Jedes wirkliche Gelingen eines Textes überschreitet ja alles Gelernte und alles Lernbare und ist daher immer das Verdienst des Schreibers, nie das
eines „Lehrers"! Die Praxis des Lehrens und Lernens besteht hingegen aus lauter
Versuchen. Und daher sind die positiven „Randprodukte" einer Schreib-Ausbil-
dung weniger randständig als sie scheinen mögen. Konkret: wer die Probe aufs

Exempel des literarischen Schreibens macht und es einmal Ernst meint mit der Literatur, der wird immer auch eine Probe aufs Ganze der eigenen Sprach- und Schreibfähigkeit machen. Denn Literatur ist nicht ein Sonderfall von Sprache, eine abseitige oder abgehobene Textsorte; sie ist vielmehr die Erfüllung der Möglichkeiten, ja die Einlösung der Versprechen, die in der menschlichen Sprachfähigkeit liegen. Ich halte es daher für keinen geringen Nebeneffekt einer Ausbildung im literarischen Schreiben, wenn hier auch das Verständnis für Literatur, die Fähigkeit zu ihrer Vermittlung und insbesondere die eigene Sprach- und Schreibkompetenz im Alltag geschult werden.

3 Theorie der Praxis: die literarische Lehrwerkstatt

So verschieden die aktuell geübten Formen der Schreibausbildung an Akademien, Volkshochschulen, Hochschulen, privaten Instituten, Literaturbüros etc. sind (verschieden in Art und Qualität), so sehr tendieren sie doch alle auf ein bestimmtes Grundmuster: das der literarischen Lehrwerkstatt. Das liegt in der Natur der Sache; denn groß ist das Bedürfnis der angehenden Autorinnen und Autoren, ihre eigenen Texte vorzustellen und bewertet zu finden. Häufig läuft daher alles auf eine Veranstaltung nach dem bekannten Muster des Klagenfurter Ingeborg-Bachmann-Wettbewerbs hinaus, der sich wiederum die Lesungen der Gruppe 47 zum Vorbild genommen hatte.

Man kann nun diese Tendenz auf den Standard bedauern oder ihr gar durch allerlei Schreib-, Assoziations- und Deklamationsspiele, Psychodramen, Rollenspiele etc. zu begegnen suchen. Ich breche wirklich nicht den Stab darüber. Aber da es ewig das Ziel des angehenden Autors sein wird, seine Texte in eine kritische Öffentlichkeit zu entlassen, wird auch die literarische Lehrwerkstatt als eine Art *Simulation* dieses Vorganges die grundlegende Form aller Schreibausbildung bleiben. Das heißt: die jeweilige Öffentlichkeit von Seminar und Seminarleiter steht stellvertretend für eine literarische Öffentlichkeit. Man simuliert (allerdings sehr hautnah und manchmal eben auch schmerzlich echt) Rezeption, Kritik, Karriere, Depression, Schreibhemmung und Erfolg. Doch dazu später mehr; denn wenn ich im Folgenden die Erfahrungen, die ich selbst (insbesondere am Deutschen Literaturinstitut Leipzig) in und mit solchen Lehrwerkstätten gemacht habe, einmal auswerten und ordnen möchte, so muss ich an den Beginn unbedingt so etwas wie den Versuch setzen, den Kern oder das Hauptanliegen der literarischen Lehrwerkstatt zu formulieren.

Das nun ist m. E. die Stimulierung und Beförderung der *Selbst*kritik des angehenden Autors. Wohlgemerkt: ich möchte dies zwar nicht ausschließlich, aber unbedingt emphatisch verstanden wissen! Denn es mag in einer literarischen Lehrwerkstatt zwar viel an substantieller Kritik, wichtiger Anregung und sogar an Fähigkeiten im so genannten Handwerklichen vermittelt werden können, doch ganz im Vordergrund steht für mich die Absicht, den Blick des Autors *auf seinen eigenen Text* zu schulen.

Der Grund dafür scheint mir nicht schwer zu erklären: Es gibt zwei Hauptleistungen beim Schreiben. Die erste ist die Erfindung, und damit meine ich nicht nur die Erfindung des Stofflichen, sondern auch die seiner sprachlichen Gestalt (soweit von einer Trennung der beiden überhaupt die Rede sein kann). Beim Erfinden aber – und zu dieser Überzeugung stehe ich! – kann niemandem wirklich geholfen werden. Man erfindet ja nicht nach einem System oder einer Regel, aber auch nicht aus dem Nichts. Erfindung ist vielmehr regellos, doch dabei vollzieht sie sich auf der Basis und nach Maßgabe dessen, was dem erfindenden Individuum ganz und gar eigentümlich ist. Man kann daher als Außenstehender die Erfindungen anderer kritisieren, man kann zu ihrer Verbesserung anregen; aber man kann sie weder erfolgreich stimulieren noch kann man wesentlich bei ihrer Gestaltung behilflich sein. Sprich also: erfinden muss der Autor alleine. Er muss, aus einem unteilbaren inneren Antrieb heraus, sein ureigenes Thema finden, er muss seine eigenen Figuren und Konstellationen schaffen, er muss seine Geschichte erzählen, und er muss dazu seine Tonlage finden. Noch einmal, und ganz deutlich: Ich kann als literarischer "Lehrer" einer fremden Geschichte keine Figuren implantieren, ich kann nicht den Handlungsverlauf korrigieren und ich kann nicht den Tonfall ändern. Kurz: ich kann – und darf – gar nichts machen, das von mir und nicht aus dem mir fremden Text stammt.

Das hört sich nun an, als sei Anleitung zum literarischen Schreiben grundsätzlich unmöglich. Aber das stimmt nicht. Denn die zweite Hauptleistung des Autors ist neben der Erfindung die *Kritik*. Manchmal bin ich sogar willens, ihren Anteil an der Entstehung des Werkes höher einzuschätzen als den der Erfindung. Ein literarisches Werk zu schreiben heißt nämlich, die Erfindung (Stoff, Figuren, Konstellationen, Sprache et.) dauernd daraufhin zu überprüfen, ob sie der ihr innewohnenden Vorstellung von sich selbst schon nahe gekommen ist, wobei gleichzeitig bei dieser Prüfung eben jene Vorstellung sich konkretisiert oder verändert. Das heißt: der literarische Autor befindet sich in einem dialektischen Prozess, bei dem seine Reflexion seiner literarischen Absichten und seine sprachlichen Gestaltungsakte einander dauernd beeinflussen. Seine Aufgabe dabei ist es, weder das Werk der (unausgesprochenen) Idee von sich selbst entraten, noch diese Idee zu einem starren Regelapparat versteinern zu lassen.

Ich spreche aus (nicht nur eigener) Erfahrung. Jeder erste Satz ist schnell hingeschrieben. Man hat halt so seine Einfälle. Aber um einen zweiten Satz schreiben zu können, muss ich den ersten verstanden haben. Und wenn dann ein zweiter Satz dasteht, wird es für den dritten schon ziemlich anstrengend, seine Gestalt zu rechtfertigen. Das meine ich, wenn ich von Kritik spreche. Nicht der Musenkuss oder der Schaffensrausch sind die Letztbegründung der Produktivität, sondern das Verhältnis zwischen Kraft und Qualität der Erfindung auf der einen und Kraft und Qualität ihrer Reflexion und Erkenntnis auf der anderen Seite des produktiven Subjekts. Dabei muss das Verhältnis von beiden und muss insbesondere ihr Zusammenspiel äußerst frei und schwebend gedacht werden. Oft genug ist es sogar so, dass der Autor gerade dann, wenn er seinen Plan endlich genau zu kennen und ihm minutiös zu folgen glaubt, etwas schafft, das diesen Plan wesentlich verändert.

Man vergleiche nur einmal die poetologischen Texte bedeutender Autoren mit ihren Werken. Abertausende literaturwissenschaftlicher Seminare sind daran gewendet worden, die Differenzen zwischen Theorie und Text ausfindig zu machen und sich dann über die Abweichung der Autoren von den selbst auferlegten Regeln zu mokieren. Das ist natürlich grundfalsch. Die Selbstreflexion des literarisch Schreibenden ist Brückenbau; und einmal überschritten, können viele Konstruktionen, so hilfreich sie waren, wieder eingerissen werden!

Nun kann wohl kein Schreibender solch komplexe Vorgänge beim eigenen Schreiben vollständig kontrollieren, ja es dürfte besonders den jüngeren oft sogar schon schwer fallen, sie auch nur anzusprechen. Aber man kann auf ihrer Höhe bleiben! – und muss es auch, wenn sich einstellen soll, was jeden gelingenden Text ausmacht: ein Gleichgewicht zwischen Konstruktion und Chaos, zwischen Regelhaftigkeit und Regellosigkeit, zwischen Absicht und Freiheit. Und genau hier kann die literarische Lehrwerkstatt ihre wesentliche Leistung erbringen. Denn bei diesem Auf-der-Höhe-des-eigenen-Textes-Bleiben kann dem Autor ausgesprochen sinnvolle Hilfe zukommen, und zwar dem unerfahrenen ebenso wie dem fortgeschrittenen.

Diese Hilfe besteht wesentlich aus Kritik und Einrede im Detail und im Ganzen. Sie beginnt schon damit, dass sie den Schreibenden mit Außenansichten auf seinen entstehenden Text konfrontiert und so Stimuli aussendet, die ihn aus seiner Befangenheit im eigenen Werk aufstören, ja vielleicht sogar daraus erlösen können. Und Erlösung tut beim Schreiben immer Not! Denn jeder der schreibt läuft Gefahr, Sprache als das hoffentlich einigermaßen eindeutige Zeichensystem aufzufassen, auf das sie sich im Alltag aus allerlei guten Gründen reduziert findet. Wer schreibt, will sich ja schließlich verständlich machen. Aber literarisches Sprechen tendiert gerade nicht auf Einsinnigkeit und Eindeutigkeit. Mit (besser: in oder aus) Sprache zu schaffen heißt vielmehr sich des vieldeutigsten künstlerischen „Mittels" zu bedienen – und das nicht, um diese Vieldeutigkeit zu reduzieren, sondern um sie zum Ausdrucksmittel zu erheben. Jedes Wort jeder Sprache heißt immer schon so vieles – und so viel Verschiedenes, es trägt die Geschichte seines historischen Gebrauches mit und in sich; darüber hinaus kann selbst der schlichteste Satz je nach Tonfall womöglich gar sein Gegenteil bedeuten.

Literarisches Schreiben betrachtet nun diese Vieldeutigkeit nicht als ein Manko der Sprache, dem es mit dem Willen zur Eindeutigkeit zu begegnen gilt. Nicht der Begriff, sondern gerade die mehrdeutige, am Ende sogar kühne oder dunkle Metapher, die unauflösbare Wendung ist Kennzeichen und Ziel der modernen Literatur. Literarisch schreiben heißt daher wesentlich, sich dieser niemals ganz kontrollierbaren, dabei aber produktiven und kreativen Metaphorizität aller Texte, auch (ja gerade!) der so genannten realistischen, innezuwerden.

Wie nun nach solcher Maßgabe die konkrete Organisation einer literarischen Lehrwerkstatt aussehen könnte, in der dieser Prozess des Innewerdens befördert wird, davon möchte ich abschließend in ein paar Punkten handeln.

4   Etwas zur Organisation

a) Die Gruppe

Um es möglichst deutlich zu formulieren: Die personelle Zusammensetzung literarischer Lehrwerkstätten entscheidet weitgehend über Gelingen und Scheitern des Unternehmens. Denn wenn das wichtigste Ziel in der Simulation einer (natürlich besonders fruchtbaren) literarischen Öffentlichkeit liegt, dann müssen erstens alle Beteiligten ein in etwa gleiches Maß an Engagement mitbringen und dann dürfen zweitens ihre literarischen Physiognomien nicht allzu verschieden sein.

Zum ersten. Einen brauchbaren und stimulierenden Eindruck von der Vielfalt, in der seine Texte aufgenommen werden und in der sie wirken können, erhält der angehende Autor nur, wenn tendenziell alle Mitglieder der Lehrwerkstatt sich produktiv an ihrer Diskussion beteiligen. Dabei ist beileibe nicht von allen die gleiche, z. B. eher sachlich-kritische Haltung gefordert; durchaus sinnvoll kann gerade auch ein Nebeneinander sehr verschiedener Argumentations- oder Ausdrucksformen sein. Es entspricht ja nur der literarischen Praxis, dass Urteile über Literatur sich auf eine sehr komplexe Art und Weise aus Reflexionen und Emotionen zusammensetzen.

Diese Aufforderung zum Mitmachen und zur Konstruktivität klingt nun vielleicht etwas simpel; doch in der Praxis beginnen bereits hier sehr große, oftmals das Ganze in Frage stellende Schwierigkeiten. Vielfach werden nämlich literarische Lehrwerkstätten durch psychologische und kommunikative Strukturen beherrscht, in denen einzelne Interessen die Absicht des Projektes dominieren. So kann sich zum Beispiel eine Haltung der zwanghaften Zustimmung zu allem und jedem breit machen, getragen von der Hoffnung, wenn man nur die Texte der anderen kräftig lobe, werde einem dieses Lob für den eigenen Text quasi zurückerstattet. Oder es gibt in der Gruppe eine kompakte Mehrheit von Schweigern. Die mögen oft tatsächlich schüchtern oder eingeschüchtert sein; nicht selten aber machen sie auch aus ihren Ansichten ein (interessantes?) Geheimnis. Darüber hinaus lassen sie sehr subtil diejenigen, die sich äußern, als die weniger sensiblen und künstlerischen Temperamente erscheinen. Als Pendant zu den Schweigern gibt es, allerdings wesentlich seltener, jene Dominatoren, die die Gruppe zu ihrem Forum instrumentalisieren, sei es durch besonders outrierte Kritik oder durch die permanente, oft auch unsprachliche Ausstellung der eigenen Besonderheit.

Ich erwähne hier solche Schwingungen und Befindlichkeiten mit Absicht. Denn die literarische Lehrwerkstatt ist nun einmal kein Abstraktum, sondern immer und immer wieder eine besonders heikle, hoch individuelle Veranstaltung mit besonderen und oft auch heiklen Persönlichkeiten. Dabei *lebt* sie von deren Besonderheit; wenn sie gelingt, gelingt sie durch diese Besonderheit, und niemand dürfte auf die Idee kommen, verbindliche Benimmregeln oder andere Maßnahmen zur Nivellierung einzuführen. Aber Veranstaltungen dieser Art haben eben auch eine erhebliche Neigung zum Scheitern, die man kennen und in einem gewissen Grade sogar akzeptieren muss, wenn man an ihnen teilnehmen, sie organisieren oder leiten will, ohne allzu schnell die Lust oder die Kraft zu verlieren.

Nun kenne ich kein probates Allzweckmittel, die Gruppe einer literarischen Lehrwerkstatt zu konditionieren oder einzuschwören. Ich würde jedoch niemals eine Veranstaltung eröffnen, ohne ganz deutlich die Möglichkeiten sowie die Gefahren des Unternehmens zu thematisieren. Niemand darf glauben, dass er durch süffisantes Schweigen oder dramatisches Poltern dem Zweck der Veranstaltung (oder auch nur seinen eigenen Interessen) dient. Niemand darf glauben, dies sei der Ort für unnötige Beleidigungen oder unnötiges Beleidigtsein. Zur Literatur gehört notwendig die Pose, sicher, denn Literatur ist Kunst und also Schein. Zum Autor-Sein gehört nicht notwendig die Pose! Sie mag in der Öffentlichkeit für das eine oder andere Vergnügen sorgen, produktiv ist sie nicht. Im Gegenteil, allein mit dem eigenen Text und allein mit seiner Kritik daran, weiß jeder Autor, wie unverstellt und schutzlos er in Wahrheit ist – und sein muss, wenn es darum geht, dem einzigen was zählt, eben dem Text, seine Wahrheit zu geben. Genau dies ist angehenden Autoren nicht leicht zu vermitteln; aber zumindest der Versuch sollte am Anfang jeder literarischen Lehrwerkstatt seinen festen Platz haben.

Damit zur Zusammenstellung der Gruppe. Hier lässt sich immerhin einiges tun, die allerschlimmsten Fehler zu vermeiden. Ganz wichtig ist es, dass die Mitglieder einer Lehrwerkstatt einer Bewusstseins- sowie einer literarischen Altersgruppe angehören. Die sind nun freilich unmöglich bloß nach dem Lebensalter zu bestimmen. Durchaus können, und heute zumal, ein Zwanzigjähriger und ein Enddreißiger einen ähnlichen kulturellen Hintergrund oder Konnotationsraum besitzen, während ein anderer Endzwanziger und ein Anfangvierziger von zwei verschiedenen Kulturplaneten stammen. Doch wenn man, was ich geradezu zum Gesetz machen möchte, die Zusammensetzung literarischer Lehrwerkstätten ausschließlich nach den (aussagekräftigen!) Textproben der Bewerber bestimmt, dann hat man das beste (weil einzige) Material in Händen, an dem man die literarische Physiognomie des Bewerbers ablesen kann. Und hier muss zur Gruppenbildung ein gewisses Maß an Ähnlichkeit herrschen.

So ist es, um einmal ganz konkret zu werden, ein sinnloses Unterfangen, einen Mittzwanziger, der kurz vor der Vollendung seines ersten Romans steht, mit einem Mittdreißiger zusammenzusperren, der seit Jahren avantgardistische Kurzprosa schreibt. Es ist nicht zu empfehlen, Gattungsgrenzen zu überschreiten. Und es müsste absolut verboten sein, Autoren, die bereits mehrere Bücher publiziert und eine gewisse Öffentlichkeit erfahren haben, mit solchen zusammenzubringen, für die der real existierenden Literaturbetrieb immer noch ein fernes Land voller Märchen und Mythen ist.

Ich weiß es und sage es auch: das klingt nach Binsenweisheiten. Aber auch und gerade die geraten über die Begeisterung, mit der vielerorts literarische Lehrwerkstätten eingerichtet und angegangen werden, schnell in Vergessenheit. So traurig es klingt, aber niemand darf hoffen, dass ein so wunderbares und dankenswertes Unterfangen wie das, junge Autoren zu Austausch und Anleitung zu versammeln, seine Gelingensgarantie schon in sich trage. Man gehe besser vom Gegenteil aus und wappne sich gut. Umso schöner ist dann die Freude über den Erfolg.

b) die Leitung oder besser: die Moderation

Ich plädiere sehr nachdrücklich dafür, die Leitung oder Moderation literarischer Lehrwerkstätten nach Möglichkeit nur an Autorinnen oder Autoren zu vergeben, die sich mit ihren Texten bereits einen Namen gemacht haben. Ich weiß, das klingt vielleicht ein bisschen brachial und riecht nach Standesdünkel. Aber es geht hier nun einmal um – böses Wort –: Autorität. Der Berufskritiker, der fertige Werke kritisiert, muss nicht besser schreiben können, er sollte es auch besser nicht versuchen, wenn er nicht seine kritische Autorität aufs Spiel setzen will. Wer aber den literarischen Selbsterkenntnisprozess angehender Autorinnen und Autoren begleiten und moderieren will, der muss unbedingt vermitteln können, dass ihm Produktionsprozesse geläufig sind und dass er sie bereits erkennbar erfolgreich durchlaufen hat. Ausdruck und Garant dessen aber können nur eigene Werke sein. Ich glaube kaum, dass jemandem, der dies nicht vorweisen kann, auf Dauer genug Vertrauen entgegengebracht werden wird.

Natürlich steckt in diesem Prinzip der Meisterklasse auch die Gefahr von Rivalität und Neid zwischen den Teilnehmern und den Moderatoren. Aber ich halte das für teils unvermeidlich und teils fruchtbar. Denn es kann – dem Gegenstand Literatur angemessen – für niemanden einen Rückzug ins schier Pädagogische geben. Stattdessen ist eine Konfrontation von ausgeprägten Temperamenten, so heikel sie manchmal sein mag, unverzichtbarer Bestandteil der Simulation literarischer Enstehungs- und Verbreitungsprozesse.

c) Theorie in der Praxis

Am Deutschen Literaturinstitut in Leipzig hatte sich eine Art Seminarklassifikation etabliert, die nach reinen Werkstätten und reinen Theorie-Seminaren unterschied. Dabei ähnelten die Theorie-Seminare nach Maßgabe der Möglichkeiten und zumindest von der Anlage her den Proseminaren in der Literaturwissenschaft. Dies war und ist Teil des Leipziger Modells, das ja mehr oder weniger ausdrücklich kein Studium etwa der Germanistik oder einer anderen Philologie im Nebenfach vorsieht.

Ich selbst habe mich mit dieser Teilung eher schwer getan. Denn problemlos sind weder die Inhalte, noch die Vermittlungsformen der Literaturwissenschaft in die Praxis der Schreibausbildung zu überführen. Zwischen reflektierendem und produktivem Bewusstsein herrschen neben engen Verbindungen auch große Unterschiede. Denn während das Ziel der Literaturwissenschaft immer das Verstehen eines existierenden Textes von anderer Hand ist, zielt die literarische Lehrwerkstatt immer auf die Verbesserung der eigenen Schreibfähigkeit. Andererseits ist eine gewisse Grundausbildung in literaturwissenschaftlicher Denkweise und Terminologie m.E. unverzichtbar. Ich selbst habe in der deutschen Literaturszene keine Kollegin und keinen Kollegen kennen gelernt, die nicht – manchmal natürlich auf eine ureigene Art und Weise – versierte und kenntnisreiche Leser gewesen wären. Und die allermeisten von ihnen bedienten sich beim Gespräch über Literatur (und also vermutlich auch beim Nachdenken über die eigenen Texte) einer Terminologie, die in der Geschichte der Literaturwissenschaft ihre Tauglichkeit erwiesen hat.

Mein eigene Idealvorstellung von einer literarischen Lehrwerkstatt zielt daher auf ein Miteinander oder besser: auf die Gleichzeitigkeit von Werkstatt und Theorie-vermittlung. So wie beim Schreiben Einfall und Konzept, Intuition und Kritik un-unterscheidbar sind, so sollte idealerweise auch in der Lehrwerkstatt das Bemühen um Erkenntnis des eigenen Textes mit der Reflexion anderer Texte einhergehen.

d) Eine Erinnerung als Resümee

Von den Seminaren, an denen ich teilgenommen oder die ich geleitet habe, ist mir eines besonders in Erinnerung geblieben. Es war nach Maßgabe des Deutschen Literaturinstituts in Leipzig eigentlich ein Theorie-Seminar, sein Titel lautete: Tri-vialliteratur. Es war aber mit praktischen Übungen durchzogen; und so lasen wir nicht nur Lind u.a. und sprachen nicht nur sehr angeregt über mögliche Kriterien bei der Be- bzw. Aburteilung des Trivialen, darüber hinaus schrieben mehrere Stu-dentinnen und Studenten Texte, die mit aller Absicht und mit Nachdruck trivial sein sollten.

Es war ein Seminar, von dem ich mir vielleicht nicht die Welt versprochen hatte. Entstanden war es ganz wesentlich als Antwort auf die in den Diskussionen immer wieder aufgeworfene Frage danach, was den eigentlich trivial und ob das Triviale überhaupt einwandfrei identifizierbar sei. Doch dann entwickelte sich ausgerech-net dieses Seminar nicht zu einer (immer problematischen) Auflistung eindeutiger Kennzeichen trivialer Literatur. Es wurde vielmehr eine allgemeine Probe aufs Ex-empel des eigenen „Literaturwollens". Lustvoll – ich verwende dieses Wort mit Vorsatz! – schrieben die Teilnehmer Texte, zu denen sie „eigentlich" nicht stehen wollten, die ihnen selbst schlecht erschienen und – deren Reiz sie selbst als ihre Autoren in nicht unerheblichem Maße verfallen waren!

Das war, denke ich heute, ein gutes Seminar. Es sind da keine „guten" Texte entstanden, und die Diskussion über die Machart des Trivialen hat nicht unbedingt weltbewegende Erkenntnisse hervorgebracht. Aber ich bin mir sicher, dass alle Be-teiligten etwas über ihr innerstes Verhältnis zur literarischen Produktivität und über ihr eigenes Verständnis von literarischer Qualität gelernt haben. Jene *Selbstkritik*, von der ich oben gesprochen habe, hat sich hier quasi durch die Hintertür des be-wusst Unverantwortlichen und des vorsätzlich Misslingenden eingeschlichen. So sollte es sein! Aber wie ein guter Text, so ist, fürchte ich, auch ein gutes Seminar nicht vollkommen planbar.

Anhang

Ein kleines Beispiel dafür, wie man seine Überlegungen bei der Textbearbeitung zur Sprache bringen kann.

Silberfische	Silberfische
Wir haben, und das Besitzanzeigende darin zeigt seine Zwiespältigkeit, in unserem Badezimmer eine Art von Ungeziefer. Freilich läuft im Badezimmer jedes Tier Gefahr, als ein Schädling behandelt zu werden, doch die Silberfische, und um solche handelt es sich, sind schon vor ihrem Auftauchen in meiner Wanne zum Ungeziefer erklärt worden, was daran abzulesen ist, daß man spezielle Vernichtungsmittel kaufen kann.	Man hat – und das unfreiwillig Besitzanzeigende wird mit einem Mal gefährlich – im Badezimmer eine Art von Ungeziefer. Freilich, im Bad läuft jedes Tier Gefahr, als Schädling zu gelten; doch die Silberfische, um solche handelt es sich, waren schon vorher zum Ungeziefer erklärt, abzulesen insbesondere daran, daß spezielle Vernichtungsmittel im Handel sind.
Ihr Name ist gut gewählt. Sie sind von unbezweifelbar silbriger Farbe, haben einen metallischem Glanz, und ihre Bewegungen auf den Bodenfliesen lassen durch ein Jähes, Ruckartiges und Schlingerndes durchaus an Fische denken. Ich kann es vor dem Zubettgehen beobachten, und der Ekel, den diese harmlosen, tröpfchenförmigen und scheinbar fußlosen Tiere erregen, mag zu einem Gutteil ihrer Anmut, Wendigkeit und ihrem harmonischen Aussehen entspringen, hinterdem man wohl mit Recht eine besonders böswillige und heimtückische Spezies vermutet.	Ihr Name ist ohne Zweifel gut gewählt. Sie sind von eindeutig silbriger Farbe, sogar mit leichtem metallischem Glanz; und ihre Bewegungen auf den Fliesen lassen durch ein Jähes, Ruckartiges und Schlingerndes durchaus an Fische denken. Man kann das vor dem Zubettgehen genau beobachten; und sicher entspringt ein Gutteil des Ekels, den diese tröpfchenförmigen und scheinbar fußlosen Tiere erregen, ihrer Anmut, ihrer Wendigkeit und ihrem harmonischen Aussehen, hinter dem man wohl mit Recht eine besonders böswillige und heimtükkische Spezies vermutet.
Nicht recht ins Bild passen will hingegen, daß die Silberfische keinerlei Fähigkeit zu besitzen scheinen, sich vor dem Angriff des Menschen zu schützen. Wenn ich das Badezimmer betrete, muß sich nach ihrem Maß ein gewaltiger Riese oder besser ein Naturereignis ihnen nähern, aber sie tun nichts, um ihm zu entrinnen. Einer zieht ein paar enge Kreise auf dem Boden, als wollte er sich meiner Aufmerksamkeit empfehlen. Wenn die Hand mit dem Papiertaschentuch dicht über ihm ist, hält er still und läßt sich zu einer silbrigen Spur zerreiben. Ein anderer läuft	Nicht ganz ins Bild passen will allerdings, daß die Silberfische keinerlei Fähigkeit zu besitzen scheinen, sich vor dem Angriff des Menschen zu schützen. Wenn man das Badezimmer betritt, muß sich nach ihrem Maß ein gewaltiger Riese oder besser ein Naturereignis ihnen nähern; aber sie tun nichts Rechtes, um ihm zu entrinnen. Einer zieht ein paar enge Kreise auf dem Boden, als wollte er sich der Aufmerksamkeit empfehlen. Und wenn dann die Hand mit dem Papiertaschentuch dicht über ihm ist, hält er still und läßt sich zu einer silbrigen Spur zerreiben. Ein anderer läuft an der Wand entlang, hin und her, als fände er die Spalte unter der

an der Wand entlang, hin und her, als fände er die Spalte unter der Heizung nicht mehr, in der er und die Seinen leben. Es ist, als wolle er mich von anderem ablenken. Ein dritter ist, kaum daß ich ihn kurz unbeachtet ließ, plötzlich verschwunden, aber er hat nur das nächst liegende Versteck unter der Badematte gewählt, töricht wie ein Kind, das glaubt, sich unter einem Tisch verbergen zu können.

Dennoch lasse ich ihn laufen, denn meist töte ich pro Abend nicht mehr als einen. Zum Kauf des Vernichtungsmittels, auf dessen Packung ein Silberfisch in mehrfacher Vergrößerung abgebildet ist, kann ich mich nicht entschließen. Der Silberfisch ist, so habe ich mir sagen lassen, ein unsagbar altes Tier, unverändert seit dem Paläozän, und solange er mir weiterhin jeden Abend einen der seinen opfert, dulde ich ihn als Ungeziefer in meinem Badezimmer.

Heizung nicht mehr, in der er und die Seinen leben. Es ist beinahe, als wollte er von anderem ablenken. Ein dritter verschwindet zwar kaum daß man ihn kurz unbeachtet ließ, aber er hat nur das nächstliegende Versteck unter der Badematte gewählt, töricht wie ein Kind, das glaubt, sich unter einem Tisch verbergen zu können.

Dennoch läßt man ihn laufen. In der Regel tötet man pro Abend nicht mehr als einen. Zum Kauf des Vernichtungsmittels, auf dessen Packung ein Silberfisch in mehrfacher Vergrößerung abgebildet ist, kann man sich nicht entschließen. Der Silberfisch, so heißt es, ist ein unsagbar altes Tier, unverändert seit dem Paläozän, eine nicht weitergeführte Entwicklung, praktisch ausgestorben trotz seiner Vielzahl; und solange er weiterhin jeden Abend einen der seinen klaglos opfert, duldet man ihn also als Ungeziefer im Bad.

Die linke Fassung der „Silberfische" gibt den Zustand des Textes nach einem ersten Abschluss um 1990 wieder, die rechte zeigt den Text so, wie er 1996 in meinem Kurzprosabuch „Trost und Reserve" abgedruckt ist. Die Änderungen von der ersten zur endgültigen Fassung sind keineswegs besonders spektakulär; man könnte sogar sagen, dass keine wesentlichen Eingriffe vorgenommen wurden. An der Art der dargestellten Beobachtungen, Handlungen und Reflexionen hat sich ja praktisch nichts geändert.

Für mein Empfinden liegen allerdings Welten zwischen den beiden Fassungen. Beim erneuten Lesen des Textes, den ich (natürlich aus Gründen einschlägiger Erfahrungen mit dem Gegenstand) immer sehr gemocht hatte, wurde mir ziemlich bald klar, dass er einen schweren Fehler enthielt. Indem nämlich in der ersten Fassung ein Ich-Erzähler spricht, lässt sich ihm der ganze Text mit seinen obskuren Schlussfolgerungen gewissermaßen leicht in die Schuhe schieben. Der da spricht ist also komisch, schrullig, spinnert.

Genau das wollte ich aber nicht. Ich hatte einen eher allegorischen Text schreiben wollen, der aus Alltagsbeobachtungen und Alltagshandlungen etwas Archaisches erstehen lässt, das nun gar nicht mehr in das alltagsrealistische Umfeld eines Badezimmers passen sollte. Daher habe ich für den Druck dem Text sein Ich genommen und durch ein Man ersetzt, das nach meinem Empfinden die Atmosphäre des obskur Wissenschaftlichen und insbesondere die des Rituellen oder Ritualistischen ganz anders befördert: Jetzt ist da kein Spinner mehr am Werk; vielmehr spricht der Text selbst mit dem (natürlich verqueren) Anspruch des Allgemeingültigen.

Die meisten der anderen Bearbeitungen entstanden beim Lautlesen des Textes. Ich mache das am Ende eines Korrekturdurchgangs fast immer so. Das Lautlesen fördert unter anderem zu Tage, welche Sätze zu lang oder zu sehr hypotaktisch gebaut sind. Im ersten Absatz musste daher gekürzt werden. Das Lautlesen zeigt mir aber auch, wo die Sätze zu kurz oder zu leicht sind. Daher war am Schluss eine Einfügung notwendig, um die Tendenz der Darstellung zu betonen und um eine wesentlich größere Emphase auf die Schlusswendung zu legen.

M artina Wagner-Egelhaaf
Autofiktion –
Theorie und Praxis des autobiographischen Schreibens

Dass Autobiographien, wie bereits der Begriff ‚Autobio*graphie*' zum Ausdruck bringt, in aller Regel *geschrieben* sind und damit Akte des Schreibens repräsentieren, wird in der Autobiographieforschung nicht immer, verstärkt jedoch im 20. Jahrhundert reflektiert. Auch wenn die folgenden Ausführungen zum autobiographischen Schreiben weniger der anwendungsorientierten Perspektive der zugrunde liegenden Vorlesungsreihe „Schreiben im Kontext von Schule, Universität, Beruf und Lebensalltag" folgen, so soll doch die Aufmerksamkeit auf eben dem Aspekt des ‚Schreibens' bzw. des ‚Geschriebenseins' liegen und zwar in autobiographietheoretischer Hinsicht als auch im Blick auf konkrete autobiographische Textbeispiele.

Nochmals zu dem Begriff ‚Autobiographie': Er setzt sich aus drei Wortbestandteilen zusammen, die in ihrer Kombination schon mindestens zwei Grundprobleme der Autobiographiediskussion vor Augen führen – ‚Auto', ‚bio' und ‚graphie'. Gr. ‚αυτο' heißt ‚seiner/ihrer selbst', ‚βιος' ‚Leben, Lebenszeit' und ‚γραφειν' ‚ritzen, malen, schreiben'. Das erste autobiographietheoretische oder -systematische Problem ergibt sich aus der Zusammenstellung von ‚αυτο' und ‚βιος': In der Autobiographie beschreibt jemand sein eigenes Leben; deshalb heißt sie im 18. und 19. Jahrhundert – zu erinnern ist an Jean Paul[1] – auch noch ‚Selberlebensbeschreibung'. Philippe Lejeune, der französische Autobiographietheoretiker, hat die Identität zwischen Autor, Erzähler und Protagonist als konstitutives Merkmal der Auto-

---

[1] Jean Pauls (1763–1825) *Selberlebensbeschreibung* erschien 1826 postum.

biographie herausgestellt[2]. Auf der einen Seite könnte man sagen, man selbst könne sein eigenes Leben am besten beschreiben, denn man hat es ja schließlich selbst gelebt, auf der anderen Seite ist genau dies die Crux, denn der Autobiograph/die Autobiographin steht ja mitten drin in diesem Leben. Der Akt des autobiographischen Schreibens ist ein Teil des Beschriebenen und daraus resultiert ein logisches Problem: Wenn Subjekt und Objekt der Beschreibung identisch sind, wird man zumindest nicht mit Neutralität oder ‚Objektivität‘ in der Darstellung – was immer dies heißen würde – rechnen dürfen. Wer versucht, sich über sich selbst Rechenschaft abzulegen, weiß, welche Rolle Vergessen, Verdrängen, Wunschvorstellungen und die Bedingtheit des aktuellen Standpunkts, der Vergangenes immer im Licht des Gegenwärtigen entwirft, spielen. Nimmt man nun den dritten Wortbestandteil, das ‚γραφειν‘, hinzu, zeigt sich ein weiteres Problem, das sich mit dem Stichwort ‚Medialität‘ der Autobiographie kennzeichnen lässt. Und genau hier kommt das ‚Schreiben‘ ins Spiel. Autobiographien werden *geschrieben*, in der Regel jedenfalls, aber das Medium der Schrift ist wie alle Medien bekanntlich alles andere als neutral oder transparent. Das Schreiben und die Schrift folgen ihren eigenen historischen Gesetzmäßigkeiten, die sich im Falle der Autobiographiegeschichte verändert haben.[3] Überhaupt: Was ist Schrift? Wie verhalten sich die Buchstabenzeichen zu dem, was wir in ihnen lesen? Hier sind sehr grundsätzliche zeichen- und texttheoretische Fragestellungen berührt, die es im Hinblick auf die Frage, wie autobiographische Texte ihre Bedeutung konstituieren, im Auge zu behalten gilt.

Um auf das erste Problem zurückzukommen, das sich aus der Konstellation des ‚Autobio‘ ergibt, die Tatsache, dass Subjekt und Objekt der autobiographischen Darstellung ein- und dieselbe Person sind: Die ältere Autobiographieforschung hat dieses Problem unter dem Gesichtspunkt der autobiographischen ‚Wahrheit‘ diskutiert.[4] Autobiographien werden gelesen, weil ihre Leserinnen und Leser etwas über das Leben einer anderen Person erfahren wollen. Aber kann man sicher sein, dass das, was man da zu lesen bekommt, auch ‚stimmt‘, dass es ‚wahr‘ ist? Wie schon erwähnt, ist das autobiographische Gedächtnis unzuverlässig; kein Mensch kann sich an alles erinnern; niemand kann seinen subjektiven Standpunkt verlassen. In dem Maße, in dem man dies einräumt, wird aber doch erwartet, dass sich

---

[2] Vgl. Philippe Lejeune, Der autobiographische Pakt, aus dem Frz. v. Wolfram Bayer und Dieter Horning, Frankfurt a. M. 1994, S. 15.

[3] Vgl. dazu Martina Wagner-Egelhaaf, Autobiographie, Stuttgart, Weimar [2]2005, S. 104-210.

[4] Vgl. z. B. Roy Pascal, Design and Truth in Autobiography, Cambridge 1960 (dt. u. d. T. Die Autobiographie. Gehalt und Gestalt, Übersetzung aus dem Englischen v. M. Schaible, überarb. v. Kurt Wölfel, Stuttgart, Berlin, Köln, Mainz 1965).

die Autobiographin/der Autobiograph wenigstens um die Wahrheit *bemüht*, dass er oder sie ‚wahrhaftig' ist. „If the author gives himself his real name and means to be understood as writing ‚truthfully'", schreibt Wayne Shumaker in seinem Buch *English Autobiography. Its Emergence, Materials, and Form* von 1954, "the work is autobiography"[5] und bemüht damit das Kriterium der 'Wahrhaftigkeit'.

Mit der Frage nach der autobiographischen Wahrheit hat sich bereits Goethe auseinander gesetzt, der seiner Autobiographie bekanntlich den Titel *Dichtung und Wahrheit. Aus meinem Leben* gegeben hat und seiner Lebensbeschreibung durchaus auch erfundene Passagen integriert. Dichtung und Wahrheit sind bei Goethe keine Gegensätze, denn, so schreibt er im Dezember 1829 an König Ludwig von Bayern, die Beschreibung des eigenen Lebens ist nicht möglich „ohne die Rückerinnerung und also die Einbildungskraft wirken zu lassen"; als Autobiograph komme man „also immer in den Fall [...] gewissermaßen das dichterische Vermögen auszuüben", und daher sei „es klar daß man mehr die Resultate und, wie wir uns das Vergangene jetzt denken, als die Einzelnheiten, wie sie sich damals ereigneten, aufstellen und hervorheben werde"[6]. Den Resultatcharakter des beschriebenen Lebens betont Goethe auch in einem Gespräch mit Eckermann vom 30.3.1831, das Eckermann folgendermaßen protokolliert: „Es sind lauter Resultate meines Lebens, und die erzählten einzelnen Facta dienen bloß, um eine allgemeine Beobachtung, eine höhere Wahrheit, zu bestätigen."[7] Die rückblickende Betrachtung des Lebens, die eben dieses Leben im Hinblick auf seinen Resultatcharakter befragt, hat natürlich etwas Hochkonstruktives, das für Goethe gleichbedeutend ist mit ‚Dichtung'. Und eben weil es ihm um die ‚höhere' Wahrheit des Lebens, um eine symbolische Wahrheit, geht, ist die Dichtung hier viel eher am Platze als ein einzelnes krudes Faktum. Die Dichtung hilft also, die ‚Wahrheit' eines Lebens zur Darstellung zu bringen.

Symptomatisch für Goethe und die auf ihn aufbauende Autobiographiediskussion ist die folgende Passage am Anfang von *Dichtung und Wahrheit*:

Denn dieses scheint die Hauptaufgabe der Biographie zu sein, den Menschen in seinen Zeitverhältnissen darzustellen, und zu zeigen, in wiefern ihm das Ganze widerstrebt, in wiefern es ihn begünstigt, wie er sich eine Welt- und Menschen-

---

[5] Wayne Shumaker, English Autobiography. Its Emergence, Materials, and Form. Berkeley, Los Angeles 1954, S. 140.

[6] Johann Wolfgang von Goethe, Die letzten Jahre. Briefe, Tagebücher und Gespräche von 1823 bis zu Goethes Tod. Teil II: Vom Dornburger Aufenthalt 1828 bis zum Tode, hg. v. Horst Fleig, Sämtliche Werke, 40 Bde., Bd. II/11, Frankfurt a. M. 1993, S. 209.

[7] Goethe, Die letzten Jahre, Gespräche mit Eckermann, 30.3.1831.

ansicht daraus gebildet, und wie er sie, wenn er Künstler, Dichter, Schriftsteller ist, wieder nach außen abgespiegelt. Hiezu wird aber ein kaum Erreichbares gefordert, daß nämlich das Individuum sich und sein Jahrhundert kenne, sich, in wiefern es unter allen Umständen dasselbe geblieben, das Jahrhundert, als welches sowohl den willigen als unwilligen mit sich fortreißt, bestimmt und bildet, dergestalt daß man wohl sagen kann, ein Jeder, nur zehn Jahre früher oder später geboren, dürfte, was seine eigene Bildung und die Wirkung nach außen betrifft, ein ganz anderer geworden sein.[8]

In diesen Zeilen kommt exemplarisch das hermeneutische Autobiographieverständnis zum Ausdruck, das davon ausgeht, dass das Individuum auf der einen Seite von den Zeitverhältnissen, ‚seinem Jahrhundert' also, bestimmt wird und auf der anderen Seite durch seine Werke wieder auf seine Zeit zurückwirkt. Und das Individuum, das auf diese Weise im doppelten Wortsinn ‚gebildet' wird, bildet und entwickelt sich im Strom der Zeitläufte. Die Autobiographie der Goethezeit und des gesamten 19. Jahrhunderts, ja selbst noch des 20. Jahrhunderts, folgt daher dem Bildungs- und Entwicklungsromanschema, das die Geschichte eines Individuums von der frühesten Kindheit bis zu dem Zeitpunkt, zu dem es seinen Platz in der Gesellschaft findet, erzählt. Das Leben, das eine klassische Autobiographie beschreibt, verläuft also linear, teleologisch, d. h. einem vorherbestimmten Ziel folgend, und bei Goethe und den in seiner Nachfolge schreibenden Autobiographen und Autobiographinnen – zu nennen wäre hier etwa Hans Carossa – gestaltet es sich gar als Entelechie, d. h. als zielgerichtete Ausfaltung des im Keim immer schon Angelegten. Zentrale Begriffe der hermeneutisch orientierten Autobiographiedebatte, die sich mit den Namen Wilhelm Dilthey und Georg Misch verbindet, sind also ‚Zusammenhang', ‚Bedeutung', ‚Verstehen', ‚Erleben' und ‚Individuum'. Das autobiographische Subjekt ist in jedem Fall ein ‚Individuum'; als solches ist es un-teilbar (‚in-dividuum') und d. h. im Grunde genommen auch ‚nicht mit-teilbar' (‚ineffabile'). Gleichwohl will es in seinem ‚Lebens',zusammenhang' ‚verstanden' werden und hierzu ist alle hermeneutische Deutungskunst vonnöten, die ja bekanntlich auf professionelle Weise Einzelnes und Ganzes ins Verhältnis zu setzen weiß. Und der Akt des Verstehens ist gleichsam ein produktiver Akt des Mit‚erlebens', des Sichhineinversetzens in die ‚Rede des anderen', wie Friedrich Schleiermacher dies formuliert hätte. Der hermeneutische Verstehensvorgang ist ein geistiger Pro-

---

[8] Johann Wolfgang von Goethe, Aus meinem Leben. Dichtung und Wahrheit, hg. v. Klaus-Detlef Müller, Sämtliche Werke, 40 Bde., Bd. I/14, Frankfurt a. M. 1986, S. 13 f.

zess, die Schrift, das ‚γραφειν', der autobiographische Text als solcher wird dabei nicht weiter thematisiert.

Dies ändert sich mit der autobiographietheoretischen Entwicklung des 20. Jahrhunderts. Zwar kann man z. B. die psychoanalytische und die sozialgeschichtliche Autobiographietheorie als Verlängerungen des hermeneutischen Konzepts verstehen, aber doch gewinnt im Zuge der Entwicklung die Materialität des Textes zunehmend an Bedeutung – in der Psychoanalyse, indem der manifeste Text sehr genau auf seine latente Bedeutung hin gelesen wird und Bilder akribisch dechiffriert werden, im sozialgeschichtlichen Deutungsparadigma, indem autobiographische und andere Texte zunehmend hinsichtlich ihrer konkreten sozialen und institutionellen Entstehungsbedingungen in den Blick genommen werden.

Die Schrift, die ‚-graphie' also, erhält im Poststrukturalismus, der seit den 70er Jahren Eingang in die literaturwissenschaftliche Theoriebildung gefunden hat, ihren prominenten Stellenwert. Natürlich denkt man bei dem Stichwort ‚Schrift', wenn es als Gegenbegriff zur ‚Stimme' gebraucht wird, zunächst einmal an Jacques Derrida und seine *Grammatologie*, die 1967 auf französisch erschien und 1974 dann in deutscher Übersetzung vorlag. ‚Grammatologie' ist zu übersetzen mit ‚Schriftwissenschaft', deren Prämissen hier kurz rekapituliert werden sollen: Derrida greift auf Platons Dialog *Phaidros* zurück, in dem berichtet wird, dass der Gott Theuth dem ägyptischen König Thamus die Erfindung der Schrift als Mittel zur Erkenntnis und der Erinnerung anpries. Thamus aber, so ist im *Phaidros* zu lesen, ist anderer Meinung: Die Schrift ist kein Mittel der Erinnerung, wendet er ein, vielmehr fördert sie das Vergessen, denn das, was man aufgeschrieben hat, ist nicht mehr im Kopf und im Gedächtnis. Außerdem: Die Schrift bleibt, einmal niedergeschrieben, stumm und sie kann sich, wenn sie angegriffen wird, auch nicht verteidigen, sondern da muss ihr derjenige, der sie hervorgebracht hat, zu Hilfe eilen. Gegenüber der beseelten Rede dessen, der aus der Fülle seines lebendigen Wissens spricht, bleibt die Schrift immer nur ein Schattenbild.[9] Diese bei Platon deutlich werdende Höherbewertung der Stimme gegenüber der Schrift hat Derrida als abendländischen Logozentrismus kritisiert und das Verhältnis umgedreht, indem er nun der Schrift den Vorrang gibt. Die Schrift, die an vielen Stellen gleichzeitig und immer wieder neu gelesen werden kann, repräsentiert für Derrida das Prinzip unerschöpflicher Bedeutungsfülle und Produktivität in der Zeit und im Raum, während die Stimme an den Ort und Sinn ihrer ursprünglichen Hervorbringung gebunden ist. Die Schrift ist bei Derrida durch das Prinzip der *différance* bestimmt, ja sie ist eigentlich die *différance* und das bedeutet nichts anderes als dass das einzelne Zeichen nicht mit

---

[9] Vgl. Plat. Phaidr. S. 274d-275b.

sich selbst identisch ist, weil seine Bedeutung abhängig ist von dem Zeichen, das ihm voraus geht und von dem Zeichen, das ihm folgt. In diesem Zusammenhang kritisiert Derrida auch Ferdinand de Saussures Zeichenkonzept, demzufolge sich das sprachliche Zeichen aus zwei Bestandteilen, dem Signifikanten und dem Signifikat, zusammensetzt, als ‚logozentrisch', weil es implizit davon ausgeht, dass das Signifikat, also die Vorstellung der Zeichenbedeutung, unabhängig sei vom Signifikanten, also dem vorgestellten Bedeutungsträger. Das aber ist, so Derrida, falsch: das Signifikat kann ohne den Signifikanten überhaupt nicht gedacht werden und hat von daher selbst Signifikantenstatus, weil es abhängig ist von etwas, das ihm voraus geht. Die Unterscheidung von Signifikant und Signifikat ist Derrida zufolge also obsolet[10] und das bedeutet, dass jede vermeintliche Bedeutung immer nur ‚Träger', ‚Bild' einer als solcher nie dingfest zu machenden ‚eigentlichen' Bedeutung ist. ‚Schrift' ist daher immer nur ‚Spur', die auf etwas anderes verweist. Aus dem, was ich vorgestellt habe, müsste deutlich geworden sein, dass ‚Schrift' bei Derrida nicht nur das konkrete Medium der Schrift, des Niedergeschriebenen, meint, sondern ein Bedeutungsprinzip, das auch andere mediale Äußerungsformen kennzeichnet, z. B. das gesprochene Wort oder Bilder. Aber natürlich gilt das, was die Schrift als Bedeutungsprinzip ausmacht, *auch* für die konkrete Schrift wie sie etwa im Begriff der ‚Autobiographie' impliziert ist. Und was bedeutet das Denken der Schrift für die Autobio*graphie*?

Zunächst einmal löst sich der Text sowohl von seinem Produzenten, d. h. vom Autor, dem Autobiographen bzw. der Autobiographin, als auch von seinem außertextuellen Bezug, dem zu beschreibenden Leben also. Er gerät als ‚Text' in den Blick. Und da der Text im poststrukturalistischen Verständnis ein unabschließbarer Zeichenprozess ist, klingen in ihm andere Bedeutungen und andere Texte mit, an die sein Autor nicht gedacht haben mag. Daher hat Roland Barthes bekanntlich schon im Jahr 1968 den „Tod des Autors" verkündet. Der Autor, so argumentiert Barthes, sei eine moderne und d. h. eine historisch kontingente Figur, die am Ende des Mittelalters im englischen Empirismus, im französischen Rationalismus und im persönlichen Glauben der Reformation entstand, als man den Wert des Individuums entdeckte.[11] Linguistisch gesehen sei der Autor immer nur derjenige, der schreibt, „genauso wie *ich* niemand anderes ist als derjenige, der *ich* sagt. Die Sprache kennt

---

[10] Vgl. Jacques Derrida, Grammatologie, übers. von Hans-Jörg Rheinberger und Hanns Zischler, Frankfurt a. M. 1983, S. 127 ff.

[11] Vgl. Roland Barthes, „Der Tod des Autors", in: Texte zur Theorie der Autorschaft, hg. und komment. v. Fotis Jannidis, Gerhard Lauer, Matias Martinez und Simone Winko, Stuttgart 2000, S. 185-193, S. 186.

ein ‚Subjekt', aber keine ‚Person'."[12] Der Gedanke, dass die Sprache ein ‚Subjekt', aber keine ‚Person' kenne, ist für die Autobiographiebetrachtung nach dem *linguistic turn* entscheidend, weil er Referenz, also die Bezugnahme auf Außersprachliches, immer schon als sprachliche Geste betrachtet und das involvierte ‚Ich' als grammatisches Phänomen behandelt. Der Autor ist in dieser Perspektive also nicht mehr als der dem Text vorgängige Produzent, der Urheber des Textes anzusehen, sondern er wird gleichsam vom Text und d. h. im Akt des Schreibens – heute nennt man das performativ – geschaffen. Da es Barthes darum geht, dem Autor seine Aura als Originalschöpfer zu nehmen, d. h. ihn nicht mehr als aus der Fülle seiner Individualität schaffenden Ursprung eines ‚Werks' zu betrachten, wird der Autor bei Barthes zum „Schreiber", dem nurmehr die Funktion zufällt, den Text als einen „vieldimensionalen Raum"[13] hervorzubringen. In diesem vieldimensionalen Raum vereinigen und bekämpfen sich „verschiedene Schreibweisen [*écritures*], von denen keine einzige originell ist [...]. Der Text", so Barthes, „ist ein Gewebe von Zitaten aus unzähligen Stätten der Kultur."[14] Im Blick auf den autobiographischen Text erscheint diese Betrachtungsweise nicht ohne weiteres nachvollziehbar, werden Autobiographien, wie oben bereits vermerkt, doch gerade deswegen gelesen, weil man etwas über das Leben ihrer Autorinnen und Autoren erfahren möchte. Und doch lenkt der poststrukturalistische Blick die kritische Aufmerksamkeit auf den Text und seine als ‚Schrift' verstandene Zeichenhaftigkeit. In diesem Sinne hat z. B. Paul de Man die Autobiographie rein sprachlich-rhetorisch als „Lese- und Verstehensfigur" beschrieben, als Prosopopoiia. Die Prosopopoiia ist eine rhetorische Trope, die eingesetzt wird, um etwas Unbelebtes sprechen zu lassen, d. h. ihm ein Gesicht und eine Stimme zu verleihen. Im Falle der Autobiographie sind dieses Unbelebte die Buchstaben, der Text, dem die autobiographische Lesart Stimme und Gesicht verleiht.[15] Auch Stefan Goldmann hat einen rhetorischen Autobiographieansatz entwickelt. Er unterscheidet sich zwar grundsätzlich von dem de Mans und auch von dem Schriftkonzept Derridas, aber doch lässt er sich als ‚Schrift' insofern verstehen, als er bei der sprachlichen Verfasstheit des autobiographischen Textes ansetzt, die sich der Verfügung des schreibenden Subjekts entzieht. Goldmann hat nämlich darauf aufmerksam gemacht, dass der klassische autobiographische Text,

---

[12] Barthes, „Tod des Autors", S. 188.
[13] Barthes, „Tod des Autors", S. 190.
[14] Barthes, „Der Tod des Autors", S. 190.
[15] Vgl. Paul de Man, „Autobiographie als Maskenspiel", in: ders., Die Ideologie des Ästhetischen, hg. v. Christoph Menke, aus dem Am. v. Jürgen Blasius, Frankfurt a. M. 1993, S. 131-146, S. 134.

also derjenige, der ein Leben von der Geburt bis zur jeweiligen Erzählgegenwart darstellt, wie selbstverständlich einer kulturell überlieferten Topik folgt. Ein Topos ist in der Rhetorik ein ‚Ort', d. h. ein geistiger Ort, der in der Argumentation immer wieder aufgesucht wird, d. h. der die Argumente liefert. Die Topik bildet ein Teilgebiet der klassischen Rhetorik; sie gehört der inventio an, jenem Arbeitsschritt des Redners also, der der Findung der Gedanken dient. Hier kommen nun die Topoi zum Einsatz. Goldmann beschreibt sie als diskursive Plätze sozialer Bedeutsamkeit, als Argumente, deren Legitimität allgemein anerkannt wird. Die Topik ist auf den Entstehungszusammenhang der griechischen Gerichtsrede zurückzuführen, in der bereits Georg Misch, der Anfang des 20. Jahrhunderts seine umfassende Darstellung der Autobiographie in Angriff nahm,[16] einen der Quellgründe der neuzeitlichen Autobiographie erkannte. Die Topik stellt nämlich sog. ‚argumenta a persona' bereit, mit Hilfe derer die relevanten Informationen über die in einen Rechtsfall verwickelten Personen festgestellt werden konnten. Die folgenden ‚argumenta a persona' sind zu nennen: genus (Abstammung/Familie), natio (Volkszugehörigkeit), patria (Vaterland), sexus (Geschlecht), aetas (Zeitalter/Zeiten), educatio et disciplina (Erziehung und fachliche Ausbildung), habitus corporis (körperliche Erscheinung), fortuna (Glück/Schicksal), conditio (Verfassung/Befindlichkeit), animi natura (geistige Natur), studia (Studien), acta dictaque (Taten und Aussprüche), commotio (Bewegung/Reisen), nomen et cognomen (Namen und Zunamen). Goldmann hat dargelegt, dass noch im 18. Jahrhundert diese Personentopoi als „Prägestätten des zoon politikon" in Kraft und wirksam waren und Personen mittels der Topoi Geburt, Erziehung, Gaben des Gemüts, Tugenden, Glück und Unglück, Taten, Studia, Schriften, Reisen, letzte Krankheiten, Tod beschrieben wurde.[17] Noch in Goethes *Dichtung und Wahrheit* lassen sie oder doch zumindest einige von ihnen sich identifizieren: So erfüllen die Porträts der Eltern und Großeltern den Topos

---

[16] Georg Misch, Geschichte der Autobiographie, 1. Bd.: Das Altertum, 3. stark vermehrte Auflage, I. Hälfte, Bern 1949, II. Hälfte, Bern 1950 (zuerst Leipzig und Berlin 1907); 2. Bd.: Das Mittelalter, 2. Aufl., I. Teil: Die Frühzeit, I. Hälfte, Frankfurt a. M. 1969; II. Hälfte, Frankfurt a. M. 1970 (zuerst Frankfurt a. M. 1955); 3. Bd.: Das Mittelalter. Das Hochmittelalter im Anfang, 1. Hälfte, Frankfurt a. M. 1959, II. Hälfte, Frankfurt a. M. 1962; 4. Bd.: 1. Hälfte: Das Mittelalter. Das Hochmittelalter in der Vollendung, hg. v. Leo Delfoss, Frankfurt a. M. 1967, II. Hälfte: Von der Renaissance bis zu den autobiographischen Hauptwerken des 18. und 19. Jahrhunderts, bearb. v. Bernd Neumann, Frankfurt a. M. 1969.

[17] Vgl. Stefan Goldmann, „Topos und Erinnerung. Rahmenbedingungen der Autobiographie", in: Hans-Jürgen Schings (Hg.), Der ganze Mensch. Anthropologie und Literatur im 18. Jahrhundert, Stuttgart, Weimar 1994, S. 660-675.

‚genus'; Erziehung und Ausbildung, aber auch Krankheiten nehmen breiten Raum ein. Lesen und Schreiben lernen sind ebenso wichtig wie die Lektüre (studia), aber auch die ersten poetischen Gehversuche.

Die ‚Schrift'lichkeit der Autobiographie, also das Bewusstsein ihrer eigenen Schriftverfasstheit, tritt in autobiographischen Texten der Moderne deutlich in den Vordergrund. Dies wird am Beispiel von Walter Benjamins *Berliner Kindheit um 1900* in besonderer Weise anschaulich. Dieser Text ist nun kein chronologisch-linear erzählender mehr; vielmehr setzt er sich aus einzelnen, jedoch sehr verdichteten Textabschnitten zusammen, von denen 1933 zwölf in der *Frankfurter* und einer in der *Vossischen Zeitung* erschienen. Erst 1981 wurde in der Pariser National-bibliothek ein Typoskript der *Berliner Kindheit* gefunden, das die von Benjamin selbst festgelegte Reihenfolge der Stücke dokumentiert. Allerdings erzählt Benjamin hier nicht unbedingt seine eigene, individuelle Lebensgeschichte, sondern er lässt „ein Kind" auftreten, in dem sich die Erfahrungen einer ganzen Generation verdichten. Im Vorwort ist die Rede davon, wie der Autor im Exil jene Bilder, die „das Heimweh am stärksten zu wecken pflegen – die der Kindheit – mit Absicht in [sich] hervor" rief, dann aber „die biographischen Züge" zurücktreten ließ, um „der *Bilder* habhaft zu werden, in denen die Erfahrung der Grosstadt in einem Kin-de der Bürgerklasse sich niederschlägt."[18] Es handelt sich also um *Bilder*, die der Text präsentiert; die Benjamin-Forschung spricht auch von ‚Denkbildern', weil sie so sehr verdichtet sind, dass man sie sehr genau und mehrmals lesen muss. Man macht dabei die Erfahrung, dass sich die Texte beständig verändern, weil man immer neue Bezüge entdeckt und sich immer weitere Sinnzusammenhänge herstellen lassen. In diesem Sinne kann man die Benjamin'schen Sprachbilder als ‚Schrift' im Sinne Derridas lesen wie das mit „Der Strumpf" überschriebene Textbeispiel verdeutlichen soll:

Der erste Schrank, der aufging, wann ich wollte, war die Kommode. Ich hatte nur am Knopf zu ziehen, so schnappte die Tür aus ihrem Schlosse mir entgegen. Unter den Hemden, Schürzen, Leibchen, die dahinter verwahrt gelegen haben, fand sich das, was mir ein Abenteuer aus der Kommode machte. Ich mußte mir Bahn bis in ihren hintersten Winkel schaffen; dann stieß ich auf meine Strümp-fe, die da gehäuft und in althergebrachter Art gerollt und eingeschlagen ruhten.

---

[18] Walter Benjamin, Berliner Kindheit um neunzehnhundert, mit einem Nachwort von Theodor W. Adorno, Frankfurt a. M. 1987, S. 9.

Jedes Paar hatte das Aussehen einer kleinen Tasche. Nichts ging mir über das Vergnügen, die Hand so tief wie möglich in ihr Inneres zu versenken. Ich tat das nicht um ihrer Wärme willen. Es war „Das Mitgebrachte", das ich immer im eingerollten Innern in der Hand hielt, was mich in ihre Tiefe zog. Wenn ich es mit der Faust umspannt und mich nach Kräften in dem Besitz der weichen, wollenen Masse bestätigt hatte, begann der zweite Teil des Spieles, der die Enthüllung brachte. Denn nun machte ich mich daran, „Das Mitgebrachte" aus seiner wollenen Tasche auszuwickeln. Ich zog es immer näher an mich heran, bis das Bestürzende sich ereignete: ich hatte „Das Mitgebrachte" herausgeholt, aber „Die Tasche", in der es gelegen hatte, war nicht mehr da. Nicht oft genug konnte ich die Probe auf diesen Vorgang machen. Er lehrte mich, daß Form und Inhalt, Hülle und Verhülltes dasselbe sind. Er leitete mich an, die Wahrheit so behutsam aus der Dichtung hervorzuziehen wie die Kinderhand den Strumpf aus „Der Tasche" holte.[19]

Dass hier ein autobiographischer bzw. autobiographietheoretischer Bezug vorliegt, ist evident. Die Anspielung auf Goethes *Dichtung und Wahrheit* am Ende der Passage parallelisiert die ‚Wahrheit' mit dem „Mitgebrachten", also mit dem, was das Kind glaubt zu fassen zu bekommen, wenn es in das Innere der ineinander eingeschlagenen Strümpfe fasst. Die ‚Dichtung' wird mit der „Tasche" identifiziert, als die sich das Paar der zusammengerollten Strümpfe von außen darstellt: „Jedes Paar hatte das Aussehen einer kleinen Tasche", heißt es im Text. Nun macht das Kind aber die bestürzende Erfahrung, dass beim Herausziehen des „Mitgebrachten" aus der „Tasche", die Tasche plötzlich nicht mehr da ist oder, anders gesagt, die Tasche hat sich in das Mitgebrachte, die Form in den Inhalt, das Äußere ins Innere, die Dichtung in die Wahrheit verwandelt. Vor dem Hintergrund der vorausgeschickten autobiographietheoretischen Positionen könnte man auch sagen: Das, was wir beim Lesen eines autobiographischen Textes glauben als autobiographische Wahrheit zu fassen zu bekommen, ist nichts anderes als das Medium selbst, die Schrift. Dies wird auch in anderen Abschnitten der *Berliner Kindheit* deutlich, etwa in „Das Telefon": Dieser Abschnitt beginnt mit dem Satz „Es mag am Bau der Apparate oder der Erinnerung liegen – gewiß ist, daß im Nachhall die Geräusche der ersten Telefongespräche mir anders in den Ohren liegen als die heutigen."[20] Der Text, der die Wirkung des um 1900 in großbürgerliche Wohnungen einziehenden Telefons

---

[19] Benjamin, Berliner Kindheit, S. 58.
[20] Benjamin, Berliner Kindheit, S. 18.

und insbesondere die Wirkung auf das Subjekt beschreibt,[21] führt bereits im ersten Satz Gegenstand und Medium eng. Der „Bau der Apparate" – das ist der Gegenstand, von dem die Rede ist, das Telefon. Der Erzähler spricht aber im gleichen Atemzug davon, dass das, was im Folgenden gesagt wird, auch am „Bau […] der Erinnerung" liegen könnte. Dass Freud von der Seele als einem „Apparat" gesprochen hat,[22] mag hier mitklingen; und dass die Erinnerung der Apparat, das Medium ist, mit Hilfe dessen das Objekt, der Telefonapparat, erinnert wird, gibt auch dem „Nachhall der Geräusche" einen doppelten Sinn. Der Nachhall ist dann nicht nur erinnerter Nachhall, eben jener Nachhall, den die damaligen Telefonapparate produzierten, sondern die Erinnerung selbst. Auch hier also sind Medium und Gegenstand ineinander verschlungen wie ein Paar Socken.

Ein weiteres Beispiel, in dem die Autobiographie als Schrift im wahrsten Sinne des Wortes erfahrbar wird, ist Roland Barthes' *Roland Barthes par Roland Barthes* aus dem Jahr 1975, auf dt. u. d. T. *Über mich selbst* erschienen. Auch hier hat die chronologisch-lineare Erzählung einer Reihe von einzelnen, in sich geschlossenen Textstücken Platz gemacht. Im französischen Original erscheinen diese Textstücke in alphabetischer Reihenfolge; dies kommt in der deutschen Übersetzung nur bedingt zum Ausdruck[23]:

---

[21] Die Schlusssätze des Abschnitts zeigen, wie das Ich ganz im Sinn der modernen Subjektkrise vom Medium überwältigt wird: „Ohnmächtig litt ich, daß sie [die Stimme aus dem Telefon] mir die Besinnung auf meine Zeit, meinen Vorsatz und meine Pflicht zunichte machte; und wie das Medium der Stimme, die von drüben seiner sich bemächtigte, folgt, ergab ich mich dem ersten besten Vorschlag, der durch das Telefon an mich erging." Benjamin, Berliner Kindheit, S. 19.

[22] Vgl. etwa Sigmund Freud, Die Traumdeutung, Studienausgabe Bd. II, Frankfurt a. M. 1982, S. 512 ff.

[23] Vgl. Roland Barthes, Über mich selbst, aus dem Französischen von Jürgen Hoch, München 1978, 47 (die erste Textseite).

Aktiv/reaktiv

In dem, was er schreibt, gibt es zwei Texte. Text I ist reaktiv, bewegt von Empörungen, Befürchtungen, inneren Entgegnungen, kleinen Paranoia, Abwehrhaltungen, Szenen. Text II ist aktiv, von der Lust bewegt. Doch wie er sich schreibt, korrigiert und der Fiktion des Stils sich beugt, wird Text I selber aktiv; fortan verliert er seine reaktive Haut, von der nur noch Fetzen (in winzigen Parenthesen) übrigbleiben.

Das Adjektiv

Jedes *Bild* von ihm selbst ist ihm unerträglich, er leidet darunter, genannt zu werden. Er meint, daß die Vollkommenheit einer menschlichen Beziehung auf der Vakanz des Bildes beruht: untereinander, von einem zum andern, die *Adjektive* abschaffen; eine Beziehung, die sich mit Adjektiven versieht, ist auf Seiten des Bildes, auf der Seite der Herrschaft, des Todes.

(In Marokko hatten sie offensichtlich von mir kein Bild; die Anstrengung, die ich als richtiger Abendländer unternahm, *dies* oder *das* zu sein, blieb ohne Antwort: weder *dies* noch *das* wurde mir in Form eines schönen Adjektivs zurückgegeben; es kam ihnen nicht in den Sinn, mich zu kommentieren; ohne daß sie es wußten, weigerten sie sich, mein Imaginarium zu nähren und zu schmeicheln. Zuerst hatte dieses *Glanzlose* der menschlichen Beziehung etwas Kräfteraubendes; doch bald erschien sie wie ein Zivilisationsgut oder wie die wirklich dialektische Form der Liebeszwiesprache.)

Das Wohlsein

Als Hedonist (für den er sich nun mal hält) will er einen Zustand, der letzten Endes der Komfort ist; dieser Komfort ist jedoch komplizierter als der häusliche Komfort, dessen einzelne Elemente unsere Gesellschaft festlegt: es ist ein Komfort, den er sich einrichtet, den er sich selbst zurechtbastelt (so wie sein

47

„Das Wohlsein" heißt auf frz. „L'aise", beginnt also ebenfalls mit einem A. Allerdings wird die alphabetische Reihenfolge nicht strikt befolgt: Immer wieder tanzen einzelne Texte, die Barthes ‚Fragmente' nennt, aus der Reihe. Dahinter verbirgt sich ein Prinzip, das in einem eigenen Abschnitt mit der Überschrift „Das Alphabet" erläutert wird:

Versuchung des Alphabets: die Abfolge der Buchstaben übernehmen, um Frag-

mente aneinanderzufügen, heißt sich dem überlassen, was den Ruhm der Spra-
che ausmacht (und was Saussure zur Verzweiflung brachte): eine nichtmotivier-
te Ordnung (außerhalb aller Imitation), die nicht arbiträr ist (denn ein jeder
kennt sie, erkennt sie an und kann sich darüber verständigen). Das Alphabet
ist euphorisch: zu Ende ist die Angst vor der „Anordnung", die Emphase der
„Ausführung", die verdrehten Logiken, zu Ende ist es mit den Abhandlungen!
Eine Idee pro Fragment, ein Fragment pro Idee, und für die Abfolge dieser Ato-
me nichts als die tausendjährige, irrsinnige Ordnung der französischen Lettern
(die selber wahnsinnige, des Sinns beraubte Gegenstände sind).
Es definiert nicht ein Wort, es nennt ein Fragment; es tut genau das Umgekehrte
von einem Wörterbuch: das Wort tritt aus dem Ausgesagten hervor, anstatt daß
das Ausgesagte vom Wort wegtreibt. Vom Glossar lasse ich nur das am meisten
formelle Prinzip gelten: die Ordnung seiner Einheiten. Doch diese Ordnung
kann tückisch sein: sie produziert zuweilen Sinneffekte; und wenn diese Bewir-
kungen nicht erwünscht sind, muß das Alphabet zugunsten einer höheren Regel
zerbrochen werden: der des Bruchs (der Heterologie): verhindern, daß ein Sinn
„fest" wird.[24]

Also: Indem der Autobiograph seine Texte der zufälligen Ordnung des Alphabets
übereignet, muss er sich um ihre Anordnung nicht selbst kümmern. In der autobiographietheoretischen Diskussion ist gerade das Problem, wie der Autobiograph
sein Material ordnet, als Einbruchstelle der Fiktion gesehen worden. Barthes' Programmatik zielt nun nicht auf die aktive Konstruktion des Fiktionalen, sondern
eher auf ein passives Sprechenlassen der Texte in der kontigenten Ordnung des
Alphabets. Dass dies nur sehr bedingt funktionieren kann, liegt auf der Hand. Es
geht Barthes darum, vorgefertigte Sinnformationen gezielt zu unterlaufen und damit die Ordnung des Alphabets nicht zu einer ebensolchen wird, damit also nicht
die kontigente Ordnung zum ‚Sinn' des Unternehmens avanciert, muss eben diese
Ordnung des Alphabets unterbrochen und unterlaufen werden. „[D]as Wort tritt aus
dem Ausgesagten hervor, anstatt daß das Ausgesagte vom Wort wegtreibt"[25], heißt
es in der zitierten Passage. Damit wendet sich Barthes gegen ein herkömmliches
Textverständnis, das aus den Wörtern den Sinn, das Ausgesagte, entnimmt; statt
dessen geht es ihm darum, aus dem Ausgesagten das Wort – und man könnte ergänzen: die Schrift – hervortreten zu lassen.

---

[24] Barthes, Über mich selbst, S. 160 f.
[25] Barthes, Über mich selbst, S. 161.

Was haben solche Reflexionen mit Autobiographie oder autobiographischem Schreiben zu tun? Bei Roland Barthes *sind* sie autobiographisches Schreiben in dem Sinne, dass sein Buch *Roland Barthes par Roland Barthes* autobiographische Erinnerungen, Reflexionen darüber[26], aber auch Reflexionen, ja kleine Essays über philosophische und andere kritische Gegenstände nebeneinander stellt. Autobiographie bei Roland Barthes ist immer schon kritische Reflexion des autobiographischen Schreibens selbst, und wenn er das Nachdenken über sich selbst auf eine Stufe mit dem Nachdenken über andere Themen stellt, ist das nur konsequent, insofern als es sich beide Male um gedankliche Konstrukte handelt. *Roland Barthes par Roland Barthes* – der französische Titel bringt genau diese reflexive und prozessuale Dimension autobiographischer Selbstvergegenständlichung zum Ausdruck, die durchaus auch im deutschen Titel *Über mich selbst* impliziert ist.

Aber doch tritt der Text *auch* in einem konventionellen autobiographischen Gewand auf, so z. B. wenn er an seinen Anfang eine Bildergalerie stellt, von der hier nur eine Doppelseite wiedergegeben werden kann:[27]

___

[26] Vgl. etwa „An der Tafel", in: Barthes, Über mich selbst, S. 49.

[27] Vgl. Barthes, Über mich selbst, o. S.

Hier gibt sich der Text geradezu als eine Art Familienalbum, das einmal mehr den Gestus des Autobiographischen unterstreicht. Diese Fotos ‚dokumentieren' jedoch nicht einfach gelebtes Leben, sondern werden durch die Beschriftungen des Autors, der in der Autobiographie ja mit dem Erzähler identisch ist, interpretiert, d.h. nachträglich mit Bedeutung versehen. Damit spiegeln sie, wie gesagt, nicht das gelebte Leben, sondern den autobiographischen Prozeß selbst; sie werden gleichsam zu Chiffren, zu Spiegelbildern des autobiographischen Schreibens – Spiegelbilder in dem Sinne, in dem Jacques Lacan in seinem Aufsatz „Das Spiegelstadium als Bildner der Ich-Funktion" die Selbstwahrnehmung im Spiegel als imaginär und d.h. die eigene, hybride Situation des Ichs verkennend beschrieben hat.[28] Hierauf spielt Barthes in seiner Bildauswahl direkt an.[29]

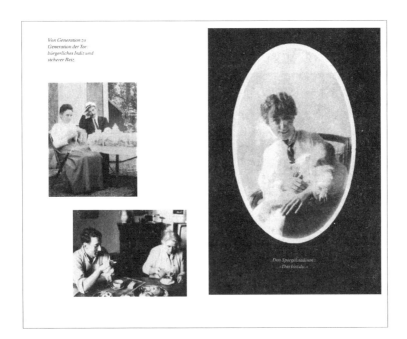

---

[28] Vgl. Jacques Lacan, „Das Spiegelstadium als Bildner der Ichfunktion wie sie uns in der psychoanalytischen Erfahrung erscheint. Bericht für den 16. Internationalen Kongreß für Psychoanalyse in Zürich am 17. Juli 1949", in: ders.: Schriften I, hg. v. Norbert Haas. Weinheim, Berlin 1986. S. 61-70.

[29] Barthes, Über mich selbst, o. S. Das rechte Foto trägt die Unterschrift „Das Spiegelstadium: ‚Das bist du.'"

Und in diesem spiegelhaften Sinne sind die Bilder Schrift. Am Beginn des Textes lesen wir: *„Zu Anfang einige Bilder: sie gehören zu dem Vergnügen, das der Autor sich selbst gewährt, wenn er sein Buch beendet."* Hier wird die Begehrensstruktur, in der die Bilder stehen, ausgesprochen. Es folgen einige Ausführungen zu den Bildern und am Ende des Abschnitts heißt es dann:

> *Ein anderes Imaginarium tritt dann nach vorn: das des Schreibens. Und damit dieses Imaginarium sich entfalten kann (denn das ist die Absicht dieses Buches), ohne jemals von der Darstellung eines standesamtlich bestimmten Individuums zurückgehalten, sichergestellt und gerechtfertigt zu sein, damit es von seinen eigenen, niemals figurativen Zeichen frei sei, kommt danach der Text ohne Bilder, außer denen der Hand, die die Spuren einträgt.*[30]

In dem Sinne, in dem die Bilder in *Über mich selbst* das Schreiben des Autobiographen bzw. den schreibenden Autobiographen zeigen, wird die Schrift in diesem Buch zum Bild.

---

[30] Barthes: Über mich selbst, o. S.

Immer wieder werden auch handschriftliche Markierungen dem Text eingefügt. So sieht z. B. die letzte Seite des Buches folgendermaßen aus:[31]

– damit wirklich klar wird, worum es in diesem Text geht, nämlich um das Schreiben, die autobiographische Schrift selbst.

Heißt das nun, dass in autobiographischen Texten alles Dichtung, Fiktion, Täuschung, Selbstimagination und Zeichenspiel ist? Ja, sicher, aber das ist weder schlecht noch schlimm und der autobiographischen ‚Wahrheit', was immer man darunter verstehen möchte, erst recht nicht entgegengesetzt. Die ‚Wahrheit' der Autobiographie – man könnte vielleicht zeitgemäßer von ‚Authentizität' sprechen – ist als solche nämlich nicht zu haben. Sie gibt es nur im Zugriff auf sie und es ist

---

[31] Barthes, Über mich selbst, S. 208.

der Zugriff, der sie erzeugt. Es geht in der Autobiographie niemals darum, wie es ‚wirklich' gewesen ist, selbst wenn ein autobiographisches Ich dies vermeint; es geht immer darum, was das eigene Leben für den Autobiographen/die Autobiographin im Prozess des Schreibens *ist*. Der Betrachter/die Betrachterin ist im Bild und ein Teil des Bildes. Und es sind die Bilder und d. h. auch die Schrift-Bilder, die es uns ermöglichen, ein Verhältnis zu uns selbst und zu unserem gelebten und weiter zu lebenden Leben zu gewinnen. In diesem Sinn ist das Medium, sind die Schrift und der Akt des Schreibens konstitutiv und vielleicht sogar ‚authentisch'.

In der Autobiographiediskussion der letzten Jahre ist der Begriff ‚Autofiktion' aufgetaucht, der auch im Titel dieses Beitrags aufgegriffen wird. Damit ist nicht einfach jenes Wechselverhältnis von ‚Dichtung' und ‚Wahrheit' gemeint, das Goethe bereits beschrieben hat, sondern der Begriff enthält eine Programmatik. Die Romanistin Claudia Gronemann hat ihn in die deutschsprachige Autobiographiediskussion hineingetragen und sie beschreibt damit gerade jene selbstreflexive Sprach- und Schriftlichkeit des autobiographischen Textes, wie sie in der Barthes'schen Selbstdarstellung sinnfällig wird, sich aber beispielsweise auch im französischen ‚Nouveau roman' findet, das ausgestellte Gleiten des Sinns in der Signifikantenkette, wie Gronemann im Rückgriff auf Lacan darlegt – Autofiktion also als ein autobiographisches Schreiben, das sich seines sprachlichen Konstruktcharakters bewusst ist, ihn geradezu inszeniert und mit ihm auch spielt.[32] Den Begriff selbst übernimmt Gronemann von dem französischen Autor Serge Doubrovsky, für den das Prinzip der Autofiktion zweierlei impliziert. Einmal, behauptet Doubrovsky, darf heute jedermann seine Autobiographie schreiben. Die autobiographische Selbstrepräsentation ist nicht nur sog. ‚großen Geistern' (Augustinus, Rousseau, Goethe) vorbehalten, sondern jeder Fußballspieler, jeder Popstar, selbst die Verkäuferin bei C&A kann heute eine Autobiographie veröffentlichen. Damit ist wohl gemeint, dass der Markt alles aufnimmt bzw. entscheidet, was ‚erlaubt' ist. Autofiktion in diesem Sinne bedeutet nach Doubrovsky aber auch, dass *alles* erzählt werden muss, jedes intime Detail und zwar möglichst schonungslos und offen, während die frühere Autobiographie ja doch stark selektiert hat, je nach Begründungsinteresse des Autobiographen/der Autobiographin. Die Öffentlichkeit will unmittelbar Anteil neh-

---

[32] Vgl. Claudia Gronemann, Postmoderne/Postkoloniale Konzepte der Autobiographie in der französischen und maghrebinischen Literatur. Autofiction – Nouvelle Autobiographie – Double Autobiographie – Aventure du texte, Hildesheim, Zürich, New York 2002. 11. Vgl. dies., „‚Autofiction' und das Ich in der Signifikantenkette. Zur literarischen Konstitution des autobiographischen Subjekts bei Serge Doubrovsky", Poetica 31 (1999), S. 237-262.

men, involviert sein. Diese Ausführungen stehen in einem engen Zusammenhang mit der ‚Big Brother'-Kultur, die wir seit einigen Jahren erleben und die uns neben dem Voyeurismus, andere in extremen oder krisenhaften Lebenssituationen zu beobachten, auch eine nie gekannte Anzahl von Talkshows beschert hat. „Weniger die literarische Qualität zählt bei solchen Büchern als vielmehr ihr Potenzial, eine unmittelbare Kommunikation mit dem Lese- bzw. Fernsehpublikum aufzubauen, eine Identifikation, die als kathartisch erlebt wird", schreibt Ivan Farron dazu.[33] Es geht dabei um eine intendierte Überschreitung der Grenze von Buch und Leben wie sie sich im Falle von Doubrovskys *Le livre brisé* von 1989 ereignet hat. Doubrovsky hatte dort über sein Eheleben berichtet, wobei er seiner Frau das jeweils Geschriebene vorlegte und ihre Kommentare in den Text einfügte. Als zwei Drittel des Buchs geschrieben waren, beging die Frau, deren Neigung zu Depressionen und Alkoholismus Doubrovsky beschrieben hatte, Selbstmord – und die literarische Welt hatte ihren Skandal, weil hier offensichtlich ein Buch getötet hatte, die Grenze zwischen Literatur und Leben überschritten worden war. Das zweite Prinzip des Autofiktionskonzepts ist der notwendige Einsatz der Fiktion, die für Doubrovsky indessen immer eine „narzisstische Falle" im Sinne der Lacan'schen Psychoanalyse darstellt. „[J]e suis un être fictif. J'écris mon autofiction" lautet der Kernsatz von Doubrovskys Position.[34] Dagegen hat Alain Robbe-Grillet geltend gemacht, dass man der narzisstischen Fiktion durch gezielten Einsatz der romanhaften Fiktion entkommen könne, d. h. durch bewusstes Erfinden, um die eigenen Imaginationen zu konterkarieren. Hier wird deutlich, dass das Autofiktionskonzept, sofern man überhaupt von einem solchen sprechen kann, etwas anderes ist, zumindest anders begründet ist als das alte Modell von ‚Dichtung und Wahrheit'. Während Goethe die Dichtung einsetzt, um den höheren Symbolgehalt des Lebens zum Ausdruck zu bringen, dienen die gezielt eingesetzten autofiktionalen Fiktionen der Durchkreuzung des autobiographischen Narzissmus, stellen also ein Moment der kritischen Reflexion desselben dar.

Im Anschluss an diese Überlegungen muss gefragt werden, ob und in welchem Sinne der Autofiktionsbegriff für neue Formen autobiographischen Schreibens nutzbar zu machen ist. Tatsächlich gibt es Texte, die autobiographisch erzählen,

---

[33] Ivan Farron, „Die Fallen der Vorstellungskraft. Autofiktion – ein Begriff und seine Zweideutigkeit(en)", Neue Zürcher Zeitung, 31.5.2003, http://www.france-mail-forum.de/fmf30/lit/30farron.htm (zuletzt aufgerufen am 23.12.2005).

[34] Serge Doubrovsky, „Textes en main", in: Autofictions & Cie, publiés sous la direction de Serge Doubrovsky, Jacques Lecarme et Philippe Lejeune, Paris 1993, S. 207-217, S. 208.

aber dabei nicht auf die Lebensgeschichte des Autors/der Autorin fixiert sind. Zu denken wäre in diesem Zusammenhang z.B. an Emine Sevgi Özdamars Trilogie *Das Leben ist eine Karawanserei hat zwei Türen aus einer kam ich rein aus der anderen ging ich raus* (1992)*, Die Brücke vom Goldenen Horn* (1998) und *Seltsame Sterne starren zur Erde* (2003). Das sind Texte, die realistisch und phantastisch zugleich die Geschichte einer Migrantin beschreiben, ohne dass man gezwungen wäre, diese mit Lejeune, der, wie gesagt, für die Autobiographie die Identität von Autor, Erzähler und Hauptfigur postuliert hat, als Lebensbeschreibung der Autorin zu lesen. Vielmehr scheint es sich um eine paradigmatische Lebensbeschreibung zu handeln, die ein facettenreiches Panorama anderer Personen, zeithistorischer Beschreibungen, aber zugleich überaus poetischer Darstellungen eröffnet. Was hier Wahrheit und Dichtung ist, will man dabei gar nicht wissen und die Problematik der sprachlichen Konstruktion und autobiographischen Schriftverfasstheit, das Problem der -*graphie*, wird hier – schließlich befinden wir uns nicht mehr in den 70er Jahren – auch nicht mehr aufgeworfen, entweder weil sowieso klar ist, dass der Text Text ist und nicht Abdruck des Lebens, oder aber weil die Texte, obwohl autobiographisch erzählt, sich gar nicht als Autobiographie im emphatischen Sinne verstehen. Symptomatisch für dieses Erzählen ist der Anfang des *Karawanserei-Romans*:

Erst habe ich die Soldaten gesehen, ich stand da im Bauch meiner Mutter zwischen den Eisstangen, ich wollte mich festhalten und faßte an das Eis und rutschte und landete auf demselben Platz, klopfte an die Wand, keiner hörte.[35]

Die Geschichte, die rein äußerlich den Lebensstationen der Autorin folgt, beginnt also noch vor deren Geburt. Mutter und Tochter befinden sich im Zug, der die beiden in den Heimatort der Mutter bringt, wo das Kind im Hause der Großeltern geboren werden soll. Wie poetisch das Ganze geschildert ist, wird in der folgenden Passage deutlich. Die beiden sind immer noch im Zug:

Der Berg stand draußen wie ein von einem großen Vogel gelegtes Ei und schaute auf den Bauch von Fatma, und der Fluß, der an dem schwarzen Zug vorbeilief, hatte sich entschlossen, die längste silberne Schlange zu sein, tagsüber zu fließen und die Lehrlingsjungs mit langen Baumwollunterhosen in sich baden

---

[35] Emine Sevgi Özdamar, Das Leben ist eine Karawanserei hat zwei Türen aus einer kam ich rein aus der anderen ging ich raus, Köln [4]1999, S. 9.

zu lassen und nachtsüber in den Träumen der Mädchen zu fließen und mit ihnen zu sprechen.[36]

Dass das Buch auch mit einer Zugfahrt endet, führt vor Augen wie durchkomponiert es ist. Aus dem ungeborenen Mädchen vom Anfang des Buchs ist eine junge Frau geworden, die sich auf dem Weg nach Deutschland befindet, wo sie als ‚Gastarbeiterin' arbeiten wird. Wie in der Doubrovsky'schen Autofiction die Grenze zwischen Leben und Buch übersprungen wird, mit dem Anspruch *alles* sagen zu können oder anders formuliert: qua Buch Lebensrealität zu schaffen, wird auch in Özdamars Texten die Grenze zwischen Realität und Fiktion irrelevant, allerdings eher, um des (poetischen) *Sagens* willen, d.h. um aus der Perspektive eines schriftverfassten Lebenslaufs nicht das Leben selbst, aber dessen Wahrnehmungsmöglichkeiten sprachlich in den Blick zu bekommen. Özdamars Ich-Erzählerin ist denn auch kein hermeneutisches Individuum mehr, um dessen ‚Bildung' es den Texten zu tun wäre, ebenso wenig mehr muss sich hier das Ich als sprachlich gesetzt reflektieren und dekonstruieren, vielmehr handelt es sich um eine Erzählinstanz, die im Be-Schreiben die Authentizität des Lebens weder einfordert noch ausschließt.

Literatur

Barthes, Roland (1978): Über mich selbst, aus dem Französischen von Jürgen Hoch, München.

Barthes, Roland (2000): „Der Tod des Autors", in: Texte zur Theorie der Autorschaft, hg. und komment. v. Fotis Jannidis, Gerhard Lauer, Matias Martinez und Simone Winko, Stuttgart, S. 185-193.

Benjamin, Walter (1987): Berliner Kindheit um neunzehnhundert, mit einem Nachwort von Theodor W. Adorno, Frankfurt a. M.

Derrida, Jacques (1983): Grammatologie, übers. von Hans-Jörg Rheinberger und Hanns Zischler, Frankfurt a. M.

Doubrovsky, Serge (1993): „Textes en main", in: Autofictions & Cie, publiés sous la direction de Serge Doubrovsky, Jacques Lecarme et Philippe Lejeune, Paris, S. 207-217.

Farron, Ivan (2003): „Die Fallen der Vorstellungskraft. Autofiktion – ein Begriff und seine Zweideutigkeit(en)", in: Neue Zürcher Zeitung, 31.5.2003, http://www.france-mail-forum.de/fmf30/lit/30farron.htm (zuletzt aufgerufen am 23.12.2005).

Freud, Sigmund (1982): Die Traumdeutung, Studienausgabe Bd. ll, Frankfurt a. M.

Goethe, Johann Wolfgang von (1986): Aus meinem Leben. Dichtung und Wahrheit, hg. v. Klaus-Detlef Müller, Sämtliche Werke, 40 Bde., Bd. I/14, Frankfurt a. M.

Goethe, Johann Wolfgang von (1993): Die letzten Jahre. Briefe, Tagebücher und Gespräche von

---

[36] Özdamar, Karawanserei, S. 10.

1823 bis zu Goethes Tod. Teil II: Vom Dornburger Aufenthalt 1828 bis zum Tode, hg. v. Horst Fleig, Sämtliche Werke, 40 Bde., Bd. II/11, Frankfurt a. M.

Goldmann, Stefan (1994): „Topos und Erinnerung. Rahmenbedingungen der Autobiographie", in: Hans-Jürgen Schings (Hg.), Der ganze Mensch. Anthropologie und Literatur im 18. Jahrhundert, Stuttgart, Weimar, S. 660-675.

Gronemann, Claudia (1999): „'Autofiction' und das Ich in der Signifikantenkette. Zur literarischen Konstitution des autobiographischen Subjekts bei Serge Doubrovsky", Poetica 31, S. 237-262.

Gronemann, Claudia (2002): Postmoderne/Postkoloniale Konzepte der Autobiographie in der französischen und maghrebinischen Literatur. Autofiction – Nouvelle Autobiographie – Double Autobiographie – Aventure du texte, Hildesheim, Zürich, New York.

Lacan, Jacques (1986): „Das Spiegelstadium als Bildner der Ichfunktion wie sie uns in der psychoanalytischen Erfahrung erscheint. Bericht für den 16. Internationalen Kongreß für Psychoanalyse in Zürich am 17. Juli 1949", in: ders.: Schriften I, hg. v. Norbert Haas, Weinheim, Berlin, S. 61-70.

Lejeune, Philippe (1994): Der autobiographische Pakt, aus dem Frz. v. Wolfram Bayer und Dieter Horning, Frankfurt a. M.

Man, Paul de (1993): „Autobiographie als Maskenspiel", in: ders., Die Ideologie des Ästhetischen, hg. v. Christoph Menke, aus dem Am. v. Jürgen Blasius, Frankfurt a. M., S. 131-146.

Misch, Georg (1969): Geschichte der Autobiographie, 1. Bd.: Das Altertum, 3. stark vermehrte Auflage, I. Hälfte, Bern 1949, II. Hälfte, Bern 1950 (zuerst Leipzig und Berlin 1907); 2. Bd.: Das Mittelalter, 2. Aufl., I. Teil: Die Frühzeit, I. Hälfte, Frankfurt a. M. 1969; II. Hälfte, Frankfurt a. M. 1970 (zuerst Frankfurt a. M. 1955); 3. Bd.: Das Mittelalter. Das Hochmittelalter im Anfang, 1. Hälfte, Frankfurt a. M. 1959, II. Hälfte, Frankfurt a. M. 1962; 4. Bd.: 1. Hälfte: Das Mittelalter. Das Hochmittelalter in der Vollendung, hg. v. Leo Delfoss, Frankfurt a. M. 1967, II. Hälfte: Von der Renaissance bis zu den autobiographischen Hauptwerken des 18. und 19. Jahrhunderts, bearb. v. Bernd Neumann, Frankfurt a. M.

Özdamar, Emine Sevgi ([4]1999): Das Leben ist eine Karawanserei hat zwei Türen aus einer kam ich rein aus der anderen ging ich raus, Köln.

Özdamar, Emine Sevgi (2002): Die Brücke vom Goldenen Horn, Köln.

Özdamar, Emine Sevgi (2003): Seltsame Sterne starren zur Erde, Köln.

Pascal, Roy (1960): Design and Truth in Autobiography, Cambridge (dt. u. d. T. Die Autobiographie. Gehalt und Gestalt, Übersetzung aus dem Englischen v. M. Schaible, überarb. v. Kurt Wölfel, Stuttgart, Berlin, Köln, Mainz 1965).

Platon (1993): Phaidros, Übersetzung und Kommentar von Ernst Heitsch, Göttingen.

Shumaker, Wayne (1954): English Autobiography. Its Emergence, Materials, and Form, Berkeley, Los Angeles.

Wagner-Egelhaaf, Martina ([2]2005): Autobiographie, Stuttgart, Weimar.

Nicola Keßler
„Ich bin bewohnt von einem Schrei ...“
Grenzgängerinnen der Literatur

Ich bin bewohnt von einem Schrei.
Nachts flattert er aus
Und sieht sich, mit seinen Haken, um nach etwas zum Lieben.

Verse aus dem Gedicht „Ulme“ der Schriftstellerin Sylvia Plath, veröffentlicht in der posthum erschienenen Sammlung „Ariel“ (1974). Sylvia Plath hat das Gedicht kurz vor ihrem Suizid, im Winter 1963 geschrieben. Sie war 31 Jahre alt.

Ich lese aus dem Gedicht zwei weitere Strophen:

Ich habe das Grauen der Sonnenuntergänge erlitten.
Versengt bis zur Wurzel brennen
Meine roten Staubfäden und starren als Handvoll Drähte.

Nun breche ich in Stücke, die fliegen umher wie Keulen.
Ein Wind von solcher Gewalt
Wird kein Danebenstehn dulden: ich muß kreischen.

Was für eine Stimmung schlägt uns hier entgegen? Die Assoziationen sind dunkel, voller Angst, fragend, verzweifelt, dem Tod nahe. Einsamkeit, Sehnsucht nach Liebe, Zerstückelung der Person... Vielleicht bekommen wir eine Gänsehaut. In Katastrophen- und Todesbildern spiegelt sich die innere Verfassung der Sprecherin.

In einem anderen Gedicht der Autorin heißt es:

Sterben ist eine Kunst, wie alles.
Ich kann es besonders schön.
(zit. nach Keller 2000, S. 7)

Bald schon werden die inneren Bilder zur brutalen Wirklichkeit: In den frühen Morgenstunden des 11. Februar 1963 dichtet Sylvia Plath Tür und Fenster in der Küche ab, dann steckt sie den Kopf in den Gasofen (Gidion 1992, S. 320 f.).

Ich bin bewohnt von einem Schrei.
Nachts flattert er aus
Und sieht sich, mit seinen Haken, um nach etwas zum Lieben.

Ich bin fasziniert von der Literatur verrückter Frauen. Ihre Texte lassen mich nicht mehr los. Warum das so ist, weiß ich gar nicht so genau. Vielleicht weil sie etwas ausdrücken, was auch in mir, was in uns allen, unterschwellig vorhanden ist und – mal mehr mal weniger – ans Tageslicht drängt. Vielleicht ist es auch die Unbedingtheit, mit der die Frauen nach einem Ort suchen, an dem es sich leben lässt, die mich aufrüttelt und mich aus meiner Gleichgültigkeit befreit. Auch fasziniert mich die Sprache, die sie finden für das Unaussprechliche. An der Grenze zum Verstummen erwacht ihr Bedürfnis nach ästhetisierten Ausdrucksformen. Im Medium der Literatur bringen sie etwas zur Sprache, was – hätten wir keine Gedichte, keine Erzählungen, keine Romane – ungesagt bleiben müsste. Die Autorinnen, die ich Ihnen heute vorstellen möchte – Virginia Woolf und Unica Zürn – , haben intensiv gelebt, sie haben sich nicht mit dem Gewöhnlichen abgefunden, sondern immer wieder Grenzen überschritten, auch die Grenze, die die Normalität vom Wahnsinn trennt. Sie haben sich wie Sylvia Plath selbst das Leben genommen. Ihr Schreiben ist ein Schreiben zwischen Leben und Tod: Schreiben sie, um zu überleben? Leben sie schreibend oder ist der Tod in ihren Texten allgegenwärtig? Überlebt ihr Schreiben bis heute? Ich möchte Sie einladen, mit mir gemeinsam einige Spuren der Frauen in ihren Texten zu verfolgen. Ich werde Textauszüge vortragen und sie in unterschiedliche Kontexte stellen: Einen kurzen Blick werfe ich jeweils auf die Biographien der Autorinnen und auf den Entstehungszusammenhang der Texte, ich frage nach dem Ort schreibender Frauen in der neueren Literaturgeschichte und nehme dabei Bezug auf Thesen der gender studies, ich nähere mich auch aus psychiatrischer Perspektive und suche nach Zusammenhängen zwischen literarischer Produktivität und Psychose.

Hinter allen Beobachtungen und Gedanken, die ich formuliere, steht die Frage: Warum schreiben? Welche Funktion hat das Schreiben für die Autorinnen, welchen Sinn haben die Texte für uns als außenstehende Leserinnen – und natürlich auch Leser? Ich sagte ja schon: Ich bin fasziniert von der Literatur verrückter Frauen. Vielleicht lassen Sie sich ja ein wenig anstecken.

Virginia Woolf (1882–1941)

Beginnen möchte ich mit Virginia Woolf. Ich folge der Darstellung der Biographin Susanne Amrain (1992): Geboren am 25. Januar 1882 verbringt Adeline Virginia Stephens (so ihr Geburtsname) ihre ersten Lebensjahre zusammen mit den Eltern, Geschwistern und Halbgeschwistern im vornehmen Londoner Stadtteil Kensington. Das Elternhaus ist relativ wohlhabend, intellektuell und viktorianisch. Der Alltag verläuft nach strengen Regeln und Moralvorstellungen: feste Unterrichtsstunden, pünktliche Mahlzeiten, tägliche Spaziergänge, Gehorsam gegenüber den Eltern. Inmitten dieser hochkultivierten Familie wird Virginia im Alter von 6 Jahren von ihrem 18-jährigen Stiefbruder Gerald sexuell missbraucht. Als sie 13 Jahre alt ist, stirbt ihre Mutter, deren Nähe sie jahrelang vergeblich gesucht hatte. Das Mädchen erleidet seinen ersten Nervenzusammenbruch, sie hört Stimmen und klagt über schreckliche Kopfschmerzen. Nur langsam erholt sie sich unter der Obhut ihrer 26 Jahre alten, geliebten Halbschwester Stella. 2 Jahre später stirbt auch diese Bezugsperson. Virginia reagiert mit chronischer psychischer Anfälligkeit. Unter der strengen Kontrolle ihres Halbbruders George wird sie in die gehobene Gesellschaft eingeführt, für die scheue Virginia eine Tortur, die in den sexuellen Übergriffen des Halbbruders nach den Abendgesellschaften ihren Höhepunkt findet. Die Übergriffe erfolgen über Jahre bis zu Georges Heirat 1905. Als Virginia 22 Jahre alt ist, stirbt ihr Vater, den sie trotz starker Ressentiments monatelang gepflegt hatte. Nach einer unmittelbar darauf unternommenen Reise mit ihren Geschwistern nach Frankreich und Italien bricht sie zusammen, beginnt exzessiv zu hungern, hat Halluzinationen und unternimmt einen Selbstmordversuch. Wenig später beginnt sie ihren ersten Roman, findet Eingang in intellektuelle Kreise, veröffentlicht kürzere Texte im renommierten „Guardian". In steter Regelmäßigkeit wechseln Phasen großer literarischer Produktivität und tiefer Depression, die oft monatelang andauern. 1912 heiratet sie Leonard Woolf, ihr Gesundheitszustand verschlechtert sich zusehends, wiederholt begibt sie sich in stationäre psychiatrische Behandlung, zu Hause unterwirft sie ihr Mann einem rigiden Gesundheitsprogramm. Interessant in unserem Zusammenhang – Schreiben – ist die Beobachtung, dass ihre periodisch auftretenden Anfälle von Angst und Depression meist in die Leere nach Beendigung eines Buches fallen. Fast immer, wenn sie ein Buchmanuskript an den Verlag weiter gegeben hat, versucht sie sich das Leben zu nehmen. „Sobald ich nicht arbeite oder das Ende in Sicht ist, beginnt das Nichts", schreibt sie in ihrem Tagebuch (zit. nach Amrain 1992, S. 189). Dabei erfährt Virginia Woolf als Schriftstellerin mit jeder neuen Veröffentlichung mehr Anerkennung. Ende der zwanziger Jahre – inzwischen sind die Romane „Mrs Dalloway" und „Orlando" erschienen – ist sie eine berühmte Schriftstellerin. Sie setzt sich kritisch mit der Geschichtslosigkeit der Frauen auseinander, hält Vorträge über deren benachteiligte Rolle in der Gesellschaft. 1939 beginnt sie ihre autobiographische „Skizze der Vergangenheit" und durchlebt in der rückblickenden Verarbeitung erneut die Traumata ihrer Kindheit und Jugend. In der unter dem Titel „Moments of Being" (deutsch: Augenblicke, 1981) posthum erschienenen „Skizze der Vergangenheit" (1976) formuliert sie einen direkten Zusammenhang zwischen intensiv erlebten Augenblicken, Krisenerfahrung und literarischer Produktivität. Sie schreibt:

„Und so bin ich weiterhin der Meinung, dass diese Sensibilität für Schock-überfälle das ist, was mich zur Schriftstellerin macht. Ich wage die Erklärung, dass ein Schock in meinem Fall sofort von dem Bedürfnis gefolgt ist, ihn zu begründen. Ich fühle, dass ich einen Schlag bekommen habe; doch ist er nicht, wie ich als Kind glaubte, bloß ein Schlag von einem Feind, der sich hinter der Watte des Tagesablaufs verbirgt, er ist oder wird zu einer gewissen Offenbarung, ist der Beweis von einer Wirklichkeit hinter den Erscheinungen, und ich konkretisiere es, indem ich es in Worte fasse. Nur dadurch, dass ich es in Worte fasse, mache ich es zur Ganzheit, und diese Ganzheit bedeutet, dass der Schlag seine Macht, mich zu verletzen, verloren hat; und dadurch, dass ich das tue, eliminiere ich vielleicht den Schmerz, und es erfüllt mich mit großer Freude, die getrennten Teile zusammenzufügen." (Woolf: Augenblicke, S. 98)

Virginia Woolf entdeckt für sich faszinierende Möglichkeiten des Schreibens und realisiert sie in ihren Texten auf radikale Art und Weise. Zugleich erfährt sie die Grenzen einer rein literarischen Existenzbewältigung. Im November 1940 bricht sie die autobiographischen Aufzeichnungen ab. Die Traumata der Kindheit und Jugend haben sie eingeholt. Fünf Monate später nimmt sie sich das Leben. Über diesen Tag, den 28. März 1941, schreibt Susanne Amrain: „Virginia Woolf ging in ihr Gartenhaus, schrieb etwas, kehrte zurück ins Haus und stellte dort zwei Briefe auf das Kaminsims, einen an Leonard und einen an ihre Schwester Vanessa. Dann, es war ungefähr halb zwölf, zog sie ihren Mantel an, nahm ihren Spazierstock und lief eilig durch den Garten davon, die Hangwiesen hinunter zum Ufer der Ouse, steckte ein paar schwere Steine in die Taschen ihres Mantels und stieg ins Wasser." (Amrain 1992, S. 174)

Über Virginia Woolf könnte man eine ganze Vorlesungsreihe entwerfen. Leben und Werk dieser Schriftstellerin sind so facettenreich, dass es schwer fällt, eine Auswahl zu treffen. Ich konzentriere mich auf einen einzigen Text: ihren Essay „A Room of One's Own" (dt. Ein Zimmer für sich allein, später: Ein eigenes Zimmer, 1929, 2001). Ich lese und kommentiere einen Auszug aus der deutschen Übersetzung, da hier die Problematik weiblicher Autorschaft grundsätzlich und für die damalige Zeit außerordentlich modern diskutiert wird. Es handelt sich um einen Essay, der aus 2 Vorträgen über „Women and Fiction" hervorgegangen ist, welche Virginia Woolf 1928 an den beiden Frauencolleges Newnham und Girton gehalten hat. Der Text, der von der zeitgenössischen Kritik als „feministische Streitschrift" bezeichnet wurde (Bronfen 2000, S. 44) und dessen Berühmtheit sich international bis in die jüngste Zeit hinein hält, behält den Charakter eines Gesprächs Virginia Woolfs mit ihren Zuhörerinnen bei. Die Situation: Die Autorin bereitet sich auf einen Vortrag zum Thema „Frauen und Literatur" vor, sucht in der Bibliothek vergeblich Bücher von und über Schriftstellerinnen und erinnert sich angesichts der Überzahl männlicher Dichter, auf die sie bei ihrer Recherche stößt, an die Aussage eines ihr nicht mehr namentlich bekannten Bischofs, es sei für eine Frau, sei es in Vergangenheit, Gegenwart oder Zukunft, unmöglich Shakespeares Genie zu besitzen. Dazu Virginia Woolf:

„Wie dem auch sei, als ich die Werke Shakespeares im Regal betrachtete, musste ich jedoch einräumen, dass der Bischof zumindest in einem recht hatte; es wäre für eine Frau vollkommen und gänzlich unmöglich gewesen, Shakespeares Dramen zu Shakespeares Zeit zu schreiben. Da Fakten so schwer zu erlangen sind, will ich mir einmal vorstellen, was geschehen wäre, wenn Shakespeare eine wunderbar begabte Schwester gehabt hätte, sagen wir, mit Namen Judith. Shakespeare selbst ging wahrscheinlich – seine Mutter war eine Erbin – auf die Grammatikschule, wo er vielleicht Latein lernte – Ovid, Vergil und Horaz – sowie die Grundzüge der Grammatik und der Logik. Er war, wie allseits bekannt, ein ungebärdiger Junge, der Kaninchen wilderte, vielleicht ein Reh schoss, und um einige früher, als üblich war, eine Frau aus der Nachbarschaft heiraten musste, die ihm um einiges früher, als schicklich war, ein Kind gebar. Diese Eskapade veranlasste ihn, sein Glück in London zu suchen. Er hatte anscheinend eine Vorliebe fürs Theater; er begann damit, am Bühneneingang Pferdezügel

zu halten. Sehr bald fand er im Theater Arbeit, wurde ein erfolgreicher Schauspieler und lebte am Nabel des Universums, begegnete aller Welt, kannte alle Welt, übte seine Kunst auf den Brettern, schärfte seinen Witz auf den Straßen und erhielt sogar Zugang zum Palast der Königin. Währenddessen, nehmen wir einmal an, blieb seine außerordentlich begabte Schwester zu Hause. Sie war ebenso abenteuerlustig, ebenso phantasiereich, ebenso begierig, die Welt zu sehen, wie er. Aber sie wurde nicht in die Schule geschickt. Sie hatte keine Möglichkeit, Grammatik und Logik zu lernen, geschweige denn, Horaz und Vergil zu lesen. Sie nahm hin und wieder ein Buch zur Hand, eines ihres Bruders vielleicht, und las ein paar Seiten. Aber schon kamen ihre Eltern herein und ermahnten sie, die Strümpfe zu stopfen oder die Suppe umzurühren und nicht über Büchern und Papieren zu trödeln. Sie mögen streng, aber freundlich gesprochen haben, denn sie waren handfeste Menschen, die wussten, welche Lebensumstände eine Frau erwarteten, und die ihre Tochter liebten – denn aller Wahrscheinlichkeit nach war sie der Augapfel ihres Vaters. Vielleicht schrieb sie hastig einige Seiten, heimlich oben im Apfelspeicher, achtete aber sorgfältig darauf, sie zu verstecken oder zu verbrennen. Bald jedoch, noch bevor sie erwachsen war, sollte sie dem Sohn eines benachbarten Wollhändlers anvertraut werden. Sie schrie, dass ihr die Ehe ein Greuel sei, und dafür wurde sie von ihrem Vater streng gezüchtigt. Dann hörte er auf, sie zu schelten. Er beschwor sie statt dessen, ihm in ihrer Ehesache keinen Schmerz zuzufügen, keine Schande zu bereiten. Er werde ihr eine Holzperlenkette oder einen hübschen Unterrock schenken, sagte er; und ihm standen Tränen in den Augen. Wie konnte sie sich ihm widersetzen? Wie konnte sie ihm das Herz brechen? Doch allein die Kraft ihrer Begabung zwang sie dazu. Sie schnürte ein kleines Bündel mit ihren Habseligkeiten, ließ sich in einer Sommernacht an einem Seil herunter und machte sich auf den Weg nach London. Sie war noch keine siebzehn. Die Vögel, die in der Hecke sangen, waren nicht musikalischer als sie. Sie besaß den lebhaftesten Sinn, eine Begabung wie die ihres Bruders, für die Melodie der Worte. Wie er hatte sie eine Vorliebe fürs Theater. Sie stand am Bühneneingang; sie wolle zur Bühne, sagte sie. Männer lachten ihr ins Gesicht. Der Theaterdirektor – ein dicker Mann mit losem Mundwerk – brach in Hohngelächter aus. Er grölte etwas von tanzenden Pudeln und schauspielernden Frauen – keine Frau, sagte er, sei fähig, Schauspielerin zu werden. Er deutete an – Sie können sich denken, was. Es war ihr nicht möglich, eine Ausbildung in ihrer Kunst zu erlangen. War es ihr auch nur möglich, in einer Schenke zu Abend zu essen oder um Mitternacht durch die Straßen zu streifen? Dabei drängte ihr Genie sie zur Dichtkunst und hungerte danach, sich satt zu essen an der Lebensvielfalt von Männern und Frauen und dem Studium ihres Gebarens. Schließlich – denn sie war sehr jung, im Gesicht dem Dichter Shakespeare seltsam ähnlich, mit den gleichen Augen und gewölbten Brauen – schließlich erbarmte sich ihrer Nick Greene, der Schauspieldirektor; bald ging sie von dem Herrn schwanger, und so – wer will die Hitzigkeit und das Ungestüm des Dichterherzens ermessen, wenn es im Körper einer Frau gefangen und gebunden ist? – gab sie sich in einer Winternacht selbst den Tod und liegt an einem Kreuzweg begraben, wo jetzt an der Station Elephant and Castle die Busse halten. So ungefähr wäre die Geschichte verlaufen, denke ich, wenn eine Frau zu Shakespeares Zeit Shakespeares Genie gehabt hätte. " (Ein eigenes Zimmer, S. 48 ff.)

Was sind die zentralen Thesen, die sich aus der Anekdote ergeben? Die Autorin deutet sie selbst im Kontext der Fiktion von Shakespeares unglücklicher Schwester. Zunächst: Es besteht ein auffallender Widerspruch zwischen der Rolle der Frau als literarischer Figur und ihrer offenkundigen Bedeutungslosigkeit im Literaturbetrieb:

„Imaginär ist sie von höchster Wichtigkeit, real ist sie vollkommen bedeutungslos. " (Ein eigenes Zimmer, S. 45)

Die großen Werke der Literaturgeschichte sind ohne die Frauen undenkbar: Keine Tragödie ohne ihre unbedingte Fähigkeit zur Liebe, kaum einen Roman und noch weniger Gedichte gäbe es, wenn die Frauen den Dichtern nicht als Protagonistinnen und Objekte ihrer Phantasie zur Verfügung gestanden hätten Aber all diese Frauenfiguren in der Literatur beruhen auf den Vorstellungen, die Männer sich von ihnen gemacht haben. D. h. sie sind literarische Konstruktionen: „Einige der inspiriertestes Worte, einige der tiefsten Gedanken der Weltliteratur fließen von ihren Lippen", schreibt Virginia Woolf, „im realen Leben konnte sie kaum lesen, selten buchstabieren und war das Eigentum ihres Ehemannes." (Ein eigenes Zimmer, S. 45) Die Frau verfügt in der Literaturgeschichte über keine eigene Stimme. Erst im letzten Drittel des 20. Jahrhunderts hat die feministische Literaturwissenschaft einige vergessene Autorinnen wieder entdeckt und Überlegungen dazu angestellt, durch welche Mechanismen sie aus dem Kanon ausgeschlossen wurden. Virginia Woolf gibt eine pragmatische Antwort auf die Frage, warum so wenig über dichtende Frauen bekannt ist: Sie haben weniger geschrieben, weil sie auf Grund ihrer benachteiligten Lebensverhältnisse kaum Gelegenheit dazu hatten. Es fehlte ihnen an einem eigenen Zimmer, an Geld, über das sie selbst hätten verfügen können, an den geringsten Abwechslungen vom Familienalltag, einer kleinen Reise etwa oder an Zusammenkünften mit Gleichgesinnten. Materielle Unabhängigkeit ist der Schlüssel zu intellektueller Freiheit (Wende 2003, S. 539):

> *„Literatur ist wie ein Spinnennetz, vielleicht nur ganz lose, aber dennoch an allen vier Ecken mit dem Leben verknüpft [...], verknüpft mit grob materiellen Dingen wie Gesundheit und Geld und den Häusern in denen wir wohnen."*
> (Ein eigenes Zimmer, S. 43)

Natürlich, auch männliche Schriftsteller hatten und haben es bis heute schwer, mit dem Schreiben ihren Lebensunterhalt zu bestreiten. Auch sie lebten, solange ihnen noch kein Weltruhm zuteil wurde, oft in ärmlichen Verhältnissen und rangen vergeblich um die gesellschaftliche Anerkennung ihres Berufsstandes. Und doch war das Dilemma, in dem sich schreibende oder sich zum Schreiben motiviert fühlende Frauen in der Geschichte befanden, noch deutlich gravierender. Aus der Gleichgültigkeit, die die Öffentlichkeit häufig ihren männlichen Kollegen entgegengebrachte, wurde offene Feindseligkeit. Schreiben galt als unweiblich, und es war schwer, sich gegen solche Stereotypisierungen zur Wehr zu setzen. Virginia Woolf formuliert es so: „Die Welt sagte zu ihr [der Frau] nicht, wie sie zu ihnen [den Männern] sagte: Schreib, wenn du magst, mir ist das einerlei. Die Welt sagte mit einem Hohnlachen: Schreiben? Wozu soll deine Schreiberei nütze sein?" (Ein eigenes Zimmer, S. 53 f.) Kurz: Die materiellen Abhängigkeiten und die immateriellen Zurückweisungen führten zu jenem Faktum, das Virginia Woolf ins Zentrum ihrer Anekdote über Shakespeares unglückliche Schwester stellt:

> *„Es wäre für eine Frau vollkommen und gänzlich unmöglich gewesen, Shakespeares Dramen zu Shakespeares Zeit zu schreiben."*
> (Ein eigenes Zimmer, S. 48)

Sie bemerken, dass Virginia Woolf diese provokante These mit einer anderen Konnotation versieht, als es jener Bischof getan hatte, als er sagte, „dass es für eine Frau, sei es in Vergangenheit, Gegenwart oder Zukunft, unmöglich ist, Shakespeares Genie zu besitzen" (Ein eigenes Zimmer, S. 47). Es ist nicht das fehlende Talent, die mangelnde Inspiration oder gar eine geringere geistige Fähigkeit, die die Frau vom Mann unterscheidet. Einzig die Lebensbedingungen und die gesellschaftlichen Vorurteile waren es, die die Frauen daran hinderten, ihre Talente auszuleben. Und weil so wenig nachprüfbares Wissen über Frauenleben im 16. und 17. Jahrhundert vorliegt, erfindet Virginia Woolf eine hochbegabte Schwester Shakespeares mit Namen Judith. Sie ist eine Fiktion und vermittelt zugleich eine plausible Vorstellung darüber, wie es einer Frau wie ihr im 16. Jahrhundert ergangen wäre: Anders als ihr Bruder, so vernehmen wir, wäre sie ans Elternhaus gebunden und mit Hausarbeiten eingedeckt gewesen, hätte keine Schulbildung genossen, über nur geringe Lese- und Schreiberfahrungen verfügt, wäre von einer Zwangsheirat bedroht und der Bestrafung durch ihren Vater ausgesetzt gewesen, ihre Talente hätte die männlich dominierte Gesellschaft nicht ernstgenommen. stattdessen hätte man sie zum Sexualobjekt degradiert und geschwängert, man hätte sie so in die Verzweiflung getrieben, dass ihr der Suizid als der einzige Ausweg erschien. In der Verallgemeinerung des anekdotischen Geschehens heißt das:

> *„ [...] dass jede Frau, die im sechzehnten Jahrhundert mit einer großen Begabung geboren wurde, ganz gewiss wahnsinnig geworden wäre, sich erschossen hätte oder in einer einsamen Kate außerhalb des Dorfes geendet wäre, halb Hexe, halb Zauberin, gefürchtet und verspottet. "* (Ein eigenes Zimmer, S. 50)

Warum musste das zwangsläufig so sein? Hätten die Frauen ihre Begabungen nicht auch an Orten ausleben können, die ihnen von der Gesellschaft zugestanden waren: in der Ehe, in der Familie, in der Kirche? Oder noch einfacher: Hätten Sie ihr Genie nicht zugunsten familiärer Verpflichtungen unterdrücken können? Virginia Woolf sagt dazu entschieden „nein". „Denn", so ihre Erläuterung, „es braucht wenig Kenntnis der Psychologie, um sicher zu sein, dass ein hochbegabtes Mädchen bei dem Versuch, ihr dichterisches Talent zu verwirklichen, von anderen Menschen so gehemmt und gehindert, von ihren widerstreitenden Instinkten so gefoltert und zerrissen worden wäre, dass sie ihre geistige und körperliche Gesundheit ganz gewiss verloren hätte." Ich denke, wir können das aus unserer heutigen Erfahrung heraus bestätigen: Eine Idee, ein intensives Empfinden, ein existentielles Ausdrucksbedürfnis – all dies drängt nach außen und will sich verständlich machen. Wenn wir es für uns behalten, entsteht eine unerträgliche innere Spannung, die sich nicht selten gegen uns selbst entlädt. Trotzdem, mögen wir einwenden: Bleiben der Wahnsinn und der Suizid als einzige Möglichkeiten? Virginia Woolf lässt sich auf ein weiteres Gedankenexperiment ein: Was wäre gewesen, wenn Shakespeares begabte Schwester ungeachtet aller Hindernisse Bühnenstücke geschrieben hätte?

> *„Hätte sie überlebt, alles, was sie geschrieben hätte, wäre verzerrt und entstellt gewesen, einer überspannten und krankhaften Phantasie entsprungen. Und zweifellos [...] wären ihre Werke namenlos geblieben. "*
> (Ein eigenes Zimmer, S. 51)

Was hier angesprochen wird, betrifft die Frage nach dem literarischen Kanon. Ob ein Werk in der Schublade eines begabten Schriftstellers oder einer begabten Schriftstellerin verstaubt oder ob es in einer hohen Auflage gedruckt und verkauft wird, hängt entscheidend von den Gesetzen des Marktes ab. Und ob über ein Werk, wenige Jahre, nachdem es erschienen ist, niemand mehr spricht oder ob es auch Jahre nach dem Tod des Autors bzw. der Autorin immer noch nicht in Vergessenheit geraten ist, ob man es beispielsweise verpflichtend zur Schullektüre erhebt, hängt – nicht nur, aber doch in ganz entscheidendem Maße – davon ab, wie es von einflussreichen Schriftsteller- und Schriftstellerinnenkollegen, Literaturkritikern/-kritikerinnen und nicht zuletzt von Literaturwissenschaftlern und -wissenschaftlerinnen bewertet wird, ob man es für kanonfähig hält und in die offizielle Literaturgeschichtsschreibung aufnimmt. Die Literaturgeschichtsschreibung ist – und das ist der entscheidende Punkt – nicht beiden Geschlechtern gleichermaßen gerecht geworden. Über die Jahrhunderte hinweg entschieden Männer darüber, was als literarisch bedeutsam galt und auf was man ohne nennenswerte Verluste verzichten konnte. Die feministische Literaturwissenschaft hat nachgewiesen, durch welche oft unbewusst verlaufenen oder der öffentlichen Aufmerksamkeit entzogenen Prozeduren der männliche Blick auf von Frauen verfasste Texte zu deren Ausschluss aus der Literaturgeschichte führte. Wenn über die Jahrhunderte hinweg die Maßstäbe literarischer Wertung allein aus Texten männlicher Autoren abgeleitet wurden, kann es nicht verwundern, dass wir über keine Tradition weiblichen Schreibens verfügen. Ist, so können wir weiter fragen, das weitestgehende Fehlen einer Literaturgeschichte von Frauen dann überhaupt noch ein privates Problem jeder einzelnen Schriftstellerin oder ist es nicht vielmehr ein politisches Problem, das uns alle betrifft? Ist nicht auch der Wahnsinn begabter Frauen, so persönlich jede einzelne betroffen sein mag, weniger ein individuelles Dilemma, als ein gesellschaftliches? Ich möchte die Provokation Virginia Woolfs noch ein wenig weiter treiben und zitiere dazu Sibylle Duda, die im Vorwort zu der außerordentlich spannenden 3-bändigen Sammlung biographischer Portraits von „WahnsinnsFrauen", die sie gemeinsam mit Luise F. Pusch herausgegeben hat, schreibt:

„Da wir in einer patriarchalischen Gesellschaft leben, in einer Gesellschaft, die prinzipiell durch eine Asymmetrie zwischen den Geschlechtern bestimmt ist, in der politische, ökonomische, wissenschaftliche und soziale Macht in den Händen der Männer liegt und alle Ressourcen zuungunsten der Frauen verteilt sind, nimmt es nicht wunder, dass die daraus resultierende Einschränkung, Beschränkung und Unterdrückung vielen Frauen oft nur den Wahnsinn als heimischen Ort lässt." (Duda/Pusch 1992, S. 7)

und:

„Weiblicher Wahnsinn bedeutet Protest gegenüber der Rolle, die Frauen zu spielen haben. Im Wahnsinn zeigt sich die Kreativität ihrer Ohnmacht." (Duda/Pusch 1992, S. 8)

Was Virginia Woolf mit Blick auf die Geschichte schreibender Frauen formuliert, erfährt hier in zweifacher Hinsicht eine Radikalisierung:

Erstens geht es Sybille Duda und Luise F. Pusch nicht nur um die künstlerisch begabte Frau, sondern im Prinzip ist jede Frau betroffen, die die Grenzen der weiblichen Rolle durchbricht: „Überschreitet sie diese Grenzen, dann gilt sie als verrückt oder wird verrückt gemacht." (Duda/Pusch 1992, S. 9) Das Spektrum der Frauenbiographien, die die Autorinnen rekonstruieren, scheint ihnen Recht zu geben: Emilie Kempin (1853–1901), erste deutschsprachige Doktorin der Jurisprudenz, Bertha Pappenheim (1859–1936), engagierte Frauenrechtlerin, die als Fall Anna O. in die Geschichte der Psychoanalyse einging, Camille Claudel (1864–1943), französische Bildhauerin, die man zu Beginn der 80er Jahre wiederentdeckte, Marilyn Monroe (1926–1962), deren biographischer Werdegang vom Pin-up-Girl zum Filmstar und Sexsymbol zum Mythos hochstilisiert wurde, Anne Sexton (1928–1974), Fotomodell, Professorin, Schriftstellerin – dies sind nur einige wenige Namen aus den 32 gesammelten biographischen Portraits von Frauen, die in ihrer Entwicklung von rigiden Geschlechterstereotypen aufgehalten, pathologisiert und nicht selten in den Selbstmord getrieben wurden.

Eine zweite Radikalisierung besteht darin, dass Sybille Duda deutlich einen Gegenwartsbezug formuliert. Nicht nur die Geschichte von Frauen ist durch Ausschließungsprozeduren gekennzeichnet, sondern wir leben in einer patriarchalischen Gesellschaft, „die prinzipiell durch eine Asymmetrie zwischen den Geschlechtern bestimmt ist". Ich habe in Uniseminaren die Erfahrung gemacht, dass viele junge Menschen diese Auffassung nicht mehr teilen, und ich muss ihnen in einem Punkt zustimmen: Selbstverständlich lassen sich in den letzten Jahrzehnten deutliche Annäherungsprozesse der Lebensverhältnisse von Frauen und Männern in den fortgeschrittenen Industriegesellschaften nachweisen. Sie betreffen vor allem die Bereiche Bildungsbeteiligung, Lebensplanung und Erwerbstätigkeit. Gleichzeitig aber sind neue Differenzierungen und eine erstaunliche Stabilität gewachsener Strukturen zu beobachten. Nach wie vor strukturiert die Geschlechtszugehörigkeit unsere sozialen Wahrnehmungen und Handlungsmöglichkeiten. Geschlechterdifferenzierende Strukturierungen werden indirekter und dadurch schwerer zu durchschauen. Soziale Ungleichheiten zwischen den Geschlechtern bestehen fort, sie werden nur nicht mehr thematisiert. Es ist wichtig, dass wir für solche Verdeckungszusammenhänge sensibel bleiben.

Virginia Woolf, zu deren Sicht der Dinge ich nun noch einmal zurückkommen möchte, bezieht die Gegenwartsperspektive ausdrücklich in ihre Überlegungen mit ein. Die Anekdote von Shakespeares begabter Schwester spielt in der zweiten Hälfte des 16. Jahrhunderts. Aber gegen Ende ihres Essays formuliert die Autorin:

„Ich glaube fest, dass diese Dichterin, die nie ein Wort schrieb und an einem Kreuzweg begraben wurde, immer noch lebt." (Ein eigenes Zimmer, S. 111)

Ich lese zur Veranschaulichung in leicht gekürzter Fassung die komplette Schlusspassage. Virginia Woolf richtet sich direkt an ihre Zuhörerinnen:

„Ich habe Ihnen im Laufe dieses Vortrags erzählt, dass Shakespeare ein Schwester hatte; aber suchen Sie sie nicht in Sir Sidney Lees Biographie des Dichters. Sie starb jung – leider schrieb sie nie ein Wort. Sie liegt begraben, wo jetzt die Omnibusse halten, gegenüber der Station Elephant and Castle. Ich glaube fest, dass diese Dichterin, die nie ein Wort schrieb und an einem Kreuzweg begraben wurde, immer noch lebt. Sie lebt in Ihnen und in mir, und in vielen anderen Frauen, die heute abend nicht hier sind, denn sie waschen das Geschirr ab und bringen die Kinder zu Bett. Aber sie lebt; denn große Dichterinnen sterben nicht; sie sind weiterhin anwesend; sie brauchen nur die Gelegenheit, leiblich unter uns zu wandeln. Ihr diese Gelegenheit zu geben wird, denke ich, bald in Ihrer Macht stehen. Denn ich glaube fest, wenn wir ungefähr ein weiteres Jahrhundert leben [...] und jede von uns fünfhundert im Jahr und ein eigenes Zimmer hat; wenn wir die Freiheit gewohnt sind und den Mut haben, genau das zu schreiben, was wir denken; wenn wir dem gemeinsamen Wohnzimmer ein wenig entfliehen und Menschen nicht immer in ihrer Beziehung zueinander, sondern in ihrer Beziehung zur Wirklichkeit sehen [...]; wenn wir dem Faktum, denn es ist ein Faktum, ins Auge blicken, dass da kein Arm ist, an dem wir uns festhalten können, sondern dass wir allein gehen und dass wir Beziehung zur Welt der Wirklichkeit haben müssen und nicht nur zur Welt der Männer und Frauen, dann wird die Gelegenheit kommen, und die tote Dichterin, die Shakespeares Schwester war, wird den Leib anlegen, den sie so oft abgeworfen hat. Ihr Leben aus dem Leben der Unbekannten schöpfend, die ihre Vorläuferinnen waren, wie ihr Bruder es vor ihr tat, wird sie geboren werden. Ihr Kommen ohne diese Vorbereitung, ohne diese Anstrengung unsererseits, ohne die-

sen entschlossenen Willen, dass es ihr, wenn sie wiedergeboren wird, möglich sein soll zu leben und ihre Werke zu schreiben – das können wir nicht erwarten, denn das wäre unmöglich. Aber ich behaupte fest, dass sie kommt, wenn wir für sie arbeiten, und dass solche Arbeit, selbst in Armut und Verborgenheit, der Mühe wert ist. " (Ein eigenes Zimmer, S. 111 f.)

Virginia Woolf richtet ihren Appell im Herbst 1928 an junge Studentinnen und spricht davon, sie rechne damit, dass ungefähr hundert Jahre später die Frauen den Mut haben müssten, genau das zu schreiben, was sie denken, dann nämlich, wenn sie über ein eigenes Zimmer verfügen und von der Gunst der Männer unabhängig sind. In diesem Augenblick erhalte die tote Dichterin, die es nie gegeben hat, eine zweite Chance. Voraussetzung: Die Frauen ebnen ihr bis dahin den Weg. Woher nimmt sie diesen Optimismus? Wie kann eine Dichterin, die nie ein Wort geschrieben hat, den Stein ins Rollen bringen? Ich denke, wir kommen einer Antwort auf die Frage näher, wenn wir aufhören, darüber zu klagen, dass wir über keine Tradition weiblicher Autorschaft verfügen. Die historische Beobachtung, dass uns Anknüpfungspunkte an eine spezifisch weibliche literarische Tradition fehlen, muss kein Hindernis darstellen. Im Gegenteil: Vielleicht birgt die Tatsache, dass es keinen weiblichen Shakespeare gibt, gerade die Chance für eine Kreativität jenseits der männlichen Tradition, für die Entstehung von Texten, die sich durch eine Vielstimmigkeit von Perspektiven auszeichnen statt durch klare Antworten, die, wie Hélène Cixous es in „Weiblichkeit in der Schrift" (1980) formuliert hat, „keinen Anfang" haben und „kein Ende" (S. 78), die „mit geschlossenen Augen geschrieben" und „mit geschlossenen Augen gelesen" (S. 82) werden, so dass, wie Sylvia Bovenschen es in ihren Überlegungen „Über die Frage: gibt es eine ‚weibliche' Ästhetik?" (1979) gefordert hat, „die Spezifika der weiblichen Erfahrung und Wahrnehmung selbst formbestimmend sind" (S. 106) . Wenn, wie es von Virginia Woolf nahe gelegt und von feministischen Literaturtheoretikerinnen ausgearbeitet wurde, die Tilgung schreibender Frauen aus der Geschichte einen Freiraum für nachfolgende Generationen eröffnet, dann sind wir alle dazu aufgerufen, eine für uns stimmige, subjektiv-authentische Schreibpraxis zu entwickeln.

Wir wollen den Ort, von dem aus Frauen sprechen bzw. schreiben, noch etwas genauer bestimmen, um den Zugang zu Texten im Grenzbereich zwischen „Normalität und Wahnsinn" zu öffnen, die sich nicht selten einer unmittelbaren Logik entziehen. Schreibende Frauen sprechen, wie wir gesehen haben, von einem Ort aus, an dem sie immer schon die Beschriebenen sind. Die Beziehung zwischen Frauen, Weiblichkeit und Sprache gestaltet sich aber noch konfliktreicher.

In ihrer unter dem Titel „Die Stimme der Medusa" erschienenen Untersuchung der „Schreibweisen in der Gegenwartsliteratur" von Frauen kennzeichnet Sigrid Weigel die Position von Autorinnen als einen „doppelten Ort innerhalb und außerhalb des Symbolischen" (Weigel 1987, S. 9):

> *„Indem Frauen teilhaben, teilnehmen an der herrschenden Sprache, sich ihren ,Zugang zur zeitlichen Bühne' erobern, sind sie an der bestehenden Ordnung beteiligt; sie benutzen dann ein Sprache, Normen und Werte, von denen sie zugleich als ,das andere Geschlecht' ausgeschlossen sind. Als Teilhaberin dieser Kultur dennoch ausgegrenzt oder abwesend zu sein, das macht den spezifischen Ort von Frauen in unserer Kultur aus. "* (Weigel 1987, S. 8 f.)

Im Mittelpunkt von Sigrid Weigels Interesse stehen jene Schreibweisen, die Frauen entwickeln, um den „doppelten Ort innerhalb und außerhalb des Symbolischen zum Ausdruck zu bringen". Es geht darum, die Art und Weise zu beschreiben, mit der Frauen traditionelle literarische Konzepte und Techniken handhaben, um einen eigenen Entwurf von weiblicher Subjektivität zu begründen. Die Wahl bestimmter Themen und Motive kann dabei ebenso aufschlussreich sein, wie der Umgang mit Gattungen, Perspektiven, rhetorischen Figuren und anderen sprachlichen Möglichkeiten.

> *„Bei der Schreibweise handelt es sich um ein spezifisch literarisches Engagement, nicht nur um ein Engagement mit Hilfe von Literatur. "*
> (Weigel 1987, S. 19)

Unica Zürn (1916–1970)

Ich möchte Ihnen nun eine Schreibweise vorstellen, welche abseits literarischer Konventionen liegt: Das Anagrammatisieren der Schriftstellerin Unica Zürn. Anders als Virginia Woolf, die sich mit ihrem Essay ja durchaus in einen der Vernunft verpflichteten Diskurs begeben hat, finden wir bei Unica Zürn eine Textpraxis vor, die wir, ohne dadurch Vorbehalte zu entwickeln, als ver-rückt bezeichnen dürfen. Vorausschicken möchte ich wieder ein paar Informationen zur Biographie der Autorin. Ich orientiere mich an der Darstellung von Rita Morrien, die ihrer vergleichenden Werkanalyse „Weibliches Textbegehren bei Ingeborg Bachmann, Marlen Haushofer und Unica Zürn" (1996) einen Überblick über das Leben Zürns voranstellt:

Ruth Zürn, die sich später den Dichterinnennamen Unica zulegt, wird am 6. Juli 1916 in Berlin-Grunewald geboren. Die Atmosphäre ihrer Kindheit, die in wohlhabenden Verhältnissen verläuft, beschreibt sie in ihrer autobiographischen Erzählung „Dunkler Frühling" (1967, 1991) als kalt und lieblos. Das Verhältnis zwischen Mutter und Tochter ist von gegenseitiger Ablehnung geprägt, die Zuwendung des Vaters sucht das Mädchen vergeblich. Er ist als Angehöriger des Militärs meist abwesend. Vater, Mutter und Bruder erscheinen dem Mädchen als nicht vertrauenswürdig. Nach dem Schulabschluss, der etwa der heutigen Mittleren Reife entspricht, nimmt Unica Zürn eine Stelle als Archivarin und Werbefilmdramaturgin bei der Ufa an. Hier knüpft sie erste Kontakte zu der Berliner Künstlerszene, entscheidet sich 1943 aber für die bürgerliche Ehe mit dem zwanzig Jahre älteren Kaufmann Erich Laupenmühlen. Aus dieser Ehe stammen zwei Kinder: ein Junge und ein Mädchen. Wegen andauernder Untreue des Mannes werden Unica Zürn und Erich Laupenmühlen 1949 geschieden. Die Kinder werden gerichtlich dem Vater zugesprochen. Nach der Trennung leidet Unica Zürn unter psychosomatischen Beschwerden. Finanziell hält sie sich durch die Veröffentlichung von Kurzgeschichten und Märchen in Tageszeitungen und im Rundfunk über Wasser. 1943 begegnet sie dem Maler und Schriftsteller Hans Bellmer, der der engeren surrealistischen Szene angehört. Ihm folgt sie nach Paris und bleibt – abgesehen von kleineren Unterbrechungen – bis kurz vor ihrem Tod seine Lebensgefährtin. Der Einfluss Bellmers auf das Leben und Werk Unica Zürns wird in der Forschungsliteratur zwiespältig bewertet: Einerseits ermuntert Bellmer sie zum Zeichnen und führt sie in die Kunst des Anagrammdichtens ein, andererseits benutzt er sie als Modell für obszön-perverse Konstruktionen eines weiblichen Plastiktorsos, fotografiert sie in entwürdigenden Posen und veröffentlicht die Bilder. Unica Zürn wird von ihm schwanger, entscheidet sich aber zu einer Abtreibung, nachdem Bellmer angekündigt hatte, er werde dem Inzest mit seinen Töchtern nicht widerstehen können. In der Folgezeit leidet die Schriftstellerin unter depressiven Verstimmungen. Zugleich beginnt eine außerordentlich produktive Phase, in der eine Fülle von Anagrammen und einige Prosatexte entstehen. 1959 trennt sich Unica Zürn zeitweilig von Bellmer, ihre Geisteskrankheit bricht offen aus. Diagnose: Schizophrenie. Ihre Symptome werden von dem französischen Psychiater, der sie behandelt wie folgt beschrieben: „Visionen; optische und akustische Geruchs- und Geschmackshalluzinationen; Beeinflussungswahn; Wahn der Ausbreitung des Eigenen auf Andere; Gedankenlautwerden; rauschhafte Glücksmomente mit Größenwahn; depressive Verstimmung." (Alves, S. 205) Von Oktober 1959 bis Februar 1960 ist Unica Zürn in der Nervenklinik Berlin-Wittenau zwangsinterniert. Nach der Entlassung kehrt sie nach Paris zu Bellmer zurück, allerdings wird sie noch im selben Jahr in die psychiatrische Klinik St. Anne in Paris eingewiesen, wo sie zwei Jahre verbringt. Weitere Klinikaufenthalte folgen. In den Zeiten zwischen den Psychosen entstehen ihre wichtigsten Texte: „Der Mann im Jasmin" (1964–1966), „Dunkler Frühling" (1967) und „Die Trompeten von Jericho" (1968). Nachdem Hans Bellmer Ende 1968 einen Schlaganfall erleidet, bricht er die Beziehung zu Unica Zürn ab, da sein Arzt die Beziehung für gesundheitsschädlich hält. Nach ihrer Entlassung aus der Klinik Chateau de la Chesnai trifft sich Unica Zürn am 17. Oktober 1970 ein letztes Mal mit Bellmer. Zwei Tage später, am 19. Oktober 1970, stürzt sie sich aus dem Fenster eines sechsten Stockwerks in die Tiefe. Sie ist 54 Jahre alt. Ihren Suizid hat sie schon einige Jahre zuvor in der Erzählung „Dunkler Frühling" vorweggenommen. Er wirkt wie eine perfekte Reinszenierung der literarischen Gestaltung. Ich lese aus der Schlusspassage der autobiographischen Erzählung:

> *„[...] ihr Vater ist wie immer verreist [...] Sie hasst ihren Bruder von ganzem Herzen... Sie wünscht ihm das größte Unglück. Sie wäre zufrieden, wenn er unter den schlimmsten Qualen zu ihren Füßen sterben würde. Und sie hasst ihre Mutter... Sie schreit vor Weinen. Erschrocken stopft sie sich in ein Taschentuch in den Mund, aus Angst, dass man sie hören könnte. Sie will niemanden sehen. Selbst, wenn jetzt ihre Mutter und ihr Bruder kommen würden, um sich bei ihr zu entschuldigen, für das Leid, das sie ihr angetan haben – sie würde nicht die Türe öffnen. Sie würde ihnen nicht verzeihen. Langsam wird es dunkel. [...]*
> *Sie schließt die Schublade ihres Schreibtisches auf und nimmt die Zeichnungen heraus. Sie will nichts hinter sich lassen, was ihre Liebe verraten könnte. Es tut ihr ein bisschen leid, diese Portraits zu verbrennen, aber es muß sein. Vielleicht wird man sie mit ihrem Amulett um den Hals begraben. Sie nimmt ihren schönsten Pyjama aus dem Schrank und zieht ihn an. Zum letzten Mal bewundert sie sich im Spiegel. Sie stellt sich vor, wie sie unten auf der Erde aufprallen wird und wie ihr schöner Pyjama voll Blut und Erde sein wird.*
> *Es wird eine Totenstille auf dem Friedhof sein, und die Menschen werden einander schuldbewusst anblicken: ‚wisst ihr nicht, dass sich hier ein Kind aus Liebe getötet hat? Und die Eltern werden von diesem Tage an viel milder und liebevoller mit ihren Kindern umgehen, damit ihnen nicht das gleiche Schicksal widerfährt. Und sie denkt an den schmalen, harten Sarg, in dem sie sich nicht ausbreiten kann, wie in ihrem weichen Bett. Wie ein Soldat, so gerade ausgerichtet muß sie darin liegen. Und wenn sie sich bei ihrem Sturz nur verletzt und gerettet wird?*
> *Vielleicht bleibt sie für ihr Leben lang gelähmt?*
> *Sind zwei Etagen hoch genug, um sich zu Tode zu stürzen? Soll sie aus ihrem*

Zimmer schleichen und auf den Dachboden steigen? Vielleicht ist es sicherer, wenn sie sich vom Dachboden herabstürzt? Schreckliche Komplikationen!
Aber sie hat nicht den Mut, ihr Zimmer zu verlassen. Es könnte ihr jemand im Hause begegnen... Sie möchte schön aussehen, wenn sie tot ist. Sie möchte, dass man sie bewundert: nie hat man ein schöneres totes Kind gesehen.
Jetzt ist es fast dunkel im Zimmer. Nur das ferne Licht einer Straßenlaterne scheint schwach ins Fenster. Jetzt ist es ihr gleich, ob sie ‚auf fremder Erde' stirbt oder in ihrem Garten. Sie steigt auf das Fensterbrett, hält sich an der Schnur des Fensterladens fest und betrachtet noch einmal ihr schattenhaftes Bild im Spiegel. Sie findet sich reizend, und eine Spur von Bedauern mischt sich in ihre Entschlossenheit. ‚Vorbei', sagt sie leise und fühlt sich schon tot, ehe sie mit ihren Füßen das Fensterbrett verläßt. Sie fällt auf den Kopf und bricht sich den Hals. Ihr kleiner Körper liegt seltsam verzerrt im Gras. Der erste, der sie findet, ist der Hund. Er steckt den Kopf zwischen ihre Beine und beginnt sie zu lecken. Als sie sich gar nicht bewegt, beginnt er leise zu winseln und legt sich neben sie ins Gras.“ (Dunkler Frühling, S. 58 ff.)

Betrachtet man das dichterische Werk Unica Zürns, das in einer mehrbändigen Gesamtausgabe vorliegt, kann man vielerlei Aspekte analysieren und es gibt inzwischen eine reichhaltige Forschungsliteratur zu ihr. Gerade der rätselhafte, bisweilen hermetische Charakter ihrer Schriften wie auch ihrer Zeichnungen regt zu Studien aus unterschiedlichen Disziplinen an. Ich möchte hier nur einen kleinen Ausschnitt der überaus interessanten Textpraxis der Autorin vorstellen, das Anagrammatisieren, und ich werde nur ein einziges Beispiel kommentieren. Eine solche Interpretation verkürzt zwangsläufig die komplexen Bezüge, in denen das Werk steht. Ich konzentriere mich aber auf einen Einzelaspekt, der mir im Kontext der Untersuchung von Schreibweisen relevant erscheint: die an den Texten Zürns aufweisbare Analogie zwischen Wahnerleben und Textstruktur. Als Beispiel wähle ich ein Anagramm mit der Überschrift „Der eingebildete Wahnsinn“, es ist integriert in die Erzählung „Der Mann im Jasmin“ (1991, S. 243), entstanden in den Jahren zwischen 1964 und 1967:

DER EINGEBILDETE WAHNSINN

Deine Wege ins Hinterland B.
da regnet es blind hinein. – We –
Weh' – Deliria sind Gebete. N-N- N-

Der Wind blaest. Eingehen in
wahnsinnige Bilder endet in
Leid. Eng ist der Wahn. Eben
steigen, dann leiden. Hib! Wer?
Er! Wann? Nie! Eingebildet!
Was? Rien! H-D-S-
Elend beginnt. Dehi-
Dehi – bewegtes Deliria. N-N-N-
Endet das nie?
Nein! G-B-L-I-H – Wer? –

Klären wir zunächst, was Anagramme sind. Unica Zürn definiert diese Gattung selbst an anderer Stelle: „Anagramme sind Worte und Sätze, die durch Umstellen der Buchstaben eines Wortes oder Satzes entstanden sind. Nur die gegebenen Buchstaben sind verwendbar und keine anderen dürfen zur Hilfe gerufen werden." (Der Mann im Jasmin, S. 148) Ein Ausgangssatz gibt das Kontingent von Buchstaben vor. In unserem Beispiel „Der eingebildete Wahnsinn" haben wir 13 verschiedene Buchstaben zur Verfügung: D (2 x), E (5 x), R (1 x), I (3 x), N (4 x), G (1 x), B (1 x), L (1 x), T (1 x), W (1 x), A (1 x), H (1 x) und S (1 x). Diese Buchstaben werden nun in immer neuen Kombinationen zusammengefügt, möglichst alle Buchstaben, die der Ausgangs-Satz enthält, sollen aufgebraucht werden. Ein Buchstaben-Rest ist nicht vorgesehen. Betrachten wir unter diesen Kriterien das Beispiel, so können wir auf den ersten Blick feststellen, dass es den Ansprüchen nicht voll genügt. Wir finden Buchstabenreste vor: Vers 1: B, Vers 3+11: 3 x N, Vers 9: H, D, S, Vers 13: G, B, L, I, H. Andererseits verbrauchen nur die ersten Verse das gesamte Buchstabenkontingent, im zweiten Teil des Gedichts verteilen sich die Buchstaben auf zwei und mehr Verse. Außerdem gibt es einige Buchstabenkombinationen, deren Wortsinn nur erahnt werden kann: 2. Vers: We (=Weh?), Vers 7: Hib! (=Hieb? oder Hip im Sinne von hochgestimmt?), 10.+11. Vers: Dehi (=Dei, Götter oder Anfang von Deliria, Deli gestammelt ?). Das Urteil der Dichterin fällt dementsprechend vernichtend aus. Sie schreibt: „Dieses Ergebnis ist arm und unvollkommen. Das Gesetz für das Anagramm heißt: Alle Buchstaben, die der Ausgangs-Satz enthält, müssen auch in seinem Anagramm verwendet werden. Hier aber sind Buchstaben übriggeblieben, und das ist verboten." (Der Mann im Jasmin, S. 243)

Aber ich frage mich: Wird die Dichterin sich selbst und ihrem Gedicht mit diesem vernichtenden Urteil gerecht? Ist es nicht vielmehr erstaunlich, dass aus dem begrenzten Buchstabenkontingent überhaupt so viel Neues und Sinnhaftes zustande kommt? Schauen wir uns unter diesem Gesichtspunkt das Anagramm noch einmal an (vgl. auch die Interpretation von Rita Morrien 1996, S. 212 ff.). Was können wir erschließen? Offensichtlich geht es um ein existentielles Problem der Sprecherin: Ist ihr Wahnsinn nur eingebildet, also eine selbstgewählte Lebensform? Oder handelt es sich um eine Zwangslage? Die Sprecherin greift zunächst die Aussage des Ausgangssatzes auf („Der eingebildete Wahnsinn") und suggeriert mit der Buchstabenumstellung „Deine Wege ins Hinterland" eine zumindest partiell freiwillige Flucht ins Imaginäre. Doch schon mit dem zweiten Vers bricht etwas Unvorhersehbares ein („da regnet es blind hinein"). Im Wehgeschrei entlädt sich der Schmerz. Mit der Gleichsetzung von Delirium und Gebet wird die Vergeblichkeit der Gottesanrufung sichtbar. Unruhe macht sich breit („Der Wind blaest"). Es folgt auf engstem Raum eine Zustandsbeschreibung, die prägnanter das Wahnerleben kaum wiedergeben könnte: „Eingehen in wahnsinnige Bilder endet in Leid. Eng ist der Wahn. Eben steigen, dann leiden." Bildhaftigkeit – Leid – Enge – Wahn – abrupte Stimmungsschwankungen, all diese Symptome finden einen angemessenen Ausdruck. Anschließend löst sich sowohl die gedankliche als auch die syntaktische Struktur auf. Übrig bleiben dahingeworfene Ausrufe („Hib!", „Er!", „Nie!", „Eingebildet!", „Rien!", „Nein!") und Fragen („Wer?", „Wann?" „Was?", „Endet das nie?", „Wer?"), Dazwischen Gestammel („N-N-N": Will hier ein „Nein" nicht über die Lippen?, „G-B-L-I-H": Sollte hier das Wort „VERGEBLICH" entstehen?). Ein zusammenhängender Sinn ist nicht mehr erkennbar, positive Antworten gibt es nicht. Die Auseinandersetzung endet mit einer ausgerufenen Verneinung, die abwehrend klingt („Nein!"), und mit einer hilflosen Frage nach einem Verantwortlichen: („Wer?"). Die anfänglich aufgeworfene Frage, ob der erlebte Wahnsinn eingebildet sei, beantwortet sich von selbst: Der Wahnsinn hat scheinbar von dem Gedicht Besitz ergriffen und seine Form zerstört. Das Textbeispiel ist nicht ein gescheiterter Versuch, Buchstaben neu zusammenzusetzen, sondern dieses Anagramm offenbart gerade in seiner Regelwidrigkeit, also durch die Auflösung der semantischen und syntaktischen Struktur, die zentrale Aussage: Dem Wahnsinn ist durch einen gezielten Willen nicht beizukommen, er beansprucht absolute Macht!

Okay, werden Sie vielleicht sagen, das ist ja alles recht interessant, aber was soll das? Wozu mit einem begrenzten Kontingent an Buchstaben spielen, wenn uns doch das gesamte Alphabet zur Verfügung steht? Ich möchte zur Veranschaulichung auf eine Erläuterung zurückgreifen, die Hans Bellmer zum Anagrammatisieren gibt. Er schreibt:

„Das Anagramm entsteht, bei nahem Zusehen, aus einem heftigen, paradoxalen

Zwiespalt. Es vermutet Höchstspannung des gestaltenden Willens und zugleich die Ausschaltung vorbedachter Gestaltungsabsicht, weil sie unsichtbar ist. Das Ergebnis bekennt, ein wenig unheimlich, mehr dem Zutun eines ‚anderen' als dem eigenen Bewusstsein verdankt zu sein. Das Gefühl einer fremden Verant-wortlichkeit und der eigenen, technischen Beschränkung – nur die gegebenen Buchstaben sind verwendbar und keine anderen können zu Hilfe gezogen wer-den – führt zu gesteigertem Spürsinn, zur hemmungslosen, fieberhaften Bereit-schaft des Entdeckens; es läuft auf einen gewissen Automatismus hinaus. An der Lösung scheint der Zufall großen Anteil zu haben, als wäre ohne ihn keine sprachliche Wirklichkeit echt, denn am Ende erst, hinterher, wird überraschend deutlich, dass dieses Ergebnis notwendig war, dass es kein anderes hätte sein können. – Wer täglich ein Anagramm in seinen Kalender schreiben wollte, be-säße am Jahresende einen genauen poetischen Wetterbericht von seinem Ich."
(zitiert nach Alves 1999, S. 214)

Das Besondere und Einmalige des Anagramms entsteht nach dieser Beschreibung durch eine extreme Spannung zwischen Bewusstsein und Unbewusstsein, Plan und Zufall, zwischen der Begrenztheit des Materials und der Entdeckung ungeahnter Möglichkeiten. Das Gefühl, einer fremden Verantwortlichkeit unterworfen zu sein, weckt die Bereitschaft, sich ihr fieberhaft hinzugeben, und wertet das eigene Tun auf: Man ist berufen zur Erfüllung einer bedeutungsvollen Aufgabe. Unica Zürn teilt diese Begeisterung für's Anagrammatisieren. Sie schreibt: „Unerschöpfliches Vergnügen für sie. Das Suchen in einem Satz nach einem anderen Satz. Die Kon-zentration und große Stille, die diese Arbeit verlangen, geben ihr die Chance, sich gegen ihre Umwelt vollkommen abzuschließen – ja, selbst die Wirklichkeit zu ver-gessen – das ist es, was sie will." (Der Mann im Jasmin, S. 149) Für sie bedeutet das Schreiben von Anagrammen stets auch Rückzug aus der realen Welt, Abkap-selung im eigenen Ich, Konzentration auf ein gefühltes Zentrum. Aufschlussreich für die uns interessierende Frage nach Analogien zwischen Wahnerleben und Textstrukturen erscheint mir nun folgende Beobachtung: Die verschiedenen Zu-standsbeschreibungen beim Anagrammatisieren entsprechen bis ins Detail den Erlebnisformen in der Psychose, so wie sie von der Psychiatrie beschrieben wer-den: besonderes Bedeutungserleben, Beeinflussungswahn, Sendungsbewusstsein, rauschhafte Glücksmomente, Halluzinationen, Realitätsverlust, Isolation, Zwang... all dies sind Symptome der Schizophrenie, einer psychischen Erkrankung, die die moderne Psychiatrie als ein „Aus-den-Fugen-geraten-sein" (Finzen) beschrieben hat. Für die schizophrene Psychose ist das paradoxe Erleben von Zwang durch Gelenktwerden einerseits und Entgrenzung der Möglichkeiten des Denkens, Fühlens und Handelns andererseits ebenso typisch wie für das Anagrammatisieren die Aufgabe, die schier unerschöpflichen Erfindungen des Geistes in die engen Grenzen eines vorgegebenen Buchstabenmaterials zu pressen. So verwundert es nicht, wenn die entstehenden Texte an ein Sprechen im Wahn erinnern, wenn sich ihr Sinn nicht gänzlich erschließen lässt, wohl aber als Hintersinn erahnt werden kann. Die Ästhetik der Anagramme entspricht exakt der Struktur des Stimmenhörens und der Halluzinationen. (vgl. Weigel 2000, S. 141 ff.)

Nun geht es mir nicht darum, das Werk Unica Zürns zu pathologisieren, nach dem Motto: Die Dichterin war so krank, dass sie keine vernünftigen Texte mehr schreiben konnte – schade, aber wen wundert's? Nein, ich brenne darauf zu entdecken, was eigentlich in diesen so verrückt anmutenden Texten zur Sprache gebracht wird. Handelt es sich dabei nur um die Hermetik des Wahn-Sinns? Ich denke, wir können hier noch einen Schritt weiterkommen, wenn wir als Interpretationsfolie einen theoretischen Ansatz heranziehen, den der Psychiater Leo Navratil entwickelt hat. Er hat lange Jahre die niederösterreichische Heilanstalt Maria Gugging geleitet, in der eine ganze Reihe von chronisch schizophrenen Langzeitpatienten untergebracht waren. Als Arzt untersuchte er ihre Krankheitssymptome: die Neigung etwa, Dinge zu vermenschlichen, und die Gewohnheit, Handlungen und Sprechakte stereotyp zu wiederholen, sowie eine Tendenz zur Symbolisierung. Ein besonderes Interesse entwickelte Navratil an den Zeichnungen und Bildern, die seine Patienten anfertigten. Eher durch Zufall entdeckte er, dass einer seiner Patienten, Ernst Herbeck, in der Lage war, auf seinen Auftrag hin, wundervoll poetische Gedichte zu vorgegebenen Themenstellungen zu verfassen. Damit war der Stein ins Rollen gekommen: Navratil motivierte weitere Patienten zu literarischen und künstlerischen Aktivitäten, und es entstand innerhalb der Heilanstalt ein Künstlerdorf, das international berühmt wurde. Bilder und Texte von diesen Künstlern hängen in Galerien auf der ganzen Welt und füllen die Seiten anspruchsvoller Text- und Bildbände. Man könnte noch viel über das Künstlerdorf, seine Bewohner, und seinen Begründer Leo Navratil erzählen, aber ich möchte mich hier auf einen Aspekt konzentrieren, der in unserem Zusammenhang wichtig ist: Es geht um die Uminterpretation schizophrener Symptome in kreative Grundfunktionen des Menschen. Das, was Navratil als Arzt bei seinen chronisch schizophrenen Patienten als Krankheitssymptome wahrgenommen hatte, fand er in ihren Texten und Bildern als Formmerkmale wieder: Die Vermenschlichung, Verlebendigung, Beseelung der äußeren Dinge spiegelte sich beispielsweise in den Gedichten in Ausrufen, in Abweichungen von Sprachkonventionen oder in emotionsgeladenen Rhythmisierungen wieder, die Neigung zu stereotypen Wiederholungen wurde unter anderem in Parallelismen und Alliterationen sichtbar, die Tendenz zur Symbolisierung offenbarte sich besonders deutlich in metaphorischen und allegorischen Stilfiguren. Sie merken, all dies sind Elemente, die als konstitutiv für viele literarische, nachgerade lyrische Texte gelten, zuweilen geradezu als Qualitätsmerkmale. Und an diesem Punkt nimmt Navratil eine weitreichende Umdeutung vor: Die Symptome schizophrenen Erlebens sind zugleich Kennzeichen einer ausgeprägten Kreativität, mehr noch: Physiognomisierung (Verlebendigung), Formalisierung (Stereotypisierung) und Symbolisierung haben den Status von kreativen Grundfunktionen des Menschen. Ich zitiere:

„Bei der weiteren Beschäftigung mit den Merkmalen schizophrener Gestaltung wurde es jedoch immer klarer, dass es sich dabei keineswegs um Phänomene handelt, die für die schizophrene Psychose spezifisch sind. Man findet die gleichen Erscheinungen auch bei anderen seelischen Störungen, man findet sie in der psychischen Entwicklung des Kindes, bei Naturvölkern und in fremdartigen Kulturen, aber auch in der europäischen, vor allem in der sogenannten modernen (antinaturalistischen) Kunst. Es ergab sich der Schluss, dass jene Vorgänge, die die schizophrene Symptomatologie auf dem Gebiet des Zeichnens und der Sprache hervorbringen, nichts anderes als die kreativen Grundfunktionen des Menschen sind." (Navratil 1994, S. 72)

Navratil beruft sich auf das psychophysiologisches Modell des Wahrnehmungs-Halluzinations-Kontinuums von Roland Fischer, in dem schöpferisches und psychotisches Erleben unmittelbar benachbart sind. Beides zeichnet sich durch eine erhöhte zentralnervöse Erregung aus, die bis zur Ekstase führen kann. Wenn aber, so könnte man im Anschluss an diesen Ansatz fragen, eine so große Nähe zwischen Kreativität und Wahn besteht, woher sind wir dann so sicher, dass es sich bei manchen menschlichen Ausdrucksformen um wahnhaftes Verhalten handelt, bei anderen um künstlerische Freiheit? Verschwimmen hier nicht gänzlich die Grenzen?

Unica Zürn hat zwischen 1953 und 1964 insgesamt 126 Anagramme geschrieben. Folgen wir Navratils Auffassung, dass das, was wir gemeinhin als Wahnsinn bezeichnen, zugleich ein Zeichen eines besonderen kreativen Ausdruckswillens ist, so erscheinen Leben und Werk der Autorin in einem neuen Licht: Das Gewebe von Chiffren, das wir oftmals nur schwer entwirren können, ist nicht einfach Ausdruck des wahnhaften Erlebens der Autorin, sondern verweist auf ihr existentielles Ringen um ein zuverlässiges Bedeutungssystem. Da sie den Sinn des Daseins in der äußeren Wirklichkeit nicht finden kann, wendet sie ihren Blick aufs Abseitige und hält Ausschau nach einem Hintersinn. „Wahnsinn", so schreibt die Literaturwissenschaftlerin Rita Morrien, ist hier „nicht im pathologischen Sinn" zu verstehen, sondern als „Metapher für die Suche nach einer anderen [...] Ordnung sowie einem anderen Verständnis von Weiblichkeit und weiblicher Produktivität" (Morrien 1996, S. 167 f.).

Wer vermag zu beurteilen, dass diese andere Ordnung keinen Anspruch auf Gültigkeit hat? Wer sagt, dass sie der sogenannten Normalität unterlegen ist? Letztlich scheint der Wahnsinn eine Wahrheit zur Sprache zu bringen, der wir uns nur schwer entziehen können. Er stellt, wie Michel Foucault sagen würde, die andere Seite der Vernunft dar. In seiner unter dem Titel „Wahnsinn und Gesellschaft" erschienen umfangreichen „Geschichte des Wahns im Zeitalter der Vernunft" (1969, 1996) führt er aus, inwiefern die Konstituierung des Wahnsinns als Geisteskrankheit auf einem abgebrochenen Dialog beruht. Er schreibt:

> *„Mitten in der heiteren Welt der Geisteskrankheit kommuniziert der moderne Mensch nicht mehr mit dem Irren. Auf der einen Seite gibt es den Vernunftmenschen, der den Arzt zum Wahnsinn delegiert und dadurch nur eine Beziehung vermittels der abstrakten Universalität der Krankheit zulässt. Auf der anderen Seite gibt es den wahnsinnigen Menschen, der mit dem anderen nur durch die Vermittlung einer ebenso abstrakten Vernunft kommuniziert, die Ordnung, physischer und moralischer Zwang, anonymer Druck der Gruppe, Konformitätsforderung ist. Es gibt keine gemeinsame Sprache, vielmehr es gibt sie nicht mehr."* (Wahnsinn und Gesellschaft, S. 8)

Wenn wir uns ganz und gar auf die Texte von Grenzgängerinnen der Literatur einlassen, auch vor Ver-rücktem nicht zurückschrecken und den Weg ins Hinterland der Vernunft ein Stück weit mitgehen, nehmen wir sozusagen einen unterbrochenen Dialog wieder auf. Wir öffnen unsere Sicht der Dinge gegenüber einem Möglichkeitssinn und gewinnen dabei neue Einsichten.

Warum schreiben?

Ich möchte, nun allmählich zum Ende meines Vortrags kommend, jene Einsichten noch einmal zusammenfassen, die uns die Auseinandersetzung mit Virginia Woolf und Unica Zürn hinsichtlich der Frage „Warum schreiben?" vermittelt hat:

Bei beiden Autorinnen konnten wir sowohl Effekte auf die Schreibenden selbst entdecken, als auch solche, die auf ein gegenwärtiges und zukünftiges Publikum (also auch auf uns) zielen. Die Unbedingtheit ihres Anspruchs, schreibend eine andere Ordnung zu erschaffen, ergibt sich aus ihrem subjektiven Leiden an den objektiven Verhältnissen und aus der subjektiven wie objektiven Notwendigkeit von Veränderung. Wenn Virginia Woolf in ihren Texten intensive Augenblicke des Empfindens und der Erkenntnis – Schocks – verarbeitet und wenn Unica Zürn sich in der rauschhaften Erfahrung des Schreibens den Zumutungen der Wirklichkeit entzieht, so tun sie dies, weil sie gar nicht anders können. Sie existieren erst dadurch, dass sie sich zur Sprache bringen. Ihr Schreiben ist autobiographisch, auch wenn sich die Autorinnen in fiktionalen Formen neu erfinden. Indem sie eine Geschichte über sich und über die Art, wie sie die Welt wahrnehmen, erzählen, werden sie zu dem, was sie sind: Realistinnen und Träumerinnen, Vorreiterinnen und Grenzgängerinnen, Lebenskünstlerinnen und am Leben Gescheiterte...

Die neuere Autobiographieforschung hat diesen Zusammenhang von Narration und Identität anhand von Lebensgeschichten (nicht nur von Grenzgängern und Grenzgängerinnen) untersucht und herausgefunden, dass sich der moderne Mensch gerade in Situationen prekärer Identität veranlasst fühlt, autobiographisch tätig zu werden: „im Erkunden und Schreiben seiner Autobiographie" vergewissert er „sich seiner eigenen Geschichtlichkeit" und gewinnt so „Selbsterfahrung, Selbstgefühl und Selbstbewusstsein" (Waldmann 2000, S. 3). Ein solches Schreiben ist nicht strategisch auf ein Ziel gerichtet, sondern überlässt sich einem unendlichen Strom an Ideen, Möglichkeiten und Phantasien. Letztlich sind nicht wir es, die autonom Texte verfassen, sondern die Texte schreiben uns. Es ist der autobiographische Text, „der sein Subjekt, die Fiktion eines Subjekts, zuallererst produziert und nicht umgekehrt", beobachtet Almut Finck aus postmoderner Perspektive (1999, S. 31). Zugespitzt formuliert bedeutet ein solcher Ansatz:

Schreiben ist Leben.

Dies vermittelt uns die Literatur von Grenzgängerinnen auf besonders eindrucksvolle Art und Weise. Und darum lohnt es sich, Texte von Virginia Woolf, Unica Zürn, Sylvia Plath, Anne Sexton, Marlen Haushofer, Marie Cardinal und anderen (auch namenlosen) ver-rückten Frauen zu lesen und über sie ins Gespräch zu kommen, sie vielleicht fortzuschreiben, auf jeden Fall sie weiterzudenken. Wir lernen dabei auch viel über uns und über unser Leben. Nicht immer finden wir Antworten, aber wir beginnen, Fragen zu stellen.

Literatur

Alves, Eva-Maria (1999): Unica Zürn (1916-1970). "ernst ist der Name ICH – es ist Rache". In: Duda, Sibylle/Pusch, Luise F. (Hg.): WahnsinnsFrauen, Bd. 3, Frankfurt/M., S. 201-221.

Amrain, Susanne (1992): Virginia Woolf (1882-1941). „Gleichmut – üben Sie sich in Gleichmut, Mrs. Woolf!" In: Duda, Sibylle/Pusch, Luise F. (Hg.): WahnsinnsFrauen, Bd. 1, Frankfurt/M., S. 174-225.

Bovenschen, Silvia (1979): Über die Frage: Gibt es eine weibliche Ästhetik? In: Dietze, Gabriele (Hg.): Die Überwindung der Sprachlosigkeit: Texte aus der neuen Frauenbewegung, Darmstadt, Neuwied , S. 82-115.

Bronfen, Elisabeth (2000). Virginia Woolf – „Ich wollte über den Tod schreiben, doch das Leben fiel über mich herein". In: Keller, Ursula (Hg.): „Nun breche ich in Stücke..." Leben/Schreiben/Suizid. Über Sylvia Plath, Virginia Woolf, Marina Zwetajewa, Anne Sexton, Unica Zürn, Inge Müller, Berlin , S. 29-50.

Cixous, Hélène (1980): Weiblichkeit in der Schrift, Berlin.

Duda, Sibylle/Pusch, Luise F. (Hg.)(1992-1999): WahnsinnsFrauen, Bd. 1-3, Frankfurt/M.

Finck, Almut (1999): Autobiographisches Schreiben nach dem Ende der Autobiographie, Berlin.

Foucault, Michel (1996): Wahnsinn und Gesellschaft. Eine Geschichte des Wahns im Zeitalter der Vernunft, Frankfurt/M.

Gidion, Heidi (1992): Sylvia Plath (1932-1963). "Alle die alten Anker". In: Duda, Sibylle/Pusch, Luise F. (Hg.): WahnsinnsFrauen, Bd. 1, Frankfurt/M., S. 309-338.

Keller, Ursula (Hg.)(2000): „Nun breche ich in Stücke..." Leben/Schreiben/Suizid. Über Sylvia Plath, Virginia Woolf, Marina Zwetajewa, Anne Sexton, Unica Zürn, Inge Müller, Berlin.

Morrien, Rita (1996): Weibliches Textbegehren bei Ingeborg Bachmann, Marlen Haushofer und Unica Zürn, Würzburg.

Navratil, Leo (1994): Schizophrene Dichter, Frankfurt/M.

Plath, Sylvia (1974): Ariel. Gedichte, Frankfurt/M.

Waldmann, Günter (2000): Autobiographisches als literarisches Schreiben, Hohengehren.

Weigel, Sigrid (1987): Die Stimme der Medusa. Schreibweisen in der Gegenwartsliteratur von Frauen, Reinbek bei Hamburg.

Weigel, Sigrid (2000): Unica Zürn – Verkehrte Mimesis. Angleichung des Lebens an die Kunst. In: Keller, Ursula (Hg.): „Nun breche ich in Stücke..." Leben/Schreiben/Suizid. Über Sylvia Plath, Virginia Woolf, Marina Zwetajewa, Anne Sexton, Unica Zürn, Inge Müller, Berlin , S. 135-154.

Wende, Waltraud (2003): Ästhetische Innovation. Zur Dekonstruktion etablierter Erzählstrukturen am Beispiel von Virginia Woolf, Nathalie Sarraute und Ingeborg Bachmann. In: Gnüg, Hiltrud/Möhrmann, Renate (Hg.): Frauen Literatur Geschichte. Schreibende Frauen vom Mittelalter bis zur Gegenwart, Frankfurt/M., S. 533-547.

Woolf, Virginia (1981): Augenblicke, Stuttgart.

Woolf, Virginia (2001): Ein eigenes Zimmer, Frankfurt/M.

Zürn, Unica (1991): Dunkler Frühling, Berlin.

Zürn, Unica (1991): Der Mann im Jasmin, Gesamtausgabe Band 4.1, Berlin.

Helmut H. Koch
Schreiben und Lesen in sozialen und psychischen Krisensituationen – Annäherungen

Vorbemerkung

Ich möchte im folgenden nicht über Weltliteratur sprechen. Natürlich ist diese auch voll von Darstellungen sozialer und psychischer Krisensituationen und sehr häufig aus solchen Situationen erwachsen. Ich werde hier vielmehr über das Schreiben von Menschen berichten, die nicht professionell und zumeist nicht in erster Linie aus literarischen Ambitionen schreiben (auch wenn ihre Texte oft literarische Qualität erreichen), sondern aus sozialer und psychischer Not: um ihren Alltag zu ertragen und zu bewältigen, auch um ihr Leben schreibend zu retten. Ich möchte über ihre Schreibsituationen sprechen, über ihre Texte, über schreibtheoretische Hintergründe und über Erkenntnisse daraus für das eigene Schreiben und den Umgang mit einem solchen Schreiben im pädagogischen Berufsalltag.

Dies kann ich nur in Form erster Annäherungen tun. Denn die Lebenswelt und die Schreibwelt, über die ich spreche, scheinen von unserem Alltag oft durch eine beträchtliche soziale und mentale Ferne geprägt. Ich nenne nur als Beispiel die Reaktion auf die PISA-Studien. Auffällig war, wie überrascht eine große Öffentlichkeit über das Faktum war, dass etwa 25 Prozent unserer Schüler und Schülerinnen, überwiegend Kinder aus sozial schwachen Familien und Immigrantenkinder, keine Chance auf eine angemessene Bildung haben und zu sozialer Perspektivlosigkeit verurteilt sind. Da die Situation an sich ja seit Jahrzehnten bekannt ist, offenbarte die Reaktion doch eine beachtliche soziale Wahrnehmungsschwäche und Verdrängungstechnik selbst bei professionell mit der Bildung Beschäftigten. Diese, selbst zumeist aus bürgerlichen Bildungsschichten stammend, befinden sich offensicht-

lich in einer anderen Welt als die genannten Gruppen der extrem Unterprivilegier-
ten. Was wissen wir konkret über den Lebensalltag dieser Kinder und Jugendlichen, ihre mentale Entwicklung und ihre Psyche, ihre Ausdrucksformen, z. B. über
von ihnen geschriebene authentische Literatur? Die ganze Dimension der Ferne
zwischen sozialen und psychischen Randgruppen lässt sich oft aus sehr einfachen
Texten der Menschen aus den Randgruppen selbst entnehmen, etwa von deutschen
Straßenkindern, die sich im Internet äußern:

> *„Es gibt ja sogar Leute, die nicht mal wissen, dass es Straßenkinder gibt. Neu-*
> *lich beim „"Zeitdruck"-Verkaufen hat mich eine Lehrerin (!) gefragt: 'So*
> *richtige Straßenkinder? Ohne Dach..., ohne Eltern..., ohne ...Schule...? So was*
> *gibt's ...`? ...'Ich dachte die will mich verarschen, aber die hatte wirklich kei-*
> *nen Plan."* [1]

Ziel meines Vortrags ist es, sich solcherart kulturell fernen Lebenswelten und der
Bedeutung des Schreibens für die marginalisierten Menschen, aber auch für die
Öffentlichkeit anzunähern. Ich möchte dieses auf zweierlei Weise tun, indem ich
zunächst eher anekdotisch erzähle, wie ich überhaupt auf den Gedanken kam, mich
mit der Thematik zu beschäftigen (denn ich entstamme selbst den genannten pri-
vilegierten Schichten), und indem ich zweitens einige Texte vorstelle, in denen die
Schreib- und Lebenswelten von Menschen an der Peripherie der Gesellschaft sichtbar werden. Ich werde versuchen, meine Erkenntnisse jeweils in einigen einfachen
Sätzen zusammenzufassen.

I   Schreiben hinter Mauern

Ende der siebziger Jahre machte der damalige ASTA der Universität Münster in
Protestschreiben und Protestveranstaltungen darauf aufmerksam, dass von Direk-
toren der Germanistik ein Lehrauftrag untersagt wurde, der die Literatur des Autors
Peter-Paul Zahl zum Thema hatte.[2] Der Autor war damals stark im öffentlichen
Gespräch, er hatte zahlreiche literarische Veröffentlichungen und Auszeichnun-

---

[1] http://www.offroadkids.de/Die Ausstellung.42.0.html.
[2] Vgl. die Dokumentation: Von einem, der nicht relevant ist. Über das Risiko, sich mit der Literatur
P. P. Zahls auseinanderzusetzen. In: Schriftenreihe Zeitgeschichtliche Dokumentation (SZD), Heft
8/9, Mai 1979 (Hg. Manfred Belting u. a.).

gen aufzuweisen. Er war aber auch im Gespräch, weil er für mehrere Jahre im Gefängnis in Berlin Tegel inhaftiert und dort als Schriftsteller tätig war.[3] Gegen die Unterdrückung seiner Texte im Gefängnis hatten namhafte Schriftsteller wie Heinrich Böll, Günther Wallraff oder Walter Jens (im Auftrag des Verbandes deutscher Schriftsteller –VS–) protestiert.[4] Begründet wurde die Absetzung des Lehrauftrags an der Universität Münster mit der mangelnden Bedeutung des Autors (er gehöre nicht zum nationalen Literaturkanon der Germanistik) und seiner Kriminalität.[5] Dies Geschehnis erregte auch in der Öffentlichkeit Aufmerksamkeit. Auf einer großen Protestveranstaltung des ASTA der Universität Münster sprach u.a. der Schriftsteller Erich Fried. Er protestierte gegen die Unterdrückung der Literatur von Peter-Paul Zahl und machte auf die literarische Tradition von Gefängnisliteratur aufmerksam.[6]

Mich interessierte eine solche offensichtlich brisante Literatur und ich bot daher meinerseits (an einer anderen Hochschule) ein Seminar zum Thema Literatur von Gefangenen an, das in der Form des „forschenden Lernens" in alter Humboldtscher Tradition organisiert war: Studierende und Dozent begeben sich auf eine gemeinsame Entdeckungs- und Forschungsreise. Es war damals im Kontext einer recht aufgeregten Diskussion um die Ziele des Strafens und des Gefängnisses eine ganze Reihe an Texten von Gefangenen teils in Verlagen[7], teils in Gefangenenzeitungen[8] veröffentlicht worden, die uns einen Einstieg in die Thematik ermöglichten.

Wir gerieten auf unserer Entdeckungsreise sehr schnell in eine merkwürdige Welt. So lasen wir etwa einen Text über die Einlieferung eines Gefangenen in eine B-Zelle (Abkürzung für die „Beruhigungszelle", die es, wie wir lernten, in jedem Gefängnis gibt). Darin werden Gefangene aus besonderen Anlässen eingesperrt. Ein Gefangener, der mehrfach in einer solchen Zelle einsaß, beschreibt eine seiner

---

[3] Erich Fried/Helga M. Novak/Initiativgruppe P.P. Zahl (Hg.): Am Beispiel Peter-Paul Zahl. Eine Dokumentation. Franfurt a.M. 1977.

[4] a.a.O., S. 161 ff.

[5] Vgl. Von einem, der nicht relevant ist, S. 35 ff.

[6] E. Fried: „alle türen offen" – Über die Relevanz von Schriftstellern, insbesondere Peter-Paul Zahls. In: E. Fried u.a. (Hg.), Am Beispiel Peter-Paul Zahl, S. 47 ff.

[7] Eine vollständige Bibliographie findet sich bei Nicola Keßler: Schreiben, um zu überleben. Studien zur Gefangenenliteratur. Godesberg 2001, S. 539 ff.

[8] Eine Auswahl von Texten der Gefangenenliteratur aus Gefangenenzeitungen der damaligen Zeit in: Helmut H. Koch/Regine Lindtke (Hg.): Ungehörte Worte. Gefangene schreiben. Eine Dokumentation aus deutschen Gefangenenzeitungen. Dülmen 1982.

Erfahrungen (anonym) folgendermaßen:

„Das zweite Mal steckte man mich in die B-Zelle, weil ich mir das Leben neh-men wollte. Ich war so fertig mit den Nerven, dass ich zu nichts mehr Lust hatte. Ich wurde mit mir selbst nicht fertig. Und wie das hier im Knast normal ist, hat man fast keinen, mit dem man ein Gespräch führen kann. Ich versuchte mich zu erhängen, wurde dabei von einem Beamten überrascht, wieder abgeschnitten und geradewegs in die B-Zelle transportiert. Anstatt mit mir ein Gespräch zu führen, welches mir mehr geholfen hätte, wurde ich in diesen öden Raum ge-legt. Ein Raum, wo man allein ist, wo man noch mehr verzweifelt, wo man auch bei seinen intimsten Bedürfnissen beobachtet werden kann, ohne die Möglich-keit zu haben sich zurückzuziehen.“ [9]

Zynischer kann man einen suizidalen Menschen kaum behandeln. Statt menschli-cher Wärme, psychologischer Hilfe und anteilnehmendem Kontakt widerfährt ihm strengste Isolation, keinerlei psychologische Betreuung, atmosphärische Kälte und die Verletzung auch noch des letzten Restes von Menschenwürde. Auf Nachfrage wurde uns berichtet, dies sei durchaus kein Ausnahmefall, die strenge Isolation unter Beobachtung diene dem Schutz des Gefangenen vor weiteren Selbstverlet-zungen.

Der menschenverachtende Charakter des modernen Strafvollzugs begegnete uns freilich nicht nur in Texten zu B-Zellen, sondern durchgehend. Die Zelle ist nach wie vor ein Raum der Vereinsamung und sozialen Kälte, ja der Lebensbedrohung. Verzweiflung und der Drang nach Selbstaggression kommen in einem Gedicht von **Dagmar Huckenbeck** zum Ausdruck.

Manchmal möchte ich wirklich

Manchmal möchte ich wirklich
mit dem Kopf, gegen diese Wände schlagen.
Ohne Pardon – immer weiter,
bis zur Bewusstlosigkeit.
Wände sind es,
wohin ich auch fühle.

---

[9] Ebd.

Ich hasse diese Wände mit
ihrer gespielten Freundlichkeit.
Sind sie auch noch so verhangen,
jede Sekunde
demonstrieren sie mir ihre Macht:
Ich bin eingesperrt,
herausgerissen aus meinem Rhythmus,
einfach gelöscht und ausradiert.
Manchmal möchte ich einfach losschreien,
ganz laut schreien:
laßt mich doch leben![10]

Eindrucksvoll beschreibt Ralf Sonntag die Sprachlosigkeit des Gefangenen in seiner Zelle.

Ralf Sonntag
Schweigen

Jeden Abend der
gleiche Vorgang
Tür zu –
Schlüssel rum –
aus,
allein mit dem Schweigen.

Wenn Wände erzählen könnten!

Von denen, die Nachts leise weinen,
von denen,
die im Schlaf schreien,
oder
von denen, die ganz
still sind.[11]

---

[10] D. Huckenbeck: Manchmal möchte ich... In: Luise Rinser (Hg.): Laßt mich leben. Frauen im Knast. Hagen 1987, S. 77.

[11] Ralf Sonntag: Schweigen. In: Autorengemeinschaft (Hg.): Aufbruch. Anthologie. Dortmund 1981, S. 92.

Die Isolation im Gefängnis hängt nicht nur von der Kommunikationsunfähigkeit der Gefangenen untereinander und zwischen ihnen und den Bediensteten ab[12], sondern auch von der Organisation der Außenkontakte. Diese sind extrem stark beschränkt, laut Strafvollzugsgesetz ist lediglich ein Minimum von einer Besuchsstunde im Monat vorgesehen. Wie schwierig sich unter diesen Umständen ein Besuch gestaltet, ist aus vielen Texten zum Thema Besuch zu entnehmen. **Karin A.**, eine weibliche Gefangene, beschreibt z.B. ihre Aufregung in Erwartung des Besuchs ihres Freundes, den Austausch kleiner Zärtlichkeiten unter den Blicken des Aufsichtsbeamten, die verlegenen Worte, die in den wenigen Minuten gesprochen werden können, den Schmerz beim Abschied für mehrere Wochen jedes Mal und ihre seelische Aufgewühltheit nach dem Besuch.

Ich schwanke zwischen Euphorie und Depression und fühle wieder seine Hand in meinem Haar. Ich kann nicht aus meiner Haut und das Bett zerwühlen, wie ich es gerne tun würde oder meine Hände mich liebkosen lassen, wie wenn es seine wären, verdammt – ich kann nicht aus meiner Haut! Dieses Ausbremsen, dieses fast unmenschliche Sich-Ausbremsen-Müssen, entgegen jeder Regung des Gefühls und der Empfindung: Wie viel wird es mich dieses Mal wieder kosten...? Ich merke schmerzlich, wie ich in mir langsam absterbe. Und ich frage mich, ob das, was der Knast mich bezahlen läßt, wohl jemals wieder in mir erwachsen kann. Unsere verkrüppelten Seelen..." [13]

Das Gefängnis lässt die Kommunikation drinnen und nach draußen absterben. Isolation ist sein Prinzip. Die psychischen (oft auch psychosomatischen) Folgen sind in diesem wie auch anderen Texten zu lesen: die Entmündigung der Gefangenen, die zunehmende Lebensunfähigkeit, die gewaltsame Störung, nicht selten auch Zerstörung des Gefühlslebens, die Erzeugung von Aggression, Hass und Wut und auf der anderen Seite die Reduktion des Lebensgefühls auf Melancholie, Depression und suizidale Phantasien. Karin A. spricht pointiert von der „Verkrüppelung der Seelen", die Folge ist die Vernichtung dessen, was das menschliche Leben im Kern

---

[12] Vgl. zur literarischen Darstellung der knastinternen Kommunikationsformen z.B. den Roman von P. Feraru: Das Messer der Hoffnung. Frankfurt/M. 1985.

[13] Karin A., Besuch. In: Ingeborg-Drewitz-Preis für Gefangenenliteratur (Hg.): Fesselballon. Münster 1992, S. 19 f.

ausmacht, die „Fähigkeit zu lieben" (P. J. Boock)[14].

Texte dieser Art lasen wir in großer Zahl. Gefangene schreiben viel und oft – aus der Not heraus, zur Selbsterhaltung, auch als Kritik am System. Sie schreiben oft über den Alltag, das Essen, die Arbeit, die Freizeit, die Begegnungen im Knast, die Gesundheitsversorgung, den Einkauf etc. Der Tenor ist in fast allen Texten durchgehend der beschriebene. Dass wir in unserer Einschätzung nicht falsch lagen, bestätigte uns die Lektüre eines kleinen, lesenswerten Aufsatzes des Kriminalwissenschaftlers Horst Schüler-Springorum über die Gefangenenliteratur der Gegenwart mit dem bezeichnenden Titel: „Was läßt der Strafvollzug für Gefühle übrig?"[15] Er knüpfte an die Tradition Gustav Radbruchs an, der als großer Jurist und politischer Gefängnisreformer sich Anfang des 20. Jahrhunderts in Werken der Weltliteratur bei Schriftstellern wie Casanova, Pellico, Dostojewski, Fontane, Verlaine und Wilde kundig gemacht hatte, welche Wirkung die Isolation auf die Psyche der Gefangenen ausübt.[16] H. Schüler-Springorum entdeckt als Kern des Knasterlebens auch in der gegenwärtigen Gefangenenliteratur Gefühle wie Hass, Einsamkeit und Verzweiflung. Er stellt, an der Reform des Strafvollzugs interessiert, die entscheidende Frage, ob nicht der so strukturierte Strafvollzug das Hauptziel des Strafvollzuges, die Resozialisierung der Gefangenen, systematisch verfehlt.

Im Strafvollzugsgesetz lasen wir, so widersprüchlich es auch in sich ist, Formulierungen, in denen die Hauptziele der Gefängnisstrafe und die Rechtsansprüche der Gefangenen klar formuliert sind.

(...)
§ 2 Aufgaben des Vollzuges
Im Vollzug der Freiheitsstrafe soll der Gefangene fähig werden, künftig in sozialer Verantwortung ein Leben ohne Straftaten zu führen (Vollzugsziel). Der Vollzug der Freiheitsstrafe dient auch dem Schutz der Allgemeinheit vor weiteren Straftaten.

---

[14] P.-J. Boock: Es ist viel schlimmer, die Fähigkeit zu lieben zu verlieren, als eingesperrt zu sein! In: N. Keßler/U. Klein/H. H. Koch/E. Theine: Menschen im Gefängnis. Literarische Selbstzeugnisse, authentische Texte und Materialien für den schulischen und außerschulischen Unterricht. Godesberg 1996, S. 49 f.

[15] Horst Schüler-Springorum: Was läßt der Strafvollzug für Gefühle übrig? In: H.-D. Schwind: Festschrift für Günter Blau zum 70. Geburtstag. Berlin/New York 1985, S. 359 ff.

[16] G. Radbruch: Die Psychologie der Gefangenschaft. In: Zeitschrift für die gesamte Strafrechtswissenschaft 32 (1911), S. 339 ff.

§ 3 Gestaltung des Vollzuges
(1) Das Leben im Vollzug soll den allgemeinen Lebensverhältnissen soweit
   als möglich angeglichen werden.
(2) Schädlichen Folgen des Freiheitsentzuges ist entgegenzuwirken.
(3) Der Vollzug ist darauf auszurichten, dass er dem Gefangenen hilft,
   sich in das Leben in Freiheit einzugliedern.

Wir stellten beim Vergleich des juristischen Textes mit den Texten der Gefangenen fest, dass die Realität des Gefängnisses Satz für Satz dem Gesetz widerspricht. Das Leben im Vollzug hat mit den „allgemeinen Lebensverhältnissen" so gut wie nichts zu tun, den „schädlichen Wirkungen" wird seit 200 Jahren so gut wie nicht entgegengewirkt, sie sind Teil des Systems. Die hohe Rückfallquote von bis zu 80% ist zudem ein Hinweis darauf, dass das Leben in Freiheit nicht wirklich vorbereitet wird, eher im Gegenteil. Stattdessen steht das wichtige, aber zweitrangige Ziel der Sicherheit an oberster Stelle. Archaische Straf- und Sühnevorstellungen dominieren noch immer die zentralen Ziele des Strafvollzugsgesetzes und die Grundrechte von Gefangenen, die auch Menschen und Bürger sind und die Respektierung des Gebots der Menschenwürde erwarten können wie jeder andere Bürger.

Ungläubig, oft beim Lesen der Gefangenentexte erschüttert und unseren Augen nicht trauend, dachten wir über die Erfahrungen unseres Leseprozesses nach. Wir hatten eine Welt kennen gelernt, von der wir, wie die Öffentlichkeit insgesamt, nichts wussten, obschon ja genügend Gefängnisse um uns herum zu sehen sind. Wir hatten ein ganzes gesellschaftliches Segment nicht wahrgenommen, obschon es eine doch erhebliche Zahl von Gefangenen gibt (damals um die 60 000, heute ca. 80 000). Und wir verstanden jetzt Schriftsteller wie Martin Walser, der Ende der sechziger und Anfang der siebziger Jahre das Schreiben von Gefangenen unterstützte und Texte von Gefangenen herausbrachte, weil er es als einen gesellschaftlichen Skandal betrachtete, dass eine solche Realität, Teil der Gesellschaft immerhin, von dieser übersehen, verdrängt, ja teilweise sogar bewusst oder unbewusst mit erzeugt wurde. Die Literatur der Gefangenen förderte er, wie auch andere Schriftsteller zur damaligen Zeit, als eine notwendige Ergänzung zur etablierten Literatur, die dieses Thema aus Gründen der sozialen Ferne weitgehend ausklammert.[17]

---

[17] Vgl. das Nachwort Martin Walsers zur Autobiographie von Helmut Kessler: Der Schock. Ein Lebensbericht. München 1974. Hervorzuheben sind hier besonders auch die engagierten Tätigkeiten von Luise Rinser, Ingeborg Drewitz, Birgitta Wolf oder Astrid Gelhoff-Claess.

Wir waren natürlich auch erschrocken über das Ausmaß der Verletzung von Gesetzesvorschriften und einer Gewalt, die offensichtlich in der Mitte unserer sogenannten Zivilgesellschaft existiert. Und wir begannen Gefangene zu verstehen, die in ihren Texten häufig die Frage danach stellten, wer eigentlich das höhere Maß an Gewalt und Gesetzesverletzung zeige, Gefangene in ihren Straftaten oder die Gesetzeshüter durch ihre Art der unmenschlichen Bestrafung. P. P. Zahl pointiert diese Perversion von Schuld und Unschuld, Verbrecher und Richter in einem Gedicht.[18]

Peter Paul Zahl
Häftlingstraum

packen Sie
Ihre Sachen

Sie werden
sofort entlassen

Ihr Richter
hat gestanden.

Sätze (1): Die verborgene Subkultur des Schreibens

Es gibt eine Literatur von Menschen am Rande der Gesellschaft, die von der Öffentlichkeit und der Literaturwissenschaft nicht wahrgenommen wird, ja fast gänzlich unbekannt ist.

Sie hat zum Gegenstand eine soziale Realität, die dem Bürger in der Mitte der Gesellschaft und dem herrschenden Kulturbetrieb oft weitgehend oder gänzlich unbekannt ist. Die Nichtbeachtung dieser sozialen Wirklichkeit am Rande der Gesellschaft, die Marginalisierung der Minderheiten und die Missachtung ihrer kulturellen Äußerungen sind Ausdruck einer Klassengesellschaft, wie sie für den Bildungsbereich auch in den PISA-Studien wieder sichtbar geworden ist.

---

[18] P. P. Zahl, Alle Türen offen. Berlin 1977, S. 68.

Die von den marginalisierten Menschen geschriebene Literatur existiert in einem erheblichen Umfang, da aufgrund des inneren und äußeren Drucks ein starkes Bedürfnis entsteht, sich schreibend auszudrücken.

Es schreiben Autoren und Autorinnen aus unteren Bildungsschichten, die sonst nicht schreiben und im gegenwärtigen Kulturbetrieb keinen Ort für eine Publikation finden. Obschon die Autoren durchgehend keine professionellen Schreiber sind, nutzen sie eine breite Palette von Textsorten: Briefe, Reportagen, Erfahrungsberichte, Gedichte, Erzählungen, Romane, Tagebücher, Autobiographien, Essays. Ein spezifischer Ort der Publikation sind Gefangenenzeitungen, die, obschon in hoher Zahl erscheinend (gegenwärtig über 70)[19], in der Öffentlichkeit ebenfalls kaum wahrgenommen werden.

Wir hatten also die Bedeutung des Schreibens für Menschen am Rande der Gesellschaft in sozialen und psychischen Grenzsituationen an einem signifikanten Beispiel kennen gelernt. Die Realität, die wir kennen lernten, haben wir primär über das **Lese**n der authentischen Literatur, später **auch in persönlichen Begegnungen** erfahren. Die Erkenntnis wuchs auch, dass das Lesen solcher Literatur nicht kontemplativ-ästhetisch bleiben kann.[20] Wir lernten den Knast von innen kennen und die schreibenden Menschen als Schreibende und als Menschen. Das Schreiben und Lesen hatte geholfen, die Mauern transparent zu machen. Es ermöglicht den Dialog, der ja wichtig für beide Seiten ist, für die Gefangenen, um sie aus dem inneren und äußeren Ghetto zu befreien, und für die Öffentlichkeit, um ihr die soziale Blindheit und Überheblichkeit zu nehmen.

---

[19] Ein Archiv für Gefangenenzeitungen befindet sich in der Arbeitstelle für Randgruppenkultur/-literatur der Universität Münster. Dort ist auch eine Liste der Gefangenenzeitungen auf dem jeweils aktuellen Stand abzurufen. Vgl. auch U. Klein; Gefangenenpresse. Ihre Entstehung und Entwicklung in Deutschland. Bonn 1992; A. Vomberg: Hinter Schloß und Riegel. Gefangenenzeitungen aus Nordrhein-Westfalen und Brandenburg zwischen Anspruch und Wirklichkeit. Bonn 2000.

[20] Im Geleitwort zu Nicola Keßlers Werk „Schreiben, um zu überleben" merkt Martin Walser zum Umgang mit Gefangenenliteratur an: „Es wundert mich nicht, dass eine wissenschaftliche Arbeit über diese aus krasser Notwendigkeit entstandene Literatur zu Folgerungen kommt, die so praktisch sind, dass sie auf eben die Bedingungen zurückwirken können, die diese Literatur hervorgebracht haben."

Sätze (2): Randgruppenliteratur und Öffentlichkeit

Für die Öffentlichkeit bietet das Lesen solcher Texte vom Rande die Chance, authentische Informationen zu erhalten, Einblicke in eine unbekannte Welt zu bekommen, sich in die soziale und psychische Realität einer marginalisierten Gruppe von Menschen empathisch einfühlen zu können. Die Texte vermitteln nicht nur die Möglichkeit, kognitiv distanzierter Rezeption, sondern schaffen auch soziale Nähe und bisweilen Begegnungen von hoher Intensität.

Sie haben zugleich auch provozierenden Charakter. Sie halten den LeserInnen gewissermaßen einen Spiegel vor Augen. Das, was an menschenverachtendem Elend dieser Minderheit im Gefängnis zugemutet wird, geschieht in gesellschaftlicher Verantwortung und legt die selbstreflexive Frage nahe, woher das Gewaltpotential einer angeblich demokratischen Gesellschaft kommt, und wie es geschehen kann, dass wir von diesen menschlich und rechtlich problematischen Zuständen keine Kenntnis haben bzw. mit Gleichgültigkeit oder Abwehr darauf reagieren.[21]

Wir lernten auch die Bedeutung des Schreibens für Gefangene in ganz unterschiedlichen Funktionen kennen. Eindrucksvoll fasst der Gefangene **Karlheinz Barwasser** diese Funktionen zusammen, die ich auszugsweise zitiere.

„Hier habe ich keine andere Möglichkeit, kein anderes Ventil, hier muß der ganze Driß, der Schmerz, die Aggression, Wut, Ohnmacht, diese beschissene Angst aufs Papier, damit ich mich wieder begreifen, fühlen kann. Gut, ich könnte auch die Zelle kleinschlagen... , ich kann auch dem Schließer eine aufs Maul hauen (...).“
„Ich schreie meinen Haß auf dieses indiskutable System hinaus und versuche dabei, den Knast mit all seinen täglichen Schikanen und Repressionen etwas transparenter zu machen (...).“
„Sie haben erkennen müssen, dass ich mit simplen Worten die Mauer durchbrechen kann. Du kannst Schreiben schon als ein gutes Stück Widerstand ansehen, du läßt dir nicht die Birne vernebeln, willst dir nicht den Anspruch auf das eigene, eigenständige Leben austreiben lassen.“ (...)

---

[21] H. H. Koch: Literarische Nachrichten aus einer anderen Welt. Texte von Gefangenen. In: M. Becker-Mrotzek/J. Hein/H. H. Koch (Hg.): Werkstattbuch Deutsch: Texte für das Studium des Faches. Münster 1997, S. 179 ff.

„Ich habe mal geschrieben: Wenn ich nicht mehr schreiben kann, würde ich mich hinlegen, die Decke über die Augen ziehen und sterben. Glaub mir, das ist noch exakt die Situation hier." [22]

Die Schlussbemerkung K. H. Barwassers ist, auch wenn sie für unsere Ohren etwas pathetisch klingen mag, durchaus wörtlich zu nehmen. In der Situation der radikalen Entwürdigung, der Reduktion des Gefangenen auf ein reines Verwaltungsobjekt und der Zerstörung von Identität, sozialem Leben, ja der Lebenskraft überhaupt, ist Schreiben für viele Gefangene ein Rettungsanker. [23]

Sätze (3): Schreibmotivationen – Schreibwirkungen

Das Schreiben bedeutet für die Gefangenen eine Entlastung vom Druck der Gewalt von Seiten der totalen Institution Gefängnis.

Es bedeutet Hilfe bei der Konstruktion einer Identität, die entweder aus biographischen Gründen oder auch aufgrund der Haftbedingungen Schaden genommen hat.

Schreiben hat insofern einen entlastenden, helfenden, heilenden, therapeutischen, oft lebenserhaltenden Charakter.

Schreiben dient der Kommunikation unter den Betroffenen.

Es dient ebenso der Kommunikation mit der Öffentlichkeit. Angesichts der Ignoranz der Öffentlichkeit ist es der Versuch, eine Gegenöffentlichkeit durch authentische Informationen herzustellen.

Es ist Protest gegen die Unmenschlichkeit des Strafvollzugs und die Verletzung der in der Verfassung und im Strafvollzugsgesetz definierten Rechte der Gefangenen.

---

[22] K. Barwasser: Sich als starke Mauern begreifen. Schreiben im Knast. Litsignale 3/81.

[23] Vgl. auch P. Feraru: Ich bin in Worten. In: U. Klein/H. H. Koch (Hg.): Gefangenenliteratur. Sprechen – Schreiben – Lesen in deutschen Gefängnissen. Hagen 1988, S. 116 ff.

Es ist ein Hilferuf nach draußen angesichts der eigenen Ohnmacht.

Es ist Klage, Anklage und Widerstand.

II Schreiben in psychischen Krisensituationen

Gefangenenliteratur ist nur ein Beispiel für das Schreiben am Rande der Gesellschaft. Die dort abzulesenden Erkenntnisse sind verallgemeinerbar. Die sprachliche Umschreibung des Phänomens mit Begriffen wie Ausgrenzung, Diskriminierung, Marginalisierung, Ghettoisierung, Abschiebung etc. zeigt, dass Begriffe wie Gefängnis und Ghetto als Metaphern gelten können für die Situation randständiger Menschen und Gruppierungen überhaupt.[24] Ihre Schreib- und Lebenssituation ist, wie die Veröffentlichung von authentischen Texten aus allen gesellschaftlichen Randbereichen zeigt, vergleichbar. Ich möchte dies an einem Beispiel zeigen, das stärker die psychische Grenzsituation als die soziale betrifft, obschon man beide nicht voneinander trennen kann. Auch hier möchte ich wieder den Stil einer anekdotischen und lesenden Annäherung wählen.

Die Existenz einer Arbeits- und Forschungsstelle zur Randgruppenliteratur mit einem Schwerpunkt Gefangenenliteratur, die im Laufe der 80er Jahre an der Universität Münster als praktische Folge der geschilderten Erfahrungen gegründet und ausgebaut wurde, erzeugte auch in anderen Randgruppen Interesse. Eine Gruppe von RedakteurInnen sogenannter *Patientenzeitungen* aus der Psychiatrie regte an, dass wir sie ähnlich unterstützen möchten wie die Gefangenenzeitungen. Offensichtlich sahen sie Analogien zwischen ihrer Schreib- und Publikationssituation und der Situation der Gefangenen. Auch sie empfanden das Schreiben für ihre persönliche Entwicklung als sehr förderlich und strebten Öffentlichkeit für ihre Texte an. Sie hatten ebenfalls die Erfahrung gemacht, dass sie außerhalb der Psychiatrie nicht wahrgenommen wurden. Sie erhofften sich von einer Institution wie der Universität eine Würdigung ihrer Arbeit, und sei es nur durch die Archivierung ihrer ansonsten zum Vergessen verurteilten Texte, eine publizistische Unterstützung, Schreibberatungen, die Organisation von Lesungen oder auch eine Vernetzung der

---

[24] Vgl. zum Stand der Anomalieforschung W. Heitmeyer (Hg.), Was treibt die Gesellschaft auseinander? Bundesrepublik Deutschland: Auf dem Weg von der Konsens- zur Konfliktgesellschaft. Bd. 1, Frankfurt/M. 1997.

isolierten Schreibaktivitäten. Kurzum, bei allen Unterschieden ihrer Lebenssituation war doch ihre Schreibsituation an der Peripherie der Gesellschaft vergleichbar und ihre Bitte um Unterstützung nachvollziehbar. Unser Hinweis, wir seien weder Ärzte noch Therapeuten und also fachlich nicht kompetent, wurde uns überzeugend ausgeredet. Sie schrieben, so ihre Argumentation, ja gerade nicht als Patienten für Ärzte und Krankenakten, sondern als Menschen für Menschen. Eine ärztliche Klassifikation der Texte nach Krankheitsgesichtspunkten entwerte diese zum rein medizinischen Belegmaterial und reduziere ihre Persönlichkeiten auf einen medizinischen „Fall".

Wir versuchten uns erst einmal einen Überblick darüber zu verschaffen, was über das Schreiben solcher Texte bekannt war. Zum Thema Kunst und Psychiatrie, Kunst und Wahn etc. waren in den 80er und 90er Jahren im Kontext der internationalen Antipsychiatriebewegungen, in der Nachfolge Hans Prinzhorns und vor allem der Aktivitäten des Malers und Sammlers Dubuffet eine Reihe von Monographien erschienen.[25] Weniger Aufmerksamkeit hatte offensichtlich die Literatur gefunden, am bekanntesten waren die Publikationen von Leo Navratil zum Thema Kunst, Literatur und Psychiatrie und sein Werk über den schizophrenen Dichter Ernst Herbeck.[26] Große Aufmerksamkeit erregte damals auch der Roman „Merz" von Heiner Kipphardt, für den Herbeck Pate gestanden hatte. Die Germanistik hatte sich Texten solcher Art nicht sehr intensiv angenommen, zum einen wegen des minderen Ranges dieser Literatur, zum andern wegen der damals noch vorherrschenden Antipathie gegen psychoanalytische Interpretationsverfahren.[27] Am aufschlussreichsten waren noch die Publikationen zum Thema Poesietherapie,[28] die aber gleichzeitig

---

[25] H. Prinzhorn: Bildnerei der Geisteskranken. Ein Beitrag zur Psychologie und Psychopathologie der Gestaltung. Wien 1994 (4. Aufl.); A. Bader/L. Navratil: Zwischen Wahn und Wirklichkeit. Luzern/Frankfurt 1976; H. Kraft: Grenzgänger zwischen Kunst und Psychiatrie. Köln 1986. Vgl. auch A. Kowal: Psychiatrie und Kunst. In: H. H. Koch/U. Jüngst/W. Pittrich/H. Knirim (Hg.): Spaces to live. Art and Psychiatry/Nähe – Weite – Lebenswelten. Kunst und Psychiatrie. Münster 2004, S. 110 ff.; H. H. Koch: Grenzgänge – Tiefe(h)en – Lebenswelten. In: Grenzüberschreitungen – Von der Nutzung kreativer Freiräume in der Verbindung Sucht, Forensische Psychiatrie, Kunst. Symposion anlässlich der Verabschiedung von Dr. Wolfgang Pittrich am 8. Juli 2003. Landschaftsverband Westfalen-Lippe (Hg.), Münster 2003.

[26] L. Navratil: Schizophrene Dichter. Franfurt/M. 1994.

[27] Vgl. P. von Matt: Literaturwissenschaft und Psychoanalyse. Ditzingen 2001; W. Schönau/ J. Pfeiffer: Einführung in die psychoanalytische Literaturwissenschaft. Stuttgart 2003.

[28] H. Petzold/I. Orth: Poesie und Therapie. Über die Heilkraft der Sprache. Poesietherapie, Bibliotherapie, Literarische Werkstätten. Paderborn 1985 (3. Aufl.); L. v. Werder: Schreib- und Poesietherapie. Eine Einführung. Weinheim 1995 (2. Aufl.).

auch deutlich machten, wie sehr die poesietherapeutische Entwicklung hierzulande den Bewegungen in den USA hinterherhinkte, wo es damals schon poesietherapeutische Gesellschaften gab, universitäre Ausbildungsgänge, Zeitschriften und eine Fülle von Fachliteratur.

Der Alltag solchen Schreibens blieb uns allerdings noch relativ unklar, einige Gespräche in verschiedenen umliegenden Kliniken mit Ärzten bestätigten, dass sehr viel geschrieben wird, aber kaum jemand mit den Texten etwas anzufangen weiß, so dass diese in irgendwelchen Schubladen oder Personalakten landen oder unkommentiert zurückgegeben werden. Wir entwickelten ein **Projekt, in dem wir auf breiterer Basis von Patienten und Menschen in psychischen Krisensituationen auch außerhalb der Psychiatrie erfahren wollten, was ihnen Schreiben und Lesen in ihrer Situation bedeutet, auch wie ihre Schreibpraxis aussieht.** Dazu führten wir eine bundesweite Umfrage durch, die durch das Ministerium für Bildung, Wissenschaft, Forschung und Technologie unterstützt wurde. Wir hatten dabei den Krisenbegriff bewusst offen gelassen, um ihn nicht zu stark auf klinische Befunde zu reduzieren.

Ich will aus unseren Auswertungen zu diesem Projekt nur einige Punkte hervorheben.[29]

1. Die **Resonanz** war trotz der diffusen Streuung unseres Aufrufs erheblich. Wir bekamen in kurzer Zeit über achthundert Einsendungen mit 4700 Texten im Umfang von 23 000 Seiten. Es wird offensichtlich in allen Altersgruppen geschrieben, sowohl von Frauen als auch vom Männern, wobei die Zahl der Frauentexte mit etwa zwei Dritteln der Gesamttexte höher war. Man kann angesichts der hohen Zahl der in psychischen Krisensituation Schreibenden von einer besonderen Schreibkultur sprechen, die sich unterhalb der Aufmerksamkeitsschwelle des öffentlichen Kulturbetriebs abspielt.

2. Durchgehend mit weit über 90% wird in den Texten die **Wirkung** des Schreibens als hilfreich, heilsam, bisweilen sogar als lebenserhaltend dargestellt. Dies gilt für **alle Krisensituationen**, die in den Texten sehr vielfältig repräsentiert waren: schwere Beziehungskrisen, Todesfälle, Krankheiten wie Krebs mit Todesängsten,

---

[29] Vgl. H. H. Koch/N. Keßler (Hg): Schreiben und Lesen in psychischen Krisen. Bd. 1 Gespräche zwischen Wissenschaft und Praxis. Bd. 2 Authentische Texte: Briefe, Essays, Tagebücher. Bonn 1998.

Traumatisierungen durch Gewalterfahrungen, häufig auch sexuelle Gewalt, Depression, Borderline Sydrom, Schizophrenien, Suchtabhängigkeiten etc.

3. Die **psychischen Prozesse beim Schreiben** wurden in vielen Briefen und Essays sehr dezidiert dargestellt. Sie betrafen Effekte der kathartischen Entlastung, Prozesse der Suche nach der in Frage gestellten Identität, der Wiederherstellung von Lebenskraft, nach kognitiven Reorganisationen gestörter psychischer Zustände und misslingender Lebenspraxis, nach der Befreiung aus der krankheitsbedingten Isolation des Ich und der Wiederherstellung sozialer Bezüge.

Annette Rex hat 2001 einen Teil der uns zugesandten Texte im Hinblick auf Schreibmotivationen und Schreibwirkungen auch statistisch untersucht. Die folgende Tabelle zeigt die Vielfalt der Schreibfunktionen, Schreibmotive und Schreibwirkungen.[30]

Kategorie	Anzahl der Nennungen (n = 347)
Entlastung/Befreiung	20
Vergangenes aufarbeiten/abschließen	20
Klarheit/Einsicht	20
Krisenhilfe/-bewältigung	18
Ausdruck von Leid	14
Auseinandersetzung	14
Rettungsanker	13
Festhalten	12
Lebensinhalt/-bedingung	12
Kommunikationsersatz	11
Zu sich kommen	11
Mitteilung	9
Kommunikation	9
Hilfe für andere	9
Rückhaltlose Offenbarung	8
Geschrieben werden	8

---

[30] A. Rex: Auf der Suche nach dem verlorenen Sinn – Über den Nutzen des Schreibens als Instrument der Bewältigung von Traumata und Krisen. Diplomarbeit an der Universität Osnabrück/ Fachbereich Psychologie. 2001, S. 131 f.

Mut/Kraft	8
Anstoß/Veränderung	8
Ausdruck	7
Unfassbares in Worte fassen	7
Beruhigung/Entspannung	6
Distanzierung	6
Persönlichkeitsentwicklung	6
Wiedergewinnung von Kontrolle	6
Ordnung	6
Therapie	5
Sich schreibend wehren	5
Freude	5
Ventil	4
Vergrößerungsglas	4
Erinnern/Entwicklungen nachvollziehen	4
Inneres nach außen verlagern	4
Steigerung des Wohlbefindens	3
Halt	3
Sinngebung	3
Ver-Dichtung	3
Denkwerkzeug	3
Spuren hinterlassen	3
Verständnis	3
Bestätigung/Annerkennung	3
Perspektivenwechsel	2
Stroh zu Gold	2
Emotionalisierung	2
Flow	2
Ablenkung	1
Kompensation	1
Herausforderung	1
Keine/nur eingeschränkte Hilfe	13

Erwähnt sei auch, dass neuere experimentelle Forschungen zur Wirkung des Schreibens im Bereich psychologischer und medizinischer Entwicklung zu ähnlich positiven Ergebnissen kommen. In einem Forschungsüberblick zum Thema „Expressives Schreiben als Copingtechnik" berichten A. B. Horn und M. R. Mehl über das Ergebnis einer Experimentalsituation:

> *„Im Vergleich zur Kontrollgruppe(...) sprachen Probanden der Experimental-gruppe (der expressiv Schreibenden, H.H.K.) 2 Wochen nach dem Schreiben mehr, benutzten in ihren Konversationen mehr soziale Wörter, mehr positive Emotionswörter und weniger Ärgerwörter. Es senkte zudem signifikant den systolischen und diastolischen Blutdruck der Teilnehmer."* [31]

Interessanterweise enthält der Bericht auch Hinweise auf therapeutische Wirkungen des expressiven Schreibens im Internet und in der Schule. Bemerkenswert ist in diesem Zusammenhang ferner ein Bericht zur Funktion des Schreibens aus ärztlicher Sicht in verhaltenstherapeutischen Verfahren, in der tiefenpsychologisch fundierten Psychotherapie, bei Psychosekranken und Demenzkranken. Zum Schreiben in der Psychotherapie beobachtet der Psychiater Klaus Telger:

> *„Schreiben hilft nicht nur, das Äußere zu strukturieren, sondern auch den psychischen Innenraum besser wahrzunehmen und zu ordnen. Neue erfolgversprechende Wahrnehmungen und Denkrichtungen, die zunächst bedroht sind von aller Negativität und Verzweiflung, können durch das Schreiben festgehalten und sozusagen konserviert werden. Beim Schreiben fällt es leichter, in radikaler Subjektivität eigenes zu Ende zu denken, anstelle der vielen einprogrammierten 'Wenns und Abers', welche die Entwicklung behindern könnten."* [32]

4. Ein wichtiges Ergebnis unserer Untersuchungen zu den eingesandten Texten ist, dass Schreiben ganz überwiegend auch in Form der **Selbsttherapie** wirkt. Nach unseren statistischen Auszählungen sind weit über 80% derjenigen, die über die heilsame Wirkung des Schreibens berichten, nicht in klinischer oder ambulanter

---

[31] A. B. Horn/M. R. Mehl: Expressives Schreiben als Copingtechnik: Ein Überblick über den Stand der Forschung. In: Verhaltenstherapie 2004; 14: S. 274 ff.

[32] Klaus Telger: Die Psychiatrie als Schreibwerkstatt. Ein Praxisbericht aus dem Alexianer Krankenhaus Amelsbüren. In: H.H.Koch/W.Pittrich/K.Telger (Hg.): Grenzgänge. Normalität und Irrsinn in Literatur und Künsten. Münster 2001, S. 38 ff.

therapeutischer Behandlung. Das heißt nicht, dass Schreiben nicht auch dort einen sinnvollen Ort haben kann, die Darstellung professionell begleiteter poesietherapeutischer Prozesse zeigt das. Es heißt auch nicht, dass Poesietherapie generell alle klinischen Behandlungsmethoden ersetzen kann. Aber es heißt, dass Schreiben in sich eine Wirkkraft hat, die sehr oft unabhängig von institutionellen Einbindungen von den einzelnen schreibenden Menschen erfahren werden kann. Jeder kann schreiben, und tendenziell offenbart sich jedem auch die therapeutische Kraft des Schreibens.

5. Schreiben wird oft in den Zuschriften mit dem **Lesen** in einen Zusammenhang gebracht.[33] Dem Lesen wird eine ähnlich helfende Kraft zugesprochen wie dem Schreiben. Für viele Menschen ergänzen sich beide. Lesen hat oft eine bibliotherapeutische Funktion, die bis zu Aristoles zurück (Katharsistheorie) eine lange Tradition hat. Es ist dies oft ein anderes Lesen, als es vielen von der Schule und Hochschule gewöhnt ist. Martina N., um ein Beispiel anzuführen, beschreibt die Auswirkungen des Schreibens und Lesens auf ihre Ess-Sucht.

„Inzwischen bin ich sogar streckenweise zu der Literatur zurückgekehrt, zu der ich während meines Studiums keinen Zugang hatte. Jetzt lese ich Bücher mit meiner inneren Beteiligung und Betroffenheit, mit meinem Bauch und meinem Herzen und meinem Verstand und meiner Einsicht. Es ist eine ganz andere Art des Lesens. Es ist eine Bereicherung meines Lebens, es gibt mir Trost, Anregung Hoffnung (...) Ich weiß nicht, wo ich heute wäre, ob ich mein Leben so klar hätte, wie ich es heute habe, wenn ich nicht den wunderbaren Zugang über das Schreiben und Lesen gehabt hätte.“[34]

6. Schließlich wird auch das **Gespräch** in einen engen Zusammenhang mit dem Schreiben gerückt. Noch das intime Tagebuch lässt die Sehnsucht nach einer verlorenen Kommunikation erkennen. Das Tagebuch ist ja oft für sich schon ein Kommunikationsersatz.[35] Vielfach wird berichtet, wie wichtig das Schreiben ist, um die Sprechhemmungen (etwa gegenüber einem Therapeuten) zu überwinden. Umge-

---

[33] Vgl. H. H. Koch/N. Keßler: Schreiben und Lesen in psychischen Krisen, Bd. 1, S. 59 ff; ferner dies.: Ein Buch muß die Axt sein ...Schreiben und Lesen als Selbsttherapie. Krummwisch 2002

[34] H. H. Koch/N. Keßler, Ein Buch muß die Axt sein, a. a. O., 139/40.

[35] E. Mardorf: Ich schreibe täglich an mich selbst. Im Tagebuch die eigenen Stärken entdecke. Augsburg 1995; L. v. Werder/B. Schulte-Steinicke: Schreiben von Tag zu Tag. Wie das Tagebuch zum kreativen Begleiter wird. Zürich und Düsseldorf 1998.

kehrt versuchen viele, zumindest in ihrer engeren Umgebung, Gespräche über ihre Texte und Erfahrungen zu führen. Das Schreiben ist ein monologisches Medium, aber es ist auf Kommunikation angelegt. Besonders hervorgehoben und veranschaulicht hat dies Stefan Straub in einer umfangreichen Projektstudie zum kreativ-therapeutischen Schreiben in einem Jugendgefängnis. Er fragt zum Abschluss seines achtmonatigen Projekts, in dem sich in den Schreib- und Gesprächsgruppen eindrucksvolle Wirkungen zeigten, welches Gewicht in einem solchen Prozess Erzählen, Zuhören und Schreiben hatten.

„Welches Mittel wirkte am stärksten? Lange Zeit hielt ich das Erzählen für die Grundlage unserer Zusammenkünfte. Tatsächlich schuf dieses 'Mittel` eine besonders intensive Kohäsion. Aber eine reine Erzählgemeinschaft wäre bald erlahmt. Das Erzählen bedurfte neuer Impulse; die neuen Anregungen aber kamen durch das Schreiben (...) Mithilfe der Schreibfeder berührten die Teilnehmer Tiefenschichten in sich, die durch Verbote verdrängt waren. Die ästhetische Form, das Spiel mit der Metapher, die Maske der Stilisierung vermochten, dass solche verschwiegenen Themen sich in Sprache artikulieren konnten.“ [36]

Schreibweisen

Es ist nicht möglich, nur annähernd einen repräsentativen Überblick über die Tausende von eingesandten Texten zum Schreiben in Grenzsituationen zu geben. Gleichwohl will ich einige Texte beispielhaft vorstellen und auf die ihnen zugrunde liegenden Schreibprozesse hinweisen.

Wenn wir von der Sprachlosigkeit vieler Menschen reden, dann müssen wir uns dies, das Schreiben betreffend, ganz konkret vorstellen: Die psychisch erkrankten Menschen verlieren oft die Fähigkeit, einen zusammenhängenden Text zu schreiben, einen Satz zustande zu bringen oder auch nur ein Wort. Es entschwindet ihnen gänzlich die Kraft zum Schreiben überhaupt, und die **Regeneration der Schreibfähigkeit** geht oft nur langsam voran, Buchstabe für Buchstabe, Wort für Wort, Satz für Satz. Es entsteht dann z. B. ein solcher Text:

---

[36] St. Straub, Wenn Worte durchbrechen... Kreative Schreib- und Erzählmöglichkeiten in Therapie und Persönlichkeitsentwicklung – am Beispiel der Arbeit mit jugendlichen Gefangenen. Münster 2001, S. 472/73.

> Was habe ich schon erreicht?
>
> 1. Jeden 2. o. 3 Tag duschen und Haare waschen, eincremen.
>
> 2. Morgens und abends Zähne putzen
>
> 3. Abends 22⁰⁰ Uhr ins Bett gehen.
>
> 4. Ich nehme mich schon selbst etwas mehr an.
>
> 5. Zimmer putzen klappt.
>
> 6. Durchhalten des Tagespensums.
>
> 7. Übung v. Paul Tremples abends.

[37]

Der Text findet sich im Tagebuch einer schwer psychotischen Patientin. Das Tagebuch macht einen ziemlich konfusen Eindruck und weist große Lücken aus Zeiten der Sprachlosigkeit auf. Der Text „Was habe ich schon erreicht" ist darin einer der geordnetsten. So einfach er ist, so sehr dokumentieren sich in ihm nicht selbstverständliche Schreibleistungen. Die Verfasserin kann Buchstaben, Sätze schreiben. Sie kann einen Text schreiben. Sie kann ihn gliedern. Sie kann korrekt und schön schreiben, d.h. in schöner Schrift und mit gleichmäßigem Zeilenabstand und in einer Form, die einem Gedicht ähnelt. Sie kann in dieser Form ihren Zustand kon-

---

[37] H. H. Koch/N. Keßler, Schreiben und Lesen in psychischen Krisen, Bd. 1, S. 127; vgl. auch Michael Rost, Schriftbilder, ebd., S. 137.

kret und systematisch ausdrücken, hat eine Form schriftlicher Selbstrepräsentation gefunden.

Oft tritt das Gegenteil von Schreibhemmungen auf, ein Schreibrausch oder ein weitgehend automatisches Schreiben. Es fließt ein **Sprachstrom** aus dem Inneren, der von den Schreibenden kaum oder gar nicht mehr gesteuert wird.

Erika K.
Etwas schreibt aus mir heraus

Angst
Ich spüre dich
Du versuchst wieder, dich zwischen meine Gedankenwelt zu schieben
Ganz langsam kriechst du in mir hoch
In meinen Zehen beginnst du deine Eroberung
Unaufhaltsam schleicht dein Gift
Du schüttest es aus in die entlegensten Winkel meines Körpers
(...)
Es wird kälter, du erreichst mich, ich friere
Du setzt dich in mir fest, du breitest dich aus, du nimmst mir meinen Platz
Du vertreibst mich aus meinem Ich.
Du bist Herr meiner Gedanken
Du nimmst meine Gedanken mit dir
Du stellst meine Gedanken vor mich hin
Du löst sie aus mir heraus
Die Gedanken wuchern, sie bilden Karzinome
Sie entfernen sich und werden doch größer
Sie formen sich, sie kommen auf mich zu
Ich werde mich ihnen stellen
Ich greife nach ihnen
Ich muss sie zurückhaben
Ich muss sie einordnen (...)
Ich höre ein hämisches Lachen
Ich blicke in die Richtung
Ich schreie.
Die Angst hat Gestalt angenommen.[38]

---

[38] In: H. H. Koch/N. Keßler: Ein Buch muß die Axt sein, S. 35.

Das Gedicht liest sich wie das Protokoll eines Prozesses, in dem die Angst Schritt für Schritt Körper und Seele der Person bis in die letzte Faser durchsetzt und beherrscht. Sie bedrängt die Autorin so sehr, dass ihr zum Schluss nur noch der Schrei bleibt. Scheinbar. Was ihr auch offensichtlich bleibt, ist eine Sprache, die den Prozess in die Sprachlosigkeit des Schreies konkret erfasst und die zunehmende Lähmung mit expressiver Kraft benennt. Wir haben es hier mit einem Paradox zu tun: Der Weg in die Sprachlosigkeit wird mit Hilfe der Sprache beschrieben. Insofern können wir den Schluss ambivalent lesen. Einerseits verdichtet sich die Angst zu einer bedrohlichen Gestalt. Andererseits wird sie beim Namen genannt, als Gestalt sichtbar, als greifbares Gegenüber beherrschbar. Worte können, so schon die Erkenntnis frühgeschichtlicher magischer Kulturen, das Unheil bannen. Und sie ermöglichen, sofern es mit dem einfachen Aussprechen nicht getan ist, die gedankliche Auseinandersetzung und lebenspraktische Reflexion.

Sigmund Freud hat als zentrale Merkmale der autobiographischen Erkundung des Selbst **das Erinnern, das Wiederholen und das Durcharbeiten** benannt. Erinnern meint das Zulassen und Benennen verschütteter, verdrängter und vergessener Erfahrungen. Wiederholen meint das Festhalten der flüchtigen, eruptiven, oft schmerzhaften Erinnerungen, ihre Formung zur Gestalt und zum Begriff, um sich den Erinnerungen stellen zu können. Durcharbeiten meint die lebenspraktische Reflexion der Erinnerungsbilder mit dem Ziel eines gelingenden Lebensalltags.[39] Der lyrische Text von Erika K. dokumentiert diesen Weg vom diffusen Gefühl ungreifbarer Seelenvorgänge zur sprachlichen Benennung und ihrer Formung zum Bild. Die Autorin befindet sich sichtbar im Stadium der Wiederholung. Ihre gestalterischen Fähigkeiten, dem Diffusen eine Form zu geben und Lyrik zur Pointierung und zum expressiven Ausdruck der Erfahrungen und zugleich zu deren sprachlicher Reflexion zu nutzen, lassen für ihre Zukunft hoffen.

Sie gibt in einem Brief an uns Auskunft über die Bedeutung des Schreibens in ihrem Leben. Zur Zeit der Entstehung des Textes war sie schwer depressiv und hatte jeden Kontakt zur Außenwelt verloren.

---

[39] Vgl. L. von Werder: Erinnern, Wiederholen Durcharbeiten. Die eigene Lebensgeschichte kreativ schreiben. Berlin/Milow 1996; s. auch B. Schulte-Steinicke: Autobiographisches Schreiben und autogenes Training. Erfahrungen aus Psychotherapie, Gesundheitsförderung und Schreibberatung. In: H. H. Koch/N. Keßler (Hg.): Schreiben und Lesen in psychischen Krisensituationen, S. 123 ff.

„Irgendwann saß ich da vor einem leeren Heft, und es schrieb aus mir heraus. Oft tauchte ich für Stunden in eine für mich fremde und doch so vertraute Innenwelt. Je weniger ich die Realität wahrnahm, desto plastischer formten sich die Bilder vor meinen Augen, wenn ich in mich hineinblickte. Ich begann Worte zu finden für das, was ich wahrnahm und mich und meine Umwelt sprachlos machte. Mein Tagebuch wurde zu meinem Verbündeten und intimen Vertrauten, dem ich mich ungeschützt offenbaren konnte. Mein Rückzug zum inneren Erleben und der Versuch, eine Sprache zu finden, halfen mir, meine Gedanken, Gefühle, Körperempfindungen zu äußern, zu veräußern (...). Während des Schreibens empfand ich mich manchmal lebendiger, vor allem, wenn ich an meine Gefühle kam und sie bedingt zulassen konnte. Ich weiß auch, dass meine Magenkrämpfe allmählich verschwanden und es mir gelang, meinen Sektkonsum nach und nach einzuschränken.

Leere und düstere Stunden konnten z. T. mit Schreiben gefüllt werden. Ich hatte eine Aufgabe, die ich sehr ernst nahm, denn es ging ja um mich. Das Schreiben half mir, mein Leben zu retten, das sich auf einer schmalen Gradwanderung zwischen Leben und Tod bewegte. “[40]

Die gewählten **Schreibformen** und Textsorten sind vielfältig. Offensichtlich ist mit der Krankheit ein kreatives Potential verbunden. Gerda Inge Klug, die seit dreizehn Jahren krank ist und seitdem im Schreiben eine große Hilfe erfährt, bringt ihre Erfahrung in schöner Knappheit auf den Begriff: „Aus Leid wird man zum Dichter.“[41] Dieser Zusammenhang von Krankheit („Leid“) und Kreativität betrifft nicht nur, worüber viel geschrieben wurde, die großen Literaten und Künstler der Welt, er betrifft jeden von uns. Viele Menschen, die nie geschrieben oder infolge des einschlägigen schulischen Aufsatzunterrichtes eine Abneigung gegen das Schreiben entwickelt haben, finden für sich je eigene sinnvolle Schreibformen und Wege: Tagebücher, Kurznotizen auf Spickzetteln, Erfahrungsberichte, Autobiographien, Briefe (real oder fiktiv), Satiren, Essays, Gedichte in den unterschiedlichsten Formen, Erzählungen, Romane. Inwieweit sich die Schreibenden bewusst oder unbewusst an literarischen Vorbildern orientieren oder Hilfe in den zahlreichen Anleitungen zum autobiographischen Schreiben suchen, wäre zu erforschen. Eine Hierarchie der Schreibformen, wonach die höchste und effektivste Form des Schreibens das literarische Schreiben sei (so bei L. von Werder), können wir aus den uns be-

---

[40] In: H. H. Koch/N. Keßler: Ein Buch muß die Axt sein, S. 37.
[41] H. H. Koch/N. Keßler: Schreiben und Lesen in psychischen Krisen, S. 129.

kannten Berichten nicht bestätigen. Ob die heilsame Wirkung vom Tagebuch oder vom lyrischen Schreiben ausgeht, scheint eher eine Frage der individuellen Veranlagung als des Genres zu sein. Auch in sofern wäre es sinnvoll, den einengenden Begriff „Poesietherapie" durch den Begriff „Schreibtherapie" zu ersetzen.

Gleichwohl gibt es ein Schreiben, welches sich sehr intensiv der **ästhetischen Strukturen** bis hin zu ihren musikalischen Substrukturen bewusst ist. Miriam Miller Davies (Pseudonym), die eine grauenvolle Kindheit und Jugend, u.a. aufgrund sexueller Gewalt, erleiden musste,[42] beschreibt ihre brutalen Erfahrungen in sehr feinsinnigen, fast zarten Gedichten.

Lilienzart

Lilienzart
das kleine Kind
auf seiner Mutter
Schoß
fällt es
nicht gehalten
in den Abgrund.[43]

Sie schreibt:
„Meine Gedichte sind gleichsam literarisch geformte Emotionen und Erinnerungen, gleichsam ästhetisierte Endprodukte der Verbindung zwischen Unbewusstem und Bewusstem. Da die Lyrik diejenige poetische Gattung ist, die der Musik am nächsten kommt, ist sie besonders gut geeignet, sich mit dem Rhythmus des Stromes des Unbewussten zu verbinden; letzten Endes mit dem Rhythmus und der Melodie des Lebens und des Universums."[44]

---

[42] Sie drückt dies metaphorisch in aller Krassheit aus: „... dann schnitt mir mein Vater die Arme ab, und meine Mutter half ihm dabei ..." In H. H. Koch/N. Keßler (Hg.): ... fast wie Phönix. Literarische Grenzgänge. Mit Bildern von Ursula Jüngst, S. 109.
[43] Aus: H. H. Koch/N. Keßler (Hg.): ... fast wie Phönix, S. 54.
[44] H. H. Koch/N. Keßler: Ein Buch muß die Axt sein, S. 76.

Der Weg in die Öffentlichkeit

Auf die Funktion des Schreibens hinsichtlich der Wiederherstellung verloren ge-
gangener oder gestörter Kommunikation und den Wert von Gesprächen habe ich
bereits hingewiesen. Viele Autoren sind darüber hinaus an der Herstellung auch
einer größeren Öffentlichkeit interessiert, sie versuchen ihre Texte zu publizieren
oder tragen sie auf Lesungen vor. Bei solchen Lesungen, die wir mit AutorInnen
aus sozialen und psychischen Grenzsituationen durchgeführt haben, konnten wir
bemerken, wie positiv sie sowohl auf die AutorInnen als auch auf die ZuhörerInnen
wirkten. Die AutorInnen konnten ihre Erfahrungen mit den Krisensituationen mitteilen, waren stolz auf den Mut zum öffentlichen Auftritt, empfanden die anteilneh-
mende Aufmerksamkeit der ZuhörerInnen als wohltuend und fühlten sich ein Stück
weit aus der Isolation befreit. Die ZuhörerInnen fühlten auch ihrerseits die Distanz
schwinden, weil Stigmatisierungen wegbrachen, die Ausgegrenzten ihnen überraschend „normal" vorkamen und weil vieles vorgetragen wurde, das auch in ihrem
eigenen Inneren etwas anrührte. Die Texte gewannen deutlich auch die Funktion
von Brücken zwischen dem anscheinend so Fernen („Krise", „Krankheit", „Ver-
rücktheit") und der eigenen Lebenssituation („Stabilität", „Gesundheit", „Normalität").

Die Wirkung von solchen Texten auf die LeserInnen haben wir noch genauer auf
Tagungen zu erfassen versucht, die von Ärzten, Schreibforschern mit therapeutischen Erfahrungen und Literaturwissenschaftlern geleitet wurden. Die Teilnehmer
hatten genügend Zeit, die Texte zu lesen, sich schreibend damit auseinanderzusetzen und anschließend in Gesprächen sowohl über die eigenen Texte als auch über
die Ursprungstexte auszutauschen. Darüber habe ich in dem Buch „Grenzgänge"
ausführlicher berichtet.[45] Zur Wirkung der Texte konnten wir resümieren:

*"Sie sprechen an, beeindrucken, berühren tiefere Seelenschichten, wecken Er-
innerungen, heilen, trösten, machen nachdenklich, erweitern Erfahrungen, führen zur Selbstreflexion, regen Gespräche über Textbegegnungen und Lebens-
erfahrungen an, befriedigen auch ästhetische Gefühle wie die nach formaler
Angemessenheit, Schönheit und Harmonie."* [46]

---

[45] H. H. Koch: Im Herbst da reiht der Feenwind ... Textbegegnungen. In: H. H. Koch/W. Pittrich/
K. Telger (Hg.): Grenzgänge. Normalität und Irrsinn in Literatur und Künsten. Münster 2002,
S. 29 ff.
[46] Ebd., S. 35.

Ausblick

Schreiben in psychischen und sozialen Krisensitutionen ist, so haben wir in unserer Umfrage festgestellt, keine Frage des Alters. Auch **Kinder und Jugendliche** haben das Bedürfnis und die Fähigkeit, sich schreibend in solchen Situationen zu äußern und die helfende Wirkung des Schreibens in Anspruch zu nehmen. Wir finden dies in einigen sehr schönen Anthologien aus Allgemeinkrankenhäusern oder auch aus der Kinder- und Jugendpsychiatrie dokumentiert.[47] Das Schreiben in Grenzsituationen gehört jedoch auch außerhalb von Krankenhäusern und Kinder- und Jugendpsychiatrien für viele Kinder und Jugendliche zur Alltagserfahrung. Sie schreiben Tagebücher nach wie vor, und sie nutzen zunehmend das Internet als Möglichkeit der Expression ihrer Nöte, des Hilfesuchens, der Problemverarbeitung und der Suche nach Kommunikation. Lehrer, die Formen des freien Schreibens praktizieren, erleben häufig, wie sehr sich im Schreiben der Kinder und Jugendlichen verschlüsselt oder offen immer wieder Persönliches zeigt, oft eine innere Not. Das Konzept des „personal-kreativen" Schreibens beinhaltet ja im Begriff bereits das Spannungsfeld zwischen dem ästhetischen Spiel und der Formung der Person in der Praxis des Schreibens.[48]

Ein umfangreich angelegtes empirisches Unterrichtsprojekt, das Ulrike Itze zum Thema „Angst" in einem fächerübergreifenden Projekt des Religionsunterrichts an einer Grundschule durchgeführt hat[49], bestätigt die Fähigkeit auch der Kinder dieses Alters, über ihre vielfältigen, oft tiefen Ängste schreibend und malend Aus-

---

[47] F. Mann/R. Meyer-Pachur/Chr. Schmandt (Hg.): Fliege nicht eher als bis Dir Federn gewachsen sind. Gedanken, Texte und Bilder krebskranker Kinder. Münster 1993, S. 78 ff. Weitere Titel mit Texten von Kindern und Jugendlichen in psychischen Krisensituationen (Auswahl): Chr. Herzog (Hg.): Gedanken, Texte und Bilder Mukoviszidose betroffener Kinder, Jugendlicher und Erwachsener. Münster 1995; Helen-Keller- Schule, Städtische Schule für Kranke (Hg.): Spiegelblicke. Schülerarbeiten. Münster 2001; M. Klemm/G. Hebeler/W. Häcker (Hg.): Tränen im Regenbogen. Phantastisches und Wirkliches – aufgeschrieben von Mädchen und Jungen der Kinderklinik Tübingen. Tübingen 1989; H. Klier (Hg.): In erster Linie bin ich Mensch. Gedanken, Texte und Bilder von muskelkranken Kindern, Jugendlichen und Erwachsenen. Münster 1997; M. L. Knopp/K. Napp (Hg.): Wenn die Seele überläuft. Kinder und Jugendliche erleben die Psychiatrie. Bonn 1996 (3. Aufl.); dies./B. Heubach (Hg.) Irrwege, eigene Wege. Junge Menschen erzählen von ihrem Leben nach der Psychiatrie. Bonn 1999.

[48] Karl Schuster: Das personal-kreative Schreiben im Deutschunterricht. Hohengehren 2004; Barry Lane: Schreiben heißt sich selbst entdecken. Kreatives Schreiben autobiographischer Texte. Augsburg 1995; Karl Heinz Spinner (Hg.): Identität und Deutschunterricht. Göttingen 1980.

kunft zu geben. Das Bild, das sich aus den Kinderäußerungen ergab, gewährte der Lehrerin einen tiefen Einblick in die seelische Verfassung der Kinder. Am Beispiel des Textes von Sarah (10 J.) macht U. Itze die diagnostische und therapeutische Qualität des Schreibens in Situationen starker psychischer Belastung deutlich. Sarah schrieb:

„Ich habe Angst vor meinem richtigen Vater. Mein Vater hat Mamas Fische vor Wut in die Toilette gegossen und abgespült, er hat Mama regelrecht verprügelt, so dass Mama zum Arzt musste. Als er mich jeden zweiten Samstag abgeholt hat, hat er einmal zu mir gesagt. ‚Wenn du irgendetwas noch mal sagst, bringe ich Mama, ihren Lebensgefährten und Mamas Rechtsanwalt um.‘ "

U. Itze kommentiert den Text:

„Das Aufschreiben der Angst befreit Sarah aus ihrem Schweigen und von ihrer Unnahbarkeit; sie lässt die Lehrerin an ihrem traumatischen Schreiben teilhaben und lernt im Laufe der Unterrichtsreihe mit ihrer Angst umzugehen. Mit ihrem Einverständnis findet auch ein Gespräch mit der Mutter statt; die Mutter ist entsetzt, dass Sarah sich an die Situation in der Zeit der Trennung noch derart erinnern kann und stellt klar, dass die Situation tatsächlich so passiert ist. (...) Mit dem Verblassen der Angst wird Sarah mutiger, kontaktfreudiger und sie verbessert sich in ihren schulischen Leistungen. "[50]

Den LehrerInnen in schulischen und außerschulischen Kontexten eröffnet ein solches Schreiben eine besondere Nähe zu den Kindern und Jugendlichen. Die Texte sind eine Hilfe zur Diagnostik. Denn wie sonst, wenn nicht schreibend, sprechen die Schüler so konzentriert, intensiv, tief über sich – ob in Erfahrungstexten oder in literarischen Texten. Und damit ist das Schreiben natürlich auch eine Hilfe in erzieherischen Prozessen. Es eröffnet Möglichkeiten einer intensiven und vertrauensvollen Kommunikation und einer Hilfestellung seitens des Lehrers weit über die reine Sachvermittlung hinaus. Wobei die individuelle Förderung des Schreibens selbst bereits ein große Hilfestellung sein kann. Expressives Schreiben enthält ja, dies gilt auch für das Schreiben von Kindern, in sich schon die Wirkungen der

---

[49] Ulrike Itze: Durch existenzerhellende Symbole mit der Angst leben lernen. Symboldramatisches Arbeiten mit Kinderängsten im Religionsunterricht der Grundschule. Unveröffentl. Dissertation Münster 2006.
[50] Ebd. S. 78.

Entlastung, der gestalthaften Objektivierung des unbewusst Bedrängenden und des kreativen und gedanklichen Durcharbeitens der Problemsituation. Kinder sind sich der Wirkkraft eines solchen Schreibens durchaus schon bewusst. Pointiert artikuliert dies etwa der zehnjährige Olaf: „Wenn ich die Angst auf einem Papier aufschreibe, ist sie schon fast weg."[51]

Schreiben in diesem Sinne bedeutet auch einen anderen Unterrichtsstil.[52] Die Ärztin Mavi Mohr hat als Kind selbst autobiographische Texte zum Prozess ihrer Leukämie-Erkrankung geschrieben („Ein Elefant gab mir die Hand"). Als Medizinstudentin erlebt sie später, wie wenig der Mensch im Patienten gesehen wird. Ihre Schlussfolgerung als Ärztin (und ehemalige schreibende Patientin):

„Es ist nicht leicht und jeder will anders behandelt werden – aber sogar mit meiner noch bescheidenen Erfahrung an praktischer Arbeit habe ich den Schlüssel entdeckt: Zuhören. Zuschauen. Und reden."[53]

Die ärztliche und pädagogische Haltung haben hier offensichtlich Berührungspunkte.

Sätze (4): Helfendes Schreiben

Schreiben kann jeder.

In psychischen und sozialen Krisensituationen dient es

- **der Artikulation von oft unbewussten, vergessenen, verschütteten und verdrängten Erfahrungen**
- **der Durcharbeitung dieser Erfahrungen (s. die Trias „Erinnern, Wiederholen, Durcharbeiten" nach S. Freud)**
- **der Integration der ausgegrenzten Person/Gruppe**
- **der Veränderung des eigenen Verhaltens und der Veränderung der**

---

[51] Ebd., S. 256.
[52] G. Spitta (Hg.): Freies Schreiben – eigene Wege gehen. Lengwil 1997; vgl. auch die Beiträge diese Bandes zum freien Schreiben.
[53] M. Mohr: Stationswechsel. Eine Leukämiepatientin wird Ärztin. Stuttgart 2004, S. 136.

Umwelt zugunsten menschlicherer Lebensbedingungen.

Es gibt außerhalb der öffentlichen Wahrnehmung eine Schreibkultur in sozialen und psychischen Krisensituationen. Schreiben ist für sehr viele Menschen ein Mittel zur Selbsthilfe und zur Verbesserung der sozialen Beziehungen.

Therapeutisches Schreiben geschieht überwiegend und tagtäglich bereits als Selbsttherapie. Darüber hinaus hat das Schreiben auch eine oft unterschätzte Funktion im Kontext klinischer Behandlung und professioneller Psychotherapien. Diese Möglichkeiten werden in Deutschland allerdings immer noch wenig genutzt.

Sätze (5): Schreiben und Pädagogik

Für PädagogInnen hat das Schreiben, insbesondere das personal-kreative und autobiographische Schreiben, in allen Schulformen und Schulstufen wie auch in außerschulischen Zusammenhängen eine große Bedeutung:

- Es erleichtert auch in größeren Klassen einen Einblick in die seelische und soziale Situation der Kinder und Jugendlichen (diagnostischer Wert)
- Es erlaubt eine persönlichere Kommunikation mit den Kindern und Jugendlichen
- Es fördert eine ganzheitliche, d. h. auch emotionale und lebenspraktische Erziehung über die kognitive Wissensvermittlung hinaus (pädagogisch-psychologischer Wert)

Angesichts der hohen Zahl von Kindern, die in sozialen und psychischen Krisensituationen leben (ca. 25% befinden sich in sozialen Marginalisierungsprozessen, eine mindestens so hohe Zahl befindet sich angesichts der Schwierigkeiten moderner Kindheit in behandlungsbedürftigen psychischen Stress-Situationen) ist das Schreiben eine gute Möglichkeit, die Funktionen des Lehrers bzw. der Lehrerin als Sachvermittlerin, Psychologin und Sozialarbeiterin zu vereinen.

Literatur

A., K. (1992): Besuch. In: Ingeborg-Drewitz-Preis für Gefangenenliteratur (Hg.), Fesselballon. Münster, S. 19 f.

Barwasser, K. (1981): Sich als starke Mauern begreifen. Schreiben im Knast. Litsignale 3/81.

Ders. (Hg.)(1982): Schrei deine Worte nicht in den Wind, Tübingen.

Boock, P.-J. (1996): Es ist viel schlimmer, die Fähigkeit zu lieben zu verlieren, als eingesperrt zu sein! In: N. Keßler/U. Klein/H. H. Koch/E. Theine: Menschen im Gefängnis. Literarische Selbstzeugnisse, authentische Texte und Materialien für den schulischen und außerschulischen Unterricht. Godesberg, S. 49 f.

Boshamer, S. (2005): Ingeborg Drewitz´ Engagement für die Gefangenenliteratur. In: Ingeborg-Drewitz-Literaturpreis für Gefangene (Hg.): Nichts beginnt. Nichts passiert. Nichts endet. Literatur aus dem deutschen Strafvollzug 2005. Mit einem Geleittext von George Tabori. Münster 2005.

Bourdieu, P. (1997): Das Elend der Welt. Zeugnisse und Diagnosen alltäglichen Leidens an der Gesellschaft. Konstanz.

Dobrow, U. (1998): Trauerarbeit. In: H. H. Koch/N. Keßler (Hg.): Lesen und Schreiben in psychischen Krisen, Bd. 2, S. 180 f.

Feraru, P. (1985): Das Messer der Hoffnung. Frankfurt/M.

Fried, E./Novak, H. M./Initiativgruppe P. P. Zahl (Hg.)(1977): Am Beispiel Peter-Paul Zahl. Eine Dokumentation. Franfurt/M.

Foucault, M. (1989): Überwachen und Strafen. Die Geburt des Gefängnisses. Frankfurt/M. (8. Aufl.)

W. Heitmeyer, W. (Hg.)(1997): Was treibt die Gesellschaft auseinander? Bundesrepublik Deutschland: Auf dem Weg von der Konsens- zur Konfliktgesellschaft. Bd. 1, Frankfurt/M.

Helen-Keller-Schule, Städtische Schule für Kranke (Hg.)(2001): Spiegelblicke. Schülerarbeiten. Münster.

Chr. Herzog, Chr. (Hg.)(1995): Gedanken, Texte und Bilder Mukoviszidose betroffener Kinder, Jugendlicher und Erwachsener. Münster.

Horn, A. B./Mehl, M. R. (2004): Expressives Schreiben als Copingtechnik: Ein Überblick über den Stand der Forschung. In: Verhaltenstherapie 14: S. 274 ff.

Ingeborg-Drewitz-Literaturpeis für Gefangene (Hg.)(1989): Risse im Fegefeuer. Hagen.

ders. (1992): Fesselballon. Münster.

ders. (1995): Gestohlener Himmel. Widerstehen im Knast. Mit Geleitworten von Luise Rinser und Friedrich Magirius. Leipzig.

ders. (1999): Wenn Wände erzählen könnten. Geleitwort Martin Walser. Münster.

ders. (2002): Nachrichten aus Anderwelt. Mit einem Geleitwort und Gedichten von Birgitta Wolf. Münster.

ders. (2005): Nichts beginnt. Nichts passiert. Nichts endet. Literatur aus dem deutschen Strafvollzug 2005. Mit einem Geleittext von George Tabori. Münster.

Itze, I. (2006): Durch existenzerhellende Symbole mit der Angst leben lernen. Symboldramatisches Arbeiten mit Kinderängsten im Religionsunterricht der Grundschule. Unveröffentl. Dissertation Münster.

Keßler, N. (2001): Schreiben, um zu überleben. Studien zur Gefangenenliteratur. Godesberg.

Dies (2004).: „Engagiert leben" – Der Ingeborg Drewitz-Literaturpreis für Gefangene. In: B. Becker-Catarino/I. Stephan (Hg.): „Von der Unzerstörbarkeit des Menschen". Ingeborg Drewitz im literarischen und politischen Feld der 50er bis 80er Jahre. Publikationen zur Zeitschrift Germanistik 10, S. 121 ff.

Klemm, M./Hebeler, G./Häcker, W. (Hg.)(1989): Tränen im Regenbogen. Phantastisches und Wirkliches – aufgeschrieben von Mädchen und Jungen der Kinderklinik Tübingen. Tübingen.

Klein, U. (1992): Gefangenenpresse. Ihre Entstehung und Entwicklung in Deutschland. Bonn.

Klein, H./Koch, H. H. (Hg.)(1988): Gefangenenliteratur. Sprechen – Schreiben – Lesen in deutschen Gefängnissen. Hagen.

Klier, H. (Hg.)(1997): In erster Linie bin ich Mensch. Gedanken, Texte und Bilder von muskelkranken Kindern, Jugendlichen und Erwachsenen. Münster.

Knopp, M. L./Napp, K. (Hg.)(1996): Wenn die Seele überläuft. Kinder und Jugendliche erleben die Psychiatrie. Bonn (3. Aufl.).

dies./Heubach, B. (Hg.)(1999): Irrwege, eigene Wege. Junge Menschen erzählen von ihrem Leben nach der Psychiatrie. Bonn.

Koch, H. H. (1997): Literarische Nachrichten aus einer anderen Welt. Texte von Gefangenen. In: M. Becker-Mrotzek/J. Hein/H. H. Koch (Hg.): Werkstattbuch Deutsch: Texte für das Studium des Faches. Münster , S. 179 ff.

ders. (2002): Im Herbst da reiht der Feenwind ... Textbegegnungen. In: Koch, H. H./Pittrich, W./Telger, K. (Hg.): Grenzgänge. Normalität und Irrsinn in Literatur und Künsten. Münster, S. 29 ff.

ders./Lindtke, R. (Hg.)(1982): Ungehörte Worte. Gefangene schreiben. Eine Dokumentation aus deutschen Gefangenenzeitungen. Dülmen.

ders./Keßler, N. (Hg)(1998): Schreiben und Lesen in psychischen Krisen. Bd. 1 Gespräche zwischen Wissenschaft und Praxis. Bd. 2 Authentische Texte: Briefe, Essays, Tagebücher. Bonn.

dies. (Hg.)(1998): ... fast wie Phönix. Literarische Grenzgänge. Mit Bildern von Ursula Jüngst. Bonn.

dies. (2002): Ein Buch muß die Axt sein ....Schreiben und Lesen als Selbsttherapie. Krummwisch.

dies./R. Langer (Hg.)(2000): Hoffnungsvögel. Grenzerfahrungen. Texte Münsteraner AutorInnen mit Zeichnungen von Ursula Jüngst. Münster.

Koch, H. H./Pittrich, W./Telger, K. (Hg.)(2001): Grenzgänge. Normalität und Irrsinn in Literatur und Künsten. Münster.

Lane, B.(1995): Schreiben heißt sich selbst entdecken. Kreatives Schreiben autobiographischer Texte. Augsburg.

Mann, F./Meyer-Pachur, R./Schmandt, Chr. (Hg.)(1993): Fliege nicht eher als bis Dir Federn gewachsen sind. Gedanken, Texte und Bilder krebskranker Kinder. Münster.

Mardorf, E. (1995): Ich schreibe täglich an mich selbst. Im Tagebuch die eigenen Stärken entdecken. Augsburg.

Radbruch, R. (1911): Die Psychologie der Gefangenschaft. In: Zeitschrift für die gesamte Strafrechtswissenschaft 32, S. 339 ff.

M., L. (2001): … und es lässt sogar dieses winselnde Kind in mir zu Wort kommen. Reflexion über ein Tagebuch. In: H. H. Koch/N. Keßler, Lesen und Schreiben in psychischen Krisen, Bd. 2, S. 224 ff.

Marschik, M. (1993): Poesietherapie. Therapie durch Schreiben? Wien.

Matt, P. von (2001): Literaturwissenschaft und Psychoanalyse. Ditzingen.

Mohr, M. (2004): Stationswechsel. Eine Leukämiepatientin wird Ärztin. Stuttgart.

Muschg, A. (1981): Literatur als Therapie? Ein Exkurs über das Heilsame und Unheilbare. Frankfurt/M.

Rex, A. (2001): Auf der Suche nach dem verlorenen Sinn – Über den Nutzen des Schreibens als Instrument der Bewältigung von Traumata und Krisen. Diplomarbeit an der Universität Osnabrück/Fachbereich Psychologie, S. 31 ff.

Rinser, L. (Hg.)(1987): Laßt mich leben. Frauen im Knast. Hagen.

Schönau, W./Pfeiffer, J. (2003): Einführung in die psychoanalytische Literaturwissenschaft. Stuttgart.

Schüler-Springorum, H. (1989): Was läßt der Strafvollzug für Gefühle übrig? In: H.-D. Schwind: Festschrift für Günter Blau zum 70. Geburtstag. Berlin/New York.

Schulte-Steinicke, B. (1998): Autobiographisches Schreiben und autogenes Training. Erfahrungen aus Psychotherapie, Gesundheitsförderung und Schreibberatung. In: H. H. Koch/N. Keßler (Hg.): Schreiben und Lesen in psychischen Krisen, Bd. 1, S. 123 ff.

Schuster, K. (2004): Das personal-kreative Schreiben im Deutschunterricht. Hohengehren.

Segal, H. (1996): Traum, Phantasie und Kunst. Stuttgart.

Spinner, K. H. (Hg.)(1997): Identität und Deutschunterricht. Göttingen

Spitta, G. (1997): Freies Schreiben – eigene Wege gehen. Lengwil.

Straub, St. (2001): Wenn Worte durchbrechen. Kreative Schreib- und Erzählmöglichkeiten in Therapie und Persönlichkeitsentwicklung – ein integrativer Ansatz in Theorie und Praxis am Beispiel der Arbeit mit jugendlichen Gefangenen. Münster.

Telger, Klaus (2001): Die Psychiatrie als Schreibwerkstatt. Ein Praxisbericht aus dem Alexianer Krankenhaus Amelsbüren. In: H. H. Koch/W. Pittrich/K. Telger (Hg.): Grenzgänge. Normalität und Irrsinn in Literatur und Künsten. Münster, S. 38 ff.

Thünemann, S./Schulte, I. (2003): Autobiographisches Schreiben. Schreiberfahrungen, Schreibanregungen, Schreibtheorien. Seminarskript Uni Münster.

Vomberg, A. (2000): Hinter Schloß und Riegel. Gefangenenzeitungen aus Nordrhein-Westfalen und Brandenburg zwischen Anspruch und Wirklichkeit. Bonn.

Walser, M. (2001): Geleitwort zu Nicola Keßler: „Schreiben, um zu überleben". Studien zur Gefangenenliteratur. Godesberg 2001.

Werder, L. von (1996): Erinnern, Wiederholen, Durcharbeiten. Die eigene Lebensgeschichte kreativ schreiben. Berlin/Milow.

Ders./Schulte-Steinicke, B. (1998): Schreiben von Tag zu Tag. Wie das Tagebuch zum kreativen Begleiter wird. Zürich und Düsseldorf.

Zahl, P. P. (1977): Alle Türen offen. Berlin.

A ngela Thamm
Sprach Spiel (t)Räume
Zur Wiederentdeckung des Schreibens in therapeutischen
Prozessen

Motto:
Schreiben heißt: sich selber lesen.
Max Frisch

Er spielte
am liebsten Verstecken,
aber es klappte nie,
weil er sich nicht fand.
Tilmann, 8 Jahre

In einem Kreise von Männern, denen es als ausgemacht gilt, dass die wesentlich-
sten Rätsel des Traumes durch die Bemühung des Verfassers[1] gelöst worden sind,
erwachte eines Tages die Neugierde, sich um jene Träume zu kümmern, die über-
haupt niemals geträumt worden, die von Dichtern geschaffen und erfundenen Per-
sonen im Zusammenhang einer Erzählung beigelegt werden.[2]

Mit diesen Sätzen beginnt einer der wesentlichsten Artikel des Psychoanalytikers
Siegmund Freud auf Spurensuche nach den Geheimnissen seelischer Heilung. In
einer Novelle des Autors Wilhelm Jensen war der Arzt auf ein unerwartet kluges
dichterisches Wissen gestoßen, welches den eigenen medizinischen Ansichten er-

---

[1] Anmerkung im Original: „Freud, Die Traumdeutung, 1900 [Ges. Werke, Bd. II/III].
[2] Sigmund Freud, Der Wahn und die Träume in W. Jensens „Gradiva". In: Ders., Gesammelte Werke, Frankfurt am Main, S. Fischer, 6. Auflage 1976, XIX Bde, Bd. VII, S. 29-125, hier S. 31.

staunlich ähnlich zu sein schien. Der 1903 im Buchhandel erschienene Text hatte die 1902 auf Anregung von Wilhelm Stekel gegründete Psychologische Mittwoch-Gesellschaft in Wien gleichzeitig fasziniert wie irritiert, erzählte er doch – ohne offensichtlichen Rückgriff auf die Theorie Freuds – die Geschichte einer Genesung von einem Wahn. Konnte es wirklich sein, dass dem Dichter die Schriften Freuds unbekannt waren? – Man entschloss sich, den Autor selbst zu befragen.

Wien, am 20/III 1902
Sehr geschätzter Dichter!
Ihre herrliche Novelle „Gradiva" hat es uns angetan. Uns – das heißt einer kleinen psychologischen Gesellschaft, die sich allwöchentlich bei Herrn Professor Freud, dem berühmten Nervenarzte, versammelt.
Allwöchentlich wird diskutiert, und letzte Woche diskutierten wir über „Gradiva". Alle waren wir einig, dass die Novelle ein Meisterwerk ersten Ranges wäre. Aber auch vom ärztlichen und psychologischen Standpunkt haben Sie so viel Wahrheit hineingedichtet, dass wir alle gestehen mussten: Diese Dichtung ist geradezu Wissenschaft. Nun meinte ein Überkluger, Jensen hat das Traumbuch von Prof. Freud gründlich studiert. (Der Traum. Deuticke 1900)
Meinung stand gegen Meinung. Wir gerieten hart aneinander. Meister! Schlichten Sie den Streit. Haben Sie das Buch von Freud über den Traum gelesen, oder haben Sie uns mal wieder gezeigt, dass der Dichter der Wahrheit näher kommt als die nüchterne Wissenschaft? Haben Sie es gelesen?
Seien Sie nicht böse, wenn ich in Sie dringe, um Sie um eine Antwort zu bitten.
Mit vorzüglicher Hochachtung
Stekel[3]

Wie Jensens Antwort lautete, wissen wir leider nicht genau, aber in Siegmund Freuds Artikel von 1907 heißt es, der Dichter habe, wie vorauszusehen gewesen sei, „verneinend und sogar etwas unwirsch" reagiert. „Seine Phantasie habe ihm die „Gradiva" eingegeben, an der er seine Freude gehabt habe; wem sie nicht gefalle, der möge sie eben stehen lassen [...]."[4]

---

[3] Sigmund Freud, Der Wahn und die Träume in W. Jensens „Gradiva". Mit der Erzählung von Wilhelm Jensen. Hrsg. und eingeleitet von Bernd Urban. Frankfurt am Main: Fischer TB, 3. Aufl. 2003, S. 17. (Im weiteren zitiert als „Texte und Briefwechsel zur Gradiva").
[4] Texte und Briefwechsel Gradiva, S. 122.

Worum geht es in der Novelle? Der junge Archäologe Norbert Hanold stößt in einer Antikensammlung Roms auf das Reliefbild einer jungen Römerin, welches auf ihn so anziehend wirkt, dass er einen Gipsabdruck davon herstellen lässt, den er in seiner Studierstube in irgend einer deutschen Universitätsstadt aufhängt.

Das Bild stellt ein reifes junges Mädchen im Schreiten dar, welches sein reich-faltiges Gewand ein wenig aufgerafft hat, so dass die Füße in den Sandalen sichtbar werden. Der eine Fuß ruht ganz auf dem Boden, der andere hat sich zum Nachfolgen vom Boden abgehoben und berührt ihn nur mit den Zehen-spitzen, während Sohle und Ferse sich fast senkrecht emporheben. Der hier dargestellte ungewöhnliche und besonders reizvolle Gang hatte wahrscheinlich die Aufmerksamkeit des Künstlers erregt und fesselte nach so vielen Jahren nun den Blick des archäologischen Beschauers.[5]

Abb.1: Relief der Gradiva[6]

---

[5] ebd., S. 35.
[6] ebd., Abb. gegenüber S. 96.

162

Der junge Wissenschaftler verliebt sich in die steinerne Figur, und in seinem Wahn beginnt er, nach ihr zu suchen.

Welche Gedanken, Gefühle und Geschehnisse Wilhelm Jensen inszeniert, um den jungen Archäologen Norbert Hanold aus seinem steinernen Käfig zu befreien und zur Liebesfähigkeit gelangen zu lassen, kann an dieser Stelle leider nicht weiter verfolgt werden. Uns geht es hier allein um Freuds Entdeckung, dass der Dichter in seinem Text einen Heilungsentwurf zu „verstecken" vermag, welcher dem eigenen Bewusstsein verschlossen ist, ja von dem er – so aus dem Briefwechsel mit Freud ersichtlich – noch nicht einmal etwas zu ahnen scheint. Der literarische Text bzw. sein Verfasser inszeniert für seinen Helden sowohl die Erkrankung wie auch die Wege ihrer Heilung. Sein Unbewusstes scheint um das Geheimnis der Lösung aus dem Konflikt zu wissen.

„Wir schöpfen wahrscheinlich aus der gleichen Quelle", schlussfolgert Freud am Ende seines Forschungsartikels,

> *„bearbeiten das nämliche Objekt, ein jeder von uns mit einer anderen Metho-*
> *de, und die Übereinstimmung im Ergebnis scheint dafür zu bürgen, dass beide*
> *richtig gearbeitet haben. Unser Verfahren besteht in der bewussten Beobach-*
> *tung der abnormen seelischen Vorgänge bei anderen, um deren Gesetze zu er-*
> *raten und aussprechen zu können. Der Dichter geht wohl anders vor; er richtet*
> *seine Aufmerksamkeit auf das Unbewusste in seiner eigenen Seele, lauscht den*
> *Entwicklungsmöglichkeiten desselben und gestattet ihnen den künstlerischen*
> *Ausdruck, anstatt sie mit bewusster Kritik zu unterdrücken. So erfährt er aus*
> *sich, was wir bei anderen erlernen, welchen Gesetzen die Betätigung dieses*
> *Unbewussten folgen muss, braucht diese Gesetze nicht auszusprechen, nicht*
> *einmal sie klar zu erkennen, sie sind infolge der Duldung seiner Intelligenz in*
> *seinen Schöpfungen verkörpert enthalten."*[7]

Dass man dem Dichter einen „schlechten Dienst erweise" wenn man sein Werk zu einer „psychiatrischen Studie erkläre", ist Freud sehr wohl bewusst,[8] – doch lesen wir in die Korrespondenz mit C. G. Jung hinein, so gilt das analytische Interesse der

---

[7] Freud 1976, S. 120 f.
[8] Freud 1976, S. 70.

Ärzte dennoch eher der Neurose des Dichters als seiner „poetischen Selbstsorge".[9] Man fand zwar heraus, dass das Thema der Gradiva auch in anderen Novellen des Dichters latent war, doch die Frage, inwieweit Jensens Schriftstellerei dazu beigetragen habe, dass er, statt zum Patienten zu werden, als Dichter die Leser zu beglücken vermochte, wurde nicht wirklich gestellt.

Auch die Patientin Anna O. alias Bertha Pappenheim, hatte sich seit ihrer Jugend mit dem Schreiben, u. a. der Abfassung von Stücken für ihr Privattheater, zu entlasten versucht und durch Berichte über ihre Selbsterfahrungen, dass sich ihre hysterischen Symptome ebenso bei der Wiedergabe von Märchen und Erzählungen reduzierten, ihren Ärzten Freud und Breuer die Entdeckung der „talking cure" erst ermöglicht.

*Wir fanden nämlich, anfangs zu unserer größten Überraschung, **dass die einzelnen Symptome sogleich und ohne Wiederkehr verschwanden, wenn es gelungen war, die Erinnerung an den veranlassenden Vorgang zu voller Helligkeit zu erwecken, damit auch den begleitenden Affekt wachzurufen, und wenn dann der Kranke den Vorgang in möglichst ausführlicher Weise schilderte und dem Affekt Worte gab.** Dabei treten, wenn es sich um Reizerscheinungen handelt, diese: Krämpfe, Neuralgien, Halluzinationen, – noch einmal in voller Intensität auf und verschwinden dann für immer.*[10]

Dass Berta Pappenheim (1859–1936) nicht alleine in der psychoanalytischen Behandlung gesundete sondern auch mit dem Schreiben von zunächst Märchen, später Erzählungen, Theaterszenen und bis ins Alter hinein in Berichten, adressiert

---

[9] Der inhaltliche Bezug zur romantischen Entdeckung persönlicher „Künstlerischer Selbstsorge" in Ergänzung des politischen Programms der Selbstsorge im Sinne Bettine- und Achim von Arnims kann hier nur angedeutet werden. Eine ausführliche Darstellung ist nachlesbar in meinem Artikel „Sie hatte immer zu schreiben.". Bettine von Arnims Selbstsorge mit Feder, Tinte und Papier. In: Internationales Jahrbuch der Bettina-von-Arnim-Gesellschaft, hrsg. von Wolfgang Bunzel, Bd. 18, Berlin, Saint Albin 2006, S. 85-115 (im Druck). Vgl. hierzu auch Ulrike Landfester, „Die echte Politik muss Erfinderin sein." Das politische Vermächtnis Achim und Bettine von Arnims. Festvortrag zur Eröffnungsveranstaltung der „Romantischen Tage" in der Akademie der Künste in Berlin am 6. Mai 2004. In: Internationales Jahrbuch der Bettina-von-Arnim-Gesellschaft, Saint Albin 2004, S. 15-24.

[10] Studien über Hysterie, S. 9 f. Vgl. auch Marianne Brentzel, Sigmund Freuds Anna O. Das Leben der Bertha Pappenheim. Leipzig, Reclam 2004, hier insbes. S. 246-270.

an jüdische Mädchen und Frauen, immer wieder nicht nur andere sondern auch sich selbst heilsam zu begleiten wusste, scheint offensichtlich. Doch führten diese Fakten den Naturwissenschafter Freud und seine Schüler bis heute hin nicht zu der Konsequenz, das Schreiben systematisch in die psychoanalytische Methode einzubeziehen. Die heilsame Tätigkeit schöpferischen Sprachgebrauchs und – im Sinne der sprachphilosophischen Überlegungen Ludwig Wittgensteins – poetische Erweiterung alltäglicher Sprachspiele mit Erzählen, (Vor)Lesen und Schreiben konnte bislang in ihrer hervorragenden Bedeutung noch nicht entziffert werden.[11]

Erst mit der Einführung einer sprach- und symboltheoretischen Reflexionsebene in die psychoanalytische Diskussion durch den Psychoanalytiker und Soziologen Alfred Lorenzer können im Sinne eines tiefenhermeneutisch angelegten „Szenischen Verstehens" die entscheidenden Fragen wissenschaftlich gesichtet und angegangen werden: Was macht das Schreiben mit den Dichterinnen und Dichtern? Wann und wie können sie an ihren Texten gesunden? Warum gelingt dies nicht immer und wieso ist der, der schreibt, noch lange nicht bei sich?[12][13]

Der folgende Artikel schließt an die Überlegungen Lorenzers an, das Sprachspiel-Konzept Ludwig Wittgensteins für die psychoanalytische Theoriebildung neu zu entfalten.[14] In einer Studienarbeit der Schreiberin dieses Artikels in den 80iger Jahren wurden außerdem erste Versuche unternommen, die damals recht jungen Erfahrungen einer, im Rahmen der Integrativen Therapie von Hilarion Petzold und Ilse Orth angestoßenen Schwerpunktbildung „Poesie- und Bibliotherapie" am Fritz – Perls – Institut (Hückeswagen/Beversee) mit sprachwissenschaftlichen Erkennt-

---

[11] „Die Bedeutung eines Wortes ist sein Gebrauch in der Sprache. Ich werde auch das Ganze: Der Sprache und der Tätigkeiten, mit denen sie verbunden ist, das „Sprachspiel" nennen." (Ludwig Wittgenstein, Philosophische Untersuchungen. Frankfurt, Suhrkamp 1977, S. 28 ff.

[12] Alfred Lorenzer, Die Sprache, der Sinn und das Unbewusste. Psychoanalytisches Grundwissen und Neurowissenschaften. Hrsg. Von Ulrike Prokop. Mit einer Einleitung von Bernhard Görlich und einer Einführung von Marianne Leuzinger-Bohleber. Stuttgart, Klett-Cotta 2002, hier bes. S. 63 ff.

[13] Eva Koch-Klenske, „Wer schreibt ist noch lange nicht bei sich". Psychologie heute 2/84, S. 61-67.

[14] Alfred Lorenzer, Wittgensteins Sprachspiel-Konzept in der Psychoanalyse. In: Ders., Sprachspiel und Interaktionsformen. Vorträge und Aufsätze zu Psychoanalyse, Sprache und Praxis. Frankfurt, Suhrkamp 1977, S. 15-37.

nissen zu erweitern und zu vertiefen.[15]

Doch die „Schreibbewegung", die sich mit Kreativem Schreiben, Literarischen Werkstätten, mit Poesietherapie und Poesiepädagogik vor mehr als 20 Jahren an Volkshochschulen, Schulen, ja sogar manchen Hochschulen enthusiastisch ins Zeug legte, hat seit Jahren Entwicklungsprobleme. Gegenwärtig scheint sie nahezu blockiert – was in Zeiten von PISA und eines vielerorts dokumentiertem Sprachverlusts junger sowie alter Menschen in der technisierten Zeit verwundern könnte – und auch sollte![16]

Es sind die Texte, welche, in ihrem manifesten und – im Sinne der Tiefenhermeneutik Alfred Lorenzers – auch latenten Sinn die Bedeutung des Schreibens in therapeutischen Prozessen in dem folgenden Artikel entdecken lassen werden.[17] Theoretische Vertiefungen können im Rahmen dieses Artikels leider nur angedeutet werden und müssen weiteren Arbeiten vorbehalten bleiben.

Meinen etlichen Mitautorinnen, die mit Ihren Beiträgen, teils offen, teils verdeckt, weniger Krankheits- als vielmehr kluge Gesundheits- und Beziehungsgeschichten erzählen, sowie all denen, die über viele Jahre den Gedankengängen und Verknüpfungen auf die Sprünge geholfen haben und es in Zukunft noch tun werden an dieser Stelle ein ganz herzliches Dankeschön!

---

[15] Angela Thamm, Poesie- und Integrative Therapie. Linguistische Überlegungen zu einem besonderen Sprachspiel. In: Hilarion Petzold, Ilse Orth, Poesie und Therapie. Über die Heilkraft der Sprache. Poesietherapie, Bibliotherapie, Literarische Werkstätten. Paderborn: Junfermann, 3. Aufl. 1995, S. 135-157, hier bes. S. 149 ff.

[16] Karl Ermert, Thomas Bütow, Was bewegt die Schreibbewegung? Kreatives Schreiben – Selbstversuche mit Literatur. Dokumentation einer Tagung der Evangelischen Akademie Loccum vom 17. bis 19. November 1989. Loccumer Protokolle 63/1989. 1. Aufl. 1990.

[17] Regina Klein, Tiefenhermeneutische Zugänge. In: Edith Glaser, Dorle Klika u. a. (Hrsg.), Handbuch: Gender und Erziehungswissenschaft. Bad Heilbronn, Klinkhardt-Verlag 2004, S. 622-635.

„Ein Tisch ist (k)ein Tisch."
Sprachverweigerung als Protest.

Ich will von einem alten Mann erzählen, von einem Mann, der kein Wort mehr sagt, ein müdes Gesicht hat, zu müd zum Lächeln und zu müd, um böse zu sein. Er wohnt in einer kleinen Stadt, am Ende der Straße oder nahe der Kreuzung. Es lohnt sich fast nicht, ihn zu beschreiben, kaum etwas unterscheidet ihn von andern. Er trägt einen grauen Rock und im Winter den langen grauen Mantel, und er hat einen dünnen Hals, dessen Haut trocken und runzlig ist, die weißen Hemdkragen sind ihm viel zu weit.[18]

Mit diesen Sätzen lässt der Autor Peter Bichsel die zweite seiner „Kindergeschichten" für Menschen jeden Alters beginnen, in denen sich ein Mann wie zufällig aus der Sprache denkt und schreibt und liest. Eines Tages, eigentlich eines guten Tages, hatte er sich zu einer Änderung seines Lebens entschlossen – aber statt sich selbst in der Begegnung mit anderen zu verändern, kam ihm die Idee, die Welt um sich herum mit etwas von dem wenigen zu verändern, über das er noch verfügte: Der Macht, die Welt mit Wörtern zu benennen und zwar so zu benennen wie alleine ER es wollte.

Ein merkwürdig „lustiges" Spiel begann, in dem das Bett zum Bild, der Tisch zum Teppich, der Stuhl zum Wecker und die Zeitung zum Bett wurde. „Am Mann blieb der alte Fuß lange im Bild läuten, um neun stellte das Fotoalbum, der Fuß fror auf und blätterte sich auf den Schrank, damit er nicht an die Morgen schaute."[19] – Und der Mann, dem das gefiel, kaufte sich blaue Schulhefte, in welche er seine neue Sprache eintrug, und er verbrachte nun die meiste Zeit damit, sie zu üben. Bald sogar träumte er schon in seiner neuen Sprache und verlor die alte aus dem Sinn.

Die „Kindergeschichte" endet nicht gut – und sie ist auch nicht lustig:

Sie hat traurig angefangen und hört traurig auf. Der alte Mann im grauen Mantel konnte die Leute nicht mehr verstehen, das war nicht so schlimm. Viel

---

[18] Peter Bichsel, Ein Tisch ist ein Tisch. In: Ders., Kindergeschichten. Frankfurt am Main, Suhrkamp 1997, S. 21-30.
[19] Ebd., S. 27.

schlimmer war, sie konnten ihn nicht mehr verstehen. Und deshalb sagte er nichts mehr. Er schwieg. Sprach nur noch mit sich selbst, grüßte nicht einmal mehr."[20]

Dieser Text von Peter Bichsel kam mir in den Sinn, als ich die innere Not einer langjährigen Patientin spürte, welche sich als allein erziehende Mutter angesichts der pubertären Rücksichtslosigkeiten ihrer Töchter ganz in sich zurück gezogen hatte. Als die Kinder noch klein waren, hatten stundenlanges Erzählen und abenteuerlichste Fantasiespiele die quasi vaterlose Familie über schwierigste Krisen gerettet hatte. Nun schien diese Sprachbrücke der Mutter zu den Töchtern verarmt und entwertet. Die Patientin fühlte sich zunehmend zurückgestoßen und ausgebeutet. Um ihren Ängsten, ihrer Traurigkeit und ihrer Wut Ausdruck zu geben fehlten ihr die Worte.

Ich erzählte der Patientin die Kindergeschichte von Peter Bichsel und fragte sie, ob Sie eine Idee habe, wie dem alten Mann wieder zu einer Sprache zu verhelfen sei, mit der er verstanden werden könnte. Und schon wenige Sekunden später sprudelten aus der gerade noch so verzweifelten Patientin die zentralen Szenen der folgende Geschichte hervor, die sie wenig später folgendermaßen ausformulierte.[21]

Vera schlenderte heimwärts. Der Nachmittag war sonnig warm und in ihrem Appartement wartete niemand und nichts auf sie, also ließ sie sich Zeit. Sie bog aus der Langgasse in die Parkstraße ein und sah ihn wieder dort stehen. Seit Wochen schon beobachtete sie einen Mann, der immer an der selben Laterne stand, mit sich selbst sprach und gelegentlich sparsam gestikulierte. Wie immer schien er seine Umwelt nicht wahrzunehmen und niemand nahm Notiz von ihm.
Vera blieb stehen und beobachtete ihn: alles an ihm schien grau zu sein: sein Anzug, das Hemd, die Krawatte, sein schütteres Haar und selbst seine Haut. Er kam ihr so verloren vor, wie er da so stand und vor sich hin murmelte. Kurz entschlossen überquerte Vera die Straße, trat auf ihn zu und zupfte an seinem Ärmel. Er wandte ihr das Gesicht zu und sah sie erwartungsvoll an.

---

[20] Ebd., S. 29 f.
[21] Die Texte meiner Mitautorinnen sind ganz bewusst nicht auf fehlerfreie Orthografie und Zeichensetzung überkorrigiert – denn die poesietherapeutische Praxis kann nur angesichts des Ausschlusses jeglichen inneren Zensors gelingen.

„Guten Tag" sagte Vera und lächelte ihn an. Ein Schatten legte sich auf das Gesicht des Mannes, und er antwortete betrübt: „So trete mit" und starrte Vera hilflos an. Vera blinzelte verwirrt; der Mann sprach eindeutig deutsch, doch ergaben seine Worte keinen Sinn.

„Ich verstehe nicht" sagte Vera. Der Mann zuckte die Achseln, erwiderte „So trete mit" und ließ den Kopf hängen.

Vera überlegte, dann deutete sie mehrfach mit dem Zeigefinger auf sich und sagte: „Vera, ich bin Vera". Der Mann blickte sie fragend an, dann ging ein Leuchten des Verstehens über sein Gesicht, er deutete auf sich selbst und sagte: "Harry, so melde Harry". Er lächelte glücklich und wiederholte ein paar Mal „Vera, Harry".

Vera betrachtete ihn mit schief gelegtem Kopf, trat dann drei Schritte seitlich und brach von einem Teerosenstrauch ein Blüte ab, ging damit auf Harry zu, steckte ihre Nase in die Blüte und holte tief Luft. Dann sah sie Harry ins Gesicht hielt ihm die Rose unter die Nase und sagte: „Duft". Harry schnupperte an der Blume, die sehr intensiv roch und wiederholte zunächst zaghaft: „Duft", und dann sicherer: „Duft".

„Ja. Duft", bekräftigte Vera, hielt die Rose noch einmal an ihre Nase und steckte sie dann Harry in das Knopfloch am Revers des Anzuges. Vera legte ihre Hand leicht auf Harrys Arm und sagte: „Tschüss, Harry", überquerte die Straße und winkte ihm noch einmal zu; Harry winkte zurück und schnupperte an der Rose in seinem Knopfloch.

Der nächste Nachmittag war brütend heiß. Zielstrebig ging Vera zur Parkstraße und Harry stand schon da mit einer frischen Rose am Revers.

„Hallo Harry", begrüßte Vera ihn und hakte sich bei ihm unter, „komm mit!"

„So trete mit" erwiderte Harry verständnislos, doch Vera zog ihn bereits die Straße hinunter.

Einige hundert Meter weiter kamen sie zu dem Eissalon MODENA, und Vera kaufte zwei Hörnchen mit je drei Eiskugeln. Eines davon drückte sie Harry in die Hand und sagte „Eis". „Eis?" wiederholte Harry fragend. „Ja, Eis" erwiderte Vera und leckte an ihrem Hörnchen, „Hmm, süß", sagte sie genießerisch. Auch Harry leckte an seinem Eis, ließ es auf seiner Zunge zergehen und wiederholte: „Eis, süß, süß, Eis". Vera nickte und lachte ihn an.

Der folgende Tag war ein Freitag und ab 16:00 Uhr sollte im Kurpark ein Konzert stattfinden. Vera beeilte sich und fand Harry wieder bei seiner Laterne vor; er schien sie erwartet zu haben. Sie schob ihre Hand unter seinen Arm

und lenkte ihn in Richtung Kurpark. Dort angekommen, setzten sich die beiden
auf zwei nebeneinander liegende freie Plätze und warteten auf den Beginn des
Konzertes. Das Orchester brachte als erstes das Ave Maria von Bach/Gounod,
die Leitstimme wurde von Celli gespielt und das Publikum lauschte andächtig.
Vera beobachtete Harry von der Seite und sah, dass ihm Tränen in die Augen
traten. „Musik" flüsterte Vera und Harry nickte. Als die letzten Töne verklan-
gen, wandte Harry Vera sein Gesicht zu „Gebet" sagte er ergriffen und eine
Träne rollte ihm über die Wange, er hatte sich an ein Wort erinnert.
Applaus brandete auf, Harry sprang auf die Füße und klatschte begeistert mit.
(I. B.)

Harrys sinnenhafte Rückführung in die regelhafte Sprache durch Vera, die spürt,
was ihm abhanden gekommen ist und wie er es zurückgewinnen kann, birgt das
unbewusste bzw. vorbewusste Wissen der Patientin um die eigenen Möglichkeiten
der Wiedereingliederung in die gesellschaftliche Kommunikation.[22] Auch sie kann
sich den Menschen um sich herum mit ihren Verletzungen nicht mehr verständlich
machen, auch sie scheint ihre Sprache verloren zu habe: Szenen ehemals verläss-
lich gelingender zwischenmenschlicher Einfühlung scheinen plötzlich wieder mit
frühkindlichen Schreckensfantasien und traumatischen Jugenderlebnissen über-
schwemmt. Das mühsam erworbene Überlebensskript, sich selbst und der Umwelt
mit einer höchst bildhaften Sprache begreifbar zu bleiben, funktioniert angesichts
der nahezu versiegten positiven töchterlichen Spiegelungen nicht mehr.

Mit der imaginativen Einladung in die Kindergeschichte von Peter Bichsel gelingt
der Patientin eine Selbstfindung im vertrauten Milieu tagträumerischer Fantasien.
Über die (Er)Findung von Vera und die Identifizierung mit ihr findet die Patientin
zurück zu ihrer verlorenen Kommunikationsfähigkeit. Durch die Wiederbelebung
von Resonanzfähigkeit auf der eigenen inneren Bühne heilt sie mit der Inszenierung der Reintegration des alten Mannes den verstörten Harry in sich.

Kreative Texte ermöglichen sowohl neue diskursive sowie präsentative Eindrük-
ke, welche für die Ganzheitlichkeit des Lebens und Lernens in Kindergarten, Schule, Hochschule und Beruf für Menschen jeden Alters unverzichtbar sind. Hier die
Resonanz einer Studentin auf beide Geschichten in einem Text, der im Sinne einer

---

[22] Zur Konkretisierung des Vokabulars vgl. Alfred Lorenzer 2002, insbesondere S. 99 ff.

„Gesundheitsgeschichte" im Seminar geschrieben wurde.[23]

Sprache, Sprache und doch ist die Traurigkeit so nah…

Da sind Wörter, viele Wörter und doch reichen sie nicht zum Überleben, zum kommunizieren.

Ein Mann, eine Sprache und keiner der sie versteht, dabei ist es so einfach, so natürlich was dort geschah. Wir suchen uns Menschen zum reden und entwik-keln zusammen mit diesen Menschen Ausdrucksmöglichkeiten, die manchmal weit über Wörter hinausgehen und doch haben sie stets das gleiche Ziel, die Verständigung.

Manchmal auch die Geheimhaltung z. B. Geheimsprache.

Aber und das ist das Entscheidende, hier dient die Sprache als Band, als Verbindung zwischen mindestens zwei Menschen.

In dem Fall des Mannes war keiner da. Er war traurig und vielleicht einsam. Die tägliche Einöde schien ihn zu erdrücken. Er suchte sich neue Wege daraus heraus und wollte etwas an seinem Leben ändern. Also änderte er etwas an seiner Sprache. Doch da außer ihm niemand da war mit dem er seine Sprache teilen, als Verbindung nutzen konnte, blieb er alleine mit sich, seinen Möbeln und seiner Sprache. Was zuerst die Rettung zu sein schien war letztlich der Weg in die absolute Einsamkeit.

Komm Fuß, setz dich zu mir an den Teppich auf den Wecker, gib mir deine blauen Hefte, und wir fangen an zu reden. (Julia Busch)[24]

Die Aufforderung zum kreativen Schreiben integriert manifestes und latentes Wissen auch in wissenschaftlichen Seminaren und beflügelt persönliche und soziale Lernprozesse. Ohne jeglichen therapeutischen Anspruch eröffnet sie einen – dem

---

[23] „Schreiben Sie uns Ihre persönlichen GesundheitsGeschichten" titelt ein aktuelles Projekt unserer Integrativen Literaturwerkstatt in Aachen, welches Patientinnen inspirieren will, sich mit der Verfassung der eigenen Gesundheitsgeschichte heilsames Ressourcenwissen „Wort für Wort" und „schwarz auf weiß" vor Augen zu führen.

[24] Der Text entstand am 28.04.2006 im Seminar „Historische Spuren ganzheitlicher Sprachentwicklung in Musik, Literatur und bildender Kunst" am Institut für Erziehungswissenschaft an der Philipps-Universität Marburg. Dass durch den systematischen Einbezug tiefenhermeneutischer Erkenntnisse u. a. in eine moderne Hochschuldidaktik ganz neue Felder motivierender Schärfung kommunikativer Kompetenz und Lernstofffestigung eröffnet werden könnten, sei hier nur angedeutet.

psychotherapeutischen Setting der Psychoanalyse ähnlichen – heilsamen Sprach-findungsraum sowie den Zugang zu intuitivem eigenen Wissen. – Warum?

Indem der Psychoanalytiker im »szenischen Verstehen« sich bemüht, die de-notierende Bedeutung der Rede zu überhören, um in »gleichschwebender Auf-merksamkeit« sich bildhafte Szenen unabhängig vom logischen Gedankenfluß aufscheinen zu lassen, nimmt er die Sprache in ihrer präsentativen Symbolge-stalt.[25]

Mit der poesietherapeutischen Aufgabe, den alten Mann wieder zu einer verständ-lichen Sprache finden zu lassen, konnte die Patientin ihre alltagssprachliche Praxis leibhaftig erweitern. Im Erzählen konnte sie sich „szenisch" in einem durch die präsentative Ebene ergänzten diskursiven Text erleben, sich selbst beim (Vor)Lesen spiegelnd wahrnehmen und die neuen Erfahrungen im therapeutischen Dialog in-tegrieren: Ich will nicht mehr kommunizieren lautete der unbewusste Protest der gekränkten Patientin – und warum dies so ist, vermag ich auch nicht zu erzählen!

Freuds Bemerkung über den Novellencharakter seiner Krankengeschichten wird mit der Revision der Psychoanalyse als Sprachanalyse und Sprachkritik erst wirk-lich begreifbar: „Im szenischen Verstehen und novellistischen Zusammenfassen der Erzählszenen nähern sich die Bilder, nähert sich die poetisch - präsentative Symbo-lebene den Abkömmlingen der unbewussten Sinnstruktur und das heißt eben auch: dem sozial Unerlaubten."[26]

Mit dem – bibliotherapeutisch initiierten – spontanen Entschluss zur Übernahme der Regie auf der eigenen Bühne der Fantasie scheint für die Patientin der Bann der Sprachlosigkeit gebrochen. Mit Vera und Harry und ihren einander achtsam spiegelnden Begegnungen ist es ihr – wie in einem Traum – gelungen, stumme Tabuisierungen zu beleben und die Sprachlosigkeit in heilsamen inneren Bildern zu gestalten. Das vorher Unsagbare ist in die Sprache eingeholt und damit wieder sag-bar geworden. Vermittelt über ihre Geschichte kann es sowohl mir als Therapeutin wie auch den drei Töchtern, von denen mir die Jüngste im Auftrage der Mutter die Geschichte elektronisch in einer E-Mail zuschickt, wieder ohne Scham kommuni-ziert werden. Der stumme Protest hat eine poetische Form gefunden.

---

[25] Alfred Lorenzer 2002, S. 76.
[26] Ebd.

Poetische Sprachspiele
Kreative Brücken zwischen Menschen und Wörtern

Erinnern Sie sich noch an die „Sprachspiele" Ihrer Kindheit und die Lust auf Ihre Fantasie? Lockten Erwachsene ins Erzählen oder waren Sie mit Ihren Fantasien eher sich selbst überlassen? Wo und wann und wer hat Ihnen vorgelesen? Verbinden Sie mit dem Malen und Kringeln und den ersten Buchstaben positive oder negative Erfahrungen? Wie spielerisch sind die Szenen, in denen sie sich die Sprache aneignen und mit ihr experimentieren konnten – ja Lust daran hatten, zu reimen und zu fabulieren?

Es ist der von Kindheit an gelernte regelhafte Gebrauch der Wörter in Verbindung mit den Tätigkeiten, welche Wittgenstein mit dem Begriff „Sprachspiel" beschreibt. Anders als in einer Privatsprache, deren Bedeutung, so wie bei dem alten Mann in der Geschichte von Peter Bichsel, nur einem Menschen verständlich ist, ist die soziale Praxis die Bedingung einer funktionstüchtigen, lebendigen Sprache.

Ihren Ausdrucksformen werden Sinn und Bedeutung erst in einer kommunikativen Praxis gegeben, in der verschiedene Subjekte miteinander interagieren, wo Gegenstände – der Marktplatz, Obst und Gemüse, die Stromabrechnung – in gemeinsamem Handeln konstituiert, wo unterschiedliche Verwendungsweisen von Namen korrigiert oder akzeptiert werden die eben soziale Praxis ist. Welchen Sinn ein Wort in seinem jeweiligen Kontext hat, worauf es sich beziehen kann, kurz: was es bedeutet, ist Resultat seiner Verwendung in den vielfältigen Lebenszusammenhängen, die insgesamt menschliches soziales Leben ausmachen.[27]

Mit dem tiefenhermeneutischen Vokabular Alfred Lorenzers lässt sich die Rede von den Sprachspielen um die Dimension des Unbewussten ergänzen. Das Wesen der Psychoanalyse ist, dass sie eben nicht (nur) als Sprachspiel funktioniert, sondern als „Verfahren der kritischen *Untersuchung* und *Veränderung* von Sprachspielstrukturen" lautet eine der wesentlichsten Ergebnisse Alfred Lorenzers über

---

[27] Christian Stetter, System und Performanz. Symboltheoretische Grundlagen von Medientheorie und Sprachwissenschaft. Weilerswist: Velbrück Wissenschaft 2005, S. 153. Zur Vertiefung des sprachtheoretischen Hintergrundes des vorliegenden Artikels empfiehlt sich die Lektüre dieses Buches sehr.

den psychoanalytischen Prozess.[28] Desymbolisiertes Material kann im Sinne einer „Sprachveränderung" bzw. „Sprachkritik" resymbolisiert werden und – szenisch erweitert – ganzheitlich neu verstanden werden.

Dass poesietherapeutische Arbeit neben der Einladung des Unbewussten zur Sprachfindung gleichzeitig auch die Sprachspiele des Alltags beflügelt und heilsame Identitätsfindung bedeutet, wird in den folgenden Beispielen deutlich.

Blicken wir nochmals kurz zurück zur Begegnung zwischen Vera und Harry, deren Inszenierung ja so spontan und flüssig gelang: Vera weiß nicht nur um das Leiden von Harry, sie führt auch die Wörter – ganz so wie im Sprachspiel Wittgensteins – mit allen fünf Sinnen – Hören, Sehen, Schmecken, Riechen Tasten – wie einem Kinde zugewandt wieder ein. Das Problem des alten Mannes ist nicht alleine die Sprachverwirrung durch die falschen Namen und ihrer fehlenden Verankerung im gesellschaftlichen Regelsystem. Er scheint auch jegliche Verbindung zu einem/ ihrem einstigen leibhaftigen Erlernen und ihrer szenischen Lebendigkeit verloren zu haben: Der Gebrauch der Wörter langweilt ihn so sehr, dass es ihm nicht schwer fällt, sich von ihnen zu trennen. Die Sprache des alten Mannes ist sinnenhaft ausgedörrt, die Symbolkraft seiner Sprache kaum mehr erinnerbar und zerstört. Veras Heilungsidee ist die der Inszenierung resozialisierender Lernsequenzen, in denen *mit allen Sinnen* wieder benannt werden kann. Im „nachnährenden" zwischenmenschlichen Dialog können neue Interaktionsformen gefunden, ja kann die Welt neu entdeckt, erspürt und benannt werden – der Diskurs in sozialen Einigungssituationen wieder fließen.[29]

Die Veränderung von Sprachspielen passiert in poesie- und bibliotherapeutischen Prozessen u. a. über das Spiel zwischen Inhalt und Form, Erweiterung und Verdichtung, z. B. in einem Elfchentagebuch, welches der Autorin von „Vera und Harry" schon etliche Jahre zuvor hilft, die Psychodynamik der individuellen Blockierungsgeschehens zu begreifen und Gefühle und Gedanken heilsam zu ordnen.[30]

---

[28] Alfred Lorenzer, Wittgensteins Sprachspiel-Konzept in der Psychoanalyse. In: Ders. Sprachspiel und Interaktionsformen. Vorträge und Aufsätze zu Psychoanalyse, Sprache und Praxis. Frankfurt am Main, Suhrkamp 1977, S. 15-37, hier S. 28.

[29] Vgl. Alfred Lorenzer 2002, S. 63 ff.

[30] „Elfchen" sind kleine Gedichte mit elf Wörtern verteilt auf fünf Zeilen. Die Form gleicht einer Elfe, die erste bildet ihren Kopf, die letzte ihren Fuß.

Wenn
ich nur
lange genug nachdenke
kann ich alles kaputt
denken

ich
kann auch
sagen: Nachdenken öffnet
mir die Augen für
Realitäten

Mein
Kopf raucht,
die Träume schwinden.
Ich erkenne meine wahren
Wünsche

Es
ist angenehmer
zu träumen, denn
Wirklichkeiten können ganz schön
deprimieren

(I. B.)

Die Neuformulierung, um welche sich die Patientin bemüht, gelingt – doch sie ist mühsam. Aus heutiger Sicht erscheint die poesietherapeutische Idee, welche zum zum Elfchentagebuch 1993 führte, zu evaluieren. Auch beim Schreibens scheint die Patientin in und mit ihren Textchen gefangen zu bleiben und sich nicht wirklich weiterbewegen zu können.

Wie gut, dass Therapeuten und PatientInnen gemeinsam lernen können und dies auch tun. Als die Patientin gut zehn Jahre später in eine erneute Krise gerät, verbinde ich die Schreibidee mit einer Wahrnehmungsaufgabe, die nicht misslingen kann, da sie – vom Bewusstsein klar gesteuert – vom Unbewussten nicht unkontrolliert boykottiert werden kann. Statt morgens stundenlang unbeweglich am Küchentisch zu verbringen oder einsam in Fantasiegeschichten zu fliehen, schlage ich ihr vor, sich mit „positiven Vierzeilern" „Wort für Wort" ihre verlässliche Selbstwahrnehmung handschriftlich vor Augen zu führen.[31] Entstehen dürften und sollten nicht bloß kleine Gedichte sondern auch ein Text über das, wie sie sich im Prozess des Schreibens erlebe. Die Pat. lässt sich auf meine Idee ein, und es entstehen die folgenden Texte:

*Vierzeiler zu machen ist nicht schwer, positive Vierzeiler dagegen erfordern Konzentration und dennoch gelingt es mir manchmal nicht, in den vier Zeilen etwas Positives unterzubringen: ich fühle dann einfach nichts Positives. Aber ich lerne in diesen Situationen einiges über meine Ängste und über die Ursachen meines „Waschküchengefühls". Z. B.: die erste Zeile könnte lauten: **Ich bin wach und liege im Bett**, doch jetzt geht es nicht positiv weiter, es ist früh morgens, ich habe noch eine halbe Stunde Zeit, bis ich aufstehen muss und bin voller Gedanken, die den beginnenden Tag betreffen. Doch diese Gedanken und Vorstellungen sind bedrückend und wecken Angstgefühle in mir, sie beginnen mit: ich muss noch..., schaffe ich es irgendwie? Und am liebsten würde ich wieder einschlafe, um mich nicht mehr mit meinen Befürchtungen auseinander setzen zu müssen. Ich beginne meine Tage mit einer negativen Haltung: ich muss, ich soll, ich kann nicht, ich will nicht! In meiner Grundhaltung zum Leben bin ich das fleischgewordene NEIN!*
Diese positiven Vierzeiler sind „Momentaufnahmen", wenn ich sie nicht gleich aufschreibe, geht mir die Formulierung verloren, aber sie hinterlassen Spuren: ich übe damit, die Gegenwart zu spüren und mich im Jetzt wahrzunehmen.
(I. B.)

Wort für Wort, so die Erfahrung des poesietherapeutischen Handwerkszeugs, müssen sich die negativen Gedanken im Rhythmus der eigenen Handschrift der positiven Erdung auf dem Papier fügen und schwarz auf weiß sicht- und lesbar werden. Hier einige der vielen heilsamen Augenblicke, in denen die Patientin sich selbst positiv lesbar wird.

Ich sitze am Tisch, Kinn in der Hand
und denke: diesen Berg werde ich erklimmen,
wenn ich ihn erreicht habe.
Ich sitze am Tisch, Kinn in der Hand.

---

[31] Zum gestalttherapeutischen Konzept der Bewusstheit im Augenblick vgl. Lotte Hartmann-Kottek, Gestalttherapie. Berlin, Heidelberg, New York, Springer 2004, hier besonders S. 133 ff.

Ich stehe am Fenster und sehe
Lämmerwolken am Himmel,
am Horizont einen rosigen Schein,
ich stehe am Fenster.

Ich habe Besuch.
Wortfluten ertränken mich,
das Schweigen in mir seufzt.
Ich habe Besuch.

Ich liege im Wasser,
wohlige Wärme durchströmt Körper und Geist,
Gedankengeflatter verebbt
Ich liege im Wasser. (I. B.)

Wie heilsam es für uns Menschen immer schon war und ist, mit Feder, Tinte und Papier auf Suche nach dem eigenen Ich zu gehen, erschließt sich in den historischen Dokumenten weiblichen Schreibens und hier insbesondere der Briefkultur. Während es den Männern erlaubt war, die Welt auf leibhaftig zu erkunden, mussten sich die Frauen mit den Reisen in ihrer Fantasie begnügen: Das Leben wurde zum Text.[32] – Beim ersten Zusammentreffen einer neuen Schreibwerkstatt mit acht Patientinnen im Alter zwischen 35 und 65 Jahren lade ich zu einer imaginativen Reise ein und zur Suche nach einem „guten Platz zum Schreiben". Eine Teilnehmerin findet überraschend schnell zu der folgenden Szene:

Ein guter Platz zum Schreiben

Mein Schreibplatz hat eine gute Aussicht.
Aber noch lieber wäre ich Meer. Das Meer ist noch vernebelt. Man merkt, dass
es sehr warm wird. Der Sand ist lauwarm und rinnt durch die Finger. Ich mer
ke, wie wohl ich mich fühle. Völlig entspannt und losgelöst von allem. Mein
Kopf ist völlig frei und ich bin allein mit mir und meinem Wohlgefühl. Ganz
allein sein und mir keine Sorgen zu machen um irgendjemand.

---

[32] Vgl. hierzu z. B. Barbara Becker-Cantarino, Leben als Text – Briefe als Ausdrucks- und Verständigungsmittel in der Briefkultur und Literatur des 18. Jahrhunderts. In: Hiltrud Gnüg, Renate Möhrmann (Hrsg.), Frauen – Literatur – Geschichte. Schreibende Frauen vom Mittelalter bis zur Gegenwart. Stuttgart, Suhrkamp 2003, S. 129-146.

So könnte ich schreiben. Aber ich habe mir eigentlich schon vieles von der See-
le geschrieben. Dieses Wohlgefühl, so stelle ich mir den Himmel vor. An diesem
Platz könnte ich eine sehr schöne Geschichte schreiben. Niemand macht mir
Vorschriften und niemand ist um mich. Ich war noch nie alleine für längere Zeit
und nicht für kurze Zeit. Ich atme ruhig und gelassen. (U. F.)

In diesem Text erzählt die Patientin – anders als in den Therapiestunden – von ihrer Angst vor Vorschriften, ihren ständig gegenwärtigen Schuldgefühlen, die sich
sonst nur in einer Sorgenfalte in der Mitte ihrer Stirn äußern, sowie ihrer dauern-
den Anspannung, die sich in der Verkrampfung der Hände äußert und sich auch
im therapeutischen Dialog nur löst, wenn sich die Finger im Begreifen einer steinernen Kugel entspannen können. Die Prägnanz der gefundenen Sprache verrät
die integrierende Wirkung des poesietherapeutischen Spiels von Inhalt und Form
während des Schreibens. Sie spiegelt sich auch in dem Vierzeiler am Ende dieser
Schreibaufgabe:

Wie ich mir den Himmel vorstelle
Mein Wohlgefühl in Worte gefasst
Traumhafte Einsamkeit – niemand stört mich –
Wie ich mir den Himmel vorstelle. (U. F.)

„Traumhafte Einsamkeit"? – Kennt man die Lebensgeschichte der Patientin und
ihre Lebensnöte, so unterschlägt sie in ihrem der Traum vom Alleinsein eine le-
benslang begleitende Angst vor Menschen und verletzenden Begegnungen.

Nach einem kurzen Bericht aller Teilnehmerinnen in der Runde, wie es ihnen
beim Schreiben ergangen sei und dem (freiwilligen) Vorlesen ihrer Texte beglei-
te ich die Frauen der Schreibgruppe imaginativ nochmals zurück zu ihren sich
selbst zugeschriebenen Schreibplätzen. Ich lasse sie sich einen „Besuch" an ihrem
Schreibplatz einladen. Ob der Patientin mit der ersehnten Einsamkeit der vorge-
schlagene Dialog gelingen würde? Würde sie sich in ihrer Idylle traumhafter Einsamkeit einen Kontakt gestalten können und wollen?

Die erschriebene Lösung zeugt von der tiefen Ambivalenz, sich dem eigenen
Frei(t)Raum stellen müssen und es aus Angst doch nicht wirklich tun zu wollen.
Dennoch gelingt es der Patientin, bislang „schleierhafte" poesietherapeutische Ent-
deckungen zu machen:

Meine stumme Schreibplatznachbarin
Eigentlich möchte ich meinen Schreibplatz mit niemandem teilen. Vielleicht mit
einer Muschel. Ja, das könnte mir gefallen. Sie kann nicht sprechen. Sie liegt
im Wasser und kann mir zuhören. Sie kann mir keine Vorschriften machen. Sie
sieht einfach nur schön aus. Sie kann mir nicht wehtun. Sie will mir auch nicht
wehtun. Wir beide würden uns gut vertragen. (U. F.)

Beim Vorlesen des Textes muss die Patientin selbst schmunzeln: Nicht nur ihre
Ängste sondern auch die Wünsche an die Menschen um sich herum hat sie – ohne
es zunächst selbst zu bemerken – unbewusst zwischen die Zeilen geschmuggelt:
Einfach nur da zu sein, ihr zuzuhören, ihr ihren Rhythmus zu lassen und sie nicht
zu verletzen – das wünscht sie sich von ihrer Umwelt. Beim Vorlesen des Textes
wird sie nicht nur den anderen Gruppenmitgliedern sondern auch sich selbst ver-
ständlicher! Es ist ihr gelungen, sich aus ihrem kognitiv-emotionalen Engpass „frei
zu schreiben".

Freies Schreiben – ohne Zutritt des inneren Zensors – ist sprachspielerische Gym-
nastik, historisch erprobte und bewährte geistige Fingerübung zum (Wieder-)Er-
wecken der Sinne, Handwerkszeug zur Beflügelung von Gedanken und Gefühlen,
Orientierungshilfe in konflikthaften Situationen und Spurensuche zu heimlichen
Träumen.[33]

Projektives Schreiben
Heilsame Inszenierungen auf der inneren Bühne.

Häufig sind es die klugen Protagonisten der Literatur, welche unsere SprachSpiel-
Räume unversehens erweitern und unsere Träume auf der inneren Bühne Sprache
finden lassen.

---

[33] Zum Konzept des Freien Schreibens vgl. auch meine Dissertation, Romantische Inszenierungen
in Briefen. Der Lebenstext der Bettine von Arnim. Berlin. Berlin, Saint Albin 2000 sowie ders.,
Bettine von Arnim und ihre Töchter. Weibliche Lebensentwürfe und – konflikte im Textversteck-
der Schreiberinnen. In: Ulrike Landfester, Hartwig Schultz, Dies Buch gehört den Kindern.
Achim und Bettine von Arnim und ihre Nachfahren. Beiträge eines Wiepersdorfer Kolloquiums
zur Familiengeschichte. Berlin, Saint Albin 2002, S. 189-232.

Als eine schwer traumatisierte Pat. eines Tages in meine Praxis kommt, ist sie so verzweifelt, dass ich große Angst um sie bekomme. Aufgrund eines sportlichen Misserfolg und höchst kränkender Umstände scheinen plötzlich alle bisherigen Überlebensstrategien nicht mehr zu greifen. Ich merke, dass ich die Patientin mit meinen Worten nicht mehr erreichen kann, meine Sprache droht zu versagen. Da kommt mir die Idee, eine imaginative Freundin, Michael Endes Momo, die Lieblingsromanfigur der Patientin, in einem Brief um Hilfe zu bitten.[34] Ich hole uns Schreibzeug und einander gegenübersitzend entstehen die folgenden Texte. Ich selbst schreibe – bewusst ohne jeden poetischen Anspruch – spontan:

„Hallo liebe Momo,
ich glaube, wir brauchen dich! – Sonst war K. immer so begeistert vom Laufen
– aber heute ist sie ganz verzweifelt. Es hat nicht so schnell geklappt – und da
ist sie ganz enttäuscht von sich!
Ich kann sie natürlich an dich und Tranquilla Trampeltreu[35] erinnern – und
dass ihr die ganze Rennerei eh' nicht so besonders wichtig, ja für manche Men-
schen sicherlich auch krankmachend findet.
Aber wenn Karin gleich heimgeht – vielleicht vergißt sie dich dann wieder –
und fühlt sich ganz alleine – und muß wieder von der schlimmen Vergangenheit
davonrennen.
Da hab ich nun eine große Frage und Bitte: Könntest du, Momo, Karin nicht
mal für einige Tage besuchen? – Das wäre prima! Dann könnte ich beruhigt
sein –
und außerdem bist du ja Expertin für die Zeit und das Erzählen – und so eine
Zeit mit dir würde Karin sicher helfen, selbst wieder andere Dinge zu entdek-
ken, die ihr Freude machen!

Ich bin gespannt, ob's klappt –
Herzlichen Dank im Voraus
Angela

---

[34] Michael Ende, Momo, Stuttgart und Wien, Thienemanns-Verlag 1973.
[35] Michael Ende, Tranquilla Trampeltreu. In: Ders., Die Zauberschule und andere Geschichten. Stuttgart 1994.

Die Patientin schreibt:

„Hallo Momo,
du kennst mich nicht, aber ich kenne dich bzw. möchte dich gerne kennen ler-
nen.
Deshalb lade ich dich hiermit ganz recht herzlich ein, zu mir zu kommen.
Es wäre schön, wenn du kommen würdest, denn ich glaube, du kannst mir dabei
helfen mein Leben wieder in den Griff zu bekommen. Im Moment bin ich total
verzweifelt, so verzweifelt, dass ich nicht mehr weiter weiß.
Es wäre schön, wenn du kommen würdest.
Ich würde mich freuen.
Karin"

Gegenseitig lesen wir uns die Briefe an Momo vor. Und in der nächsten Stunde erfahre ich, dass Momo der Einladung gefolgt ist. Beglückt präsentiert mir die Patientin den folgenden Text:

Besuch von Momo
„Hallo Momo, schön, dass du gekommen und meiner Einladung gefolgt bist.
Ich dachte schon, du kommst nicht, zumal ich total vergessen habe, dir mit-
zuteilen, wie und wo du mich findest. Aber du hast mich ja auch so gefunden,
wenn ich mich auch frage wie?"
„Das ist doch nicht wichtig Karin. Wichtig bist du mir im Moment.
Alles Andere lenkt nur vom Thema ab. Also erzähl mal, was macht dich so un-
glücklich im Moment?"
„Mein Leben Momo. Doch wenn du das hier alles so siehst, müsste ich mich
eigentlich schämen gegenüber dir."
„Wieso Karin?"
„Weil ich eigentlich viel mehr an Besitztümern habe als du."
„So denkst du das wirklich Karin?"
„Ja, das denke ich."
„Zeit ist ein viel größerer Besitztum und viel mehr Wert als alle deine Sachen
hier zusammen und davon habe ich jede Menge, aber du nicht Karin. Du läufst
nur weg vor dir selbst. Nimmst dir keine Zeit zum Träumen und schreiben.
Meinst immer stark und schnell sein zu müssen, wie in Benefizlauf. Dabei hat-
test du doch viel mehr vom Lauf als alle Anderen. Du kannst in den Genuss die
Landschaft um dich herum erkunden, die Anderen nicht. Es ist nicht wichtig
schnell zu sein, um an das Ziel zu gelangen, sondern nur das man an's Ziel

*kommt. Denn auch ich kam nicht mit Schnelligkeit zu Meister Hora. Geht es dir
jetzt etwas besser Karin?" „Ich glaube schon, ein klein wenig zumindest."
„Das ist doch schon mal ein Fortschritt. Doch jetzt ruh dich aus, wo immer du
auch willst. Und wenn du wieder aufwachst, sieht die Welt ganz anders aus.
Wenn du mich brauchst, lad mich einfach wieder ein, ich komme gern vorbei.
Vielleicht zeigst du mir dann etwas mehr von deiner Welt, würde mich interes-
sieren."
„Gerne - tschüss Momo."
„Tschüss Karin." (K. F.)*

Einen inneren Beistand auf der Bühne der Fantasie zu etablieren ist eine bewährte
insbesondere auch von der modernen Traumatherapie wiederentdeckte psychotherapeutische Methode. Der lebensbegleitende erschriebenen dialogische Tagtraum
mit einer hilfreichen Figur erweitert und vertieft die therapeutische Intention. Hand
in Hand mit der neuen Freundin gelingt es der Patientin, die eigenen Ressourcen zu
sichten und damit die eigenen Handlungsentwürfe heilsam zu steuern. Momo errät
geheimste Wünsche noch bevor sie ausgesprochen sind.

*„Hallo Karin!"
„Hallo Momo, nicht dass ich mich über deinen Besuch nicht freue, im Gegenteil. Trotzdem kann ich mich nicht daran erinnern, dich eingeladen zu haben."
„Ich habe gedacht, ich schaue einfach mal nach dir. Zumal du mir doch gestern
sehr verzweifelt schienst. Aber ich sehe, dir geht es besser und du hast dich
ausgeruht."*

In den kommenden Wochen des therapeutischen Prozesses ist Momo wie wundersam, sogar unerwartet, stets genau dann zur Stelle ist, wenn sie gebraucht wird.
Besser als alle anderen weiß sie, was zu tun ist – und sie tut es auch:

Momo pflegt mich gesund
*Als ich aufwache, steht Momo vor meinem Bett.
„Bist Du schon lange da?"
„Ja, schon die ganze Nacht, Karin."
Da fällt mir wieder ein, dass Momo total durchnässt vor meiner Tür stand,
gestern
Abend, und ich Ihr angeboten habe bei mir zu übernachten.
„Du hörst dich aber gar nicht gut an Karin, bist Du etwa erkältet? Die ganze
Nacht schon hast Du gehustet. Willst Du nicht lieber mal einen Arzt aufsu-*

chen?"

„Wegen dem bisschen Husten brauche ich doch keinen Arzt Momo, außerdem habe ich kein Fieber."

„Gehst wohl nicht besonders gern zum Arzt, Karin stimmts?"

„Stimmt Momo, aber das dürfte bei meiner Geschichte auch nicht verwunderlich sein, oder?"

„Nach dem was ich so von Dir gehört habe Karin magst Du da recht haben, aber was fällt Dir daran so schwer?"

„Ich kann nichts damit anfangen, wenn sich jemand Sorgen um mich macht, weil sich früher auch niemand Sorgen um mich gemacht hat. Außerdem kann ich es nicht haben, wenn mich jemand anfasst und das muss ein Arzt häufig tun, um eine vernünftige Diagnose stellen zu können."

„Was passiert denn, wenn Dich jemand anfasst?"

„Dann gehe ich häufig innerlich ganz weit weg."

„Wohin?"

„Auf meine Sommerwiese, Momo. Deshalb kann ich auch mit den Worten Geborgenheit, Liebe und so weiter nicht's anfangen, geschweige denn damit umgehen."

„Kannst Du dich und deinen Körper dann eigentlich lieben und sich um ihn kümmern Karin, wenn er Dich braucht?"

„Nein Momo, ich wünschte ich könnte es, bei anderen schon, aber bei mir selbst nicht."

„Das habe ich mir fast gedacht Karin, aber es ist schön es aus deinem Mund zu hören. Trotzdem sollten wir gemeinsam einen Weg finden für Dich, wie Du es ändern kannst. Wie wäre es zum Beispiel wenn ich Dich jetzt gesund pflegen würde?

„Es löst schon ein komisches Gefühl in mir aus, aber ich könnte es mir vorstellen, Momo."

„Das ist doch ein Wort Karin, da fang ich doch gleich mal damit an."

Ein paar Minuten später steht Momo schon mit einer heißen Tasse Erkältungstee vor meinem Bett, die ich dankend annehme.

Nachdem ich sie getrunken habe, frage ich Momo, wie es Ihr eigentlich geht?

„Mir geht's gut Karin. Ich glaube ich habe mir nichts geholt dank deiner Fürsorge von gestern Abend."

„Das freut mich zu hören Momo, aber sag mal, musst Du nicht nach Hause zu deinen Freunden, sie warten doch bestimmt auf Dich?"

„Mach Dir darüber keine Sorgen Karin, jetzt ist mir erst mal wichtig das Du gesund wirst"

„Meinen Freunden schicke ich einfach über Kasiopaija eine Nachricht zu, damit sie Bescheid wissen. Soll ich Dir eine Geschichte erzählen?"
„Gerne", sage ich.
Dann fängt Momo an zu erzählen.
Sie erzählt mir von Ihrer ersten Begegnung mit Meister Hora, und während Sie so erzählt, schlafe ich ein.
Als ich aufwache, fühle ich mich schon wesentlich besser. Wie lange habe ich wohl geschlafen, frage ich mich, da bekomme ich auch schon die Antwort.
„Drei Tage und drei Nächte, Karin."
„Wie fühlst Du Dich jetzt?"
„Wie neu geboren - danke Momo."
„Das freut mich für Dich Karin, dann kann ich ja jetzt gehen?"
„Ja," sage ich, „aber komm wieder. Bitte!"
„Gerne Karin, bis bald." (K. F.)

Beim Vorlesen strahlt die Patientin – und ich auch. Im therapeutischen Setting ist ein kommunikativer Raum besonderer Art entstanden: Durch die Inszenierung des individuellen Heilungswissens auf der inneren Bühne und seine Mitteilung im Vorlesen und Zuhören wird nicht nur Schmerz geteilt sondern auch der Trost, welcher aus dem eigenen tiefenhermeneutisch erweiterten Sprachspiel der Patientin erwachsen ist. Das Machtgefälle der Therapeut – Patient – Beziehung hat sich partiell verändert: In Eigenregie hat die Patientin zu ihrer gesunden Kompetenz gefunden, die im therapeutischen Gespräch leicht begleitet, gespiegelt und verstärkt werden kann. Das kluge Selbstverständnis der jungen Frau ist poetisch kommunizierbar geworden und steht als positiv entlastender Tagtraum im persönlichen „Notfallkoffer" autonom nutzbar zur Verfügung: „Wo bist du? Komm doch her, heute geht es mir gar nicht gut. Ich brauche dich sehr. Draußen ist es so kalt, wie in mir drinnen" – mit diesen Worten vermag sich die Patientin mit Momo stets einen wärmenden, nachnährenden Dialog zu gestalten und anzuknüpfen an die ihr bekannte Überlebensstrategie, sich auf die „innere Wiese" zu retten – aber nun ist sie nicht mehr allein.

Wie sich ein nachnährender Dialog auf der inneren Bühne der Fantasie heilsam zu gestalten vermag, wird auch in der Geschichte von Lena und Rosa deutlich.

Nur wenige Monate vor meinem mehrwöchigen Urlaub findet eine vielfältig schwerst traumatisierte Patientin zu mir in die Psychotherapeutische Praxis. Sie für die Zeit meiner Abwesenheit ausreichend zu stabilisieren scheint kaum möglich. Ich schlage ihr vor, etwas zu schreiben, was ihr gut tut – sich eine Geschichte (er)finden zu lassen, die ihr hilft – ja diese womöglich nach dem Vorbild der Leipziger Buchkinder in einem Bilderbuch zu gestalten.[36] Bücher zu binden hatte die Patientin in unserer Integrativen Literaturwerkstatt gelernt, Techniken, einfache Bilder zu drucken waren ihr aus der eigenen Arbeit als Erzieherin bekannt. Als ich aus dem Urlaub komme, legt sie mir zwei Bilderbücher vor: Eines hat sie für mich gebunden – und eines für sich selbst.

LENA
In einem kleinen Dorf, weit weg, wohnte ein kleines Mädchen. Es hieß Lena. Lena wohnte dort mit ihren Eltern und Geschwistern. Die Eltern waren fast nie zu Hause, und so mussten die Kinder sich selbst versorgen. Die Straße war ihr zu Hause. Lena war viel alleine. Sie war ruhig, aber auch sehr wachsam. Geräusche, Geschehnisse und auch zum Beispiel: Die ersten Blumen und das erste Gezwitscher der Vögel sah und hörte sie als Erste. Lena hatte noch eine Fähigkeit. Sie konnte sich durchsichtig machen. Es ging nicht immer. Doch es gab immer wieder ähnliche Situationen, wo es geschah. (E. B.)

Es ist Rosa, ein „winzig kleines Mädchen, vielleicht fast so groß wie Lenas Hand", das Lena wie wundersam auf ihrer Blumenwiese zu treffen sucht, und welches um das Geheimnis des einsamen Kindes zu wissen scheint: dass nämlich die Fähigkeit, sich unsichtbar zu machen, mit einem traumatisierenden Übergriff zu tun hatte, den Lena einst gerade auf dieser ihrer so wunderschönen Wieseninsel erlebt hatte. – Lena und Rosa befreunden sich – beide können sowohl durchsichtig als auch sichtbar sein – und keine von beiden würde in Zukunft mehr alleine sein: „Huch da bist du ja wieder,. so beginnt eine wunderbare Freundschaft, in der Lena zwar nicht wirklich ihre schlimmen Erlebnisse vergisst, sie aber doch mit der kleinen Freundin teilt und auf der inneren Bühne der Fantasie symbolisieren kann.[37]
„Lena hatte eine Freundin bekommen und Rosa auch. Sie konnten miteinander reden, lachen und spielen. Rollte mal Gefahr an, wurden beide durchsichtig." – Gemeinsames Wachstum gelang und „irgendwann stellten beide fest, dass Lena nicht mehr durchsichtig wurde, aber Rosa weiterhin. Woran lag das nur?"

---

[36] Zum Projekt der Buchkinder siehe unter S. 191.
[37] Die Geschichte wurde von Elke Baumgart selbst geschrieben, gedruckt, bebildert und gebunden.

Und wenn Sie, liebe Leserin und lieber Leser, einen kurzen Augenblick die Augen schließen – vielleicht gelingt es Ihnen, dem Schwarz-Weiss-Druck bunte Farbe zu geben – vielleicht gelingt Ihnen das Erspüren der Düsternis von Lenas schwarzer Kinderwelt (Bild 1)

Bild 1

sowie die Imagination der lichthellen grünen Wiese (Bild 2), auf der sich Lena mit einem großen strahlblauen Kleid und Rosa mit einem kleinen pinken Kleidchen erstmals begegnen und zwei hellblonde Haarschöpfe leuchten.

Bild 2

186

Um die „imaginativen Wege aus der Wortlosigkeit" geht es auch in der modernen Traumatherapie. Die heilsame Kraft der innere Bilder, die der innerlichen Musik und des künstlerisch inspirierten Denkens verbirgt sich in den historischen Wurzeln der Lebensentwürfe von Musikern und bildenden Künstlern. Und dies ist bereits in die moderne Psychotherapie und aktuelle Traumaforschung integriert. Die Selbstgestaltungskraft im eigenen Schreiben und damit auch die Anknüpfung an die Erfahrungen der Dichter jedoch wartet noch auf ihre Renaissance.[38]

Wenn die Alltagssprache versagt!
Kreative Dialoge in Bildern und Wörtern.

Wenn der Künstler Lars-Ulrich Schubert sein Körpergefühl malt, gelingt ihm die Kommunikation auf eine viel intensivere, authentischere Weise, als er dies in den Worten der Alltagssprache sagen könnte. Wo angesichts ihrer Regelhaftigkeit die szenischen Ausdrucksräume der Alltagssprache zu karg scheinen, wählt L'ars, so sein Künstlerlogo, Farben, Formen und andere künstlerische Materialien, um seine Gedanken und Gefühle für sich selbst und andere begreifbar zu machen.

Es sind die vielfältigen Sprachspiele der Kunst, welche helfen, stummem Schmerz zu zeigen und ihn – trotz begriffener Defizite – in den kommunikativen Raum der Öffentlichkeit zu transportieren.

Seit Beginn der im Jahre 2003 vom ehemaligen Behindertenbeauftragten Karl-Herrmann Haack initiierten WanderAusstellung „Zeige Deine Wunde – Befreiende Kunst. Psychiatrieerfahrene stellen aus"[39], reist das Bild „Kerlchen" von Lars-Ulrich Schubert quer durch die BRD. Die poesietherapeutische Idee, dass der künstlerische Ausdruck von schmerzhaftem Erleben auch die Ausstellungsbesucher zu

---

[38] Luise Reddemann, Imaginative Wege aus der Wortlosigkeit. In: Günter H. Seidler u. a. (Hrsg.), Aktuelle Entwicklungen in der Psychotraumatologie. Theorie – Krankheitsbilder – Therapie. Gießen, Psychosozial-Verlag 2003, S. 165-177.

[39] Informationen zur Ausstellung unter www.behindertenbeauftragte.de. Ein herzliches Dankeschön an dieser Stelle Karl Herrmann Haack und seinem Mitarbeiterstab, welcher die Realisation des Projektes durch seinen Zuspruch beflügelte. So konnte der erste Kommunikationsturm Profil gewinnen. Noch bis Ende Januar 2007 darf er die Ausstellung begleiten. Inzwischen bewahrt er mehrere hundert Briefe von Besucherinnen und Besuchern in seinem Briefkasten. Das Foto wurde am 7. November in Neustadt, Neustädter Psychatrium, Hans-Ralf-Haus anlässlich der Ausstellungseröffnung aufgenommen, wo der Kommunikationsturm erstmals präsentiert werden durfte.

einer auf besondere Art und Weise begreifenden Sprachfindung inspirieren könnte und dies, als Geste solidarischen des Verstehens auch sollte, führte zur Konzeption eines "Kommunikationsturmes": Im oberen Teil laden in einer Schreibwerkstatt entstandene offene Briefe zum Schreiben in Resonanz auf die Werke ein, in den Schubladen liegen Papiere unterschiedlicher Größe, Stifte und durchsichtige Briefumschläge, an den Tischen – behindertengerecht in unterschiedlichen Höhen – lassen sich persönliche Texte ganz eigener Machart gestalten – im Briefkasten geborgen sollen sie die Botschaft der Ausstellung weitertragen, in den offenen Briefen spiegeln und (vor)lesbar werden.[40]

Lars-Ulrich Schubert/Kerlchen, 2002

---

[40] Zum Projektentwurf, welcher sich auf jede Ausstellung übertragen lässt, siehe www.erzaehlen-schreiben-lesen.de/Stichwort "Bewegende Kunst".

Initiiert durch das Schreibprojekt „Bewegende Kunst – Einladung zum Dialog" fühlen sich viele Besucherinnen und Besucher eingeladen zur Resonanz in einem offenen Brief und finden beim Schreiben nicht allein zur einfühlsamen Begegnung mit den Künstlern sondern auch zu sich selbst.

Eine Schülerin der Klasse 12 des Gymnasiums Würselen bei Aachen schreibt in Resonanz auf "Kerlchen" von Lars-Ulrich Schubert ganz spontan:

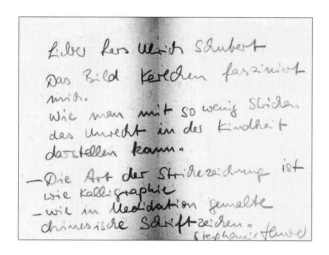

Eine Ausstellungsbesucherin formuliert ihre persönlichen Erfahrungen noch prägnanter:

Zeige deine Wunde - Befreiende Kunst

All diese Bilder – Ausdruck des eigenen Ichs, der Erfahrung/Berührung/Konfrontation mit dem Leben.

Warum lassen sie mich nicht verweilen? Warum gehe ich zwar interessiert, aber rastlos an ihnen vorbei? Einige Bilder schweigen, andere schreien zu mir. Manche sind wie alte Bekannte, andere will ich nicht kennen. Ich verweigere ihnen das Gehör.

Doch halt, da bin ja ich. Einsames Kind – trauriges Kind: deinen Titel kenne ich nicht, aber dein Gesicht und deine Gefühle. Erwachsen sein und sich doch wie ein verlassenes Kind fühlen.

Du bestehst nur aus wenigen Strichen, man kann fast durch dich hindurchschauen und wenn deine Welt noch trauriger wird, dann brichst du zusammen.

*Wie kann ein Leben zeichnen? Was kann es aus uns machen? Und warum? Wie
viele gibt es, die so sind wie du und ich, kleines Kerlchen?
Eine Ahnung davon geben die Bilder um mich herum.
Zeige deine Wunde – Befreiende Kunst für beide Seiten.*
(Dorothee Meurer)

Was beim Betrachten, freien Schreiben und Zeichnen in Resonanz passiert, wird
noch deutlicher in der kleinen Skizze welche in einer kurzen Schreibwerkstatt zur
Ausstellung in Warburg von einer Teilnehmerin auf's Papier geworfen wurde:[41]
Die Begegnung mit dem Bild "Frau Sonne"[42] wird mit Kopf und Bauch, ja ganzheitlich in Körper, Geist und Seele erfahren. Die Betrachterin fühlt ihre innere Welt
berührt, das Leibgedächtnis, die Archive des Leibes, dürfen sich erinnern, dürfen
dem fremden wie dem eigenen dunklen Schatten im künstlerischen Werk begegnen
– aber auch seiner gelben Sonne: Wege der Heilung mit der Kunst.

---

[41] Der unbekannten Teilnehmerin an dieser Stelle einen herzlichen Dank!
[42] Herbert Schmidt, Frau Sonne, 2000.

Blättert man in die bislang in Resonanz zur Ausstellung „Zeige Deine Wunde – Befreiende Kunst" geschriebenen offenen Briefe, so bergen sie in eindrucksvoller Weise einen Dialog der Besucherinnen und Besucher mit den Künstlerinnen und Künstlern: Die Texte spiegeln sowohl einfühlsame Begegnung mit den Bildern der Verwunderung, Anerkennung für den Mut der Darstellung sowie Erinnerung an eigene Schmerzen und die selbst entdeckten Auswege:

Wo Ausdruckmöglichkeiten der Alltagssprache versagen, können sie durch den Dialog in Farben und Formen, dem künstlerischen Ausdruck in Musik, Bewegung und Tanz, ja bildender Kunst ganz allgemein ergänzt werden. Unsere Sprachspiel(t)Räume jedoch dürfen nicht verkümmern, denn uns symbolisieren zu können ist Voraussetzung dafür, innerlich heile zu bleiben, zwischenmenschliches Erleben kommunizierbar zu halten und schwierigen Lebensbedingungen selbstbewusst gegenüber treten zu wissen.

„Jeder Mensch ist ein Künstler", so Joseph Beuys – aber er muss auch als solcher gefördert werden, und eine Gesellschaft muss die Frei(t)räume ganzheitlicher Sprachlichkeit bereitstellen, damit jedem Menschen – unabhängig von irgendwelchen Handicaps – die kreative SelbstSuche nach einer gesunden Identität gelingen kann.[43] Die Künstlerinnen und Künstler der Ausstellung „Zeige Deine Wunde – Befreiende Kunst" leben und zeigen ihre Talente – von ihnen können wir lernen, kreative Schöpfungskräfte von Kindheit an nicht versanden zu lassen sondern sie zu fördern und zu beflügeln. Nur so können individuelle Lebenschancen genutzt und auch fast vergessene gesellschaftliche Ressourcen neu entdeckt werden.

Was brauchen wir Menschen, ja insbesondere unsere Kinder, um sich in ihren ganz persönlichen sprachlichen Möglichkeiten und künstlerischen Vorlieben zu entdecken, um kreativ dialogfähig zu werden und zu bleiben? Wie kann es gelingen, den medialen Fallen unserer technisierten Zeit zu entgehen?[44]

---

[43] Vgl. Klaus Staeck, Was heißt denn schon normal. In: Ausstellungskatalog „Zeige Deine Wunde – Befreiende Kunst. Psychiatrieerfahrene stellen aus. Berlin, www.Behintertenbeauftragter.de 2003, S. 15.

[44] Rainer Patzlaff. Der gefrorene Blick. Physiologische Wirkungen des Fernsehens und die Entwicklung des Kindes. Stuttgart, Verlag freies Geistesleben. 2000, Hier insbesondere S. 88 ff. Vgl. auch Eckard Schiffer, Wie Gesundheit entsteht. Salutogenese: Schatzsuche statt Fehlerfahndung. Weinheim und Basel, Beltz 2001.

Werfen wir einen Blick in die Schreibwerkstatt der Leipziger Buchkinder, einer Initiative, die im Jahre 2001 in einem Wohnzimmer geboren wurde und inzwischen regelmäßig nahezu 100 Kindern einen höchst spannenden Zugang zu ihrer eigenen Ausdrucksfähigkeit ermöglicht:[45]

> Otto ist ein Mensch, ein
> todnormaler Mensch. Und er
> lebt auch ein einfachesLeben, wie
> jeder Mensch. Aber vielleicht hat
> Otto von Abenteuern geträumt.
> Otto stirbt und lebt dennoch
> in anderen Geschichten immer
> weiter. Otto hat fast nie Arme,
> nur wenn er sie auch wirklich
> braucht. Er braucht Arme, um den
> Daumen zu zeigen, um Tina zu
> umarmen und um Schokolade
> hinter dem Sitz zu verstecken.
> Auch nach seiner Zauberflöte greift
> er mit einer Hand.
> Und mehr wird nicht verraten.
> Tilman[46]

---

[45] „Kinder lieben Geschichten ... denken sich welche aus – und vergessen sie irgendwann. Im Freundeskreis Buchkinder e.V. – einer Buch- und Schreibwerkstatt für Kinder und Jugendliche im Alter von 4 – 18 Jahren entwickeln die Jungen und Mädchen ihre Geschichten zu eigenen Büchern. Sie überlegen und diskutieren ihre Idee, schreiben sie auf, illustrieren, setzen und drucken, bis die bunten Produkte ihrer Phantasie gebunden zwischen Buchdeckeln vorliegen. Spielerisches Lernen bei der Arbeit unter behutsamer Begleitung und Anleitung kundiger Erwachsener bereitet Spaß; ein eigenes Buch macht stolz." (Freundeskreis Buchkinder e.V., www.buchkinder.de)

[46] Tilman Deutscher, Otto. Ein Buch mit Geschichten und Holzschnitten aus der Freien Ganztagsschule Thale. Bei der Herstellung des Buches halfen Ralph-Uwe Lange, Ines Geißer und Rita Halm. Leipzig, Freundeskreis Buchkinder e.V. 2. Auflage 2005.

„Es war einmal ein kleiner Junge. Der hieß Otto. Er spielte am liebsten Verstecken, aber es klappte nie, weil er sich nicht fand." In seinem ersten alleine getexteten, bebilderten und gebundenen Buch versteckt der achtjährige Tilman die kreative Bearbeitung seiner kindlichen Trauer, Angst und Wut: Mit der Errettung eines Jungen vor dem Teufel mit Hilfe einer Flöte gestaltet er eine Szene neuer Beziehungsfähigkeit und Versöhnung. Einfallsreiche Tricks sind zur Überlistung gefragt – und das Ziel gelingt: Otto findet Tina und wird einem neuen kleinen Otto selbst zum Vater, mit dem er wiederum das Versteckspiel spielt.

In der gewährenden Geborgenheit der Sprachspielräume der Buchkinder kann Tilman seinen Konflikten in Projektionen auf Otto Ausdruck geben, in Prozessen des Erzählens, Schreibens, Bebilderns und wieder Vorlesens wird ihm erweitertes Erleben, Verstehen und Integrieren möglich. – Tilmans Geschichte findet ein gutes Ende – und der junge Autor kann sie sich und anderen immer wieder stolz – schwarz bzw. violett auf weiß, denn diese Zweifarbigkeit wählte er – zu Gehör und Gesicht und Gespür bringen.

47

---

[47] Bildnachweise siehe Birgitta Kowsy, www.b-kowsky.de.

Seit je her dienten poetische Texte den Menschen dazu, sich selbst und anderen „hinter" der Alltagsprache les- und verstehbar zu werden, die *Reserve des Ungesagten*[48] in Kunst und Kultur als kommunikative Sprachräume entlastend und heilsam zu nutzen. – Unversehens ist so auch dem achtjährigen Otto die Entdeckung des Geheimnisses dichterischer Frei(t)Räume im Versteck der Literatur gelungen.[49]

Wie schade, dass das Handwerk des Schreibens angesichts der modernen Technologie der Knopfdruckgesellschaft vielerorts unmodern geworden zu sein scheint, das Schreiben als (Über)Lebensmittel vergessen, eine leserliche Handschrift zu entwickeln fast eine Rarität und die Ästhetik der Buchstaben nahezu zur Antiquität heruntergekommen ist?

Ein Aufruf der Firma LAMY zu einem Austausch von Experten zur Förderung des handschriftlichen Schreibens in den Schulen in unserem Land[50] inspirierte mich zu einer kurzen Befragung zum Thema in einer Aachener Grundschule und u. a. zur Erfragung von kreativen Ideen für die Erfindung eines modernen „Zauberstiftes".[51] Die Schülerin Ida zeichnet und schreibt spontan die folgende Idee:

---

[48] „Es ist die Reserve an Ungesagtem, die in jedem Gedicht ist, die immer – aber immer anders – mitgehört wird." Hilde Domin, Das Gedicht als Augenblick von Freiheit. Frankfurter Poetik-Vorlesungen. Frankfurt am Main, Fischer 3. Auflage 1999, S. 72.

[49] Dass sich lebensgeschichtliche Konflikte im Versteck persönlicher Briefe projektiv entfalten wie auch – zumindest ansatzweise - lösen lassen, zeigen kulturanalytische Einblicke in die Erzähl-, Schreib- und Lesekultur insbesondere unserer romantischen Vorfahren. Vgl. Angela Thamm, Bettine von Arnim und ihre Töchter – Weibliche Lebensentwürfe und -konflikte im Textversteck der Schreiberinnen. In: Ulrike Landfester, Hartwig Schultz (Hrsg.), Dies Buch gehört dem König. Achim und Bettine von Arnim und ihre Nachfahren. Beiträge eines Wiepersdorfer Kolloquiums. Berlin, Saint Albin o. J., S. 189-232.

[50] Angesichts der modernen Computertastaturen fristet das Erlernen einer leserlichen Handschrift, welche gerne geschrieben und gelesen wird, ein Schattendasein – und, angesichts der auf diesem Auge leider ziemlich blinden Curricula, muss sie sogar langfristig um ihr Überleben fürchten. Doch eine Handschrift, die man gerne schreibt, ist eine Investition fürs Leben. Die Broschüre „Schreibforum 2006" ist anzufordern unter www.lamy.com.

[51] Den Schülerinnen und Schülern sowie den ihren Lehrerinnen der Katzen- und Bärenklasse der Städtischen Gemeinschaftsgrundschule „Am Höfling" in Aachen, insbesondere Ida Harst für ihre spannende Idee ein herzliches Dankeschön!

„*Mann muss das Wort eingeben
und dann den Stift an das
Plat schiben wo das Wort
hin sol und dann auf den
hacken drücken und das Wort
steht da.*"

Ein Zauberstift mit Key-Board – und das Wort wird einfach per Knopfdruck auf's Papier gebracht! – Sicherlich teilen so etliche Schülerinnen und Schüler heute Idas Traum. – Aber womöglich kennen sie nicht die Erfahrungen von Tilman, dem achtjährigen Autor von „Otto", der in vielen, vielen Stunden eine Geschichte zu Papier brachte – und dabei sich selbst irgendwie neu (er)fand.

Geschichten zu erfinden braucht Zeit – und Zeit wird auch dann erlebbar, wenn man sie schreibt, wenn man sich Wort für Wort mit allen Gedanken und Gefühlen auf sich selbst im Augenblick und so eben auf dieses eben noch Unsagbare einlässt, von welchem man allenfalls eine wage Ahnung hat, bevor man es aufschreibt. Dem inneren Zensor den Zutritt zu den persönlichen Geheimnissen zu verbieten scheint dabei eine der die wesentlichsten Bedingungen poesietherapeutischer Lebendigkeit.

Doch scheint der SprachSpielRaum des Schreibens und seine identitätsstiftende

Kraft derzeit aus der gesellschaftlichen Acht- und Aufmerksamkeit zu geraten.[52] Da werden die Buchkinder aus Leipzig gleichsam zu Pionieren auf dem Weg zur Wiederentdeckung eines alt bekannten Wissens um die heilsame Bedeutung der Tätigkeiten rund um Feder, Tinte und Papier. Kinder erzählen, schreiben Geschichten, kratzen Bilder in Linoleum und Holz, erarbeiten sich ein Verstehen der Welt um sich herum und entwickeln dabei nicht nur sich selbst sondern auch kreative Konfliktlösungsmöglichkeiten. – Und Menschen jeden Alters können es ähnlich machen und so in kreativer Selbstsorge aus manchen Lebenskrisen finden.

Um uns selbst und uns in der Welt um uns herum verstehbar bleiben zu können, müssen in unseren SprachSpiel(t)Räumen Assoziationen frei fließen dürfen. Es geht um die Erlaubnis, mit Projektionen zu spielen, Introjekte loszulassen, Visionen zu gestalten, Integration und Neuorientierung zu gewinnen:
Schreiben – ein „Sesam öffne Dich"[53]

---

[52] Angesichts der modernen Computertastaturen fristet das Erlernen einer leserlichen Handschrift, welche gerne geschrieben und gelesen wird, ein Schattendasein – und, angesichts der auf diesem Auge leider häufig ziemlich blinden Curricula, muss sie sogar langfristig um ihr Überleben fürchten. Doch eine Handschrift, die man gerne schreibt, ist eine Investition fürs Leben. Die Broschüre „Schreibforum 2006" ist anzufordern unter www.lamy.com.

[53] Hilde Domin, ebd., S. 57.

Stephan Porombka
Die Kulturwissenschaft der Jetztzeit.
Möglichkeiten der kulturjournalistischen Praxis im Studium

---

1 Anfangen mit Benjamin

Walter Benjamin, von einer Freundin auf dem Berliner Kurfürstendamm mit nach-denklicher Miene angetroffen, soll auf die Frage, was ihm denn gerade durch den Kopf gehe, geantwortet haben: „Gnädige, ist Ihnen auch schon einmal das kränkli-che Aussehen der Marzipanfiguren aufgefallen?"[1]

Mit Benjamin treffen wir hier nicht nur einen der großen Schutzheiligen eines Studiums, das sich dem Kulturjournalismus widmet. Auch verbirgt sich in der An-ekdote das, was man eine *kulturjournalistische Ur-Szene* nennen kann. An ihrem Anfang liegt ein „Auffallen". An ihrem Ende liegt die Mitteilung einer Irritation. Sie zieht den Adressaten in ein Nachdenken über etwas scheinbar ganz Alltägliches hinein. Dies wäre vielleicht gar nicht aufgefallen. Plötzlich erscheint es aber doch als etwas Eigenartiges und Wunderliches: die Marzipanfigur.

Durch den Hinweis auf ihre Kränklichkeit erscheinen diese Figuren wie verwan-delt. Dass Benjamin an ihnen eine Kränklichkeit bemerkt, ist ein Hinweis darauf, dass er diese Süßigkeit anders anschaut, als das sonst der Fall ist. Man mag an einen Arzt denken, der einen Patienten aufmerksam studiert und der am Aussehen able-sen kann, dass etwas nicht stimmt. Offensichtlich ist ihm etwas zugestoßen, dass er nicht mehr so frisch und so gesund aussieht, wie es eigentlich der Fall sein sollte.

Tatsächlich ist Walter Benjamins Blick dem eines Arztes verwandt. Was er sieht,

---

[1] Ernst Bloch: [Erinnerung], in: Über Walter Benjamin. Frankfurt am Main 1968, S. 16-23, hier: S. 18.

ist ein Symptom. Und worüber er auf dem Kurfürstendamm nachdenkt, ist die Frage, was mit den Figuren passiert sein könnte, dass sie ein solch kränkliches Aussehen bekommen haben. Das Ding verwandelt er dafür in etwas Lebendiges, das gesund oder krank sein kann. Einen alltäglichen Gegenstand aus der Welt des Konsums löst er aus seinen Zusammenhängen, um ihn sehr genau zu betrachten und als etwas zu verstehen, was eine Geschichte hat, die mit dem bloßen Verzehr nicht abgetan ist. Fast könnte man sagen: *Benjamin verzaubert den Gegenstand mit seinem Blick für einen Moment, um an ihm diese Geschichte und den aktuellen Zustand sichtbar werden zu lassen.* Wer Benjamin kennt, der weiß, dass er das kränkliche Aussehen keiner Magenverstimmung der Figur zuschreibt. Vielmehr versteht er es als Ausdruck eines krisenhaften Zustands der Gesellschaft, in der selbst die Süßigkeit nicht verbergen kann, dass es ihr nicht gut geht.

Benjamins Methode kann man *Symptomatisieren* nennen.[2] Der einzelne Gegenstand, das alltägliche Ding behandelt er als etwas, das durch sich hindurch auf etwas anderes verweist. Und er liest es als Zeichen, in dem sich die Geschichte und der Zustand der Kultur verfestigt haben. Es steht in größeren Zusammenhängen, die sich im Gegenstand verdichten. Wer nur genau hinschaut, wer nicht drüber hinwegschaut, wer das Ding also nicht als etwas sieht, was bloß konsumiert wird, kann diese verdichteten Zusammenhänge wieder herausfalten. Er kann sie lesbar machen. So werden die Marzipanfiguren mit ihrer Kränklichkeit zu einem Gegenstand, der Auskunft vom Zustand jener Gesellschaft gibt, in der er in die Schaufenster gestellt werden. Und der Spaziergänger auf dem Berliner Kurfürstendamm wird zu einem Beobachter und Leser, der diese Auskunft entziffern und anderen davon erzählen kann.[3]

2 Auf der Suche nach Kultur

Deutlich wird damit, was gemeint ist, wenn es heißt: Walter Benjamin sei hier als Kulturjournalist unterwegs. Versteht man unter Kulturjournalismus normalerweise eine bestimmte Art und Weise der Berichterstattung in Presse, Funk und Fernsehen,

---

[2] Vgl. zur Methode des Symptomatisierens: Stephan Porombka: Kritiken schreiben. Ein Trainingsbuch. Konstanz 2006; S. 93-105.

[3] Zu Benjamins Methode: Detlev Schöttker: Benjamins Bilderwelten. Objekte, Theorien, Wirkungen, in: Ders. (Hrsg.): Schrift Bilder Denken. Walter Benjamin und die Künste. Frankfurt am Main 2004, S. 10-31; Uwe Steiner: Walter Benjamin. Stuttgart 2004, Kap. IV.1. und Kap.VI.

die sich mit neuen Büchern, mit Theaterpremieren, mit Ausstellungen, mit Konzerten und mit Filmen befasst, so ist hier etwas anderes gemeint. Kultur wird *nicht* in einem engen Sinn verstanden. Kultur ist *nicht* nur Kunst. Sie umfasst all das, was zu einer Kultur gehört – und das heißt schlichtweg *alle* Dinge, *alle* Ereignisse, *alle* Personen, die in ihr eine Bedeutung haben und die selbst an der Produktion von Bedeutung beteiligt sind.

Der traditionellen Lehrmeinung nach konzentriert sich der Kulturjournalismus auf die Literatur, das Theater, die bildende Kunst, die Musik, die Architektur und den Film. Hinzu kommen vielleicht noch die Geisteswissenschaft, unter Umständen auch das Fernsehen, das Internet, die Computerspiele, die Mode.[4] Verstanden werden sollen sie als ausgezeichnete kulturelle Leistungen, die gerade wegen ihrer Auszeichnung der besonderen Erwähnung und methodischen Besprechung bedürfen. Literatur wird hier in der Regel besprochen, weil sie „große" Literatur ist, der Kritiker bespricht eine Inszenierung, weil es sich um „großes" Theater handelt... In der traditionellen Lehrmeinung wirkt auf diese Weise noch mehr oder weniger untergründig die Trennung von E und U, von ernster und unterhaltsamer Kunst nach: Denn besprochen wird nur ganz selten ein Trivialroman aus der Bestsellerliste, ein Musical-Ereignis oder eine Kleinkunstmesse. Populäre Medien wie das Fernsehen, Computerspiele oder das Internet haben es deshalb beim Kulturjournalismus alter Schule eher schwer. In den Zeitungen ist für sie nicht der Kulturteil, sondern die Medienseite zuständig. Und um so mehr die sich ausweitet, umso nachdrücklicher sieht sich der Kulturjournalismus in Gefahr.

Wo man sich aber von der alten Lehrmeinung verabschiedet und sich Kulturjournalismus nicht mehr im engen, sondern im weiten Sinn versteht, öffnet sich das Feld der Zuständigkeiten. Natürlich geht es dann *auch* um Literatur, Theater, Kunst, Musik, Architektur und Film... Aber der Zugriff ist ein anderer. Wenn es um all das geht, was in einer Kultur Bedeutung hat und an der Erzeugung von Bedeutung beteiligt ist, dann interessieren natürlich auch alle Produkte der Populärkultur: Trivialliteratur, das Musical, die Kleinstkunstmesse, das One-Hit-Wonder, das Computerspiel, der Videoclip, die Sammlung von Klebebildern... Aber es geht noch weit darüber hinaus. Kulturjournalismus im weiteren Sinn kann sich eben für alles interessieren: für die Kleidung von Managern, für die Innenarchitektur von Fitnesscentern, für Gespräche in der U-Bahn, für Diskussionsgruppen im Internet, für neue Produkte auf der Möbelmesse oder eben auch für --- Marzipanfiguren.

---

[4] Ausführlich widmet sich Gernot Stegert der empirischen Begründung der traditionellen Lehrmeinung: Feuilleton für alle. Strategien im Kulturjournalismus heute. Tübingen 1999.

Einzige Bedingung: Wenn man sie in den Blick nimmt, muss man sie im emphatischen Sinn als kulturelle Artefakte verstehen. Und das heißt: als Gegenstände, an denen sich etwas über den Zustand der Kultur ablesen lässt.

3   Die Entstehung des Kulturjournalismus

Auch wenn die traditionelle Lehrmeinung den Kulturjournalismus lieber auf das Kerngeschäft (und das heißt: auf die Auseinandersetzung mit den Künsten) verpflichten möchte, so ist die weite Definition kulturjournalistischer Arbeit nicht nur historisch gedeckt. Sie wird auch von neueren kulturwissenschaftlichen Erkenntnissen gestützt.

Historisch gesehen ist der Kulturjournalismus keineswegs eine späte Ausdifferenzierung des seriösen journalistischen Nachrichtengeschäfts.[5] Beide entstehen gleichzeitig. Über die Berichte und Geschichten, die mit Hilfe der neuen Medien seit Erfindung des Buchdrucks in immer schnellerer Abfolge in Umlauf gebracht werden und die Weltwahrnehmung zeitlich neu takten, sind sie unmittelbar miteinander verbunden. Von Beginn an sind es Versuche, nicht nur Faktisches über Wirklichkeit mitzuteilen, sondern dieses Faktische durch bestimmte Erzählungsformen zugleich auszulegen, zu interpretieren und mit Bedeutung aufzuladen. Journalismus ist also von Beginn an immer auch Kulturjournalismus, insofern er von Beginn an als Medium eingesetzt wird, über die sich Kultur mit Interpretationen über sich selbst versorgt.[6]

Auch die bürgerliche Öffentlichkeit, wie sie zum Ende des 17. und dann vor allem im 18. Jahrhundert entsteht, trennt Journalismus und Kulturjournalismus keineswegs voneinander ab.[7] Die Zeitungen und Zeitschriften werden zu den wich-

---

5   Vgl. als Überblick zum Folgenden: Rudolf Stöber: Deutsche Pressegeschichte. Einführung, Systematik, Glossar. Konstanz 2000.

6   Rudi Renger: Journalismus als kultureller Diskurs. Cultural Studies als Herausforderung für die Journalismustheorie. In: Löffelholz, Martin (Hrsg.): Theorien des Journalismus. Wiesbaden 2000. S. 467-481; Klaus, Elisabeth/Lünenborg, Margret: Journalismus: Fakten, die unterhalten – Fiktionen, die Wirklichkeiten schaffen. In: Irene Neverla, Elke Grittmann, Monika Pater (Hrsg.): Grundlagentexte der Journalistik. Konstanz 2002, S. 100-113.

7   Jürgen Enkemann: Journalismus und Literatur. Zum Verhältnis von Zeitungswesen, Literatur und Entwicklung bürgerlicher Öffentlichkeit in England im 17. und 18. Jahrhundert. Tübingen 1983; Ernst Fischer (Hrsg.): Von Almanach bis Zeitung. Ein Handbuch der Medien in Deutschland 1700-1800, München 1999.

tigsten Foren, in denen über neueste Entwicklungen debattiert wird.[8] Wenn den Künsten dabei ein ausgezeichneter Stellenwert zugeschrieben wird, dann vor allem deshalb, weil sich an ihnen wie in einem medialen Schutzraum die bürgerlichen Ansprüche auf ästhetische, moralische und politische Emanzipation verhandeln lassen, ohne unmittelbar mit den feudalen Herrschaftsstrukturen in Konflikt zu geraten. Alle Formen der Kunstkritik, die in diesem Zeitraum entstehen, sind zwar zunehmend auf die Autonomie des Kunstwerks ausgerichtet (die die Überzeugung erzwingt, dass jedes Werk sich selbst die Regeln setzt und deshalb aus sich selbst heraus – also nach den Prinzipien seiner eigenen Regelsetzung – verstanden werden muss), doch wird auch diese Selbstständigkeit als Ausdruck einer kulturellen Grundbewegung gelesen.[9] Selbst Kants Analysen zur ästhetischen Vernunft ist die Idee eingeschrieben, dass das Kunstwerk zwar die reine Selbstzweckhaftigkeit verkörpert, aber immer als etwas ganz und gar Symptomatisches verstanden werden muss, an dem sich anthropologische (und das heißt dann immer auch: im weitesten Sinn kulturelle) Grundkonstanten ablesen lassen.

Was an den philosophischen Diskursen schwierig zu erkennen ist, tritt an den kulturjournalistischen Diskursen viel deutlicher hervor: Denn hier wird fast jedes beliebige Thema, jedes beliebige Werk zum Ausgangspunkt für Auseinandersetzungen, in denen immer wieder neue Interpretationen und Auslegungen vorgestellt werden, die wiederum Anschlüsse für neue Interpretationen und Auslegungen bieten. Jeder einzelne Beitrag in diesen Debatten versucht aus seiner Position heraus, den kulturellen Mehrwert (oder die Defizite) des jeweiligen Gegenstands herauszuarbeiten. Das muss nicht unbedingt auf hohem Niveau passieren. Im Gegenteil neigen die Teilnehmer an den öffentlichen Debatten von Beginn an zur Polemik, zum Zynismus, manchmal auch zur offenen Aggression.[10] Die Gesetze des boomenden Marktes für Zeitungen und Zeitschriften tun das ihrige: Wo um Käufer und Leser gebuhlt wird, werden Auseinandersetzungen schnell aufgeheizt, zugespitzt, skandalisiert und dadurch mit einem ganz eigenen, vom Gegenstand zuweilen abgelösten Unterhaltungswert ausgestattet. Auch wenn man es also keineswegs

---

[8] Jürgen Habermas: Strukturwandel der Öffentlichkeit. Untersuchungen zu einer Kategorie der bürgerlichen Gesellschaft. Frankfurt am Main 1990.

[9] Vgl. Astrid Urban: Die Kunst der Kritik. Die Gattungsgeschichte der Rezension von der Spätaufklärung bis zur Romantik. Heidelberg 2004; die systemtheoretisch ausgerichtete Darstellung von Siegfried J. Schmidt: Die Selbstorganisation des Literatursystems im 18. Jahrhundert, Frankfurt am Main 1989.

[10] Vgl. Franz Josef Wortsbrock, Helmut Koopmann (Hrsg.): Formen und Formgeschichte des Streitens. Der Literaturstreit, Tübingen 1986.

mit Auseinandersetzungen zu tun hat, in denen ideale Kommunikationssituationen nachgestellt werden und das bessere Argument gewinnt, so übernehmen die neuen Medien der Zeit doch die Funktion, der Kultur Foren zur Selbstverständigung zur Verfügung zu stellen.

In diesen Foren wird alles, was debattiert wird, im Bezug auf die Gegenwart verhandelt. Die Bedeutung von Vergangenheit und Zukunft wird im Fokus der Jetztzeit ermittelt. Und das immer wieder neu. Da in den neuen Medienöffentlichkeiten keine letztgültigen Worte gesprochen werden können, weil schon am nächsten Tag über etwas Neues berichtet wird und neue Positionen vertreten werden, gerät der gesamte Diskurs in eine Bewegung, die ihn auf Momentaufnahmen verpflichtet. In diesen Momentaufnahmen ist zwar immer noch der Anspruch verkörpert, etwas überzeitlich Gültiges zu sagen. Doch ist ihnen zugleich das Prinzip der Vorläufigkeit eingeschrieben. Alle kulturjournalistischen Formen, die in dieser Zeit entstehen bzw. weiterentwickelt werden (vom Essay über die Kritik bis hin zur Reisereportage), geben immer auch von der Form her Auskunft vom Fortschritt, dem sie selbst unterworfen sind. Durch Strategien der Literarisierung und Narrativierung führen sie die Beobachtung, die Reflexion und das Schreiben in Bewegung vor und setzen die Suche nach dem Gedanken und nach der richtigen Beschreibung der Wirklichkeit in Szene, an der die Leser durch eigene Reflexionen und eigene Beobachtungen teilnehmen können.

*Kultur*journalistisch sind diese Formen deshalb gleich doppelt. Sie beschäftigen sich nicht nur inhaltlich mit dem, was die Kultur bestimmt. Sie versuchen auch, den neuen Bedingungen der kulturellen Selbstreflexion eine Form zu geben. Und Kultur*journalistisch* sind sie, weil sie das alles aus der Perspektive der Gegenwart tun, um für die Gegenwart über die Gegenwart zu berichten (und das eben auch dann, wenn sie sich für die Vergangenheit oder die Zukunft interessieren).

4   Die kulturelle Funktion des Feuilletons

Wo sich im Zuge der weiteren Entwicklung der Druckmaschinen, des Zeitungsmarktes und damit dann auch der Zeitungen die einzelnen Ressorts ausdifferenzieren (so auch das Feuilleton, das zuerst als beigelegtes Blatt, dann abgesetzt unter dem Strich, schließlich mit einer eigenen Seite und einem eigenen Teil der Beschäftigung mit den Künsten reserviert wird[11]), bleibt diese kulturjournalistische

---

[11] Zur Entstehung des Feuilletons vgl.: Ruth Jakoby: Das Feuilleton des Journal des Débats von 1814–1830. Ein Beitrag zur Literaturdiskussion der Restauration. Tübingen 1988.

Grundausrichtung erhalten. Grundsätzlich gelten die Künste auch hier als Medium, über das sich gesellschaftliche Entwicklungen wie im Brennglas beobachten, analysieren und auch kritisieren lassen. Zwar wird im Zuge der Ausdifferenzierung der Zeitungsteile und der forcierten Kommerzialisierung des Pressegeschäfts dem Feuilleton zunehmend die Aufgabe der Unterhaltung zugewiesen, und die Beschäftigung mit den Künsten wird immer nachdrücklicher auf Entspannung und Erbauung festgelegt.[12] Dennoch wird das Feuilleton zu einem mehr oder weniger geheimen Reflexionszentrum der Zeitung, in dem nicht nur die Künste, sondern auch all das, was sonst noch in den anderen Teilen steht, beobachtet und reflektiert wird. Das Feuilleton ist in diesem Sinn zuständig *für die ganze Kultur.* Und wo es sich auf die Künste beschränkt, dienen die Künste als etwas, über das sich die Kultur eben besser in den Blick nehmen lässt.

Absolviert wird das mit Strategien der Literarisierung und Narrativierung. Das „Feuilleton", wie es sich im 19. Jahrhundert als Textsorte entwickelt, führt diesen besonderen Zugriff vor: Es wählt sich aktuelle Gegenstände, Themen, Personen, Ereignisse, um sie zu literarisieren und zu narrativieren, um sie auf überraschende Weise neu beobachtbar oder reflektierbar zu machen. Auch diese Textsorte steht (wie das ganze Feuilleton) schnell im Verdacht, literarisch zu ambitioniert, politisch zu enthaltsam und journalistisch zu unterhaltsam zu sein. Doch erhält sich auch hier im Kern der Anspruch eines weit gefassten Kulturjournalismus: sich thematisch nicht zu beschränken und formal nicht festzulegen, sondern bestimmte Symptome der Kultur zu identifizieren und über eine bewegliche Schreibweise in Bewegung zu bringen.[13]

Spätestens am Ende des 19. und zu Beginn des 20. Jahrhunderts werden die Feuilletons der Zeitungen und Zeitschriften zu kulturjournalistischen Labors, in denen diese Ausrichtung immer wieder debattiert und in neuen Experimenten ausprobiert wird. Die kulturjournalistischen Schreibweisen (die gegenwartsbezogen, literarisch, dokumentarisch und in der Verbindung dieser Aspekte auf kulturelle Erkenntnis ausgerichtet sind) werden geradezu zum Signet einer Moderne, die sich mehr als je zuvor auf die Jetztzeit verpflichtet: die Theaterkritik, die Literaturkritik, die neu entstehende Filmkritik, aber auch der Essay, das Denkbild, die literarische Reportage, die faktographische Montage von medialisierten Wirklichkeitssplit-

---

[12] John Hartley: Popular Reality. Journalism, Modernity, Popular Culture. London u.a. 1996.

[13] Peter Utz: Tanz auf den Rändern. Robert Walsers ‚Jetztzeitstil'. Frankfurt am Main 1988; Kai Kauffmann: „Es ist nur ein Wien". Stadtbeschreibung von Wien 1700 bis 1873. Geschichte eines literarischen Genres der Wiener Publizistik. Wien, Köln, Weimar 1994.

tern… Ihnen wächst in einer explodierenden Medienlandschaft Kultstatus zu. Denn sie wollen sich den neuen Geschwindigkeiten der Kultur nicht entziehen. Sie setzen sich ihnen aus, um auf der Höhe der Zeit die Zeit kritisch reflektieren zu können. Jede Einzelheit wird dabei einer pointierten Symptomatisierung unterzogen: Was immer auch gezeigt wird, erscheint nicht zum Selbstzweck. Inhalt und Form sind gleichermaßen darauf festgelegt, im Detail die größeren kulturellen Kontexte sichtbar zu machen.

Die großen Bezugsfiguren eines weit gefassten Kulturjournalismus stammen aus diesen Medienlaboren: Peter Altenberg, Walter Benjamin, Karl Kraus, Siegfried Kracauer, Joseph Roth, Alfred Polgar, Robert Musil, Kurt Tucholsky, Egon Erwin Kisch, Herbert Ihering, Alfred Kerr…[14] Ihre Programme und Texte haben überlebt, weil sie Schreibweisen und Reflexionsfiguren vorführen, mit denen sich in dynamischen, unübersichtlichen Verhältnissen über Stichproben die Wirklichkeit erzählerisch erkunden lässt. Wiederentdeckt hat man die meisten dieser Autoren allerdings erst in den späten sechziger Jahren. Und neue Impulse haben ihre Programme über das empfangen, was in den USA New Journalism genannt wurde und in Deutschland als eine erste Welle von Popjournalismus angekommen ist. In den Texten der Protagonisten dieser Szene – die wie Norman Mailer, Joan Didion, Tom Wolfe, Hunter S. Thompson und Truman Capote bis heute als Ikonen gefeiert werden – sind Literatur und Journalismus aufs engste miteinander verzahnt.[15] Es gibt kaum Texte des New Journalism, die sich ausschließlich mit Neuerscheinungen, Musik, Theater oder einer Kunstausstellung beschäftigen. Aber es gibt zahllose reportageartige Erzählungen und erzählerische Reportagen, die sich nach intensiven Langzeitrecherchen den *Kulturen* der USA nähern. Geschrieben wird dann nicht mehr „über" diese Zusammenhänge, sondern „mit" oder „aus" den Zusammenhängen heraus.[16]

In Deutschland haben sich diese Schreibweisen weiterentwickelt und mit Ethnographien des Alltags ebenso verbunden wie mit einer Kritik, Essayistik und Aphoristik, die sich zwischen Literatur und Journalismus bewegt und das produziert, was

---

[14] Peter de Mendelssohn: Zeitungsstadt Berlin. Menschen und Mächte in der Geschichte der deutschen Presse. Überarb. und erw. Berlin [1959] 1982; Erhard Schütz, Christian Jäger: Städtebilder zwischen Literatur und Journalismus. Wien, Berlin und das Feuilleton der Weimarer Republik, Wiesbaden 1999.

[15] Vgl. Joan Kristin Bleicher, Bernhard Pörksen (Hrsg.): Grenzgänger. Formen des New Journalism. Wiesbaden 2004.

[16] Vgl. die Sammlung: Norman Sims, Mark Kramer (Hrsg.): Literary Journalism. A New Collection of the Best American Nonfiction. New York 1995.

Michael Rutschky eine Literatur „ohne Familiennamen" genannt hat.[17] Etabliert hat sich ein Selbstbild der Autoren, die (schon allein aus Gründen der Selbstfinanzierung) eben nicht nur literarische Texte schreiben, sondern sich in den Zeitungen und Zeitschriften mit symptomatischen Themen, Gegenständen oder Ereignissen der Gegenwart beschäftigen. Von einem Kulturjournalismus, der sich nur dafür interessiert, von der Theatervorstellung am gestrigen Abend zu berichten oder den ersten Roman eines jungen Schriftstellers nacherzählen, sind diese Arbeiten weit entfernt. Das Theater steht allerdings genauso auf dem Programm dieser Kulturjournalisten wie die Neuerscheinungen auf dem Buchmarkt. Aber wenn sie in den Mittelpunkt der Aufmerksamkeit rücken, dann vor allem als Verkörperungen größerer Zusammenhänge.[18]

5   Der weite Kulturbegriff der Kulturwissenschaften

Dieser weit gefasste Kulturjournalismus (der sich also nicht auf die Berichterstattung über Kunst reduzieren lassen will, sich aber gleichwohl immer auch den Kunstwerken als symptomatischen Artefakten nähert, die Auskunft über den Stand der Gegenwart geben), erfährt seine nachdrücklichste Bestätigung durch den „cultural turn", über den sich vor allem die Geisteswissenschaften in den letzten zwanzig Jahren zu kulturwissenschaftlich ausgerichteten Disziplinen umgebaut haben. Sie halten sich an einen bedeutungsorientierten Kulturbegriff, der sich als Antwort auf die Krise des Objektivitätsverständnisses der Wissenschaften um 1900 entwickelt hat und hundert Jahre später mit Strukturalismus und Poststrukturalismus, Hermeneutik und Dekonstruktion, Semiotik, Diskursanalyse und Medientheorie aufgeladen ist.[19]

---

[17] Michael Rutschky: Bücher ohne Familiennamen. Über Literatur außerhalb von Genres. In: Merkur, 622/2001, S. 117-129.

[18] Zu den prägenden Gestalten des intellektuellen Journalismus und der kulturjournalistisch ausgerichteten Literatur zählen für die Bundesrepublik Hans Magnus Enzensberger (z. B. Schreckens Männer. Versuch über den radikalen Verlierer, Frankfurt am Main 2006), Alexander Kluge (z. B. Die Lücke, die der Teufel lässt, Frankfurt am Main 2004), Michael Rutschky (z. B. Berlin. Roman einer Stadt, Berlin 2001). Wer lesen will, was der erweiterte Kulturbegriff für die journalistische und wissenschaftliche Auseinandersetzung mit der Gegenwart leisten kann, halte sich erst einmal an diese drei.

[19] Vgl. Ute Daniel: Kompendium Kulturgeschichte. Theorien, Praxis, Schlüsselwörter. 4. verbesserte und ergänzte Aufl. Frankfurt am Main 2004; Martin L. Hofmann, Tobias F. Korta (Hrsg.): Culture Club. Klassiker der Kulturtheorie. Frankfurt am Main 2004.

Kultur wird in diesen Kontexten als flexibler Bedeutungszusammenhang verstanden. Bedeutung wird als etwas gedacht, was selbst kulturell konstruiert ist und wegen seiner Konstruiertheit auch wieder dekonstruiert, rekonstruiert oder neu konstruiert werden kann. Kultur wird erst durch diese Bedeutungskonstruktionen, -dekonstruktionen und -rekonstruktionen hindurch entworfen. Sie entsteht, hält und verändert sich aufgrund einer fortwährenden kulturellen Deutungsarbeit, durch die Bedeutungen bestätigt, verschoben, aufgelöst oder ersetzt werden. Diese Arbeit hat etwas Umfassendes: Was immer in einer Kultur Bedeutung hat, ist Ergebnis dieser kulturellen Konstruktionsarbeit. Zugleich hat es immer auch Einfluss auf sie.

Unter dieser Maßgabe fragen die Kulturwissenschaften danach, unter welchen diskursiven Grundbedingungen, mit welchen Medien Kulturen ihre Bedeutungskonstruktionen absolvieren. Versucht wird, die Verschaltung der kulturellen Netzwerke zu rekonstruieren, über die Themen, Gegenständen, Personen, Institutionen, Handlungen, Interaktionen, Ereignissen so etwas wie Bedeutung zugeschrieben wird – und unter welchen Bedingungen diese Bedeutung verändert werden kann und mit welchen Mitteln sie tatsächlich verändert wird.[20]

Das weitet den Zuständigkeitsbereich der Kulturwissenschaften enorm aus. Man könnte auch sagen: Er wird universalisiert. Kulturgeschichte etwa wird vor diesem Hintergrund nicht als „Teildisziplin der Geschichtsschreibung wie z.B. Wirtschaftsgeschichte oder Rechtsgeschichte" verstanden. Sie ist, wie die Historikerin Ute Daniel sagt, auch keine „'Bindestrich'-Geschichte", kein „thematischer Ausschnitt aus einer irgendwie ,allgemeineren' Geschichte". Die Grenzen der Kulturgeschichte sind „die Grenzen der Geschichtsschreibung überhaupt". Für Daniel gibt es gar kein jenseits der Kultur, denn ein jenseits der Kultur müsste ja wieder kulturell bestimmt sein, mit Bedeutungen aufgeladen sein, also interpretierbar sein. „Kultur(geschichte) definieren zu wollen, ist Ausdruck des Anspruchs, trennen zu können zwischen dem, was Gegenstand von Kultur(geschichte) ist und was nicht. Ich kann mir jedoch keinen Gegenstand vorstellen, der nicht kulturgeschichtlich analysierbar wäre."[21]

Fast ebenso radikal definiert Ralf Konersmann die Aufgaben der Kulturphiloso-

---

[20] Andreas Reckwitz: Die Kontingenzperspektive der ‚Kultur'. Kulturbegriffe, Kulturtheorien und das kulturwissenschaftliche Forschungsprogramm. In: Handbuch der Kulturwissenschaften, Bd. 3: Themen und Tendenzen. Herausgegeben von Friedrich Jaeger und Jörn Rüsen. Stuttgart 2004, S. 1–20; Hartmut Böhme, Peter Matussek, Lothar Müller: Orientierung Kulturwissenschaft. Was sie kann, was sie will. 2. Aufl. Reinbek bei Hamburg 2002.

[21] Ute Daniel, a.a.O, S. 13; S. 8 f.

phie. Auch er will sie nicht als „Bindestrich-Disziplin" verstehen, Kulturphilosophie ist keine Philosophie *der* Kultur. Vielmehr ist es „die verstehende Auseinandersetzung mit der endlichen, von Menschen gemachten Welt – und das ist die Kultur." Die steht aber nicht *über* den Dingen. Sie steckt *in* allem drin. „Die Kultur [...] bildet nicht einen weiteren, über eine ganze Hierarchie von Unter- und Nebenbegriffen gebietenden Grundbegriff der Philosophie, der sich in einer erschöpfenden Definition erfassen und vor den Betrachter hinstellen ließe. Sie manifestiert sich vielmehr indirekt, in den Werken und in den *faits culturels*, deren relative Bedeutsamkeit von jeder Gegenwart aufs neue erschlossen und bestimmt sein will."[22]

Kulturgeschichte und Kulturphilosophie sind, wenn sie sich in dieser Weite verstehen, nicht nur im hohen Grade selbstreflexiv (weil sie ja auch sich als ihren eigenen Gegenstand kulturgeschichtlich oder kulturphilosophisch reflektieren können). Sie sind auch im hohen Grade relativierend (weil sie nicht auf letzte Bestimmungen und Definitionen aus sind, sondern um die Bedeutsamkeit ihrer Gegenstände wissen, die eben nur vorläufig konstruiert sein kann). Für die Kulturwissenschaft ist Kultur als Ganzes damit sowohl das Objekt als auch der Rahmen für ihre eigenen Operationen.

„Ein so weiter Kulturbegriff", bringt es Wolfgang Marschall auf den Punkt, „schließt also Dominantes, Übliches, Geduldetes, Anarchisches und Strafbares ein. Ein so weiter Kulturbegriff umfasst aber auch das Soziale, das Geistige, das Philosophieren wie die künstlerische Tätigkeit, das Schmieden eines Schwertes durch Wieland, wie das Artikelschreiben für die Boulevardpresse oder das Kreisenlassen einer Pizza, bevor sie in den Holzofen geschoben wird. Und schließlich gehören die Kulturwissenschaften selbst zur Kultur."[23]

Nicht zuletzt, so lässt sich nach diesem etwas längeren Durchlauf durch die Grundlagen für einen weit gefassten, kulturwissenschaftlich fundierten Kulturjournalismus sagen, gehören auch jene kleinen unscheinbaren Gegenstände dazu, die Walter Benjamin wie durch Zufall bei einem Spaziergang in den Schaufenstern auf dem Kurfürstendamm entdeckt und die ihn ins Grübeln bringen: die Marzipanfiguren.

---

[22] Ralf Konersmann: Kulturphilosophie zur Einführung. Hamburg 2003, S. 26.
[23] Wolfgang Marschall: Wozu sind Kulturwissenschaften da? In: Kulturwissenschaften. Positionen und Perspektiven. Hrsg. von Johannes Anderegg und Edith Anna Kunz. Bielefeld 1999, S. 19-30, hier: 30.

6 Kulturwissenschaft und Kulturjournalismus

Nach diesem Durchlauf lassen sich auch ein paar neue Perspektiven auf das journalistische Schreiben in geistes-, sozial- und kulturwissenschaftlichen Studiengängen öffnen. Bislang werden Schreibseminare dieser Art auf der Grundlage der Überzeugung organisiert, dass sie sich nur dann lohnen, wenn sie direkt an eine spätere Berufspraxis angekoppelt sind. Von dieser Überzeugung werden vor allem literatur- und medienwissenschaftliche Programme angeleitet, die sich als „angewandt" verstehen – was bedeuten soll, dass in einer Art Zusatzstudium nachgeholt wird, was während des eigentlichen Studiums verpasst worden ist.[24] Es ist, als würden sich die Geisteswissenschaften in solchen Crashkursen zur Einführung in die Praxis ihres schlechten Gewissens entledigen wollen, die Studenten für das Leben nach dem Studium nicht wirklich ausgebildet zu haben. Wer aber den Kulturjournalismus auf seine enge Variante reduziert, um mit ihm Studierende im Rahmen von Zusatzangeboten auf das Leben als freie Journalisten vorzubereiten, übersieht das Wichtigste: dass es sich hier um eine Methode handelt, die unmittelbar zur kulturwissenschaftlichen Forschungspraxis gehört.[25]

Um es noch einmal festzuhalten: Die *Kulturwissenschaften* haben sich zur Aufgabe gemacht, die Grundbedingungen kultureller Bedeutungskonstruktion zu

---

[24] Womit nichts gegen die Einführung von „angewandten" Zusatzstudiengängen gesagt ist. Tatsächlich sind sie besonders notwendig, wo sich gerade die Geisteswissenschaften so weit von der Praxis abgewandt haben, dass sich während des Studiums allein auf die Rekapitulation von Literaturgeschichten und Methoden zur Textauslegung konzentriert wird. Allerdings sind in den 80er Jahren bereits Konzepte für eine „angewandte Literaturwissenschaft" vorgelegt worden, die anlässlich der Einrichtung so vieler Zusatzstudiengänge wieder konsultiert werden sollten, um den eigenen Anspruch auch dann wissenschaftlich auszurichten, wenn es erst einmal nur um eine Heranführung an die Berufspraxis geht: Arbeitsgruppe NIKOL: Angewandte Literaturwissenschaft, Braunschweig, Wiesbaden 1986.

[25] Übersehen wird das auch in den meisten Konzepten der Schreibberatung und Schreibdidaktik für Hochschulen. Das Schreibenlernen wird hier in der Regel nicht integrativ gedacht, sondern in Zusatzseminare (und -Beratungsstunden bei Schreibschwierigkeiten) aus dem eigentlichen Unterricht ausgelagert. Folgerichtig erscheint den Studierenden das Schreiben immer als eine Tätigkeit, die in den eigentlichen wissenschaftlichen Erkenntnisprozess nicht hinein gehört. Vgl. Otto Kruse, Eva-Maria Jakobs, Gabriele Ruhmann (Hrsg.): Schlüsselkompetenz Schreiben. Konzepte, Methoden, Projekte für Schreibberatung und Schreibdidaktik an der Hochschule, Bielefeld 2003. Zugute zu halten ist den Konzepten allerdings, dass sie in Reaktion auf die zuweilen völlige Ausblendung der Schreibpraxis an den Hochschulen reagieren und die Einführung von zusätzlichen Schreibseminaren eher als eine Art Mindestforderung formulieren.

rekonstruieren (und dabei selbst an der Konstruktion kultureller Bedeutung teilzunehmen). Das tun sie, indem sie sich Ereignissen, Strukturen, Verfassungen, Institutionen und auch einzelnen Artefakten in ihren historischen Kontexten zuwenden. An ihnen wird herausgearbeitet, inwieweit sie Bedeutungen verkörpern, inwieweit also kulturelle Bedeutungsarbeit in sie eingegangen ist und inwieweit sie Einfluss auf den Fortgang dieser Bedeutungsarbeit haben.

Der *Kulturjournalismus*, der mit einem ähnlich ausgeweiteten Kulturbegriff operiert, orientiert sich ganz ähnlich. Allerdings richtet er sein Interesse weniger auf die *historische Kontextualisierung* von Ereignissen, Strukturen, Verfassungen, Institutionen und Artefakten. Kulturjournalismus interessiert sich für die *Gegenwart*. Und wenn er sich mit der Vergangenheit oder der Zukunft beschäftigt, dann tut er das aus der Perspektive der Gegenwart und rechnet die Ergebnisse auf die Gegenwart zurück. Dafür findet er dann – wie zu sehen war – Themen und Formen, über die gleich doppelt der Gegenwartsbezug konstituiert wird.

Kulturwissenschaft *und* Kulturjournalismus arbeiten also, insofern sie auf denselben Kulturbegriff zurückgreifen, mit demselben Erkenntnisinteresse. Genauer: Der weit gefasste Kulturjournalismus verfährt komplementär zu den Kulturwissenschaften. Allerdings weniger mit historischem Tiefenblick und mehr mit Bezug zur Gegenwart. Die Vergangenheit wird zwar auch in den Blick genommen. Das allerdings in erster Linie, indem sie aus dem Moment heraus für die Einschätzung der Gegenwart adaptiert wird. So arbeitet der Kulturjournalismus im blinden Fleck der Kulturwissenschaften, indem er sich genau mit den Gegenständen beschäftigt, die *immer* jetzt stattfinden und die für eine kulturwissenschaftliche Aufbereitung viel zu flüchtig sind.

Das aber heißt dann auch, dass die Kulturwissenschaften komplementär zum Kulturjournalismus verfahren. Sie operieren im blinden Fleck der Gegenwartsbeobachtung. Natürlich kommt auch die Gegenwart vor. Allerdings immer im Hinblick auf die Einbindung in große historische Zusammenhänge.

Wollte man diesen Unterschied zwischen Kulturjournalismus und Kulturwissenschaft über ein anderes Medium erklären, könnte man sagen: Während der Kulturjournalismus mit seinem Sinn für die Unmittelbarkeit der Jetztzeit, für das Flüchtige, das Ephemere, das Verschwindende *Snapshots* entwirft, reflexive Momentaufnahmen, Notizen und Skizzen zum Stand der Dinge, so arbeiten die Kulturwissenschaften mit größerer Tiefenschärfe, mit mehr Distanz zum Gegenstand und mit einem größeren Budget an Forschungszeit an *größeren Aufnahmen*, in denen alle Details mit einiger Ruhe angeordnet, zueinander in Beziehung und ins rechte

Licht gesetzt sind.[26]

Erfahrene Kulturwissenschaftler wissen allerdings genauso wie Kulturjournalisten, dass eine solche Arbeitsteilung nicht der Wirklichkeit entspricht. Denn tatsächlich hat man es immer mit einer sehr komplexen Verknüpfung beider Beobachtungs- und Analyseverfahren zu tun. So verfährt der Kulturjournalist zwar reflexhaft und intuitiv. Doch kann er seinen Gegenstand letztlich nur deshalb so direkt bestimmen, weil er die eigene Gegenwart in größeren historischen und kulturellen Kontexten wahrnehmen kann.

Umgekehrt hat sich in der Kulturwissenschaft ein Wissen um die eigene Abhängigkeit von der Gegenwart durchgesetzt, aus der heraus kulturwissenschaftliche Forschung betrieben wird. Man steht nicht „über" oder „außerhalb" der Zusammenhänge, die man zum Gegenstand der Untersuchung macht. Insofern man selbst entweder Teil derselben Kultur ist oder mit dem Blick einer fremden Kultur den Forschungsgegenstand „kulturalisiert", weil man ihm durch die Interpretation Bedeutung verleiht, muss man einen sehr genauen Blick für die Gegenwart entwickeln, aus der heraus man operiert. Die Auseinandersetzung mit der Jetztzeit gehört deshalb ebenso wenig als ‚feuilletonistisches Hobby' zur Kulturwissenschaft, wie die kulturhistorische und kulturphilosophische Kontextualisierung im Kulturjournalismus als ‚wissenschaftlicher Ballast' verstanden werden darf.

---

[26] Das lässt sich auch im Hinblick auf die Textsorten reformulieren: Kulturwissenschaftliche Texte neigen zur großen Form, die argumentativ stabilisiert sind und durch die (in Fußnoten und bibliographischen Angaben gegebenen) Verweise auf andere Forschungsergebnisse an Festigkeit gewinnen. Der Kulturjournalismus hält sich dagegen an die schnellen, in sich bereits flüchtig konzipierten so genannten „kleinen Formen", die sich im 19. Jahrhundert ihren Namen noch aus der bildenden Kunst geliehen haben (Skizze, Porträt, Zeichnung, Pastiche) und sich mittlerweile an neueren Medien orientieren: Snapshot, Webcam, Weblog. Zur Einführung in diese kleinen kulturjournalistischen Formen: Peter K. Wehrli: Katalog von allem. 1111 Nummern aus 31 Jahren, München 1999; Stefanie Flamm, Iris Hanika (Hrsg.): Berlin im Licht. 24 Stunden Webcam. Frankfurt am Main 2003; Jan Schmidt: Weblogs. Eine kommunikationssoziologische Studie. Konstanz 2006. (Besonders interessant wird es übrigens immer dort, wo sich die Kulturwissenschaftler besonders für die kleinen Formen interessieren und Kulturjournalisten den Anspruch haben, mit ihren Momentaufnahmen größere Zusammenhänge sichtbar zu machen. So wird etwa die Anekdote zum Zentraltext im kulturwissenschaftlichen Zugriff von Stephen Greeenblatt: Kultur. In: New Historicism. Hrsg. von Moritz Baßler, Frankfurt am Main 2001, S. 48-59. Die zur soziologischen Studie weiterentwickelte kulturjournalistische Recherche- und Schreibweise wird exemplarisch vorgeführt in Siegfried Kracauer: Die Angestellten. Frankfurt am Main 1971.

7 Theorie und Praxis, Praxis und Theorie

Wenn das aber alles richtig ist, gehören Seminare zur Beobachtung der unmittelbaren Gegenwart nicht in eine abgetrennte „angewandte Kulturwissenschaft". Und das Schreiben von Kritiken, Autorenporträts und Essays gehört nicht in ein Zusatzstudium zur „angewandten Literaturwissenschaft". „Anwendung" ist in diesem Zusammenhang überhaupt ein missverständliches Wort. Es blockiert die Einsicht, dass auch die kulturwissenschaftliche Interpretation immer schon als eine Form kultureller Praxis, also als Anwendung verstanden werden muss. Und es tut so, als sei das „Angewandte" etwas, das ohne Theorie auskommen könne, weil es eben nur auf die (Berufs-)Praxis bezogen sei.

Tatsächlich gehören Seminare, die sich mit den Fragen der Beobachtung der Jetztzeit beschäftigen, unmittelbar in das Studium der Kulturwissenschaften und der kulturwissenschaftlich ausgerichteten Fächer. Methodisch können deshalb die Literaturwissenschaften, die Medienwissenschaften, die Kunstwissenschaften, die Sozialwissenschaften, aber auch die Politik- und Wirtschaftswissenschaften von kulturjournalistischen Schreibseminaren profitieren.

Mit der Beobachtung der Gegenwart lässt sich ein Gefühl für die Abhängigkeit der eigenen wissenschaftlichen Praxis von kulturellen Kontexten entwickeln. All das, was für die „echte" Wissenschaft sonst ausgeblendet wird, weil es angeblich zu kurzlebig ist, gerät direkt in den Blick: Trends, Tendenzen, Moden, kulturelle Symptome. Die interessieren aber nicht nur als Fakten, die Auskunft über neueste Entwicklungen geben. Sie interessieren zugleich als Ausdruck von Flüchtigkeit. Denn es sind immer auch Symptome einer Kultur, die das Tempo ihrer Selbstbeobachtung und Selbstthematisierung stetig erhöht. Beobachtet man diese Kultur des Flüchtigen über einen längeren Zeitraum, bleibt man nicht nur auf dem Laufenden. Man versteht auch, mit welchen Programmen die Kultur am Laufen gehalten wird.

Das aber bedeutet: Wo die kulturjournalistische Praxis ins Studium integriert wird, beobachten die Studierenden wie von selbst die aktuellen Entwicklungen im eigenen Fach. Denn die eigene wissenschaftliche Praxis erscheint dann als Teil des kulturellen Zusammenhangs, der fortlaufend beobachtet wird. Neuerscheinungen, Tagungen, Debatten, institutionelle Arrangements wie Genehmigung von Forschungsprojekten, Stellenbesetzungen, Institutsgründungen und -schließungen... all das wird aus der kulturjournalistischen Perspektive nicht mehr nebenbei oder verdeckt wahrgenommen, sondern offen als Teil des Wissenschaftsprozesses reflektiert. Das aber bedeutet, dass sich die Studierenden in Bezug auf ihr Fach ein Bewusstsein erarbeiten, das – gerade weil es *ihr* Fach ist – ihr wissenschaftliches

Selbstbewusstsein steigert. Kurz und formelhaft: Die kulturjournalistische Praxis steigert die Komplexität der Reflexion und Selbstreflexion der wissenschaftlichen Praxis.

Die eigentliche Pointe daran aber ist, dass sich der Bezug zur Berufspraxis über solche Formen der „Anwendung" wie von selbst herstellt. Und zwar auf eine Weise, die sich nicht mit der Oberflächlichkeit von Schnupper- und Crashkursen zufrieden gibt. Das journalistische Arbeiten wird stattdessen gleich doppelt mit Tiefenwirkung trainiert. Es begleitet das Studium von Beginn an. Das schnelle, punktgenaue, termingerechte, auf Publikation ausgerichtete und damit leserorientierte Schreiben, das auf unmittelbare Beobachtungen reagiert, gilt nicht mehr als das „andere" Schreiben, das irgendwo außerhalb der Universität in einem „anderen" Leben stattfindet. Der Umgang mit den journalistischen Formaten – Notiz, Skizze, Journal, feuilletonistische Betrachtung, Kommentar, Kritik, Tagungsbericht, Porträt, Essay – wird so selbstverständlich, dass die Berufspraxis immer schon zum Studium dazu gehört (und umgekehrt die Berufspraxis als etwas verstanden wird, wofür man während des Studiums wirklich ausgebildet worden ist).

Das journalistische Arbeiten hat aber auch deshalb Tiefenwirkung, weil es nicht bloß umgesetzt, sondern auch reflektiert wird. Denn das ist das Besondere an der kulturjournalistischen Praxis, wenn sie ins Studium integriert ist: dass sie als journalistische Praxis immer unter wissenschaftlicher Beobachtung steht. So werden die Formatvorgaben nicht nur einfach erfüllt. Wer sie ausprobiert, sie erfüllt und mit ihren Grenzen experimentiert, kann erkennen, wie diese Vorgaben die Selbstbeobachtung und Selbstthematisierung der Kultur formatieren und die Kultur darüber entscheidend mitformen. Medientheorien werden auf diese Weise durch die Praxis erfahrbar gemacht. Und umgekehrt wird die Praxis mit dem Anspruch unternommen, den theoretischen Zugriff zu präzisieren.

8   Kulturjournalismus integrieren (1)

Das klingt nach Arbeit. Das klingt sogar nach so viel Arbeit, dass man abwinken mag, wenn man daran denkt, dass man auch das noch in das Curriculum integrieren soll. Doch wäre es falsch, die Integration der kulturjournalistischen Praxis ins Studium rein additiv zu denken. Als kulturwissenschaftliche Beobachtungsform der Jetztzeit gehört sie eigentlich nicht in Seminare, die *zusätzlich* angeboten werden. Es gilt, sie ins reguläre Angebot zu integrieren.

Kulturjournalistisches Schreiben kann in solchen regulären Seminaren auf mehreren Ebenen stattfinden. Bewährt hat sich zum Beispiel, die Studierenden zu verpflichten, ein *Journal* zu führen.[27] Hier notieren sie fortlaufend, was ihnen zum Thema des Seminars durch den Kopf geht – Fragen, Einfälle, Auffälligkeiten, Projektskizzen, Verknüpfungen mit anderen Themen, immer aber auch Empirisches: Beobachtungen, Protokolle, Mitschriften, Szenen.

Dazu wird im Journal gesammelt, was sich an symptomatischen Materialien zum Thema in anderen Medien finden lässt: Texte und Bilder aus Zeitungen, Zeitschriften und Büchern, die mit dem Thema des Seminars unmittelbar und mittelbar in Verbindung stehen. Und noch etwas Drittes kommt hinzu: Ins Journal eingetragen werden auch die bibliographischen Angaben, dazu die Exzerpte wissenschaftlicher Texte, die man liest und die einem als besonders gelungene, aber auch als misslungene auffallen. Die Journale verwandeln sich auf diese Weise in kommentierte Bibliographien und erweiterte Beobachtungs- und Zitatsammlungen, die man für spätere Ausarbeitungen brauchen kann.

Wichtig ist: Ein solches Journal sollte nicht nebenbei geführt werden. Signalisiert werden muss den Studierenden, dass es zum *notwendigen Teil* der wissenschaftlichen Seminararbeit gehört und als eine Art Labor eingerichtet werden muss, in dem unmittelbar auf das reagiert wird, was einem tagtäglich entgegenkommt. Folgerichtig muss man die Arbeit am Journal bei der Gesamtbewertung auch als eigenständige Leistung anerkennen.

Wenn man die kulturjournalistische Praxis in die Seminare integriert, reicht das bloße Führen eines Journals natürlich nicht aus. Hinzukommen sollte die Auseinandersetzung mit Neuerscheinungen, die unmittelbar und mittelbar mit dem Thema des Seminars zu tun haben. Während des Semesters sollte jeder Seminarteilnehmer mindestens zwei relativ neue Publikationen (ein Buch, einen Aufsatz) rezensieren – und das heißt: über den Inhalt berichten, es innerhalb größerer Forschungszusammenhänge situieren und die Brauchbarkeit und Lesbarkeit des Textes bestimmen. Gut ist, wenn der Seminarleiter dafür sehr genau die Formate definiert, an die sich alle halten sollten, um eine Vergleichbarkeit der Kritiken herzustellen.

„Publizieren" kann man diese Texte der Studierenden in einem *Newsletter*, der von Woche zu Woche, von Sitzung zu Sitzung von verschiedenen Arbeitsgruppen herausgegeben wird. Da mittlerweile wohl alle Studierenden die Möglichkeit haben, Mails zu lesen und zu schreiben, lässt sich dieser Newsletter gut in Word

---

[27] Gerd Bräuer: Schreiben als reflexive Praxis. Tagebuch, Arbeitsjournal, Portfolio. Freiburg 2000; Stephan Porombka: Kritiken schreiben. Ein Trainingsbuch. Konstanz 2006, Kap. 2; Christine Pearson Casanave (Hrsg.): Journal Writing: Pedagogical Perspectives. Keio University 1993; Ralph Fletcher: Breathing In, Breathing Out. Keeping a Writer's Notebook, Portsmouth 1996.

erstellen und als pdf-Dokument versenden. Integriert werden hier alle Materialien, die für die nächste Sitzung notwendig sind: Ein inhaltliches Update des Seminarleiters, das Thesenpapier und die Exzerpte der Referatsgruppe, aktuelle Fundstücke aus Zeitungen und Zeitschriften und dazu dann eben auch ein oder zwei Kritiken zu Neuerscheinungen. Mit einer einheitlichen Formatierung, mit Deckblatt und Inhaltsverzeichnis bekommt das eine Form, die auch optisch (und ausgedruckt auch haptisch) den Zusammenhang verschiedener Arbeitsebenen herstellt. Von Woche zu Woche werden Autoren- und Herausgebergruppen zusammengestellt, die für die Erstellung solcher Newsletter zuständig sind.

Das muss nicht unbedingt mit großem Aufwand geschehen. Wichtig ist, im Seminar ein Gefühl für eine fortlaufende Selbstbeobachtung und Selbstthematisierung zu etablieren. Über dieses Gefühl kann man sicherstellen, dass sich die Teilnehmer kontinuierlich mit dem Seminarthema beschäftigen und selbst Strategien der Gegenwartsbeobachtung entwerfen. Aus dem, was über das Semester hinweg entsteht, lässt sich am Ende eine Auswahl treffen, die selbst wieder in einem pdf-Dokument zusammengefasst und verschickt wird. So haben die Teilnehmer eine kleine Dokumentation in der Hand, die sie nicht nur zur Nachbereitung des Seminars und zur Vorbereitung auf Prüfungen nutzen können. Ein solches Dokument verkörpert in sich dann auch die eigenen und die kollektiven kontinuierlichen Aktivitäten, die während des Seminars stattgefunden haben.[28]

9 Kulturjournalismus integrieren (2)

Die Gegenwartsbeobachtung wird in den Geistes-, Kultur- und Sozialwissenschaften immer noch geradezu sträflich vernachlässigt. Was in den Zeitungen steht, im Kino gezeigt, im Fernsehen gesendet, auf Konferenzen gesagt, in Ausstellungen präsentiert, im Internet debattiert wird, zählt für die meisten Lehrenden (und dann eben auch bei den Studierenden) als belangloses Durcheinander, das bei der wissenschaftlichen Arbeit eigentlich nur stört. Die Themen und Gegenstände, mit

---

[28] Linda Flower, David L. Wallace, Lindas Norris (Hrsg.): Makingf Thinking Visible. Writing, Collaborative OPlanning, and Classroom. Inquiry, Urbana 1994. Am Hildesheimer Studiengang Kreatives Schreiben und Kulturjournalismus sind aus den Seminaren heraus eine Reihe von Publikationen entstanden, in denen kulturwissenschaftliche Beobachtungen mit kulturjournalistischen Mitteln aufbereitet werden: Alte Freunde. Helden unserer Kindheit (2005); Fahrtenschreiber. Berichte aus der Transportkultur (2006); Lit-lifstyle (2006). Erschienen sind sie im Verlag Glück & Schiller [www.glueck-und-schiller.de]

denen man sich beschäftigt, müssen am besten schon so weit der Vergangenheit angehören, dass die Quellenlage überblickt und das Wichtige vom Unwichtigen getrennt werden kann.

Wo mit dem erweiterten Kulturbegriff gearbeitet wird, reicht eine solche Verächtlichkeit gegenüber der Gegenwart nicht aus. Stattdessen sollte den Studierenden vorgeführt werden, was es für das eigene Forschen bedeutet, die Gegenwart im Blick zu halten. Während des Studiums kann das durch die Einführung einer festen Vorlesung passieren, die strikt auf die Beobachtung der Jetztzeit festgelegt ist. Sie ersetzt nicht die anderen Vorlesungen, aber sie stellt eine notwendige Ergänzung dar.

Eine solche Vorlesung kann nicht – wie etwa eine Einführung in die Literaturgeschichte – von vornherein über alle Themen und Stoffe verfügen und eins nach dem anderen abarbeiten, Barock, Frühaufklärung, Aufklärung, Sturm und Drang, Weimarer Klassik, Romantik… Sie muss sich vielmehr von Woche zu Woche neu orientieren. Sie funktioniert eher wie ein Kulturjournal, in das aktuelle Themen integriert werden. Insofern Kulturjournalismus aber im wissenschaftlichen Sinn ernst genommen wird, geht es darum, die aktuellen Ereignisse zu symptomatisieren und kulturhistorisch zu kontextualisieren. Welche Neuerscheinung auch immer *gerade jetzt* in den Feuilletons besprochen wird (z. B. ein Notizbuch von Peter Handke oder der erste Band einer dreibändigen Geschichte des Schreibens), welche Debatte auch immer *gerade jetzt* in den Mittelpunkt gerückt ist (z. B. der Streit über die Veröffentlichung einer rasant formulierten, pointierten, ihren Gegenstand stark zurichtenden Literaturgeschichte oder die Debatte über die Verteilung der Förderungsgelder im Literaturbetrieb), welche Ausstellung auch immer *gerade jetzt* eröffnet wird (z. B. eine große Ausstellung über Melancholie oder eine Gesamtschau von Caspar David Friedrichs Werk), welche Sendung auch immer *gerade jetzt* diskutiert wird (z. B. eine Zeichentricksendung über den Vatikan auf MTV oder die Neukonzeption der Kulturmagazine auf ARD), welche kulturpolitischen Entscheidungen auch immer *gerade jetzt* die Öffentlichkeit beschäftigen (z. B. die Rechtschreibreform oder die Novellierung des Urhebergesetzes), welche Beobachtungen man auch immer *gerade jetzt* im Alltag macht (z. B. Leser in der U-Bahn oder kränklich aussehende Marzipanfiguren in einem Geschäft am Kurfürstendamm)… – die Kunst der Vorlesung als Kulturjournal besteht darin, jedes dieser Themen aufzunehmen und immer wieder zu zeigen, dass es nicht bloß bezugslose Ereignisse sind, sondern dass sie diskursiv vorgeformt sind und an der Formung von Diskursen mitwirken.

Wenn eine solche Vorlesung gelingen soll, darf man nicht nur über die Gegenwart sprechen. Man muss auch die Methodik der Gegenwartsbeobachtung vorführen. Also muss man kulturjournalistische Formate übernehmen und sie so vorführen, dass sie für die Hörer reflektierbar werden. Wer immer auch die Vorlesung hält, er muss sich als Sammler, Chronist, Kritiker, Essayist, Interviewer, Trendscout in Szene setzen. Er führt vor, wie man sich so an die Gegenwart anschließt, dass man die eigene wissenschaftliche Praxis mit Material anreichern kann.[29]

Es lohnt sich, solche regelmäßigen Vorlesungen, in denen es um die unmittelbare Vorführung der Gegenwartsbeobachtung geht, um Publikationsforen zu ergänzen, in denen die Studierenden abgelöst von einzelnen Seminaren selbst ihre Chroniken, Kritiken, Essays, Interviews und Trendforschungen publizieren können. Jeder Studiengang, jedes Institut, zumindest jeder Fachbereich sollte über so etwas wie ein „Zentralorgan" (oder zwei „Zentralorgane") verfügen, das von hauptamtlich Lehrenden herausgegeben und betreut wird, in dem aber Studierende die Posten in der Redaktion besetzen. Sinn eines solchen „Zentralorgans" ist, den persönlichen Gegenwartsbeobachtungen einen Raum zu geben und zugleich den Blick auf die kollektive Gegenwartsbeobachtung zu öffnen. Mit anderen Worten: Das „Zentralorgan" muss ein Kulturjournal sein, das sich unmittelbar an die Bewegungen der Jetztzeit anschließt, aber dafür sorgt, dass diese Bewegungen fortwährend symptomatisiert und kontextualisiert werden können.[30]

Es ist sinnvoll, für diese Publikationsforen das Internet zu nutzen. Nicht nur spart man sich damit die Druckkosten und sichert die Möglichkeit, auch in der Ferne gelesen zu werden. Vor allem aber ist das Netz als Medium flexibel genug, um Formate nicht ein für allemal festzulegen. So lässt sich das Netz (wie das Journal auf individueller Ebene) gemeinsam als Labor nutzen, in dem bekannte Formate und Schreibweisen trainiert und Prototypen für neue Formate und Schreibweisen entwickelt und ausprobiert werden. Für den Anspruch, auf dem Laufenden zu bleiben und dazu das Laufende als Laufendes laufend zu reflektieren, ist ein solches Labor unbedingt notwendig.

---

[29] Solche Vorlesungen entwickelt hat der Schriftsteller und Literaturwissenschaftler Hanns-Josef Ortheil: Jetztzeit (Vorlesung, Universität Hildesheim, WS 2002/2003, WS 2004/2005). Eingebunden in die Vorlesungen waren immer auch die Auftritte studentischer Arbeitsgruppen, die in eigenen Seminaren ihre Beiträge und die entsprechende Performance für den Auftritt in der Vorlesung vorbereitet haben.

[30] Ein paar Netzzeitschriften, die diesem Prinzip – wenn auch auf unterschiedliche Weise – folgen: Kritische Ausgabe. Signale aus dem Kulturbetrieb [www.kritische-ausgabe.de]; lit06.de. Das Magazin für Literaturkritik und literarische Öffentlichkeit [www.lit06.de]; literaturkritik.de. Rezensionsforum für Literatur und für Kulturwissenschaft [www.literaturkritik.de]; Verstärker. Internetjahrbuch für Kulturwissenschaft [www.culture.hu-berlin.de/verstaerker/frameset.htm].

10   Im Diesseits schreiben

Einer der wichtigsten Vorteile der kontinuierlichen Einübung in die Beobachtung der Kultur der Gegenwart, wurde bisher noch gar nicht erwähnt. Wenn man das kulturjournalistische Schreiben in das Studium integriert und die Studierenden anhält, von Beginn an über die Gegenwart so zu schreiben, dass sie symptomatisiert und kontextualisiert wird, dann erreicht man vor allem eins: Sie verstehen ihre wissenschaftliche Praxis nicht als etwas, was abgetrennt vom eigenen Leben und Erleben stattfindet, sondern unmittelbar damit verbunden ist. Das aber führt – wenn es denn nur konsequent über mehrere Semester, vielleicht während des ganzen Studiums durchgehalten wird – zu einer Vertrautheit mit den Stoffen, den Themen, den Fragestellungen, den Gegenständen der Wissenschaft, wie man sie sich als Lehrender in den Geistes-, Sozial- und Kulturwissenschaften nur wünschen kann.[31] Statt die Studierenden darauf einzurichten, dass sie sich mit Inhalten auseinandersetzen müssen, die eigentlich nichts mit ihnen zu tun haben, werden sie durch die Einbindung in eine kulturjournalistischen Praxis völlig anders eingestellt: Denn durch diese Einbindung müssen sie von dem ausgehen, was sie unmittelbar umgibt, um das dann auf eine Distanz zu bringen, aus der sie es anders beobachten und einschätzen können.

Das führt tatsächlich dazu, dass während des Studiums viel mehr getan werden muss. Die Studierenden müssen mehr schreiben. Und sie müssen mehr lesen. Auch wird den Seminarleitern zugemutet, immer auch Lektor, Redakteur und Herausgeber zu sein. Zumindest müssen sie ihre Seminare so organisieren, dass nicht nur langatmige Referate gehalten werden, die dann noch zehn Minuten Zeit für etwas lassen, was euphemistisch als „Diskussion" bezeichnet wird. Wo man die kulturjournalistische Praxis in die Seminare integriert, muss man dafür sorgen, dass eine

---

[31] Für den Schulunterricht hast das vorgeführt und theoretisch grundgelegt: Günter Waldmann: Produktiver Umgang mit Literatur im Unterricht. Grundriss einer produktiven Hermeneutik. Theorie – Didaktik – Verfahren – Modelle; für das kreative Schreiben an Universitäten vgl. Hanns-Josef Ortheil: Lesen Schreiben Deuten. Vorschläge für einen Studiengang ‚Kreatives Schreiben'. In: Frank Griesheimer, Alois Prinz (Hrsg.): Wozu Literaturwissenschaft. Tübingen 1992, S. 198-211. Mittlerweile wird immer konkreter über Seminarkonzepte gesprochen, die für das Kreative Schreiben kulturwissenschaftliche und kulturjournalistische Verfahrensweisen integrieren. Zuletzt Josef Haslinger, Hans-Ulrich Treichel (Hrsg.): Schreiben lehren – schreiben lernen. Frankfurt am Main 2006; dies. (Hrsg.): Wie werde ich ein verdammt guter Schriftsteller? Frankfurt am Main 2005.

kontinuierliche Auseinandersetzung mit den Inhalten des Seminars auf eine Weise gewährleistet wird, dass alle daran teilhaben.

Diese Mehrarbeit aber lohnt sich, weil sie den Studierenden das Lernen durch einen einfachen Trick enorm erleichtert: Statt nur passiv das archivierte Wissen zu reproduzieren, werden sie immer auch ihrer eigenen Gegenwart ausgesetzt und müssen mit ihr (mit Hilfe der wissenschaftlichen Methoden, die sie im Studium lernen) experimentieren, um das eigene Tun besser zu verstehen. Das *Schreiben* über diese Gegenwart – vom Notieren zum Skizzieren, vom Konzipieren bis zum Ausformulieren, vom Analysieren bis zum Weiterspinnen, vom Werten bis zum Umschreiben – wird für solche Unternehmungen die wichtigste Kulturtechnik sein. Und dieses Schreiben wird nicht das „andere" Schreiben sein, sondern mit jedem Wort ins Diesseits der wissenschaftlichen Praxis gehören.

u sus: Uta Schneider & Ulrike Stoltz
satz—wechsel: über die poetischen Möglichkeiten der Typografie

---

Konkrete und Visuelle Poesie

Der Titel unserer Vorlesung weckt vielleicht Erwartungen, die wir nicht erfüllen werden. Wir werden nicht über visuelle Poesie sprechen und auch nicht über konkrete Poesie. Konkrete Poesie meint Sprache *wird beim Wort genommen*. Visuelle Poesie meint *Sprache als Bild*. »Bei der visuellen Poesie sind Form und Inhalt identisch, der ›poetische Gehalt‹ ist mit der ›visuellen Gestalt‹ unlösbar verbunden.« (Kochinke/Willberg: ... in Szene gesetzt. Deutscher Werkbund Rheinland-Pfalz, Mainz 1990, S. 6) Die Grenzen zwischen den beiden Bereichen sind naturgemäß fließend. Wichtige VertreterInnen sind zum Beispiel Eugen Gomringer – er gilt als der Begründer, aber Ansätze finden sich natürlich auch schon bei Guilleaume Apollinaire und Stéphane Mallarmé und reichen zurück bis zu den barocken Figurengedichten; weiterhin Helmut Heissenbüttel, Ernst Jandl, Gerhard Rühm für die Konkrete Poesie, Heinz Gappmayer, Franz Mon, Carlfriedrich Claus, Ferdinand Kriwet, Jiri Kolar für die Visuelle Poesie. (Wir erheben hier keinen Anspruch auf Vollständigkeit, sondern deuten mit den Namen nur an, um die entsprechenden Bilder hervorzurufen.)

Von Haus aus sind wir beide Typografinnen.

Typografie beschäftigt sich mit gesetzter und gedruckter Schrift – im Gegensatz zu z. B. Kalligrafie. Kalligrafie heisst »schön schreiben«, Typografie heisst »immer gleich schreiben«. Dies weist auf ein wesentliches Kennzeichen hin: bei gesetzten und gedruckten Schriften sieht, anders als beim Schreiben von Hand, innerhalb einer Schrift bzw. eines Schriftschnitts jeder Buchstabe immer gleich aus, also alle A sind einander gleich ebenso wie alle g.

Man kann innerhalb der Typografie im wesentlichen zwei Richtungen unterscheiden: die einen beschäftigen sich mehr mit dem Entwerfen von (neuen) Schriften; die anderen arbeiten mit den vorhandenen Schriften und organisieren durch die typografische Gestaltung vorgegebene (oder auch eigene) Inhalte.

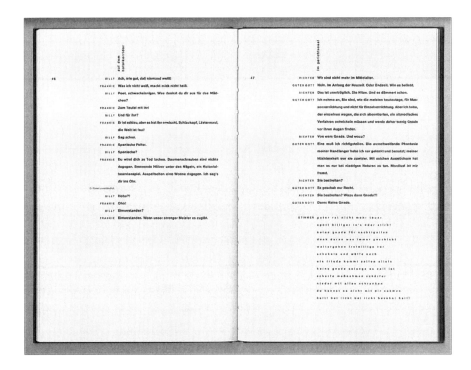

Dramensatz: Ingeborg Bachmann: Der gute Gott von Manhattan; Ausgabe der Büchergilde Gutenberg; Gestaltung: usus

Natürlich kann man auch noch hinsichtlich der Aussageabsichten und der verwendeten Medien Unterschiede machen: so funktioniert Buch-Typografie anders als Werbe-Typografie (früher hätte man dazu Akzidenz-Typografie gesagt), und Typografie für den Printbereich ist etwas anderes als Typografie für den Bildschirm.

Buchumschlag: Christa Wolf: Kleiner Ausflug nach H.; Ausgabe der Büchergilde Gutenberg; Gestaltung: usus

Wir entwerfen keine Schriften, wir gestalten mit Schrift; und unser bevorzugtes Medium ist das Buch. Wir arbeiteten früher im angewandten Bereich; d.h. wir gestalteten Bücher für Verlage. Dabei sind Inhalt und Text vorgegeben, und die Arbeit der Buchgestalterinnen besteht darin, diese Inhalte gestalterisch so aufzubereiten, dass sie sich dem Betrachter/Leser möglichst leicht und einfach erschließen.

Hier kann man mikrotypografische und makrotypografische Gesichtspunkte unterscheiden: Mikrotypografie beschäftigt sich mit den Variablen: Schriftart, Schriftschnitt, Schriftgröße, Laufweite, Satzbreite, Zeilenabstand und sorgt so dafür, dass der Text selbst gut lesbar ist; Makrotypografie macht Strukturen sichtbar und sorgt dafür, dass die LeserInnen den Überblick behalten.

	Leb wohl?
JAN	**Sag nichts, Jennifer. Sag, wenn du kannst: es war leicht, es war schön. Es wird leicht sein.**
	NACHSPRECHEND
JENNIFER	**Es war schön.**
JAN	**Ich sage besser nichts.**
JENNIFER	**Gehst du zuerst? Oder gehe ich? Du kannst nachsehen, ob kein Taschentuch von mir zurückgeblieben ist. Ich lasse immer eins liegen. Ein Tuch zum Winken, mit einem Tropfen Parfüm drin, keine Tränen.**
JAN	**Gehen wir miteinander!**
JENNIFER	**Nein.**
JAN	**Bis auf die Straße.**
	GLEICHGÜLTIG
JENNIFER	**Wie du willst. Es kommt nicht mehr darauf an. Ist es nicht so?**
JAN	**Ja, so ist es.**

Sie öffnen die Tür, gehen über den Gang und zum Lift, fahren hinunter.

LIFTBOY	**Erdgeschoß?**
JAN	**Erdgeschoß.**
	VOR SICH HIN
JENNIFER	**Es wird leicht sein, es wird leicht sein.**
JAN	**Ich muß noch die Rechnung bezahlen.**
	UND WÄHREND SIE ZU LAUFEN BEGINNT
JENNIFER	**Ich gehe voraus. – Ich gehe.** / **Ich gehe.**

Detail: Ingeborg Bachmann: Der gute Gott von Manhattan; Ausgabe der Büchergilde Gutenberg; Gestaltung: usus

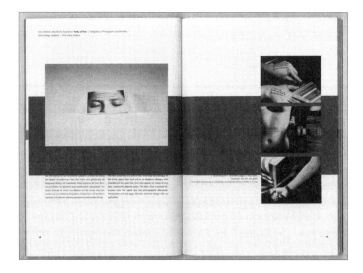

I Text-Bild-Relation

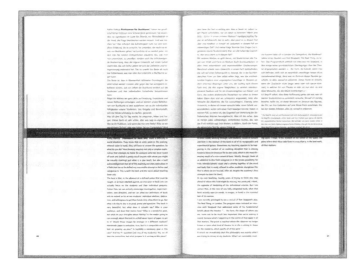

II zweisprachiger Text und seine Anordnung

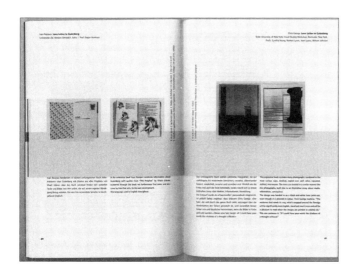

III   eine andere Anordnung von Text und Bild und eine andere Leitfarbe in einem anderen
Kapitel desselben Buches

I–III 3 Doppelseiten aus: Love Letter to Gutenberg, hrsg. v. Ulrike Stoltz, Kehrer Verlag
Heidelberg, Gestaltung: Annette Schneider und Ulrike Stoltz

Selbstverständlich ist dabei Buch nicht gleich Buch. Es gibt viele verschiedene Arten von Büchern, und man kann sie danach unterscheiden, wie sie gelesen werden. Hans Peter Willberg klassifiziert in seiner »Lesetypografie« wie folgt: lineares Lesen (z. B. Romane); informierendes Lesen (z. B. Zeitung, viele Sachbücher); differenzierende Typografie (z. B. wissenschaftliche Bücher und Lehrbücher, Sonderform Dramensatz); konsultierendes Lesen (z. B. Nachschlagewerke, Lexika, alle Anhänge und Register); selektierendes Lesen (z. B. Schulbücher, alle didaktischen Bücher, Kochbücher); Typografie nach Sinnschritten (z. B. Fibeln, Bilderbücher, Lehrbücher für Fremdsprachen, Überschriften, Bildlegenden, Textaufgaben); aktivierende Typografie (z. B. Magazin, Geschenkbücher, Schulbücher, Sachbücher); inszenierende Typografie (z. B. »Die geliebte Stimme« von Jean Cocteau in der Inszenierung von Barbara Cain).

Wir sind auch Künstlerinnen –

und mit Kurt Schwitters sagen wir: »*Typografie kann unter Umständen Kunst sein*«. Um welche Umstände könnte es sich dabei handeln?

Im allgemeinen beauftragt sich der Künstler selbst – wobei es auch vorkommt, dass Künstler mit Arbeiten beauftragt werden, alle »Kunst am Bau« ist ein gutes Beispiel dafür, aber dann muss der Künstler den Auftrag zu »seiner Sache« machen.

Im allgemeinen verwendet der Künstler, wenn er mit Typografie arbeitet, auch eigene Texte – ohne dass er sich deswegen notwendig als Schriftsteller versteht. In letzter Zeit ist die Bezeichnung »Künstlertext« aufgetaucht, und damit ist nicht gemeint, dass der Künstler mit Worten erklärt, was er macht und warum er so arbeitet wie er arbeitet und was er mit seiner Arbeit »sagen« will. Vielmehr verweist der Begriff »Künstlertext« darauf, dass der Künstler mit Text arbeitet, so wie er auch mit Bild oder Klang oder Raum arbeitet.

Typografie muss nicht unbedingt und immer vorgegebenen Regeln gehorchen. Der Umgang mit den vorgegebenen Formen – und darum handelt es sich ja beim Umgang mit Schrift – erfordert eine besondere Art von Aufmerksamkeit für das scheinbar Selbstverständliche. Typografie ist bewusster, professioneller, nicht zufälliger Umgang mit Schrift – unabhängig davon, ob dies im angewandten oder im freien Zusammenhang geschieht.

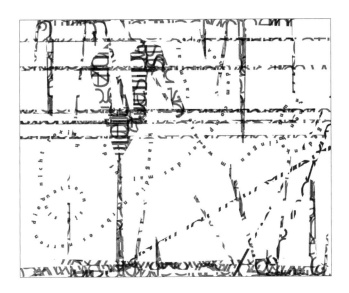

Ulrike Stoltz: Lady Mikado. Mappe mit 16 Inkjetprints, 4 Ex., 2005

Typografie im künstlerischen Zusammenhang kann sich als Installation im Raum zeigen. Hier gibt es viele Vertreter: z.B. Lothar Baumgarten, Joseph Kossuth, Jenny Holzer, Arnold Dreyblatt und andere.

Wir stellen einige Beispiele aus unseren Arbeiten vor.

usus: versperrter Raum. Installation in der Galerie Augustin, Hofheim/Ts., 1999

225

Die Installation »versperrter Raum« wurde von uns für eine sehr kleine Galerie entwickelt, die an ihrer engsten Stelle nicht breiter als zwei Meter war.

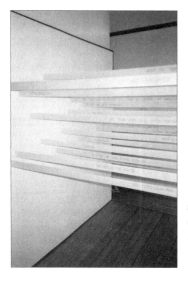

usus: versperrter Raum. Installation in der Galerie Augustin, Hofheim/Ts., 1999/Seitenansicht

Dies erlaubte uns, unseren gemeinsam geschriebenen Text Zeile für Zeile waagrecht zwischen den Wänden zu verspannen. Der Text ist dabei auf Streifen von Japanpapier gestempelt.

usus: versperrter Raum. Installation in der Galerie Augustin, Hofheim/Ts., 1999/Close up

Wir setzten die Zeilen an unterschiedliche Positionen in der Tiefe des Raumes, so dass sich das Gesamtbild des Textes nur von einer bestimmten Position aus ergab. Ein Wechsel des Standortes ergab somit auch eine Veränderung der Reihenfolge der Zeilen. Der Leser/Betrachter beeinflusst mit seiner Bewegung die Rezeption des Textes.

usus: Aqua Alta. Installation in der Galleria Il Sotoportego, Venedig, 2003/Bildseite, Totale

Die Installation »Aqua Alta« war eine Installation aus Bild und Text; dabei war beides in insgesamt acht Streifen von der Decke bis zum Boden aufgeteilt und in der Tiefe des Raumes so gestaffelt, dass man sich dazwischen bewegen konnte. Auch hier ergibt ein Wechsel des Standortes einen Wechsel der Perspektive – durchaus auch im metaphorischen Sinn. Die Bildstreifen ergaben nur von einer bestimmten Position aus ein ganzes Bild.

usus: Aqua Alta. Installation in der Galleria Il Sotoportego, Venedig, 2003/Textseite, Totale

Die Textstreifen konnten sowohl in den senkrechten Kolumnen wie auch in waage-rechten Zeilen gelesen werden. Es ergaben sich dabei nicht unbedingt vollständige Sätze, eher Satzfragmente, die Assoziationen auslösten. Wir lasen bei der Eröffnung der Ausstellung beide Versionen gleichzeitig, d. h. wir fingen im gleichen Moment an zu lesen: die eine die Zeilen, die andere die Spalten, und hörten auch im gleichen Moment wieder auf. Parallel zu unseren Stimmen hörte man zwei unterschiedlich getaktete Metronome.

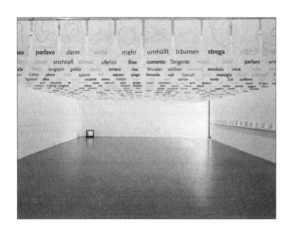

usus: trans—lation. Installation in der Galerie der Hochschule für Bildende Künste Braunschweig, 2004/Totale

Die Installation »trans—lation« stellt im Grunde so etwas wie einen literarischen Hypertext dar. Man kann Hypertext-Literatur so definieren, dass es sich hier um Werke handelt, die aus Textfragmenten bestehen, die durch Links miteinander verbunden sind. Die LeserInnen bewegen sich gewissermaßen räumlich durch den Text, indem sie fortwährend einen der Links wählen und so weitere Textfragmente erreichen. Je nach Anzahl der angebotenen Links existieren viele Wege durch den Text. Die Tatsache, dass der Leser den Text im Grunde immer mitschreibt – die letztenendes für alle Texte gilt – wird hier besonders deutlich und explizit genutzt.

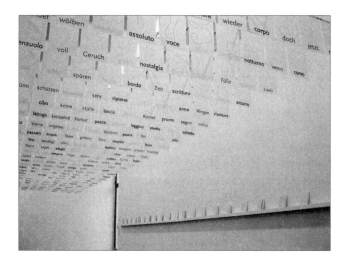

usus: trans—lation. Installation in der Galerie der Hochschule für Bildende Künste Braunschweig, 2004/Seitenansicht

Das beschreibt ziemlich genau das, was bei unserer Installation »trans—lation« ensteht: Bei »trans—lation« bestehen die Fragmente wirklich nur aus einzelnen Wörtern. Ausserdem ist dadurch, dass der Raum verhältnismäßig übersichtlich bleibt, bzw. dadurch, dass man sich im Raum bewegt, jedes Fragment, also jedes Wort, potentiell mit jedem anderen Wort verbunden.

Die Links werden von uns beim Aufbau der Installation zum Teil gesetzt (indem wir darauf achten, welche Worte nebeneinander stehen, bzw. darauf, welches Wort in der Reihe davor bzw. danach hängt), gleichwohl bleibt es den Augenbewegungen der Lesenden überlassen, welche einzelnen Worte sie miteinander verbinden – grundsätzlich herrscht hier die »fundamental interconnectedness of all things«.

229

Da die Aneinanderreihung der einzelnen Worte noch keinen Sinn ergibt, ist es der Leser selbst, der diesen Sinn herstellt. Er kann, wenn er will, vollständige Sätze bauen, in denen eines oder mehrere Wörter der Installation vorkommen.

usus: trans—lation. Installation in der Galerie der Hochschule für Bildende Künste Braunschweig, 2004/Close up

Uns interessiert, wie die LeserInnen/BetrachterInnen denken, wenn sie sich in unserem »begehbaren Buch« bewegen. Denken sie in vollständigen Sätzen? Oder reihen sie nur assoziativ einzelne Worte aneinander und geben sich den so entstehenden Assoziationsfeldern und deren Atmosphäre hin? Denn es ist schon ein zweiter Schritt, diese Gedanken dann auch aufzuschreiben, der besonders für Schreibungeübte häufig schwierig ist und nicht unbedingt das direkte »Leseerlebnis« widerspiegelt.

usus: trans—lation. Installaton in der Galerie Plaza Nagano, Japan, 2005/Close up

Natürlich haben wir als Autorinnen dabei immer noch den Faden in der Hand. Wir haben diese und keine anderen Wörter ausgesucht. Wir erzählen immer noch eine »Geschichte«. Aber wir erzählen sie auf eine fundamental andere Art und Weise als sonst üblich. Durch die Reduktion auf das kleinste Element, nämlich das Wort, geben wir unsere Macht zur Bedeutungskonstruktion, die wir als Autorinnen grundsätzlich hätten, fast ganz auf. Damit erzählen wir die Geschichte nicht allein: alle BetrachterInnen und LeserInnen erzählen sie mit. Es gibt generell keine niedergelegte schriftliche Form dieser Geschichte(n) und kann auch keine geben.

Wir sind auf diese letzte unserer Installationen deswegen besonders eingegangen, weil die dort verwendeten Wörter einem E-Mail-Dialog zwischen uns beiden entstammen, der auch einer anderen, größeren Textarbeit zugrunde liegt, dem »satz—wechsel«, den wir zum Schluss unseres Vortrags vorstellen werden. Als Einleitung dazu zunächst:

einige grundlegende Bemerkungen über Künstlerbücher

Bei Installationen sind die Texte meist relativ kurz, entweder, wie bei unserem letzten Beispiel, einzelne Wörter, manchmal auch einzelne Sätze, gelegentlich auch ganze Absätze, aber selbst in diesem Fall sind es doch noch kurze Texte im Verhältnis zu einem ganzen Buch. Bücher liest man nicht im Stehen.

Bücher selbst können auch Kunst sein: man spricht dann von Künstlerbüchern. Dieser Begriff ist sehr schillernd und hat viele verschiedene Konnotationen. Relativ einfach beschreiben und abgrenzen lässt sich der skulpturale Bereich.

Doppelseite aus: Ulrike Stoltz: Volumes (of Vulnerability). 3 Bücher und ein Objekt im Schuber. Offenbach am Main 1999

Das Buch wird hier als Objekt gezeigt, seine übliche Funktion ist stark einge-schränkt, wenn nicht gar völlig unmöglich; hier gibt es nichts zu blättern und zu lesen, die Information wird auf andere Art transportiert.

Dann gibt es das bibliophile Buch – man assoziiert damit zunächst vielleicht Le-dereinband mit Prägung und Goldschnitt, aber das ist nicht notwendig immer der Fall. Grundsätzlich richtig ist aber die Assoziation mit klassischer Form.

Eng verwandt damit der Bereich der Künstlerpressen und Privatpressen – sie ge-hen auf die »arts and crafts« – Bewegung von William Morris zurück. In diesem Zu-sammenhang gehört auch das illustrierte Buch – wie bei den bibliophilen Pressen werden hier im allgemeinen Texte der Weltliteratur verwendet, in klassischer oder sehr zurückhaltender Form gesetzt und mit originalgrafischen Bildern (Radierun-gen, Lithografien, Holzschnitten) illustriert. Auch die Malerbücher gehören hier-her; gemeint sind damit vor allem die von Picasso, Matisse und anderen berühmten Malern illustrierten Bücher.

So haben wir auch mal angefangen. Es handelte sich um bereits anerkannte Lite-ratur, die wir mit unserer Umsetzung interpretierten und inszenierten: so z. B. Sonette von Shakespeare.

usus: Shake A Speer. Handsatz, Buchdruck; Offenbach am Main 1987

Wie Sie sehen, sind wir auch da nicht so ganz klassisch vorgegangen. Unsere Grundidee war, dass wir unsere Arbeit ähnlich der eines Theaterregisseurs sahen. Wir verwandten etablierte Texte und befragten sie auf ihre aktuelle Bedeutung.

Daneben existiert eine ganz andere Form, für die eher der englische Begriff »artist's book« zutreffend ist, auch wenn dies eine wörtliche Übersetzung von »Künstlerbuch« zu sein scheint. Artist's books haben ihren Ursprung bei Fluxus und Neo-Dada, hier wird das Buch als »Galerie« gesehen, als Verbreitungsmedium für künstlerische Inhalte neben oder am Rande des eigentlichen Kunstmarktes. Damit einher geht die Forderung, dass diese Bücher – in Abgrenzung zu den bibliophilen Büchern – eben nicht von Hand gesetzt und gedruckt, sondern im Offset gedruckt sein sollen; und die Auflage eines artist's book soll prinzipiell unbegrenzt oder zumindest sehr hoch sein im Gegensatz zu den bibliophilen Büchern aller Art, die im allgemeinen in limitierter Auflage erscheinen. Auch in dieser Richtung haben wir gearbeitet:

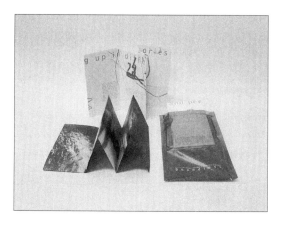

usus: boundless. 7 Leporelli in einer durchscheinenden Plastikhülle. Offset, Atlanta 2002

»boundless« entstand im Rahmen eines Arbeitsstipendiums bei Nexus Press in Atlanta – Nexus Press war (neben dem Visual Studies Workshop) eine der beiden großen artists' books-Pressen in den USA.

Inzwischen haben die technischen Veränderungen generell wie auch im Bereich des Künstlerbuches für Änderungen gesorgt. Es dürfte allgemein bekannt sein, dass Bücher heutzutage nicht mehr von Hand gesetzt werden; und es ist sicher nicht übertrieben, zu behaupten, dass der Bereich des Buches im allgemeinen und der Typografie im besonderen der erste war, der von der dritten industriellen Revolution radikal verändert wurde. Man sagt ja nicht umsonst: desktop publishing und meint damit, dass jeder von seinem eigenen Schreibtisch aus publizieren kann. Mit gesetzter Schrift umgehen, also typografisch arbeiten, ist heute keine Sache von Fachleuten mehr: jeder von Ihnen macht das ständig. Und der Drucker ist nur noch selten der Fachmann neben einer großen Maschine, meist meint man damit eine Kiste neben dem Computer. Große Auflagen sind auch bei Verlagen seltener geworden, der Trend geht zu print on demand, nicht zuletzt, um die teuren Lagerkosten zu sparen.

Auch wir arbeiten selbstverständlich schon lange mit Computer und Laser- bzw. Ink-Jet-Drucker. Dabei liegt unser Augenmerk darauf, auch hier medienspezifisch zu arbeiten, d. h. Dinge zu tun, die wir anders nicht machen könnten. Ebenso geht es uns darum, bei unseren Künstlerbüchern so zu arbeiten, wie es ein »normaler« Verlag aus den verschiedensten Gründen derzeit nicht tun kann oder würde. Es ist hier nicht der Ort, dieses ganze Thema aufzurollen, kurz: Wir versuchen, die Grenzen des Mediums Buch selbst auszuloten und zu erweitern. Dies kann sich auf einen besonderen Umgang mit Text und Bild beziehen wie z. B. bei »fluosz«;

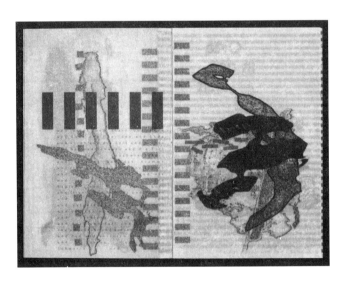

Ulrike Stoltz: fluosz. Texte und Fotografien; Inkjetprints; Leinöl; 10 Ex.; Offenbach am Main 2004

oder ein Text wird in Bruchteile seiner Bestandteile aufgelöst, so dass man von Dekonstruktion reden könnte wie z. B. bei »Lady Mikado«.

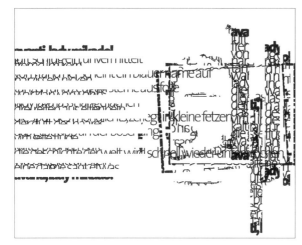

Ulrike Stoltz:
Lady Mikado. Mappe mit
16 Inkjetprints, 4 Ex., 2005

Einige dieser Bücher sind im Anschluss an den Druckprozess mit Leinöl behandelt, so dass sie eine ganz eigene Haptik und vor allem auch einen eigenen Geruch bekommen, wie z. B. das »8. Sibyllenbuch«.

Ulrike Stoltz:
Übungsheft 1/2: Exercises
in Book Making. Das 8. der
Sibyllinischen Bücher.
Laserdruck; Leinöl; 10 Ex.;
Offenbach am Main 2003

Gemeinsam Texte schreiben

Wir sind im Laufe der Zeit immer mehr dazu übergegangen, unsere eigenen Texte zu verwenden, da wir uns weniger als Verlegerinnen denn als Künstlerinnen verstehen. Dazu gehört es auch, dass wir gemeinsam Texte schreiben. Unsere Zusammenarbeit hat mittlerweile eine 20jährige Geschichte. Wir haben gemeinsam angewandte Aufträge gemacht, wir haben gemeinsam gezeichnet, gesetzt, gedruckt, Bücher gemacht. Wir haben für unsere Zusammenarbeit je nach Zusammenhang verschiedene Spielregeln entwickelt, ursprünglich eher im bildnerischen und konzeptionellen Bereich, und inzwischen eben auch für das eigentliche Schreiben. Zu Beginn einer Zusammenarbeit mag es notwendig sein, sich klare Vorgaben, sei es inhaltlicher oder formaler Art zu machen und den Rahmen damit eher eng zu stekken. Es ist sicher auch sinnvoll, sich vorher über die jeweiligen Vorstellungen und Erwartungen auszutauschen. Wir haben mit dem gemeinsamen Schreiben erst begonnen, als wir bereits über eine große Erfahrung an Zusammenarbeit verfügten, das hat es uns leicht gemacht, den Rahmen beim Schreiben gleich sehr weit zu stecken und von Anfang an vieles, ja fast alles offen zu lassen. Wesentlich bei jeder Art von Zusammenarbeit ist gegenseitiger Respekt und Achtung – auch wenn man einander erst einmal nicht versteht.

An dieser Stelle vielleicht noch ein Wort zu den »Mitschreibprojekten«, wie sie in der Form von Weblogs immer häufiger zu finden sind. Gerade bei vielen literarischen Projekten dieser Art ist der Schreibprozess interessanter als das Resultat; die Ergebnisse sind nicht unbedingt spannend, zumindest für Außenstehende und ohne den Subtext der Entstehungsgeschichte. Das ist nicht unsere Intention – jedenfalls nicht in diesem Zusammenhang. Wir beteiligen uns immer wieder gerne an größeren kollaborativen Projekten, auch künstlerischer Art, wir finden das für uns selbst durchaus bereichernd und als künstlerische Position interessant, sind uns dabei aber bewusst, dass solche Projekte ihren ganz eigenen Raum haben. Unser gemeinsamer Prozeß künstlerischer Auseinandersetzung ist ein anderer.

Wir zeigen als ein Modell der Zusammenarbeit – nach den Arbeiten, die wir in diesem Vortrag schon gezeigt haben und von denen viele auch an dieser Stelle stehen könnten – ein frühes Beispiel, das auch einen gemeinsamen Text enthält, den »Fax-Dialog«:

236

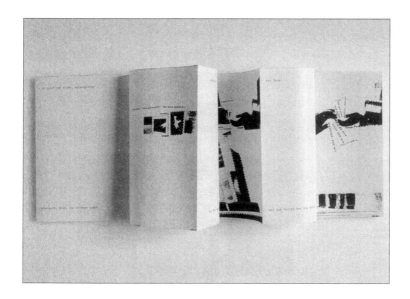

I

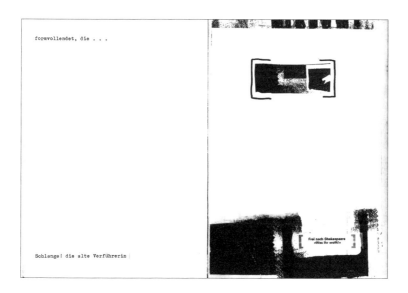

II

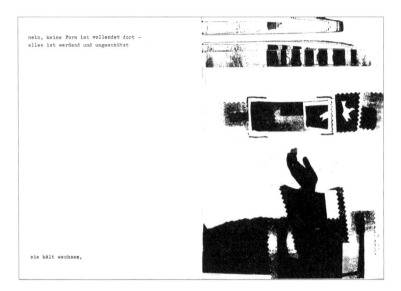

III

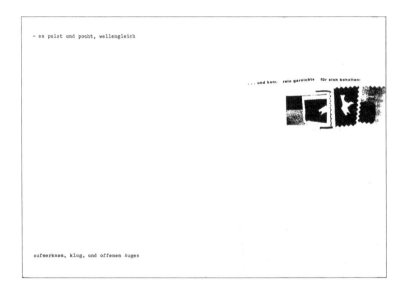

IV

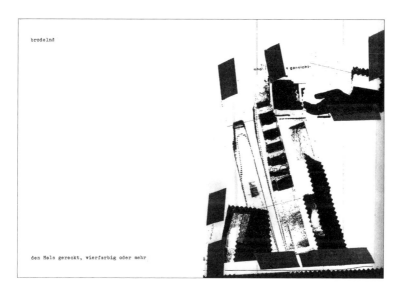

V

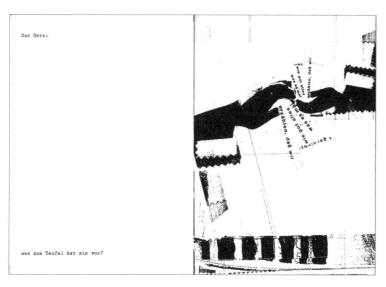

VI

I–VI usus: Fax-Dialog. Faxkopie auf Thermopapier von der Rolle. Offenbach am Main 1995

239

Es begann damit, dass eine der anderen ein Bild faxte, diese überarbeitete es und faxte es zurück – und immer so weiter. Der Text entstand ähnlich: jede begann mit einem Satz bzw. Teil eines Satzes, und gab ihn der anderen zur Fortsetzung. Bilder und Texte wurden dann abwechselnd aneinander montiert und ergeben so eine Art Kopiervorlage. Diese kann per Fax empfangen werden, vorzugsweise auf einem alten Faxgerät mit Thermopapier von der Rolle, und das Gerät sollte nicht automatisch nach jeder Seite abschneiden. Das Buch kommt dann in einer Länge von etwa sieben Metern aus dem Fax heraus, wird entsprechend einer mitgelieferten Anleitung als Leporello gefalzt, die beiden letzten Seiten ergeben den rückwärtigen und vorderen Deckel mit Einschlagklappe.

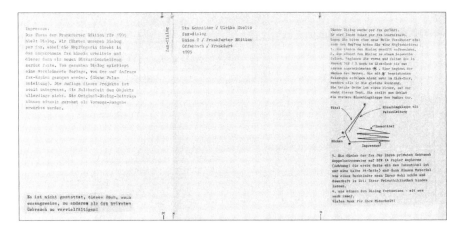

usus: Fax-Dialog. Faxkopie auf Thermopapier von der Rolle. Offenbach am Main 1995/ Umschlag mit Klappe

Die Auflage ist prinzipiell unbegrenzt, die Haltbarkeit jedoch begrenzt, da es sich um Thermopapier handelt, was mit der Zeit verblasst. Wir schlagen daher vor, Kopien anzufertigen und diese dann von einem Buchbinder im Stil der eigenen Privatbibliothek binden zu lassen, so wie es früher ohnehin üblich war. Aber auch das Fax ist ja mittlerweile schon eine eher veraltete Technik.

Das Beispiel satz—wechsel: Einfluß der Typografie auf den Schreibprozess; Rückkopplungen

Wir nutzen also jetzt auch das Internet, vor allem E-Mail, um gemeinsam an unseren Texten zu schreiben. Das geht meist im wechselseitigen Fortsetzen und Weiterschreiben, und ein solcher E-Mail-Dialog liegt auch dem »satz—wechsel« zugrunde, den wir jetzt näher vorstellen.

Das Fortschreiben der Texte geschah zunächst intuitiv und ohne weitere »Korrekturen«.

usus: satz—wechsel. Rohfassung, zeilenweise

wo ist die stille? hörst du sie?
es ist nicht windig
im auge des hurrican, sagt man
ein leises atmen
halt die zeit fest, fasse sie
kein wort, kein ton, kein laut,
halte fest, für einen moment nur
um dann loszulassen, damit
alles wieder von vorn anfängt.
also: die stille? hörst du sie?
kannst du sie sehen?
deines atems sanfte bewegung

Ausgangs-Spielregel war: jede beginnt einen Text mit nur einer Zeile und einen anderen Text mit einem kleinen Absatz –

usus: satz—wechsel. Rohfassung, Absätze

auf diese Art hatten wir also am Ende insgesamt vier Texte. Diese bildeten den »Steinbruch«. Denn uns war klar, dass es sich hier nur um eine Rohfassung handelte, die weiter bearbeitet werden musste. In dieser Phase der Redaktion und Überarbeitung setzten wir nun bewusst die typografische Gestaltung ein.

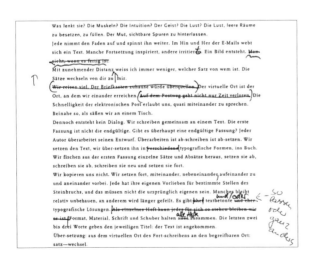

usus: satz—wechsel. Korrekturfahne

Dass die Veränderung der visuellen Form immer auch auf den Text selbst zurück-
wirkt, sieht man ja schon an den traditionellen Korrekturfahnen, die ja von manchen
Autoren geradezu exzessiv überarbeitet wurden. Dies hängt auch damit zusammen,
dass man gerade auch den eigenen Text anders liest, wenn er anders aussieht. Die
Veränderung der visuellen, also typografischen Form macht einem den eigenen
Text wieder fremd, und diese Fremdheit schafft die Distanz, die es braucht, um einen zumindest etwas objektiveren Blick auf die subjektive Arbeit zu richten. Diese
Rückkopplungsprozesse laufen bei uns, denken wir, vielleicht noch bewusster ab,
weil wir eben als Typografinnen nicht nur die rein sprachliche Form des Textes bearbeiten, sondern immer auch die visuelle Form und die damit verbundene Aussage
mit im Blick (!) haben.

»satz—wechsel« besteht nun aus insgesamt 21 Heften im Schuber, aus Transpa-
rentpapier alle im gleichen Format und mit der gleichen Seitenzahl.

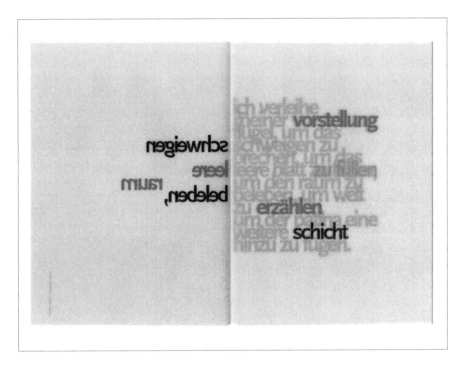

usus: satz—wechsel. 10 Ex.; Offenbach am Main 2005. Heft »raum«

Das Papier ist bewusst gewählt, es unterstreicht die Gleichwertigkeit des Visuellen neben dem Sprachlichen, indem durch die Transparenz nicht nur die Komposition auf der jeweiligen Doppelseite zu sehen ist, sondern vorhergehende und folgende Seiten immer mitwirken. Der Charakter des Buches als Ablauf von Seiten in der Zeit wird dadurch noch betont.

Da alle Einzeltexte auf den gleichen »Steinbruch« zurückgehen und insgesamt dadurch zusammenhängen, entschieden wir uns auch dafür, immer die gleiche Schrift zu verwenden.

usus: satz—wechsel. 10 Ex.; Offenbach am Main 2005. Heft »raum«/Detail

Wir wählten die Scala Sans: eine serifenlose, dynamische Schrift, die mit ihren vielen verschiedenen Schnitten zahlreiche Ausdrucksmöglichkeiten bietet.

usus: satz—wechsel. 10 Ex.; Offenbach am Main 2005. Heft »im weiss«/Detail

244

Wir denken, es ist am anschaulichsten, wenn wir jetzt ein paar der Hefte, nicht alle, einfach »durchblättern« und einige hier explizit vorstellen.

usus: satz—wechsel. 10 Ex.; Offenbach am Main 2005. Heft »im weiss«/Sequenz

Text aus: usus: satz—wechsel Heft »allerzeiten«

1
lass es in umlauf kommen. lass es tief in die ohren fallen, unverständlich, un-ausgesprochen.
2
lass einen langen nachhall entstehen. lass ihn hindurch strömen.
3
lass es sich jederzeit ereignen. an jedem ort. ein widerhall. lache lautlos.
4
schwimme im fluss, rücklings, paddle mit den beinen, schau zu den sternen. lass den großen wagen
5
sich um die achse der welt drehen. lass die milchstrasse schweigen. buchstabiere die gestirne, während eine sternschnuppe fällt.

6
suche zukunft und sieh vergangenheit, unerklärt, zeitverzögert, verloren.
7
bewege die wörter dort oben. lass einen buchstaben herabfallen.
8
lass ihn verglühen. verwandle ihn in staub. verdichte ihn. lass ihn landen auf
dem papier, schwarz, kometengleich. wünsch dir was.
9
entdecke, verändere, verrätsele, reich an zeichen.
10
trage nachrichten in alle zeiten.

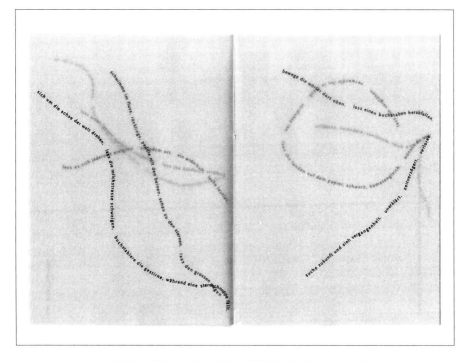

usus: satz—wechsel. 10 Ex.; Offenbach am Main 2005. Heft »allerzeiten«/Sequenz

Text aus: usus: satz—wechsel, Heft »luce die stelle«

Ich gehe durch den Raum. Während ich mich durch den Raum bewege, vergeht Zeit. Bei meiner Bewegung durch den Raum nehme ich etwas mit. Was vorher an einem Ort war, wird so an einen anderen Ort transportiert.

I am looking at the wall right in front of me. I am looking at the wall across the room. And I see: the space between the walls is my space, is my room, is my place. My room, my place, my space, my mirror. Mein Raum, mein Spiegel. Meine Haut, Falten, Krähenfüße, Narben. Alle meine Lieben, Leben, Träume, Wunden. Da ist die Wand, die Haut: sie hält zusammen und gefangen, hält geborgen und schließt ein, schützt und begrenzt, sichert und behindert. Alles gleichzeitig. Innen und außen. Gleichzeitig, aber nicht gleich.

Ich gehe durch den Raum – und stehe doch still. Ich stehe im Raum – und bewege mich doch. Der Klang meiner Stimme folgt mir voraus. Ein leises Atmen.

Sto fermo nella sala. Non mi muovo. Il tempo passa. Tengo il tempo. Nessuna parola. Nessun suono. Nessun rumore. Solo per un momento. Lascio andare. Tutto ripete dall'inizio Dov'è il silenzio? Lo senti? Normalerweise bin ich allein. Normalerweise ist es still. Normalerweise schaue ich einfach auf die weisse Wand, bis sie durchlässig wird. Dahinter öffnet sich die Vorstellung, umhüllt von den Träumen, gehalten von der Pupille, die alles in sich hineinfallen lässt.

I am walking in a room. Step by step, I am measuring the room. Step by step, from corner to corner. With each step it seems to change its size. Am I being watched? I am standing in the corner. I am looking to the centre. I am turning around. I am looking at the wall. What do I see?

Ich verleihe meiner Vorstellung Flügel, um das Schweigen zu brechen, um das leere Blatt zu fühlen, um den Raum zu beleben, um Welt zu erzählen, um der Patina eine weitere Schicht hinzu zu fügen. Zwischen Zwielicht und dem Zirpen der Zikaden, zwischen Zwetschgenkernen, zwischen zwei spitzen Steinen, zwischen zischelnden Schlangen, zwischen Zittern und Zweifel, zwischen den Zeilen, zwischen den Jahren.

Stille um mich herum. Zwischen den Schichten, zwischen den Zeilen, Spatium: ich gehe spazieren in der Zeit, im Wortzwischenraum, im Durchschuss, im Ungesagten, im klar umrissenen Nichts. How high the horizon. Indifferent light. This place is filled with my imagination. Anything left? Ich reibe den Schmutz von den verworfenen Belanglosigkeiten. Alles, was Aufmerksamkeit erfährt, beginnt irgendwann zu glänzen.

Ich schließe die Augen. Der schwarze Raum weitet sich. Falling over feeling through unlimited night. Ich erinnere mich. Il suono della poesia is without knowing.

Schattenspiele. Sulla riva del tempo / il canto dell' onda traccia il ricordo / della barca nel fondo. / Il signo della matita / traccia il sogno dell' orizzonte. / Brillare di parole / come luce di stelle.

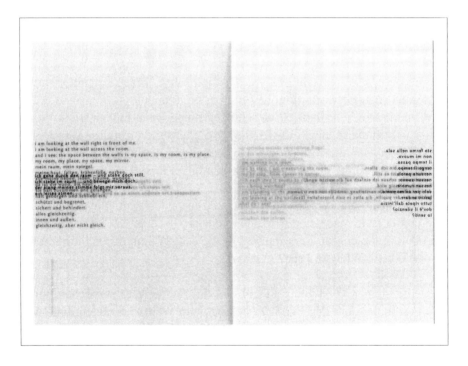

usus: satz—wechsel. 10 Ex.; Offenbach am Main 2005. Heft »luce di stelle«/Sequenz

Berbeli Wanning
Texte, die sich selber schreiben.
Anmerkungen zu poetischen Automatismen im Zeitalter dichtender Maschinen

Motto:
Die Romanform ist nicht geschaffen, um die Indifferenz oder das Nichts zu beschreiben, man müsste eine plattere Ausdrucksweise erfinden, eine knappere, ödere Form.
Michel Houellebecq

In einem Beitrag, der sich mit poetischen Automatismen und computergenerierter Literatur beschäftigt, wird das Binäre notwendigerweise zu einer Leitmetapher. Bereits 1945 wandte der amerikanische Forscher und Computervisionär Vannevar Bush das Schema des Binären auf das menschliche Denken an. In seinem Aufsatz *As we may think*, der als eines der wichtigsten Zeugnisse in der Theoriegeschichte der Rechner gilt, unterschied er in Bezug auf geistige Arbeit den „creative" vom „repetitive thought". Nur für letztere, für die repetitiven Abläufe im menschlichen Denken, hielt er eine maschinenbasierte Unterstützung für möglich.[1] In traditioneller Form dachte er die Maschine vom Menschen her, im Sinne eines benutzerdefinierten Werkzeugs. Aufgrund der intentionalen Hierarchie zwischen einem Werkzeug und seinem Benutzer, welche philosophiegeschichtlich auf den aristotelischen *organon*-Begriff zurückgeht, schloss Bush aus, dass das genuin menschliche Vermögen der Kreativität je auf Maschinen übertragen werden könnte.

Nun sind jedoch Computer keine unterstützenden Werkzeuge in diesem tradier-

---

[1] Bush (1945).

ten Sinne, denn sie sind auf Kulturtechniken ausgerichtet und haben folglich mit der Verarbeitung, Speicherung und Übertragung von Informationen zu tun. Sie sind keine neutralen Schreibzeuge, sondern Symbolmaschinen, die selbst auf alphanumerische Codes in mechanistischer Form angewiesen sind – mithin auf eine Sprache, wenn auch nicht auf eine natürliche. Gut fünfzig Jahre nach Vannevar Bush schlägt Friedrich Kittler einen Paradigmenwechsel vor, indem er sich vom *organon*-Konzept aristotelischer Prägung abwendet: Nun gilt es, das Menschsein, insbesondere dessen künstlerische Kreativität, von den verfügbaren Maschinen her zu definieren.[2] Kittlers evolutionärer Ansatz konstatiert einerseits den rasanten Verlauf der Hardwareentwicklung, schränkt jedoch andererseits diesen Befund im Zusammenhang mit der Software wieder ein. Programmiersprachen, Betriebssysteme und anwederorientierte Benutzeroberflächen – die Mensch-Maschine-Schnittstellen – bleiben so lange in diesem stürmischen Prozess hinter der Chiptechnologie zurück, solange die formalen Sprachen der Programmierung für die natürlichen transparent bleiben müssen, damit der Mensch sie versteht. Von der komplexen Selbstprogrammierung der Software, Voraussetzung entfesselter Maschinenkreativität, ist die Menschheit technologisch noch entfernt. Dennoch meint Kittler, den Tag voraussagen zu können, „an dem sich die Softwarehierarchien über einem verlorenen Objekt schließen, also Poesie werden."[3]

Wer wagt darüber zu spekulieren, wann dieser Tag kommen wird? Anknüpfend an die durch Kittler veränderte Denkrichtung im Mensch-Maschinen-Verhältnis, ergibt sich die interessante Frage, inwiefern die softwaregesteuerte „Kreativität" von fiktionalen Hypertexten in ihren Lesern oder besser Usern ihrerseits ästhetische bzw. literarische Potentiale erweckt. Im Zentrum der Erwägungen stehen deshalb rezeptionstheoretische Überlegungen, welche den Spuren folgen, die der zum Wreader[4] mutierte Nutzer digitaler Literatur durch die Texte legt.

Die wissenschaftliche Auseinandersetzung mit dem Thema wird vor allem dadurch erschwert, dass es noch kaum ein allgemein eingeführtes Vokabular zur Analyse konkreter Werke der Netzliteratur gibt. Lediglich für formale und strukturelle Untersuchungen hat sich eine Fachterminologie in Ansätzen bereits herausgebildet. Ausgehend von der Existenzvoraussetzung schlagen Roberto Simanowski und

---

[2] Kittler (1996 a), S.121.
[3] Kittler (1996 b), S.159.
[4] Wreader: Ein Begriff von George Landow, zuerst in: Landow (1992).

Johannes Auer den Ausdruck „digitale Literatur" als eine Art Dachbegriff vor, der umfassend genug ist, um die verschiedenen ästhetischen Ausdrucksformen – Text, Bild, Animation, Ton – zu subsumieren. Steht der Existenz*ort* im Zentrum der Überlegungen, spricht man von „Netzliteratur", geht es um die Struktur, verwendet man „Hypertext" als allgemeine Bezeichnung.[5] Nach Jay David Bolter ist der Begriff „interactive fiction" bzw. „Hyperfiction" binär codiert: „In its simplest form, interactive fiction requires only those two elements: episodes (topics) and decision points (links) between episodes. The episodes may be paragraphs of prose or poetry, and they may be of any length."[6] Dieser Definition ist der Bezug auf die Rezeption bereits inhärent.

Inkonsistenzen in der Begrifflichkeit sind dem wissenschaftlichen Diskurs jedoch nicht dienlich. So unterstellt Roberto Simanowski, digitale Literatur habe vor allem deshalb wenig Freunde im akademischen Bereich, weil sie erstens durch Nachbarmedien wie Bild und Ton kontaminiert sei und zweitens auf Technologie basiere. Hingegen betont Florian Cramer, das Internet sei ein genuin literarisches Medium, gar das erste neue Massenmedium, das auf alphabetischen und numerischen Codes gründe, mit anderen Worten: auf Text. So kommt Cramer zu dem Schluss: „Das Internet *ist* eine Literatur, ein Buchstabenwesen."[7] Und er sagt ganz klar, dass es die Aufgabe des Lesers ist, dessen Poesie zu finden.

In der – zugegebenermaßen fragilen – Verbindung von Kittlers Selbstreferentialität objektorientierter Softwarehierarchien mit Cramers lesergesteuerter Poesiefindung möchte ich den Ansatz der nachfolgenden, an Beispielen illustrierten Überlegungen verorten. Hinzu kommt ein für das theoretische Verständnis eminent wichtiges Kriterium: die *Medienechtheit*. Das bedeutet, die hier betrachtete Literatur existiert notwendig und ausschließlich in digitaler und über das Internet vernetzter Form; sie kann ohne diese Vernetzung ihre spezifischen ästhetischen Eigenschaften nicht realisieren. Literatur, die das Internet ausschließlich als temporäre Schreib- oder Distributionsplattform nutzt, werde ich hier aus Zeitgründen ebensowenig berücksichtigen wie diejenige, die vom Buch ins Netz migriert ist, selbst wenn sie sich dort dessen Bedingungen unterworfen hat.

---

[5] Vgl. Einige Vorschläge und Fragen zur Betrachtung digitaler Literatur, in: http://iasl.uni-muenchen.de/discuss/lisforen/siman.htm, vgl. auch: Simanowski (2001), S. 15 f.

[6] Bolter (1991), S. 121 f.

[7] Cramer (2000).

Die multimedialen Möglichkeiten des Internets haben den Auftritt und die Wirkung von Literatur stark verändert. Die Schrift tritt aus dem zweidimensionalen Raum des Papiers heraus, schwarz und weiß haben ausgedient. Stand bisher die Dynamik des Inhalts der Schrift, von Platon als adressatenfreies Umherschweifen argwöhnisch beäugt,[8] im Kontrast zur Statik ihrer Form, so dekonstruiert der Computer auch dieses binäre Verhältnis. Deshalb kann diese neue Literatur auch kaum so aussehen wie die alte. Der Vorgang ist bekannt: Schließlich hat sich eine markante narrative Form des 20. Jahrhunderts, der Film, auch nur mit und in der entsprechenden Technologie entwickeln können, woraus gefolgert werden darf: Progressive Technologien verändern zwangsläufig auch die Form der künstlerischen Herausforderung. Entsprechend klassifizieren die Autoren der Netzliteratur ihre neuartigen literarischen Formen als HyperTextGeBilde, Permutationen, Works-in-Progress, Common-writing-Projekte, maschinelle Verwortungen, Ver/Suchungen usw. Allen Formen ist eines gemeinsam: Da die Verarbeitung und Speicherung von Daten und deren Produktion und Präsentation allein durch programmbasierte Steuerung elektronischer Impulse erfolgt, werden Immaterialität und Prozeduralität zu notwendigen, weil inhärenten Kennzeichen des Textes. Hier begegnet uns die binäre Struktur erneut.

Christian Koellerer betont in seiner Untersuchung über das Verhältnis von Literatur und Netzliteratur das spezifisch Literarische der neuen Kunstform, dessen Merkmal das Sprachliche ist, was er auf den Textbegriff zurückverweist. Er schlägt als noch ausbaufähige Definition vor: „Ein Werk im Internet gehört genau dann zur Klasse der Netzliteratur, wenn es sich um einen überwiegend sprachlichen, komplex strukturierten ästhetischen Gegenstand handelt, auf den zusätzlich eines der folgenden Merkmale zutrifft: Er ist hypertextuell *oder* multimedial *oder* interaktiv."[9] Dies bedeutet, der Text wird entweder nicht-linear organisiert und präsentiert oder unterschiedliche Text-, Bild- und Tonmedien interagieren oder der Rezipient agiert als Vollender des Werks, z. B. durch offene *links*, also Verbindungen, die vom Rezipienten gefüllt werden und als Notizen, Kommentare oder als Weiterführung des Textes in das vorgegebene Autorenprodukt integriert werden können. Koellerer hat damit aus produktionsästhetischer Sicht näher ausdifferenziert, was als allge-

---

[8] „Und jedes Wort, das einmal geschrieben ist, treibt sich in der Welt herum, – gleichermaßen bei denen, die es verstehen, wie bei denen, die es in keiner Weise angeht, und es weiß nicht, zu wem es sprechen soll und zu wem nicht." Platon, Phaidros, S. 275 d.

[9] Koellerer (1999), S. 4 f.

meine technische Voraussetzung von Hyperfiction gilt – notwendig für die „Texte, die sich selber schreiben."

Kommen wir zu den Existenzvoraussetzungen: Hyperfiction existiert bekanntlich nicht eindimensional, sondern im Zusammenspiel dreier das neue Medium konstituierenden Ebenen, nämlich der technischen als Ebene der Performanz, der ästhetischen als Ebene der Repräsentation und der Vernetzungsebene, die die soziale Interaktion markiert. Der Konstanzer Literaturanthropologe und Netzwissenschaftler Reinhold Grether entwickelte eben diese Differenzierung als Modell zur Systematisierung von Netzkunstwerken weiter. Er unterscheidet zwischen Werken, die die kommunikativen Elemente von Netzkunst als soziales Phänomen erfassen, nutzen oder darauf aufbauen („soz"), solchen, die die technischen Prozesse an die Oberfläche bringen und als Teil der materiellen Bedingungen netzkünstlerischen Schaffens fassen („tech") und schließlich den oft von der Videokunst und auch der visuellen Poesie herkommenden Werken, die im wesentlichen auf den Monitor zur Präsentation multimedialer Environments setzen („desk"). Häufig lassen sich einzelne Aspekte dieser Kategorien gemeinsam an einem Werk aufzeigen.[10]

Jede dieser Ebenen möchte ich nun durch jeweils ein Beispiel nahebringen und anschließend aus der angekündigten rezeptionstheoretischen Perspektive erläutern. Überschneidungen mit angrenzenden Ebenen sind im Sinne des Gretherschen Modells nicht arbiträr, sondern konstitutiv.

Bei der inhaltlichen Auswahl habe ich mich daran orientiert, dass kleine poetische Formen die Möglichkeiten der Digitalisierung von Literatur erfolgreicher nutzen als die großen Gattungen wie Roman oder Drama – mal ganz abgesehen davon, dass Gattungsgrenzen im neuen Medium ohnehin aufgebrochen werden. Die narrativen, eher auf Linearität abzielenden Formen treffen im multidirektionale Netzwerk auf ihr strukturelles Gegenteil, was zur Folge hat, dass der Rezipient diese Diskrepanz von Form und Inhalt ausgleichen muss. Mit anderen Worten: Je stärker die nicht-lineare Organisation von Text und gegebenenfalls Bild unter Formaspekten präsentiert wird, desto linearer muss der Inhalt erscheinen, um rezipierbar zu bleiben. Sonst erlischt das Interesse des Lesers, ein ausgewogenes Verhältnis zwischen den kontingenten und den kohärenten Bausteinen eines Textes herzustel-

---

[10] Vgl. Grether (1998).

len.[11] Einfacher ausgedrückt: Wenn sich in einer Hypertext-Erzählung mittelfristig kein roter Faden findet, mag man nicht weiterlesen.

Bei den lyrischen und assoziativen literarischen Formen verhält es sich anders. Hier überwiegt die strukturbedingte Ähnlichkeit zwischen der hypertextuellen Präsentation und dem Inhalt. Typischerweise bildet in lyrischen Texten wie auch in knappen Prosaformen ein einzelnes Motiv das Zentrum vieler peripherer Überlegungen. Man kann dies durch die Baumstruktur[12] veranschaulichen und hat damit das gleiche Strukturbild, das auch zur Analyse von Hypertext genutzt wird. Dies lässt sich verdeutlichen am Beispiel der kinetischen Poesie: Der Text eines Gedichts durchläuft endlose Transformationen auf dem Bildschirm, erscheint und verschwindet, bildet Formen, Bewegungen und Modelle, die das Gedicht selbst „imitieren".

Als erstes Beispiel, welches zugleich die ästhetische Ebene oder, in Grethers Terminologie, den *desk*-Aspekt repräsentieren soll, möchte ich das Gedicht *Die Phasen der Pest* aus einer Anthologie mit dem Titel *träos – untexte* von Manfred Arens vorstellen. In dieser Sammlung sind acht Gedichte aus den beiden Bereichen Unsinnspoesie und Computerdichtung enthalten, die der Autor mittels JavaScript und Cascading Style-Sheets (CSS) verfremdet hat. Das hier vorgestellte *E fu questa pestilenza* ist Boccaccios *Dekameron* (Prima giornata) entnommen[13] und wurde durch Verwendung von Java-Applets realisiert, um die selbständige Veränderung des Textes bzw. interaktive Eingriffe in diesen zu ermöglichen.

Die multimediale Dimension des Gedichts *Die Phasen der Pest* kann hier nicht abgebildet werden, sie ist unter der URL www.muart.de/traeos/index.htm aufzurufen.

Was man unter der angegebenen Adresse sieht, ist Schrift als ein semiotisches System, das sich vom statischen Trägermedium gelöst hat. Es wechselt in der elektronischen Flüchtigkeit der neuen medialen Verbindung sein Erscheinungsbild und zeigt dabei weitere Bedeutungen, welche einerseits die Repräsentationsfunktion

---

[11] Vgl. Daiber (2000).

[12] Zur Funktion der Baumstruktur in Hyperfiction vgl. Suter (2001), S. 9.

[13] Die Auswirkung dieser Seuche/war verheerend, da sie schon/durch Umgang mit einem Kranken/auf die Gesunden übersprang. (Übersetzung von August Wilhelm Schlegel).

der Schrift betonen, andererseits über sie hinausweisen. Die Schrift wird parado-
xerweise zum Monument ihrer eigenen Instabilität. Das, was der Text auf der In-
haltsebene beschreibt – die Ausbreitung einer Seuche – simulieren die Buchstaben
der Schrift mittels sogenannter zellulärer Automaten. Der Autor Manfred Arens
erläutert dies wie folgt: Ein zellulärer Automat ist ein zweidimensionales Feld, das
verschiedene Zustände annehmen kann, hier als Farben dargestellt. Die Zustände
der Zellen werden in einem gleichmäßigen Takt nach bestimmten Regeln in Abhängigkeit vom Zustand bestimmter Nachbarzellen automatisch neu festgelegt, dabei
hat jede Farbe eine eigene Bedeutung.

Schwarzer Buchstabe: gesund und noch nicht angesteckt gewesen.
Dunkelgrauer Buchstabe: gesund, war aber bereits einmal angesteckt.
Roter Buchstabe: krank.
Hellgrauer Buchstabe: tot.

Kranke Zellen (Buchstaben) infizieren ihre gesunden Nachbarn gemäß einer vom
User veränderbaren Ansteckungsrate. Mit entsprechender, ebenso variabler Wahrscheinlichkeit stirbt die Zelle oder überlebt, d. h. der Buchstabe färbt sich hell- oder
dunkelgrau. Wenn der User das Java-Fenster öffnet, kann er nicht nur die „Infekti-
ons- und Sterberate" der Buchstaben verändern, sondern auch bestimmen, ob sich
bereits kontaminierte Zellen gegenüber einer Neuinfektion immun zeigen sollen
oder nicht. Klickt er auf den Text, kann er den gesamten Ablauf anhalten bzw. wieder in Gang setzen.

Der Einfluss der visuellen Poesie auf dieses Gedicht ist evident. Da die Animation am Monitor präsentiert werden muss, veranschaulicht es exemplarisch die Ebene des „desk". Zugleich ist es ein genuin netzliterarisches Werk, denn anders als
bei einem „Trickfilm" ist die interaktive Einflussnahme für das Verständnis tieferer
Bedeutungsschichten notwendig. Es ist also medienecht. Indem durch das Java-Ap-
plet technische Prozesse zu einem Teil der materiellen Bedingung des literarisch-
künstlerischen Schaffens werden, repräsentiert *E fu questa pestilenza* zugleich die
Ebene des „tech". Richten wir unsere Aufmerksamkeit noch einmal auf die Schrift,
dann hat sie hier durch den Transfer in die Digitalität Eigenschaften gewonnen,
die der Druckform fremd sind. Die Schrift wird veränderbar und beweglich, was
zwangsläufig Auswirkungen auf ihre Bedeutungs- und Repräsentationsfunktion
hat. Der Autor spielt mit diesen Möglichkeiten, aber es ist der Rezipient, der als
Wahrnehmender die Veränderungen der beiden Aspekte registriert. Auf diese Weise
werden die technische, die darstellend-semiotische bzw. ästhetische und die soziale

Ebene durch die Rezeptionstätigkeit korreliert – eine durchaus „kreative" Leistung des Lesers.

Das zweite Beispiel soll den Aspekt der sozialen Vernetzung („soz") noch deutlicher veranschaulichen. In Guido Grigats Schreibprojekt *23:40 – Das Gedächtnis. Ein Literatur-Projekt* geht es um das Erinnern. Der Autor wählte die 1440 Minuten des Tages, um 1440 Web-Seiten von einem „kollektiven Gedächtnis" füllen zu lassen, an dem jeder mitwirken kann. Wie es in der Natur der Common-writing-Projekte liegt, sind die veröffentlichten Beiträge von sehr unterschiedlicher Qualität. Interessant ist in unserem Zusammenhang der „Automatismen" weniger die inhaltliche Seite des Projekts, sondern der neuartige Zugriff auf die Texte, welcher nur in streng restriktiver Form möglich ist. Dies überrascht im flexiblen, allzeit verfügbaren Medium Internet. Dem Leser bleibt nur eine Minute Zeit, die jeweilige Erinnerung zu lesen, bevor ihm der Text automatisch entzogen wird. Es können lange Minuten vergehen, bis wieder eine andere Erinnerung erscheint, denn noch sind trotz der bereits fast siebenjährigen Laufzeit erst 868 Minuten, also etwa 60 % des Tages[14] mit Erinnerungstexten gefüllt.

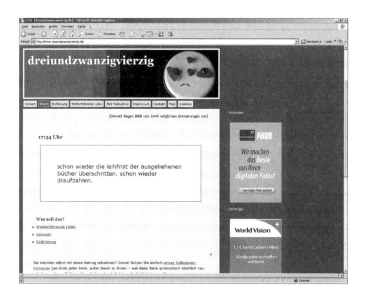

---

[14] Stand vom 1.3.2006.

Das Projekt wurde im Ettlinger Internet-Literaturwettbewerb 1999 vor allem wegen seines subversiven Spiels mit der Rezeptionserwartung preisgekrönt. Und in der Tat ist die Verweigerung der ständigen Verfügbarkeit der Texte das hervorstechendste Merkmal, das dieses Mitschreibprojekt aus rezeptionstheoretischer Sicht von anderen unterscheidet. Der Leser muss sich einerseits in Geduld fassen, bis ein Text erscheint. Andererseits gerät er in Zeitnot, wenn er an einen längeren Text gerät, von dem er auf einen Blick sieht, dass er nicht in einer Minute gründlich zu lesen ist.

Kommen wir auch hier auf den Aspekt der Schriftlichkeit zu sprechen, so lässt sich folgendes festhalten: Ein Kennzeichen der schriftlichen Kommunikation gegenüber der mündlichen ist ihre Situationsentbindung, d. h. Urheber und Adressat müssen nicht gleichzeitig anwesend sein. Das Projekt *23:40* gebraucht Schriftlichkeit jedoch teilweise zu den Bedingungen der Mündlichkeit, indem es eine gemeinsame Zeit zugrunde legt. Der Leser muss sich gleichsam mit „seinem" Text verabreden – eine Situation, die sonst nur von den zeitbasierten Medien Radio und Fernsehen her bekannt ist. Die Präsentationsform von *23:40* mit ihrem „Leseautomatismus" durchbricht also in verschiedener Hinsicht unsere Rezeptionsgewohnheiten sowie unseren Umgang mit schriftlicher Kommunikation.

Die automatisierte chronologische Verknüpfung ist die einzige Repräsentationsstruktur des Projekts. Die jeweiligen Minutentexte selbst sind linear angelegt, von ihnen aus lässt sich kein Link schalten. Die hier vorgestellte Erinnerungsminute 12.10 Uhr wurde willkürlich ausgewählt, das Datum ist irrelevant, es zählt allein die Uhrzeit: Ein Ich-Erzähler berichtet von seiner offenbar verzweifelten Situation, die ihn an Selbstmord denken lässt, als etwas geschieht, das ihm das Bewusstsein raubt:[15]

---

[15] Der Text ist nur um 12.10 Uhr nachzulesen unter www.dreiundzwanzigvierzig.de.

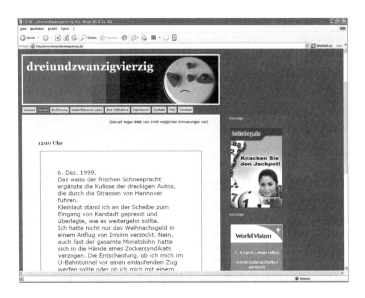

Der kurze Text eines unbekannten Autors ist vollkommen isoliert, weil es keine dynamische Vernetzung gibt. In der vorhergehenden Minute ist eine kleine Reflexion über Mückendreck auf dem Bildschirmglas zu lesen, ohne evidenten Sinnzusammenhang mit dem oben angeführten Beispieltext. Der einzige Zusammenhang besteht in der Chronologie der Ereignisse im Abstand von jeweils einer Minute, losgelöst vom Datum, fixiert im regelmäßig wiederkehrenden Minutentakt eines 24-Stunden-Rhythmus. Es existiert keine Fortsetzung des Minutentexts 12.10 Uhr, obwohl die Auslassungspunkte am Schluss diese suggerieren. Wer darauf hofft, wird enttäuscht: In der folgenden Minute erscheint die Aufforderung an den Leser, für diesen bisher nicht erinnerten Moment selbst einen Beitrag zu verfassen und einzusenden.

Kommen wir zurück auf die Ausgangsfrage, inwiefern softwaregesteuerte „Kreativität" ästhetische Potentiale im Leser weckt, so lässt sich an diesem Beispiel folgendes zeigen: „Kreativität" entsteht aus dem Abwesenden. Die Leerstelle der unbeschriebenen Minute macht durch ihr „schriftliches" Schweigen aus dem Rezipienten einen zumindest potentiellen Produzenten. Da dies zu den Bedingungen der mündlichen Kommunikation geschieht (Zeit-Identität), gibt es ein räumlich verstreutes Publikum, das gemeinsam von diesem Schweigen erfährt, wodurch jeder einzelne zur Erinnerung aufgefordert wird. Das Projekt *23:40* erreicht diese Provokation gerade in den „schweigenden" Minuten. Diese werden freilich abnehmen, je mehr Beiträge erscheinen, wodurch sich die Anzahl der freien Schreibplätze kontinuierlich verringert. Dann endet zwar das geduldige Warten auf den nächsten Text, doch wird es ersetzt durch die Hektik des Wreaders, noch einen freien Platz zu finden, bis das Projekt mit 1440 Textminuten vollendet sein wird.

Jedes kollektive Schreibprojekt ist ein System der wechselseitigen Leser-Autorschaft. Es ist gekennzeichnet vom ständigen Rollentausch der Leser-Autoren und deshalb notwendigerweise weniger ergebnis- als vielmehr prozessorientiert aufgebaut. Bei *23:40* ist dies etwas anders, es ist von vornherein begrenzt. Prozessorientiert ist es insofern, als es eine Dialektik des Mangels erzeugt: Gerade die Abwesenheit von Schrift führt zur Produktion von Schrift.[16] Nach Beseitigung des Mangels auf der Rezeptionsebene entsteht ein Mangel auf der Produktionsebene, weil eine endliche chronologische Ordnung das sonst in Projekten dieser Art vorherrschende Prinzip der offenen Dynamik ersetzt.

Um deutlich zu machen, was unter dynamischen Vernetzungsstrategien zu verstehen ist, möchte ich als drittes Beispiel ein avanciertes Netzliteratur-Projekt anführen, das mittels automatischer Verlinkungsroutinen ein wesentliches Kennzeichen des Schreibens im Netz zum Hauptparadigma erklärt: den Link, das „Inter" bzw. „Hyper" dieser Texte, mit Bolters Worten: den „decision point". Es handelt sich um den *Assoziations-Blaster* von Alvar Freude und Dragan Espenschied. Mit diesem Beispiel soll insbesondere die „tech"-Ebene hervorgehoben werden, weshalb ich hier auf inhaltliche Aspekte nicht näher eingehe.[17]

Die Autoren – oder besser: Administratoren – stellen ihr Projekt wie folgt vor: „Der Assoziations-Blaster ist ein interaktives Text-Netzwerk, in dem sich alle eingetragenen Texte mit nicht-linearer Echtzeit-Verknüpfung (TM) automatisch miteinander verbinden."[18] Die sogenannten Linkgewalt wird damit völlig der Maschine überantwortet, was zur Folge hat, dass die einzelnen Beiträge nicht in einer determinierbaren Reihenfolge, sondern nur sprunghaft und fremdgesteuert gelesen

---

[16] Simanowski, Roberto: Die Ordnung des Erinnerns. Kollektives Gedächtnis und digitale Präsentation am Beispiel der Internetprojekte Das Generationenprojekt und 23:40, in: Internet-Adresse fehlt noch.

[17] Zur inhaltlichen Analyse vgl. Simanowski (1999).

[18] http://www.assoziations-blaster.de, Startseite.

werden können. Der Automatismus wird ausgelöst, wenn der Wreader seinen Beitrag zu einem Stichwort des gerade geöffneten Textes verfasst. Verwendet er dabei
Worte, die bereits indexiert sind, werden diese automatisch verlinkt. Zur „Beloh-
nung" erhält der Schreiber sofort eine ironisierende „Bewertung" seines Textes und
darf gegebenenfalls eine neues eigenes Stichwort einfügen.

Auf diese Weise werden alle eingebrachten Texte zu Bestandteilen einer sehr
großen Datenbank, auf die über automatisierte „flüssige Links"[19] zugegriffen wird.
Diese wiederum sind für das Lesen der Texte relevant: Während die eingegebenen
Texte mit den vorhandenen dauerhaft verlinkt werden, hält die Verlinkung beim
bloßen Seitenaufruf nur einen Augenblick: ein Zufallsgenerator verlinkt zu weiteren Texten derselben Rubrik. Jeder Leseweg ist also einzigartig, Wiederholungen
gibt es nicht, außer per Zufall mit einer allerdings geringen Wahrscheinlichkeit.

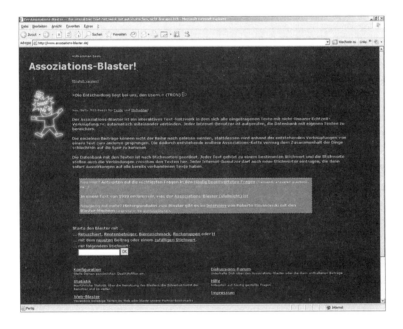

Ich habe nun zu dem frei gewählten Stichwort „Leonardo" mehrere Seiten gefun-

---

[19] Vgl. Simanowski (1999).

den, von denen ich hier eine exemplarisch zeigen möchte. Man sieht auf einen Blick den hohen Grad der Verlinkung dieser Texte, welcher schier unübersehbare Ketten von Assoziationen ermöglicht, die sich – inhaltlich gesehen – von dem ursprünglichen Stichwort „Leonardo" in alle Richtungen entfernen. Dies liegt daran, dass die Verlinkungsroutinen nur auf die Homographie der Worte reagieren, ohne die semantische Ebene zu berücksichtigen. Die Programmierung des *Assoziations-Blasters* orientiert sich nicht am Prinzip des *Datamining*, wonach die aus den Texten gefilterten Daten gewichtet geordnet werden, sondern sammelt einfach alle morphologisch gleichen Worte und verbindet sie.

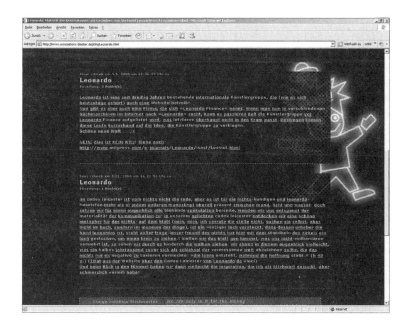

Für den Rezipienten stellt sich nun das Problem, aus dieser automatisch generierten Datenflut einen assoziativen Zusammenhang herzustellen. Möglicherweise ist der Leser hier der Poesie des Netzes auf der Spur, die zu finden – der These Cramers zufolge – seine genuine Aufgabe ist. Christiane Heibach macht diese Hoffnung jedoch zunichte, indem sie feststellt: „Der Link wird durch die Automatisierung völlig entsemantisiert, das Zufallsprinzip der Textauswahl verhindert jegliche 'Sinnkonstruktion', die Absicht des Projektes besteht somit einzig und allein in der

Animation zur Produktion und in der Vernetzung der Assoziationen."[20] Über den Zusammenhang von Hyperlink und Hypertext wird aktuell auch unter funktionalen Aspekten diskutiert. Beat Suter stellt hier die beunruhigende Frage nach der „technischen Ornamentalisierung des Banalen".[21] Ist der „Sinn" abgeschafft und die Textkohärenz entfallen?

Offensichtlich ist es so, dass die Produktion von Textkohärenz keine produktionsästhetische Leistung mehr ist. Der Leser kann sich also nicht dem ruhigen Fluss eines Textes überlassen und das Gelesene imaginieren, sondern muss handeln bzw. entscheiden, d. h. in diesem besonderen Fall: ein Stichwort auswählen und weiterklicken und/oder sogar mitschreiben. Aus der stillen Kontemplationslektüre herkömmlicher Texte wird die bewegte Perfomance-Lektüre im Hypertext – ein Prozess, den Michael Böhler als „Externalisierung des Imaginären" bezeichnet.[22] Durch diese komplexe Form der Mitarbeit taucht der Leser-Autor in den virtuellen Raum ein, in dem er sich den Assoziationen hingeben kann, die ihm die Maschine liefert. Liegt hierin die spezifische Netz-Poesie verborgen?

Es bleibt ja die Frage offen, ob die Immersion gelingt. Für Christian Köllerer verbirgt sich hinter dem „Eintauchen" ein vormodernes Konzept, aus dem sich keine netzliterarische Ästhetik entwickeln lässt.[23] Gerade im Falle des *Assoziations-Blasters* mit seiner extremen Verlinkungsstruktur ist außerdem an ein Argument Peter Matusseks zu erinnern, der befürchtet, dass der vermeintliche Assoziationsreichtum direkt in eine „Dissoziationswüste" führe. Durch die „schiere Auslöschung von Bedeutung durch Dissoziation ihrer Komponenten" wird der Sinnzusammenhang schlichtweg vergessen.[24] Wenn Freude und Espenschied auf der Startseite mit der Aussicht locken, dass die „endlose Assoziations-Kette ... dem Zusammenhalt der Dinge schlechthin auf die Spur zu kommen [vermag]", darf man dies deshalb nur als ironische Zuspitzung verstehen. Tatsächlich bildet die fehlende Kohärenz – ähnlich wie im Projekt *23:40* – einen wichtigen Distanzierungsmechanismus, der die Immersion des Lesers verhindert. Sonst droht der User von Netzliteratur in den Sog einer problematischen Situationsvergessenheit zu geraten, die die Gefahr

---

20 Vgl. Heibach (1999).
21 Suter (2005).
22 Vgl. Böhler (2000).
23 Köllerer (1999).
24 Matussek (1998), S. 277.

eines Verlusts an Selbstreflexivität birgt. Bei aller „Externalisierung des Imaginären" darf nicht übersehen werden, dass es dennoch stets die eigenen Vorstellungen sind, die das „Geschehen" im virtuellen Raum erst konstituieren. Die vorgestellten Beispiele haben gezeigt, dass und inwiefern automatisierte Textverfahren die individuellen Vorstellungen beeinflussen können.

Möglicherweise liegt die Poesie des Netzes nicht in der Immersion, sondern lässt sich nur mit Distanz aufspüren – zumindest bis zu dem Zeitpunkt, an dem die Softwarehierachien selbst Poesie werden, wie Kittler prophezeit. Bis dahin dürfen wir – in Anlehnung an Wolfgang Welsch – die Netzliteratur als den praktischen Vollzug transversaler Vernunft interpretieren, welche ein Vermögen ist, Übergänge zu denken. Transversale Vernunft ist kein *arche*, sondern realisiert sich in Prozessen. Übertragen auf die Ästhetik und Poesie des Netzes, lässt sich formulieren: Digitale Literatur ist nicht, sie geschieht.[25]

Literatur

Alle URL wurden zuletzt am 1. März 2006 überprüft.

Arens, Manfred (2000): träos. Unsinnspoesie und Computerdichtung, Bahrdorf: muArt, 4. Aufl., URL: www.muart.de/traeos/index.htm.
Böhler, Michael (2000): Diskussionsforum IASL; These IV, URL: http://iasl.uni-muenchen.de/lisforen/netzkun.htm.
Bolter, David Jay (1991): Writing space, Baltimore.
Bush, Vannevar (1945): As we may think, in: The Atlantic Monthly, URL: www.theatlantic.com/unbound/flashbks/computer/bushf.htm, (Deutsche Übersetzung: www.uni-paderborn.de/~winkler/bush_d.html).
Cramer, Florian (2000): Warum es zuwenig interessante Netzdichtung gibt. Neun Thesen. URL: http://cramer.plaintext.cc:70/essays/warum_es_zuwenig_interessante_netzdichtung_gibt,DAIBER, Jürgen (2000): „Ut pictura poesis" – oder: Ars poetica für Hyperfiction, URL: www.dichtung-digital.de/Forum-Kassel-Okt.00/Daiber/index.htm.
Grether, Reinhold (1998): Hier geht's um die Weltrevolution der Netze, URL: http://www.netzwissenschaft.de/index.html.
Heibach, Christiane (1999): Literatur im Internet. Theorie und Praxis einer kooperativen Ästhetik, Heidelberg.
Heibach, Christiane (2003): Literatur im elektronischen Raum, Frankfurt a.M.
Houellebecq, Michel (2000): Ausweitung der Kampfzone, Reinbek b. Hamburg.
Kittler, Friedrich (1996 a): Farben und/oder Maschinen denken, in: Synthetische Welten. Kunst,

---

[25] Vgl. Welsch (1995), S. 764. Vgl. auch: Suter (2000).

Künstlichkeit und Kommunikationsmedien, Essen, S. 119-132, URL: www.hydra.umn.edu/ kittler/farbe.htm.

Kittler, Friedrich (1996 b): Wenn das Bit Fleisch wird, in: Hyperkultur. Zur Fiktion des Computer zeitalters, Berlin.

Köllerer, Christian (1999): Die feinen Unterschiede. Über das Verhältnis von Literatur und Netzlite-ratur, URL: www.koellerer.de/unterschiede.htm.

Köllerer, Christian (1999): Die feinen Unterschiede. Über das Verhältnis von Literatur und Netzlite-ratur, in: Literatur und Kritik S. 339/340, URL: www.koellerer.de/unterschiede.htm.

Landow, George (1992): Hypertext. The Convergence of Contemporary Critical Theory and Techno-logy, Baltimore.

Matussek, Peter (1998): Hypomnemata und Hypermedia. Erinnerung im Medienwechsel: die plato-nische Dialogtechnik und ihre digitalen Amplifikationen, in: DVjS, 72. Jg., Sonderheft, S. 264-278.

Platon (1958): Phaidros, in: Sämtliche Werke Bd. 4, nach der Übersetzung von Friedrich Schleier macher hrsg. von Walter F. Otto, Ernesto Grassi, Gert Plamböck, Reinbek bei Hamburg.

Simanowski, Roberto (1999): Assoziations-Blaster. Alvar Freudes und Dragan Espenschieds Schreibprojekt, in: www.dichtung-digital.de/Simanowski/27-Okt-99.

Simanowski, Roberto (2001): Von der Lyrikmaschine zum Internetroman, in: Der Deutschunterricht 2/2001, S. 15-30.

Simanowski, Roberto: Die Ordnung des Erinnerns. Kollektives Gedächtnis und digitale Präsentation am Beispiel der Internetprojekte Das Generationenprojekt und 23:40, URL: www.dich-tung-digital.de/simanowski/30-dez-99.

Suter, Beat (2000): Ein neues Literaturmilieu (zwischen Transfugalität und „Eventualität"), URL: www.dichtung-digital.de/Forum-Kassel-Okt-00/Suter/index.htm.

Suter, Beat (2/2001): Hyperfiction – ein neues Genre, in: Der Deutschunterricht 2/2001, S. 4-14.

Suter, Beat (2005): Der Hyperlink in der Lektüre. Pause, Leerstelle oder Flucht? URL: www.dich-tung-digital.org/2005/2-suter.htm.

Welsch, Wolfgang (1995): Vernunft. Die zeitgenössische Vernunftkritik und das Konzept der trans-versalen Vernunft, Frankfurt/M.

M ichael Becker-Mrotzek[1]
Gutachten in der Sozialarbeit

Ein Gutachten ist nach Auskunft des Brockhaus (2001) eine „Aussage eines Sachverständigen in einer sein Fachgebiet betreffenden Frage". Hinzuzufügen ist, dass es sich hierbei in der Regel um eine strittige Frage handelt und dass das Gutachten von Dritten in Auftrag gegeben wird. Sie liegen zudem in der Regel schriftlich vor, auch wenn sie unter bestimmten Umständen zusätzlich mündlich vorgetragen werden, beispielsweise in einer Gerichtsverhandlung oder Expertenanhörung. Gutachten beziehen sich inhaltlich auf natürliche, technische, soziale oder sonstige Sachverhalte und machen Aussagen über zurückliegende, aber auch Prognosen über künftige Entwicklungen.

Dazu nutzen sie in erster Linie die Sprache, aber auch andere Symbolsysteme wie Tabellen, Abbildungen, Zeichnungen, Diagramme etc. Erst in der sprachlichen Darstellung werden die strittigen Zusammenhänge hergestellt; erst die Sprache schafft den Zusammenhang ansonsten disparater Phänomene. Im folgenden Artikel soll es um die sprachlich-kommunikativen Aspekte von Gutachten bzw. gutachterlichen Stellungnahmen in der Sozialarbeit gehen. Insbesondere um solche, die in der Familien- und Jugendhilfe als Grundlage für gerichtliche oder administrative Entscheidungen dienen. Konkret wird danach gefragt, welche Anforderungen sich aus der Funktion von Gutachten an ihre sprachliche Form ergeben.

---

[1] zuerst erschienen in: Siegen: Sozial, Heft 2/2003, S. 17-21.

Gutachten als Text

In der Sprachwissenschaft hat sich mit der Textlinguistik eine eigene Teildisziplin herausgebildet, die sich mit der Frage befasst, was Texte sind und wie sie funktionieren. Ganz allgemein kann man sagen, dass unter Texten diejenigen sprachlichen Handlungen verstanden werden, die zum Zwecke ihrer Überlieferung gespeichert werden. Ihre Besonderheit wird besonders deutlich, wenn man sie mit Gesprächen vergleicht. Hier stehen sich zwei (oder mehr) Personen von Angesicht zu Angesicht gegenüber (= face-to-face Kommunikation).

Auf diese Weise ist ein einheitlicher, gemeinsamer Handlungsraum gegeben, auf den sich beispielsweise alle zeigenden Ausdrücke wie *ich* und *du, hier* und *dort, jetzt* und *dann* beziehen. Des Weiteren signalisieren sich die Beteiligten fortlaufend ihr gegenseitiges Verstehen, so dass bei Missverständnissen sogleich entsprechende Sicherungsverfahren wie Nachfragen oder Erläuterungen einsetzen können. Gespräche nehmen gewissermaßen diesen gemeinsamen Rahmen ganz selbstverständlich in Anspruch, indem sie das geteilte Wissen für die Verständigung nutzen.

Texte unterscheiden sich von Gesprächen nun dadurch, dass die gemeinsame Sprechsituation aufgelöst ist, sie wird zerdehnt (Ehlich 1983). Zwischen Sprecher und Hörer tritt an die Stelle des Schalls ein neues, dauerhaftes Medium, so dass Äußerungsproduktion und -rezeption auseinander fallen:

Sprecher und Hörer stehen sich nicht mehr unmittelbar gegenüber, sondern sind durch den Text verbunden, der zwischen sie tritt. Damit ist eine Reihe systematischer Änderungen der Kommunikationsbedingungen verbunden. So führt der Verlust des gemeinsamen Rahmens dazu, dass Texte ihren Kontext selber schaffen müssen, indem sie Angaben über ihren Zusammenhang machen, beispielsweise in Form von expliziten Angaben über Funktion und Sachverhalt: *Bedienungsanleitung für ..., Gutachten über ..., Beschwerde wegen ...* Darüber hinaus geben sie in der Regel Auskunft über Verfasser, Adressaten und Zeitpunkt der Erstellung. Auf diese Weise schaffen sie den Rahmen, der in Gesprächen immer schon gegeben ist und der Voraussetzung für das Verständnis des eigentlichen Inhalts ist. Das gilt auch und gerade für Gutachten, die   wenn sie dem Auftraggeber einmal übergeben sind – gewissermaßen ein Eigenleben führen. Sie müssen aus sich selbst heraus verständlich sein.

Gutachten als Forschungsgegenstand

Allerdings sind die sprachlich-kommunikativen Aspekte von Gutachten sowohl von der Linguistik als auch von anderen Disziplinen bislang nur ansatzweise untersucht. So gibt es im Band *Textlinguistik* der Handbücher zur Sprach- und Kommunikationswissenschaft von (2000) weder einen eigenen Artikel noch einen Registereintrag „Gutachten". Diese Situation steht in augenfälligem Kontrast zur Bedeutung, die Gutachten in den verschiedenen öffentlichen Diskursen haben, beispielsweise über ökologische (Gentechnik), ethische (Reproduktionsmedizin) oder soziale Fragen (soziale Sicherungssysteme). Mit dem Zuwachs an gesellschaftlichem Wissen und der damit verbundenen zunehmenden Spezialisierung werden wir alle auf immer mehr Gebieten zu Laien, die auf Expertenwissen anderer angewiesen sind. Eng verbunden mit der Wissensflut ist eine Ausweitung und Differenzierung der sog. Fachsprachen; jede Disziplin bildet ihren eigenen Fachwortschatz (Terminologie) und ihren eigenen Jargon aus.

Gutachten sind Teil eines komplexen Handlungszusammenhangs, der in weiten Teilen institutionalisiert ist und der sich wie folgt beschreiben lässt. Eine bestimmte Konstellation der Wirklichkeit (= Vorgeschichte) führt zu einer Situation, in der eine Institution (Verwaltung, Gericht) eine Entscheidung treffen muss, die in unserem Fall einen Eingriff in die Persönlichkeitsrechte Dritter bedeutet. Scheidung oder Tod der Eltern, massive schulische Probleme und Ähnliches verlangen beispielsweise von den zuständigen Behörden eine Entscheidung, was mit dem Kind geschehen soll. In dieser Situation wird ein Gutachten angefordert, weil unklar ist, welche von mehreren möglichen Handlungsoptionen die beste ist. Die Frage wird an den Gutachter gegeben, der dann die Aufgabe hat, die Vorgeschichte zu explorieren, um auf dieser Grundlage eine prognostische Aussage darüber zu machen, was für die künftige Entwicklung des Kindes das Beste sei. Konstitutiv für Begutachtungen sind also eine Fragestellung (Entscheidung), die Exploration der Vorgeschichte sowie eine prognostische Empfehlung für künftiges Handeln. Graphisch lässt sich dieser Zusammenhang als Praxeogramm wie folgt darstellen:

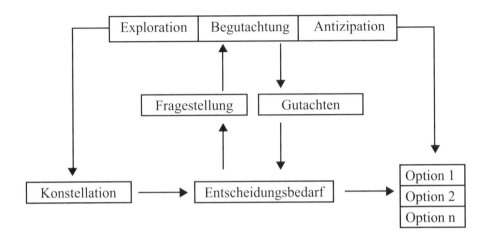

Praxeogramm „Gutachten"

Wie sich das in Gutachten sprachlich niederschlägt, wird weiter unter behandelt.
Mit Gutachten im Umweltbereich beschäftigt sich ein Sammelband von Kerth
(1997), in dem ausführlich auf ethische, sprachliche, juristische, politische und
technische Fragen eingegangen wird. Einen Leitfaden für psychologische Gutachten enthält die Arbeit von Boerner, die (1980) in der ersten und (2004) in der siebten
Auflage erschienen ist. Boerner gibt im ersten Teil dezidierte Hinweise zum Aufbau
und zur Darstellung von Gutachten, die bis hin zu genauen Formulierungsvorschlä-
gen reichen. Er schlägt folgenden Aufbau vor:
   0) Erste Seite mit präzisen Angaben über den Gutachter, Auftraggeber und
       Fragestellung
   1) Möglichst sachliche Darstellung des bisherigen Sachverhalts
   2) Darstellung der psychologischen Untersuchung mit präzisen Angaben
       über Ort, Zeit und Rahmen der Untersuchung sowie der
   3) Stellungnahme zur Fragestellung

Mit der Funktion von Akten in Gerichtsverfahren befasst sich die Arbeit von Seibert (1981). Er untersucht, auf welche Weise Akten Wirklichkeit und Sinn stiften.
Denn in ihnen schlägt sich die juristische Rekonstruktion der Wirklichkeit nieder;
überspitzt formuliert: Nur was aktenkundig ist, ist auch real. Seibert sieht die Akte
nicht als isoliertes Textstück, sondern als Teil des institutionellen Handlungszusam-

menhangs. In seinen Analysen von Diebstahls-Akten kann er zeigen, wie einzelne Aktionen der Beschuldigten systematisch (um-)gedeutet werden als Bestandteile des Handlungsmusters DIEBSTAHL. Verlässt beispielsweise ein Kunde das Geschäft mit einer unbezahlten Hose, *um sie bei Tageslicht zu betrachten* oder aber, *weil er sie stehlen will?* In den Aktenanalysen wird deutlich, dass Handlungsbeschreibungen immer auch schon Deutungen und Interpretationen enthalten, die an Perspektiven und Interessen gebunden sind.

Gutachten in der Sozialarbeit

Gutachten in der Sozialarbeit sind Thema der Arbeit von Lindemann (1998). Unter dem Titel „Objektivität als Mythos" geht er der Frage nach, wie in gutachterlichen Stellungnahmen soziale Wirklichkeit hergestellt wird. Diese Frage ist nicht nur von theoretischem, sondern vor allem auch von praktischem Interesse. Denn die in den Gutachten abgegebenen Beurteilungen und Prognosen sind wegen des Beurteilungsspielraums der gerichtlichen Überprüfung weitgehend entzogen. Amtsgerichte sind an die sozialpädagogischen Beurteilungen gebunden, so dass sie diese etwa bei der Entscheidung über Eingriffe in das Sorgerecht nicht durch eigene Einschätzungen des Kindeswohls ersetzen können. Aus dieser starken Stellung leitet Lindemann die Forderung ab, dass Gutachten die Wirklichkeit der Betroffenen möglichst adäquat und transparent zu erfassen haben.

Für seine empirische Analyse von insgesamt 30 Gutachten unterscheidet er in Anlehnung an Habermas drei Welten, nämlich die objektive äußere Welt, die soziale Welt des Handelns und die subjektive Welt des Einzelnen. Das ist erforderlich, um Aussagen in Gutachten beurteilen zu können. So können Aussagen über die objektive Welt wahr sein, Verhaltensweisen als Teil der sozialen Welt können unter Bezug auf Normen als richtig eingeschätzt werden und Äußerungen über die subjektive Welt können als glaubhaft gelten. Das vielleicht wichtigste Resultat der Untersuchung ist, dass die Gutachten nicht offen legen, wie sie zu ihren Ergebnissen kommen. Für Dritte ist nicht nachvollziehbar, auf welcher Grundlage Einschätzungen und Empfehlungen ausgesprochen werden. 78% aller Untersuchungseinheiten (= zusammenhängende Äußerungen) thematisieren den Klienten und seine Lebensumstände, und zwar ohne anzugeben, wie diese soziale Wirklichkeit erhoben wurde und welche Maßstäbe bei ihrer Beurteilung zugrunde gelegt werden. So befassen sich nur 2,1% aller Untersuchungseinheiten mit der Gültigkeit von Aussagen, und nur 0,5% explizieren zugrunde liegende Werte, Normen und Bezugssysteme. Eine getrennte Darstellung von Exploration und Stellungnahme, so wie sie Boerner (1993) fordert, findet sich in der Regel nicht. Stattdessen wird die Gültigkeit von Aussagen und Empfehlungen implizit unterstellt:

- Die Explorationssituation wird in zwei Drittel der Gutachten überhaupt nicht angesprochen (Lindemann 1998, S. 144).
- Aussagen finden sich überwiegend ohne Angaben, wer der Sprecher ist.
- Objektivierende Aussagen beziehen sich auf biographische Fakten, wertende auf das Verhalten der Klienten.
- Angaben zum Kontext der Erhebung finden sich in nur 1% der Untersuchungseinheiten; befriedigende Beschreibungen überhaupt nicht.

Beispielanalyse

Betrachten wir nun ein Gutachten des Jugendamtes über die Ehemündigkeit einer 16-Jährigen. Das Gutachten ist anonymisiert, die ursprüngliche Schreibung und Formatierung beibehalten:

1.	**Betreff: Familiensache N, Antrag auf Ehemündigkeit von Sabine N.**
2.	Die Familie N. ist dem Jugendamt im Rahmen des Antrags auf Ehemündigkeit bekannt geworden.
3.	Es wurde ein gemeinsames Gespräch mit der Mutter und der Tochter geführt.
4.	Die Antragstellerin ist 16 Jahre, besucht die 10. Klasse einer Hauptschule und plant ab Sommer das Berufskolleg [...] zu besuchen mit Zielrichtung Fachschule für XY. Ihre Leistungen in der Schule sind durchschnittlich.
5.	Die Antragstellerin kennt Herrn Mechmed A. seit November 2000 und hat ihn auf einer Feier im Bekanntenkreis kennengelernt. Im Gespräch äußerte Sabine N. widerholt, dass sie sich sicher sei und es sich lange überlegt hätte, jetzt schon zu heiraten. Sie wolle ihren Verlobten, Herrn A. aus Angst er würde sonst abgeschoben heiraten. Diesbezüglich machte sie Äußerungen wie: „Wenn er gehen muß gehe ich mit" und dass sie sich dann aus Trauer nicht mehr auf Schule und Zukunftsplanung konzentrieren könne. Herr A. ist Asylbewerber und in erster Instanz wurde sein Antrag auf Asyl abgelehnt. Über den Widerspruch ist noch nicht entschieden. Zur Zeit führen die Verlobten eine Beziehung auf Distanz, da Herr A. im Raum W. in einem Wohnheim zugewiesen ist und nur selten zu Besuch kommen kann. Die Besuche werden von den Eltern von Sabine N. finanziert.

6.	Sowohl Mutter als auch Tochter konnten glaubhaft versichern, dass die Beziehung der Antragstellerin zu Herrn A. auf Dauer angelegt ist. Er sei zwar der erste feste Freund von Sabine, aber sie hatte sich schon vorher dazu entschieden, „jungfräulich" in die Ehe zu gehen. Einen ernsthaften Konflikt zwischen den Verlobten habe es bis jetzt noch nicht gegeben und die bisher vorgekommenen Meinungsverschiedenheiten wurden als „Kinderkram" und somit als unerheblich bezeichnet. Kinderwunsch besteht, jedoch sind die Partner sich darüber einig, dass zunächst die berufliche Ausbildung im Vordergrund stehen soll.
7.	Die unterschiedliche Herkunft bzgl. Kultur und Religion werden als gänzlich unproblematisch beschrieben.
8.	Die Mutter der Antragstellerin teilte mit, dass Herr A. die Antragstellerin nach seinen Möglichkeiten unterstützt und darauf achtet, dass sie ihren Verpflichtungen nachkommt. Entscheidungen, die die Zukunft betreffen würden jedoch im Einvernehmen getroffen.
9.	Zusammenfassend kommt hiesige Stelle zu der Auffassung, dass die Antragstellerin auf Grund ihres Alters und Entwicklungsstandes nicht in der Lage ist eine so weitreichende Entscheidung zu treffen. Sabine N. ist in ihrer Entwicklung und Reife eine altersentsprechend entwickelte Sechszehnjährige. In Bezug auf Entscheidungen und zukünftige Lebensplanung wird von hiesiger Seite eine überdurchschnittliche Reife bezweifelt, da alles als unproblematisch geschildert wird. Das Ehepaar hätte keine gesicherte Existenz und wäre auf unbestimmte Zeit finanziell abhängig von den Eltern der Antragstellerin. Sie ist noch Schülerin und er hat keinen gesicherten Aufenthaltsstatus und somit keine Arbeitserlaubnis. Inwieweit die Beziehung tragfähig ist, dass eine Dauerperspektive abzusehen ist, lässt sich von hier aus nicht beurteilen.
10.	Von Jugendamtsseite wird empfohlen den Antrag auf Ehemündigkeit abzulehnen.
11.	Im Auftrag

Das Gutachten macht keine Angaben, für wen das Gutachten erstellt wird. Auch die Explorationssituation wird nur minimal beschrieben; Angaben zum Ort und zur Dauer des Gesprächs fehlen. Im vierten Abschnitt werden die biographische Situation der Antragstellerin sowie ihre Zukunftsplanung beschrieben. Offen bleibt, von wem diese Informationen stammen; vor allem bleibt unklar, was unter *durchschnittlichen schulischen Leistungen* zu verstehen ist. Bedeutet das einen Notendurchschnitt von befriedigend? Hat der Gutachter hierzu Zeugnisse o. ä. eingesehen? Gibt das eine Selbsteinschätzung der Antragstellerin oder eine Fremdeinschätzung der Mutter wieder? Für sich genommen, scheint es sich hierbei um ein nebensächliches Detail zu handeln. Stellt man es jedoch in Beziehung zur Einschätzung des Entwicklungsstandes in Abschn. 9, wo der Gutachter von einer *altersgemäßen Reife* spricht, dann bekommt es ein ganz anderes Gewicht. Denn hier wird es Bestand-

271

teil einer Argumentation, die auf Folgendes hinaus läuft: Da die Antragstellerin durchschnittlich entwickelt – also eben nicht überdurchschnittlich reif – ist, besteht kein Anlass, von den gültigen gesetzlichen Regelungen abzuweichen.

Abschn. 5 behandelt gewissermaßen den Anlass für den Antrag, nämlich die Heiratsabsicht und den potentiellen Ehepartner. Die Heiratsabsicht gehört der subjektiven Welt an; entsprechend werden Äußerungen der Antragstellerin entweder im Konjunktiv (*dass sie sich sicher sei und es sich lange überlegt hätte*) oder als wörtliche Rede (*„Wenn er gehen muß gehe ich mit"*) wiedergegeben. Im unmittelbaren Anschluss an die Heiratsabsicht, die weiter unten in Abschn. 6 als glaubhaft eingeschätzt wird, finden sich ohne Quellenangaben Aussagen über den Partner der Antragstellerin sowie die Art der Beziehung (*Beziehung auf Distanz*).

Abschn. 6 impliziert eine komplexe Argumentation, in die unausgesprochen umfangreiches Alltagswissen einfließt. Im ersten Satz wird das Verhältnis der Antragstellerin zu ihrem Partner als erste feste Beziehung dargestellt. Im zweiten folgt dann eine mit „zwar – aber" eingeleitete Einwandbehandlung. Bereits das Adverb „zwar" verdeutlicht vorab, dass die nun folgende Aussage anschließend wieder eingeschränkt wird. Worin besteht nun der mögliche Einwand? Das Alltagswissen sagt uns, dass der erste Freund oft nicht der spätere Lebenspartner ist. Wenn das stimmt, dann spricht das gegen die Einschätzung, das Verhältnis der Antragstellerin zu ihrem Partner sei auf Dauer angelegt. Dieses implizite Gegenargument soll nun durch den mit „aber" eingeleiteten Satz seinerseits entkräftet werden. Wie das? Die Antragstellerin habe lt. Gutachten bislang noch keinen festen Freund (= Intimpartner) gehabt, weil sie „jungfräulich" in die Ehe gehen wolle. Der erste Einwand (*bislang kein fester Freund*) wird also durch eine moralisch begründete Handlungsmaxime (*sexuelle Enthaltsamkeit vor der Ehe*) entkräftet. Für unseren Zusammenhang stellt sich die Frage, wie sich diese Argumentationskette im Gespräch entwickelt hat. Haben Mutter und Tochter diese Aussagen von sich aus gemacht oder erst auf Nachfrage? Eine Frage, die für die folgenden Äußerungen von weit größerer Brisanz ist.

In der zweiten Hälfte von Abschn. 6 sowie in Abschn. 7 schreibt das Gutachten Mutter und Tochter die Aussage zu, es gebe zwischen den Partnern keine ernsthaften Konflikte. Das Verhältnis werde von ihnen trotz der unterschiedlichen kulturellen Herkünfte als unproblematisch und harmonisch eingeschätzt. Diese Einschätzung wird im Abschn. 9 bei der Beurteilung der Ehemündigkeit vom Gutachter – neben den durchschnittlichen Schulleistungen – als Indiz für einen lediglich durchschnittlichen Entwicklungsstand genommen. Dahinter verbirgt sich eine komplexe Präsupposition, (Präsupposition = stillschweigende Voraussetzung). Das Argument unterstellt nämlich, dass eine Partnerschaft wie die beschriebene (junge Frau, Partner aus unterschiedlichen Kulturen, ungesicherter Aufenthalt etc.) zwangsläufig Probleme aufweist. Werden solche Probleme verneint, dann bedeutet das, dass sie von den Betroffenen nicht gesehen werden, was wiederum Ausdruck mangelnder Reife bzw. altersgemäßer Unreife ist. Und hier stellt sich die Frage, wie die Aussagen zustande gekommen sind und wem sie zuzuschreiben sind (Mutter und/oder Tochter). Stellt man sich einen Gesprächskontext vor, in dem die Antragstellerin als juristischer Laie den Eindruck gewinnt, die Anerkennung ihres Antrags auf Ehemündigkeit hinge davon ab, dass ihre Beziehung harmonisch und eine schnelle Trennung mithin unwahrscheinlich sei, dann wird sie eventuelle Probleme leugnen. Mit anderen Worten: Das Verneinen von Problemen kann – neben der grundsätzlich ebenso wenig auszuschließenden Möglichkeit einer problemlosen Beziehung – Folge einer antizipierten Entscheidungsfindung sein und damit gerade Ausdruck einer guten Entwicklung. Genau dieser Zusammenhang ist dem Gutachten jedoch nicht mehr zu entnehmen.

Resümee

Das Beispiel macht deutlich, worin Lindemanns Kritik an Gutachten im Sozialbereich besteht. Die Entscheidungsfindung ist nicht nachvollziehbar, weil ihr Zustandekommen nicht transparent gemacht wird. Für die Leser von Gutachten bleibt unklar, wie soziale Zusammenhänge erhoben und nach welchen Kriterien (Normen, Maßstäben) sie eingeschätzt werden. Zu viele Aspekte bleiben implizit. Um ein Missverständnis zu vermeiden: Die Kritik bezieht sich ausschließlich auf die sprachliche Darstellung der Gutachten, nicht auf die fachliche Seite der Begutachtung selbst. Diese bleibt davon unberührt.

Was ist zu tun? Generell ist für Gutachten Transparenz und Nachvollziehbarkeit zu fordern. Aus dem o. a. Leitfaden von Boerner, den Qualitätskriterien von Lindemann (1998, S. 150 ff.) sowie den eigenen Analysen ergeben sich hieraus die folgenden konkreten Forderungen:
- Gutachten sind klar gegliedert in vier Hauptpunkte:
    - (0) Kontext mit Angaben über Fragestellung, Auftraggeber u. ä. (kann ggf. auch in einem ausführlichen Betreff erfolgen)
    - (1) Darstellung des bisherigen Sachverhalts bzw. Kenntnisstands (Aktenlage)
    - (2) Darstellung der Exploration
    - (3) Schlussfolgerungen und Empfehlungen
- Die Explorationssituation wird möglichst konkret und nachvollziehbar

beschrieben. Dazu gehören u. a. Angaben über Ort, Zeitpunkt, Dauer und Umstände der Erhebung.

• Aussagen werden grundsätzlich einer Quelle zugeordnet, indem beispielsweise der Sprecher angegeben wird.

• Beschreibungen und Einschätzungen sozialer Sachverhalte explizieren die zugrunde liegenden Maßstäbe. Das gilt vor allem für inkriminiertes, abweichendes Verhalten.

• Schlussfolgerungen und Empfehlungen werden möglichst explizit auf die erhobene Sachlage und/oder theoretische Annahmen bezogen.

Literatur

Becker-Mrotzek, Michael (1991): Kommunikation und Sprache in Institutionen. Ein Forschungsbericht zur Analyse institutioneller Kommunikation. Teil II: Arbeiten zur Kommunikation in juristischen Institutionen. In: Deutsche Sprache (DS) 3/1991, S. 270-288 & DS 4/1991, S. 350-372.

Becker-Mrotzek, Michael (1997): Sprachliche und kommunikative Aspekte von Umweltgutachten. In: Kerth, M. (Hg.) (1997) Gutachten im Umweltbereich. Experten im Spannungsfeld. Berlin: Ernst & Sohn, S. 47-75.

Becker-Mrotzek, Michael/Scherner, Maximilian (2000): Textsorten der Verwaltung. In: Brinker, K./ Antos, G./Heinemann, W./Sager, F. S. (Hgg.) Text- und Gesprächslinguistik. 1. Halbband. Berlin: de Gruyter, S. 628-641.

Boerner, Klaus (^{5}1993): Das psychologische Gutachten. Weinheim: Beltz.

Ehlich, Konrad (1983): Text und sprachliches Handeln. Die Entstehung von Texten aus dem Bedürfnis nach Überlieferung. In: Assmann, A./Assmann, J./Hardmeier, Ch. (Hgg.)(1983) Schrift und Gedächtnis. München: Fink, S. 24-43.

Hoffmann, Lothar (1998): Fachtextsorten der Wissenschaftssprachen IV: das fachinterne Gutachten zu wissenschaftlichen Arbeiten. In: Hoffmann, L./Kalverkämper, H./Wiegand, H. E. (Hgg.) Fachsprachen. Berlin: de Gruyter (HSK 14.1), S. 500-504.

Kerth, Michael (Hg.)(1997): Gutachten im Umweltbereich. Experten im Spannungsfeld. Berlin: Ernst & Sohn.

Lindemann, Karl-Heinz (1998): Objektivität als Mythos. Die soziale Konstruktion gutachterlicher Wirklichkeit. Münster: Lit Verlag.

Seibert, Thomas-Michael (1981): Aktenanalysen. Zur Schriftform juristischer Deutungen. Tübingen: Narr.

Johannes Berning
Warmschreiben und andere Elemente eines veränderten
Schreibunterrichts

Schreiben im traditionellen Schreibunterricht

Ein Schüler aus der 5. Klasse einer Potsdamer Grundschule, nennen wir ihn Ben,
notiert zu Beginn eines neuen Schuljahres in seinem Heft:

> 11.08.2004
> *Ich weiß nicht was ich schreiben soll. Man ist das langweilig.*

Eine solche Äußerung ist symptomatisch für viele Schülerinnen und Schüler, die zu
Beginn der Grundschule mit großer Begeisterung zu schreiben beginnen, die sich
aber am Ende der Grundschulzeit, spätestens am Ende der fünften Klasse, desillu-
sioniert wieder vom Schreiben abwenden und sich teilweise auch dem Schreiben
gänzlich verweigern. Worin liegen die Gründe für eine solche Haltung?

Sie gehen m. E. bereits auf den Fibelunterricht der ersten Klasse zurück, in dem
lange Zeit das Schreiben auf den Aspekt des Nach- und Abschreibens reduziert
wurde, in dem Kinder nur das schreiben durften, was sie schon richtig schreiben
konnten. Schreibenlernen mit künstlichen Texten aus sterilen Fibelwelten kann
aber kein adäquates, umfassendes Bild vom Schreiben vermitteln.

Auch später, wenn die Kinder schreiben können, geht es in erster Linie um stan-
dardisierte Textsorten, bei denen die Erfüllung vorgegebener Sprachnormen in der
Regel mehr belohnt wird als persönliche Färbung und fantasievolle Verarbeitung.
Auch Gefühle fließen nur selten aufs Papier. Hinzu kommt, dass in vielen Fäl-

len das Thema/der Schreibanlass fremdbestimmt sind und die Arbeitsergebnisse in den Köpfen derjenigen, die solche Texte bewerten, schon antizipiert vorliegen. Auf diese Weise öffnet sich die Schere zwischen privatem und institutionalisiertem Schreiben immer weiter.

Am Ende des Gymnasiums dient das Schreiben dazu, Wissen abzufragen. Gelerntes wird aneinander gereiht und auf einem Stück Papier fixiert: Schreiben als Verschriftlichen, Schreiben als blindes Befolgen von Textsorten, die eigene Entscheidungen lähmen oder sogar verhindern, Schreiben als kriteriengebundene Technik zur Aufzeichnung von bereits Vor-Fabriziertem, Schreiben, bei dem das Denken bereits abgeschlossen ist, bevor der erste Satz das Papier überhaupt erreicht hat. Folglich kann man auch keine Überraschungen mehr beim Schreiben erleben. Texte, die den Leser packen, die ihn kitzeln, die ihn aufrütteln, Texte, deren Wörter „in Adrenalin getaucht" sind, entstehen dabei nur selten. Die Examensarbeiten am Ende der universitären Ausbildung, in denen Studierende die Beherrschung der wissenschaftlichen Fachsprache nachweisen, bilden schließlich den traurigen Abschluss eines entfremdeten, nach fixen, von anderen festgesetzten Regeln funktionierenden Schreibens.

Schreiben und Interesse

Kehren wir an dieser Stelle zu Ben und besagter Grundschulklasse in Potsdam zurück. Eine Woche später lesen wir von Ben den folgenden Eintrag:

18.08.2004
Heute schlage ich Dima und Marc in der Schach-AG hoffentlich. Dima setzt Bauer auf C1 und ich auf D6 Dima setz Turm auf 1B bis ich Gewinne. So Änlich wirs bei Marc auch.

Einen Tag später:

19.08.2004
Heute schlage ich Dimitri. Bauer nach a3 „Laufer auf a4 bald Bin ich Klassensprecher"! rufe ich.

Das sind zwei ganz erstaunliche Textfragmente, nicht nur, weil es ihnen gelingt, die eigentümliche Dynamik des Schachspiels sehr gekonnt wiederzugeben, nicht nur, weil hier die offensichtliche Könnerschaft auf einem sportlichen Gebiet auf eine auch sprachlich geschickte Weise mit etwas Zukünftigem, mit einer Projektion, nämlich dem Wunsch nach Anerkennung in der Klasse, verbunden wird, sondern erstaunlich sind diese Texte vor allem, weil sie zeigen, was Interesse im Schreibunterricht bewirken kann. Ich erinnere mich in diesem Zusammenhang an eine Äußerung von Wilhelm Gössmann. Das eigentlich Interessante am Schreiben, so Gössmann (1976, S. 56), sei, „wie man durch Sprache das sagen kann, wozu man innerlich angeregt ist". Dieses Interesse zu wecken, kann uns helfen, junge Schreiberinnen und Schreiber für das Schreiben einzunehmen, ihre Haltung und Einstellung, ihr Schreibbewusstsein, d. h. das, was das Schreiben bewirken kann – mit mir selbst, aber auch bei anderen – positiv zu beeinflussen.

Interesse ist eine für unsere Zwecke überaus brauchbare motivationale Komponente, gerade weil sie Kognition und Emotion miteinander verknüpft. Schreiben, sofern es schöpferisches Denken im Medium der Sprache ist, bedarf der intrinsischen Motivation. Sie entsteht erst, wenn für den Schreibenden die Chance greifbar wird, sich selbst mit seiner Erfahrung, seinen Wünschen und seiner Not einzubringen und damit sich selbst als Mitspieler statt als Zuschauer auf dem Feld der Möglichkeiten, das das Schreiben darstellt, agieren zu sehen. Ein solches Konzept der erlebten Urheberschaft bedeutet, dass schon junge Schreiberinnen und Schreiber in den Grundschulen mit den ersten selbst geschriebenen Texten das Gefühl der Autoren-, also der Urheberschaft entwickeln müssen. „Ich bin der Autor, ich bin der Schöpfer dieses Textes!" Indem wir ihnen Angebote zum „Mitspielen" machen, können sie Verantwortung für ihre Texte übernehmen. In einer autonomiefördernden Umgebung können sie sich selbst realistische, aber gleichwohl anspruchsvolle Ziele setzen. Als Schreiber und Leser begreifen sie, was sie schon können und was noch fehlt. Sie lernen, ihre innere Stimme zu finden und auf sie zu vertrauen. Sie beginnen zu erkennen, dass sie etwas zu sagen haben. Sie entscheiden selber, wie sie mit dem Ergebnis umgehen und welche Konsequenzen sie ziehen wollen.

Wenn also das Schreiben gerade durch seinen epistemischen (also Wissen, Gedanken, Gefühle schaffenden) Charakter als eine interessante, erfolgversprechende Form der Selbst- und Weltdarstellung erfahren wird, dann könnte es in der Tat zu einem universell einsetzbaren Werkzeug der Auseinandersetzung und Klärung im Rahmen des eigenen Alltags werden. Das Interesse am Schreiben selbst würde Schreiber leiten, wenn sie ihre Sicht auf die Welt so zum Ausdruck bringen, dass sie sie im produzierten Text wiederfinden oder auch gänzlich verändern.

Schreiben und seine Wirkungen

Eine solche Vorstellung von Schreiben geht davon aus, dass so etwas wie Bedeutung/Sinn am Anfang des Schreibprozesses noch gar nicht vorzuliegen braucht (im Gegensatz zu traditionellen Vorstellungen, die dem Schreiber nahelegen, Intentionen zu haben, Pläne zu entwickeln, Gliederungen zu erstellen usw.). Sinn/Bedeutung entsteht vielmehr erst am Ende eines langwierigen Gestaltbildungsprozesses. Bei diesem Gestaltbildungsprozess geschehen die entscheidenden Dinge erst während des Schreibens, nicht schon vorher. Fruchtbar wäre dann eher ein schreibendes Denken – Schreiben nicht als Technik, sondern als Denkstil, mit dessen Hilfe die Gedanken, die ja noch gar nicht vorliegen, erst zu erzeugen wären. Schreiben beginnt nämlich oft mit nur einer Ahnung, einer Intuition, einer diffusen Vorstellung. Dann würden plötzlich auch ungewöhnliche Gedanken gedacht werden, dann würden auch halb-fertige oder halb-verstandene Ideen unter die Lupe genommen, dann wären auch Fragmente, Bruchstücke, Skizzen, Notizen und Journal-Einträge, wie jene von Ben aus der Potsdamer Grundschule, wichtige Stationen auf dem Weg zum eigenen Text.

Bens Klassenlehrer ist Berthold Seibt. Ein Jahr lang hat er jede seiner Doppelstunden Deutsch mit einer fünfminütigen Schreibzeit beginnen lassen. Auch er selber hat geschrieben. Die Schülerinnen und Schüler schrieben über das, was sie beschäftigte (Gedanken und Gefühle), wie es ihnen körperlich und seelisch ging (Ärger und Wut, Freude und Trauer), was sie erlebt hatten, worauf sie sich freuten, was sie befürchteten. Alles durfte im so genannten 5-Minuten-Heft aufgeschrieben werden, auch Dinge, die man anderen nicht erzählen würde. Schließlich blieb es das Heft der Autorinnen und Autoren. Sie allein bestimmten, wann, wie, wem darin enthaltene Geschichten, Berichte, Notizen gezeigt werden.

Schreiben wird hier als Wahrnehmungs- und Ausdruckshilfe erlebt:
Ich fühle mich total gut, denn ich hab die Trennung von Conschi und mir hinter in die Vergangenheit geschoben. Mit Basti ist es toll ich bin jetzt 5 Tage mit ihm zusammen, wir haben schon mit Zunge geküss doch er ist jetzt leider krank.

Schreiben schafft Klarheit im Kopf und bereitet Entscheidungen vor:
Yanna ist immer noch mit Conni zusammen, aber wenn sie sich nicht bald mal ändert, dann wird die Beziehung kapputt gehen und er sucht sich eine die mehr mit ihm machen wird!!!

Schreiben wird zur Denkhilfe. Schreiben erzeugt Distanz, verobjektiviert und vergegenständlicht, ist heuristisch, epistemisch:

Liebe Oma, ich musste gestern abend, als ich im Bett lag, die ganze Zeit an dich denken. Dann hab ich angefang zu weinen. Du fehlst mir so sehr, ich vermisse dich, wie noch nie zuvor, vor allem, weil ich weiß, dass wir uns nie mehr wieder sehen können, uns nie mehr in die Arme nehmen und du mich nie mehr trösten kannst. Bitte schick mir einen Engel auf die Erde! Du sagtest du bist immer für mich da. Und jetzt? Wo bist du jetzt?! Nicht hier, nicht bei mir! Ich wünschte ich könnte die Zeit zurück drehen!

Schreiben hält fest, was man allzu schnell vergisst:

Ein neues Schuljahr fängt an, wir haben einen neuen Mitschüler & ich hab einen neuen Füller. In den Ferien hat es schön geschneit und ich bin schön gerodelt.

Schreiben hilft, Ideen und Themen für Texte zu finden. Das Folgende ist ein schönes Beispiel für eine filmische Schreibweise, die mit schnellen Schnitten arbeitet, wie wir sie aus Kinofilmen kennen. Die Schreiberin kann ihren ehemaligen Freund noch nicht vergessen:

Hallo, ich war ja am Dienstag bei Papa. Paul musste zum Zahnarzt, ich hab ihn begleitet. Auf dem Hinweg hab ich Basti gesehen und auf dem Rückweg. Dann sind Paul und ich nochmal an dem Spielplatz vorbei gelaufen. Als wir um eine Ecke laufen wollten hat ein Hund angefangen zu bellen, im gleichen Moment fuhr Basti mit seinen Fahrrad vorbei und sagte etwas. Da ich es nicht verstanden hatte grüble ich die ganze Zeit darüber.

Schreiben hilft, überhaupt in Schreibfluss zu gelangen. Mündlichkeit kann diesen Prozess unterstützen.
Schreiben geschieht kollaborativ und führt zum Sprechen über das Geschriebene.

Versuche, das Ritual des 5-Minuten-Schreibens aus Zeitgründen wieder abzuschaffen, sind bislang am vehementen Widerstand eines Großteils der Schülerinnen und Schüler gescheitert. Sie haben dem Klassenlehrer glaubhaft versichert, wie kostbar ihnen diese Form des Stundenbeginns ist.

Warmschreiben und die Bedeutung des *pre-writing*

Das Beispiel des 5-Minuten-Schreibens aus der Potsdamer Grundschule weist auf die m. E. bislang unterschätzte Bedeutung des Vor-Spiels, des *pre-writing*, des prätextuellen Schreibens im Schreibprozess hin. Wichtig ist das Materialsammeln, das Material-erproben, ein Auf-die-Spur-Kommen von Gedanken, Gefühlen, Bildern, Zusammenhängen, die zur Artikulation drängen. Texte entspringen immer einer keimhaften Idee, einem lustvoll-neugierigen Experimentieren mit der inneren Sprache. Wichtig sind die Probierbewegungen, ist die Suche nach einer leitenden Idee, die tragfähig ist. In diesem Sinn ist Schreiben wohl tatsächlich ein Feld der Möglichkeiten, auf dem Gedanken miteinander verknüpft werden, die auf diese Weise vorher noch nie miteinander verknüpft worden sind. Nur auf diese Weise entsteht ja so etwas wie Kreativität und nur auf diese Weise erlebt sich der Schreiber als Mitspieler auf diesem Feld statt als Zuschauer.

Solche Gedanken machen uns darauf aufmerksam, wie wichtig es ist, unser Schreiben sorgfältig zu beobachten. Sie führen zu der Erkenntnis, dass wir oft zu schreiben beginnen mit nichts Weiterem als einer Ahnung, einer diffusen Vorstellung. Wir bewegen uns in eine Richtung; wir wissen ungefähr, was als nächstes kommt, ohne uns sicher zu sein, bis es vielleicht nach der nächsten Kurve auftaucht, aber noch wissen wir nicht, ob es tatsächlich weiterführt oder nicht.

Auch mein Schreiben beginnt als Vor-Spiel. Ein Proben und Ausprobieren, ein (oft unbewusstes) detektivisches Sammeln von Bildern und Klängen, Gegenständen und Gefühlen, mit dem Ziel, einen Zusammenhang zu „erjagen", einer Verbindung auf die Spur zu kommen, auch mit dem Ziel auszuloten, ob weiteres Schreiben sich tragen, ob es sich für mich lohnen wird. Hier wird erneut deutlich, welch großen Einfluss die innere Sprache ausübt, wie wichtig ihre Förderung und Pflege ist und wie stark ihre bildhafte, sinndurchtränkte Struktur den Beginn der Schreibarbeit mitbestimmt. Je reichhaltiger und vielfältiger das Material und die Wissensgrundlage sind, desto mehr Verknüpfungspunkte können sich später im Zuge der Gestaltbildung finden. Für den amerikanischen Schreibpädagogen Donald Murray (1982) ist der Schreibprozess ein Wechselspiel aus Finden und Verbinden, aus Fantasie und Kontrolle, aus Entdecken (also *collecting & writing*) und Klären (also *reading & connecting*). Erst wenn diese Pole eine Balance erfahren, wenn sie ausgependelt sind, tritt der Text, tritt die End-Gestalt, hervor.

„Warmschreiben […], etwas wie Leibesübungen", so nennt der Schweizer Schriftsteller Paul Nizon (1985, S. 78) sein Präludium, seine Strukturierungshilfe für das Schreiben. „Warmschreiben nenne ich dieses Notieren, mein tägliches Geschäft, ich hätte auch sagen können: warmlaufen. Warmlaufen, um nicht einzurosten, um mich in Gang zu halten." (1997, S. 19). Nizon nennt es auch „Blindschreiben, Fluten" (1985, S. 105) – „den Umgang mit dem Unterbewußten" (ebd.). Das Warmschreiben, häufig nur ein Sudeln, ein motorisches und notorisches Gedanken-Notieren, ist Nizons Wünschelrute: „Ich gehe ohne Plan vor, taste mich in allen Richtungen durch unwegsames Gebiet voran. Die erste Phase ist mühselig, eine Geduldprobe. Ich muß das Terrain abhorchen, muß Verbindung aufnehmen. Genauer: ich muß mich in mein in alle Welt verteiltes Ich zurücksinken lassen. Erst wenn das vielfältige Sondieren eine erste Spur erkennen läßt, kann ich mich schreibend in Marsch setzen, wenn auch nur zu ersten Vorstößen. " (ebd., S. 125)

Auch meine Form des Warmschreibens ist ein wildes, hemmungsloses, richtungsloses, persönliches Schreiben, ein Aus-dem-Bauch-heraus-Schreiben, das auch bislang vermintes Gelände betritt. Ein solches Schreiben fließt, es ist *flow*, weil es keinerlei Normen und Ansprüchen genügen muss, weil kein Leser hinter dem Schreiber steht und ihm über die Schultern schaut. Ideen, Zusammenhänge, Gedanken fließen ungeordnet aufs Papier, aber es fließt. Ein Vorwärtsschreiben und -treiben ohne Unterbrechung. Ein solches Warmschreiben stimuliert mein Schreiben insgesamt, es verleiht ihm Schwung und Kraft, weil es assoziativ das weiße Blatt füllen hilft und auf diese Weise das Zutrauen in mein Schreiben stärkt. Gleichzeitig bin ich auf der Suche nach einem organisierenden Prinzip, das es freizulegen und herauszufiltern gilt und das als stark genug befunden wird, die Schreibarbeit fortzusetzen. „Ich warte. Warte, daß sich etwas regt. Wie der Habicht, der über einer grauen Landschaft kreist und, wenn sich etwas regt, niederstößt und das Ding, das sich regt, mit seinen Fängen zu packen sucht. Es muß schnell gehen, so schnell, wie ich nur denken kann, im Sturzflug gewissermaßen, anders würde ich erst gar nicht mit dem Schreiben beginnen" (Nizon 1997, S. 19 f.). „Aufwärmen", so sagt es Bernard Selling (1996, S. 69), „heißt Handeln [...] Was dabei herauskommt, hat nicht den Anspruch gut zu sein. Es geht lediglich darum, anzufangen und dranzubleiben."

Warmschreiben eröffnet also auf schnelle Weise die Schreibpraxis. Es spendet und vernetzt Ideen, es entwickelt ein Thema oder spinnt einen roten Faden. Das reduziert die am Anfang oft als unerträglich empfundene Komplexität der Schreibaufgabe. Ein solches Suchen und Finden, das den Leser zunächst außer Acht lässt, ist typisch für eine epistemisch-heuristische Haltung gegenüber dem eigenen Text. Dass die Schreibend-Denkend-Strategie gleichwohl so wenig in unseren Schulen praktiziert wird, hat m.E. mit jener tief in uns verankerten Schreib-Sozialisation zu tun, die Chaos (als Feind von Regelhaftigkeit) als etwas abstempelt, das nicht sein darf.

Was bedeutet das Warmschreiben für den Schreibunterricht? Mir scheint ein früher Start des Schreibens (im Sinne des *think on paper*) ratsam. Sinnvoll ist auch ein Start, der über andere Vorgestalten (wie Sprechen, Hören, Sehen, Tanzen, Malen) ins Schreiben hineinführt und die Angst vor dem leeren Blatt nimmt. Ein solcher Schreibunterricht ist sich der Domänen, die hinter dem Schreiben liegen, bewusst. Er verknüpft das Schreiben mit anderen Wahrnehmungs- und Ausdrucksformen – auch mit dem Lesen. Er versucht, ganzheitliche Erfahrungen auszulösen. Durch eigene Tätigkeit – sprachlich, gestisch, bildnerisch, plastisch oder klanglich – können sich Lernende mit einer sinnlichen Erfahrung auseinander setzen, sie nachahmen und darstellen. Dies setzt voraus, dass der Schreibunterricht mit entsprechend konkret erfahrbaren und anschaulichen Inhalten arbeitet, also mit den Gegenständen selber und nicht mit ihren Symbolen. Situatives Schreiben hieße dann z. B., die Orte und Plätze gemeinsam mit den Schreiberinnen und Schreibern aufzusuchen, an denen sich Wahrnehmung bilden und schärfen lässt, an denen man vom Schauen zum Schreiben kommt.

In einer „beflügelnden" *pre-writing*-Phase, die zunächst einmal eine lehrer- und dogmalose Zeit ist und ganz ausschließlich dem Schreiber-Ich und dessen Stärkung dient, gewinnt vor allem das freie Schreiben wieder an Bedeutung. Ein solches persönliches, freies (befreites) Schreiben könnte Schreibern zumindest die Sicherheit geben, dort mit dem Schreiben beginnen zu dürfen, wo sie es sich selber zutrauen. Schreiben ist – wie schon zu Beginn ausgeführt – ein Vorgang aus innerem Antrieb heraus. Das Kind schreibt, wenn es schreibend etwas zu sagen hat.

Freies, persönliches Schreiben legt von Anfang an die zu treffenden Entscheidungen mutig und vertrauensvoll in die Verantwortung der Lernenden. Ich habe die Erfahrung gemacht, dass vom Lehrer losgelöstes Schreiben zu einer vermehrten Textproduktion führt. Schüler erahnen oder wissen, dass Lehrer-Reaktionen sie in ihrem Schreibverhalten eher behindern als weiterbringen. Das hängt damit zusammen, dass wir Lehrerinnen und Lehrer oftmals nicht in der Lage sind, Texten in einer offenen und unvoreingenommenen Weise zuzuhören, um darin die Stimme des Autors bzw. der Autorin zu entdecken. Erst in der Kommunikation mit anderen, erst mit der Zeit (und Schreiben braucht viel Zeit) und erst mit dem Selbstbewusstsein, ein Schöpfer von Wörtern, ein Mit-Spieler, zu sein, beginnen Schreiberinnen und Schreiber, jene Regeln und Standards zu erkennen und zu lernen, die dem Text als Sprach-Spiel zugrundeliegen, und können sie Anknüpfungsmöglichkeiten für das weitere Weben ihrer Texte finden. Wer Schreiben so erleben darf, erfährt öfter einmal Überraschungen und staunt bisweilen über sich und seine Texte.

Weitere Perspektiven für einen anderen Schreibunterricht

Das Folgende ist der Versuch, das Warmschreiben in einen größeren Kontext ein-zubetten, der – in aller Vorläufigkeit – Perspektiven für einen veränderten Schreib-unterricht sichtbar machen will.

Vielfältige Schreibstrategien zulassen, vermitteln und fördern

Der Anfang ist gemacht – die Idee von einem Text ist zumindest schemenhaft durch das Warmschreiben entwickelt worden. Die Komplexität des Schreibprozesses erfordert aber neben einem *pre-writing*, neben einem persönlichen, freien, asso-ziativen Schreiben, weitere Zwischenstationen auf dem Weg zur End-Gestalt. Für das am Anfang Hingeworfene muss eine eigene Form/Struktur/Gestalt gefunden werden. Die Schule bietet hierfür oft nur eine einzige Methode, nämlich die des „linear-logischen, systematischen Schreibens" (Spitta 1998, S. 33). Ein Schreiben, bei dem der Schreiber in einer Spur – in einer wohlgemerkt vorgegebenen Spur – zu bleiben hat. Und wehe, er verlässt diese Spur! Das Feld der Möglichkeiten, als das wir Schreiben sehen und auf dem der Schreiber auswählen muss, bleibt so zwangsläufig verschlossen. Individuelle Schreibstrategien können weder entdeckt noch ausprobiert werden.

Das Interesse am Schreiben lässt sich aber am besten durch eine extensive, freud- und spielbetonte Schreibpraxis ausdifferenzieren, die auch Brücken zur Lesepraxis schafft. Eine solche Schreibpraxis bietet affizierende, herausfordernde Schreibauf-gaben an, die weniger Texte mit reihendem sondern mit gestaltendem Charakter provozieren. Sie zeichnet sich – getreu dem Motto *writing is rewriting* – durch das Überarbeiten und Um- und Weiterschreiben der eigenen Texte aus, und sie setzt das Nachdenken über den eigenen Schreibprozess sowie über den Umgang mit den Schreibprozessen Anderer in Gang. Das alles ist nicht einfach! Schließlich gilt es, Stellung zu beziehen, Probleme und Widerstände zu ertragen, immer wieder zu prüfen, zu meißeln, Sprünge und Inkohärenzen zu beheben, bis durch ein solches redigierendes Schreiben und Lesen die letztgültige Textversion „herausgerubbelt" wird.

Ich werbe deshalb für einen kreativen und prozessorientierten Schreibunterricht, der „das Verständnis von einer Prozesshaftigkeit des Schreibens mit der Einsicht [vereinen will], dass diese Prozesse selbst als kreative Funktionen zu bezeichnen sind ..." (Brugger 2004, S. 139). Ein solcher Schreibunterricht muss sich *„in einem gänzlich anderen Ausmaß als bisher um das individuelle, selbstverantwortliche Interesse der jungen Schreiberinnen und Schreiber an allen Abläufen der Textproduktion kümmern"* (ebd.). Die Prozessorientierung findet also ihren Ausdruck in der Selbstorganisation eigenständiger Schritte: planen, formulieren, durchlesen, überarbeiten usw. – in dem Bewusstsein, dass diese Tätigkeiten keineswegs linear abzuarbeiten sind, sondern hochgradig miteinander verwoben sind. Diese Tätigkeiten müssen als konstitutive Phasen des Schreibprozesses methodisiert und geübt werden – sie können auf keinen Fall bei den jungen Schreiberinnen und Schreibern vorausgesetzt werden. Beim schrittweisen Erreichen der End-Gestalt ist auf eine Vielfalt von Schreibstrategien zu achten, die der Schreibunterricht zulassen, vermitteln und fördern muss. Sie reichen vom assoziativen Warmschreiben über das freie Schreiben bis zum kontrollierten – den Prozess oder das Produkt – zerlegenden Schreiben (siehe dazu Ortner 2000). Dabei muss der Ausgangspunkt immer ein sinnvolles Ganzes sein. Dann – so kann ich mir vorstellen – lassen sich „Kreativität *und* Strukturierungstätigkeiten, Interessen *und* Sinn-volle Überarbeitungen zu einer insgesamt wesentlich verbesserten Schreibfähigkeit vereinen" (Brugger 2004, S. 141).

Schreiben begleiten – durch Sprechen über Texte

Schreiben wird dann als reflexive Praxis erfahren, wenn die Schreiberinnen und Schreiber in allen Stadien des Gestaltbildungsprozesses dazu angehalten werden, über ihr Geschriebenes nachzudenken und sich mit anderen Schreibern darüber mündlich oder schriftlich auszutauschen. Vor allem Schreib- bzw. Textkonferenzen realisieren jenes laute Nachdenken über Texte in einer Gruppe gleichberechtigter Schreiber, das die Gedanken des Einzelnen, den Gestaltbildungsprozess, für andere hör-, sicht- und greifbar macht und auf diese Weise ein erkenntnisbringendes Hin- und Her-Pendeln von Autor- und Leser-Perspektive und damit verbunden ein Erproben von Wirkungen in Gang setzt. Junge Schreiberinen und Schreiber lernen erst dann über das Verfassen von Texten etwas hinzu, wenn sie eigene Entscheidungen in ihren Texten setzen dürfen und ihre Entscheidungen in nachgängigen Gesprächen mit anderen Schreiberinnen und Schreibern spiegeln können. „Die Wirkung des Textes wird an den Reaktionen der anderen Konferenzteilnehmer erkennbar. Die Richtigkeit der eigenen Vermutungen über Leserinteressen etc. kann überprüft werden. Das Schreiben wird so dem Sprechen wieder ein wenig näher gebracht. Und das erscheint gerade auch für Schreibanfänger eine wichtige Hilfe zu bieten – aber nicht nur ihnen" (Becker-Mrotzek 1997, S. 96).

Wichtig ist also die Etablierung eines Kon-Textes, in dem Fragen, Spekulationen, Fremd- und Selbstbeobachtungen, nicht nur erlaubt, sondern wünschenswert sind, in dem Schreiber genaues Hin-Schauen/Hin-Hören lernen können, in dem Texte gefahrlos vor einem Publikum ausprobiert und getestet werden können; erst auf der Grundlage solcher Arbeitsbedingungen und auf der sicheren Basis dessen, was schon gekonnt ist, werden Schreiber Einsichten und Erkenntnisse finden, werden sie zunehmend an Schreibkompetenz und Schreibbewusstheit gewinnen und schließlich – nicht heute, nicht morgen, aber irgendwann ganz gewiss – zu einer reflektierten Schreibhaltung gelangen.

Schreiben begleiten durch Arbeit am Text
Texte sind nicht billig zu haben. Sie entstehen nicht ohne Arbeit. Schreiben heißt noch einmal schreiben. Mit dem Bearbeiten und Umschreiben eines Textes sind unzählige Entscheidungen auf der Mikroebene verknüpft, aus denen Schreiber im Schreibunterricht zweifelsohne lernen, aus denen sie Textkompetenz aufbauen können. Dass sie davon m.E. in der Vergangenheit gleichwohl zu wenig profitiert haben, scheint mir daran zu liegen, dass sich *rewriting*, also Überarbeiten (wenn es denn überhaupt Teil des Schreibunterrichts war) zu sehr an einem übermächtigen Kanon fremder, standardisierter Überarbeitungsschritte orientiert hat, der den individuellen Ausprägungen eines Textes nicht immer gerecht werden konnte.

Arbeit am Text ist aber nur dann für expertenhaftes Schreiben und sicheres Beurteilen von Texten fruchtbar zu machen, wenn es sich „als selbstgewählte Strategie" (Portmann 1996, S. 169) vollzieht, die einzig und allein auf die Zufriedenheit des Autors mit seinem Text gerichtet ist. Dann erst bringen Schreiberinnen und Schreiber das notwendige Engagement für diesen schwierigen „Akt des Zweifelns" auf, knöpfen ihren Text noch einmal auf und sind offen für Beratung und Hilfen.

In diesem Zusammenhang sind vor allem experimentell-spielerische Verfahren interessant, wie das automatische Schreiben, aber auch mechanische Verfahren, wie sie die französische OuLiPo-Gruppe hervorgebracht hat. Auch die japanischen Haikus sind hier zu erwähnen. Haikus beispielsweise können dazu beitragen, einen wenig kohärenten, wenig stringenten Gedankengang oder Handlungsablauf auf das Wesentliche, auf seinen Kern, zu fokussieren. Ein solches Handwerkszeug hilft, sich mit den verschiedenen Phasen der Textentwicklung noch einmal näher auseinander zu setzen. Es kann zu einer bewussteren Feinarbeit an der Organisation von Texten und am sprachlichen Ausdruck beitragen und das Wissen um Schreibstrategien, Textsorten, Funktionen und Wirkungen einzelner Teile eines Textes erweitern.

Schreibendes Denken unterstützen – durch Journal & Portfolio
Journal und Portfolio sind Werkzeuge metakognitiven Lernens, die in die Werkzeug-Kiste jedes Schreibers gehören. Sie leiten Selbst- und Fremdeinschätzung von Geschriebenem an und entwickeln Textbewusstheit sowie das Gefühl, ein Autor, also ein Urheber von Wörtern und damit ein Mit-Spieler, nicht ein Zuschauer, zu sein.

Das Führen eines Journals hat für einen Schreiber vielleicht jene Bedeutung, die ein Skizzenblock für einen Maler hat. Dabei kann das Journal (als ständiger Begleiter des Schreibers) ganz unterschiedlichen Zwecken dienen: Es kann Sudelbuch, Notizbuch, Tage- und Seelenbuch, Textbuch, Lesebuch, Reisebuch, Lernbuch sein; es kann eins davon sein oder auch alles zugleich. Immer ist es ein unerschöpflicher Ideen- und Sprachpool, in dem neue Ideen und Gedanken in geschützter Weise reifen können.

Das Schöne und Faszinierende am Journal ist, glaube ich, dass es das Schreiben entlastet und dass es die Komplexität des Schreibens reduziert, dass es selbst organisiert ist (etwas, das man nur für sich macht), etwas, das Produkt und Prozess auf geniale Weise miteinander verbindet. Ganz im Sinne des heuristischen Schreibens führt das Journal weg von der vorschnellen Fixierung auf Fertiges, auf Abgeschlossenes. Stattdessen werden Fragmente, Bruchstücke, Skizzen, Rohfassungen (also Vor-Gestalten) wichtig und bekommen innerhalb eines *work in progress* einen anderen Stellenwert. Man kann sich heranschreiben an einen Text, man kann sich warmschreiben. Man kann Gedanken austesten, bevor man sie anderen mitteilt. Zu Lerninhalten gewinnt man eine persönliche Beziehung, indem man in ein Zwiegespräch mit ihnen kommt. Und auch dies geschieht in einer Sprache, die persönlich ist, die die eigene ist, die der Mündlichkeit ähnelt, informell und spekulativ. Motivation und Selbstbewusstsein nehmen zu, Lesen und Schreiben befruchten sich gegenseitig.

Das Journal ist aber auch ein metakognitives Schreibinstrument, da es den eigenen Arbeitsprozess dokumentiert und reflektiert. Wissen über das eigene Schreibenkönnen wird aufgebaut, Selbsteinschätzungen werden vorgenommen. Man entdeckt Zusammenhänge zwischen altem und neuem Wissen. Man erfährt, was man schon gelernt hat und wie man sein Lernen zukünftig noch effektiver machen kann. Insofern ist das Journal immer auch Text und Meta-Text. Die Fähigkeit, Entscheidungen zu treffen, auszuwählen und das Ausgewählte zu begründen, so wie es das Schreiben ja immer wieder verlangt, diese Fähigkeit wird gefördert.

In einem Portfolio versammeln die Schreiberinnen und Schreiber solche Texte, die ihnen im Laufe der Zeit besonders gelungen erscheinen. Die Auswahl ihrer Texte begründen sie schriftlich. Ein Portfolio zusammenzustellen bedeutet, dass man das Schreiben als wichtig empfindet, dass man davon ausgeht, dass auch das Publikum dies so sieht und das eigene Tun respektiert. Das Portfolio beinhaltet folglich all das, was geeignet ist, eine Person als Leser, Schreiber oder als Lernenden zu spiegeln. Das Ergebnis eines solchen Nachdenkens ist der Gewinn von Einsichten in Arbeitsgewohnheiten und -techniken, in Denkwege, Schreibstrategien, Textmuster, Kompositionsstrukturen, Stilelemente und vieles andere mehr, die u. U. zum Vorteil des Schreibenden verändert werden können. Portfolios mit ihren Kritierien für die Auswahl von Texten erlauben Schreibern, sich eigene Ziele zu setzen und in diesem Rahmen etwas zu riskieren, auch auf die Gefahr von Fehlern, die sie dabei machen. Sie entdecken, dass die einzelnen Teile ihres Portfolios eine Beziehung zueinander haben, und es sind die Schreiber/Leser selber, die diese Beziehung entdecken und festhalten.

Kon-Texte schaffen – durch kollaboratives Schreiben und Lernen in Projekten

Wenn Schreiben ein Suchen und Finden von Verbindungen auf dem „Spiel-Feld der Möglichkeiten" ist, dann hat schulischer Schreibunterricht die Verpflichtung, das Feld so großflächig wie möglich einzurichten. Dazu gehören thematisch ausgerichtete Projekte als durchgängiges, leitendes Prinzip des Unterrichts, in denen auf vielfältige Weise gemeinsam geschrieben und gesprochen und über Sprache nachgedacht wird, Projekte, die so oft wie möglich über den schulischen Rahmen im Sinne der Öffnung von Schule hinausgehen. Gerade im Kon-Text solcher Erfahrungs-Projekte können Schreibende entdecken, dass Schreiben kein einsamer Prozess sein muss. Ein solches kooperatives Schreiben wird auch außerhalb der Schule zunehmend wichtiger. Darüber hinaus können Schreibstrategien auf natürliche, funktionale und selbstregulative Weise erworben und differenziert werden, wie dies in einem zentralisierten Schreibunterricht kaum möglich ist.

Damit nimmt Schule eine Aufgabe wahr, die ihr immer schon zufiel: Sie muss ersetzen, was das tägliche Leben nicht ohne Weiteres bereithält, nämlich Möglichkeiten, Zeit, Raum und Affizierungsfelder zu schaffen für Eigentätigkeit, durch die der

Einzelne sich seiner Stärken bewusst werden kann. Nur so wirkt sie der Trennung von Wissen und Handeln entgegen.

Schreiben fördern durch Wachsenlassen und Zeigen

Von Lehrerinnen und Lehrern, die Texte von Kindern als eigenständige Schreibformen begreifen, erwarte ich die Ausbildung einer am Wachsen der Schreibenden orientierten Haltung. Ich erwarte, dass sie das Lernen stärker und langfristiger am Prozess des Entstandenen orientieren. Allzu oft aber ist man im traditionellen Schreibunterricht auf Defizite (im Vergleich zu den Ansprüchen an den Text eines erwachsenen Schreibers) fixiert. Schülertexte aber muss man zuallererst einmal verstehen. Gemeint ist, als Leser die Texte ernst zu nehmen, sie wie literarische oder journalistische Texte Erwachsener zu lesen und ihre (auf den ersten Blick oft verborgene) Komplexität zu entdecken (vgl. Habersaat/Dehn 1998). Der normorientierte Blick auf Defizite verkennt u.a. die stilistische/ästhetische Kompetenz vieler Kinder. Am Schul- bzw. Lehrerstil orientierte Korrekturen und Überarbeitungsanweisungen sind aber zur Stilbildung eher ungeeignet.

Insgesamt sollten die Lernprozesse, die sich aus dem Text „lesen" lassen, stärker gewürdigt werden, und sollte dem Schreiber eine Rückmeldung darüber gegeben werden, wie sein Text verstanden wurde. Ein solches Kommentieren und Zeigen – im Sinne von Modellieren – ist m. E. eine praktizierbare Möglichkeit einer begründeten und ermutigenden Würdigung von Texten. Die jüngere Textlinguistik bevorzugt einen Textbegriff, der nach der funktionalen Kohärenz eines Textes fragt (vgl. Nussbaumer 1993). Diese neue Sicht auf Texte und Textualität kommt nicht nur freien, kreativen Schreibansätzen entgegen (weil sie den Fokus stärker auf den kommunikativen Wert schriftsprachlicher Äußerungen statt auf formale Defizite richtet), sondern befreit die Textanalyse endlich auch von den Begriffen „richtig" und „falsch". Vor diesem Hintergrund muss sich der Schreibunterricht öffnen „für ein reiches und differenziertes Reden" (Nussbaumer 1996, S. 100) über Texte. Das eröffnet die Chance, „auszuzeichnen und zurückzumelden, was gelungen, was gut ist, was gefällt, was offensichtlich gekonnt wird, worauf Weiterlernen aufbauen kann" (ebd.). So lassen sich auch Textkriterien herausfiltern und werden Texte zu Denk-Angeboten für Leserinnen und Leser.

Schreib-Lese-Räume schaffen und ausstatten

Haltungen müssen erprobt werden können. Schule muss dafür entsprechende Schreib- und Leseräume bereitstellen, in denen Schreiberinnen und Schreiber mit Sprache experimentieren und ihre Präsenz/ihr Selbstbewusstsein schrittweise entwickeln können. Solche Probe-Räume sind wichtige Elemente einer notwendigen Dezentralisierung des Schreibunterrichts. Schreib-Lese-Räume (siehe Bräuer 2000) müssen materiell mit all dem versorgt und ausgestattet werden, was zum Schreiben anregt und dafür benötigt wird, damit aus „geistigen Räumen" ein Raum im eigentlichen Sinne des Wortes wird, in dem Schreiberinnen und Schreiber arbeiten, sich treffen und austauschen können. Ein solcher Schreib-Lese-Raum kann zum kommunikativen Zentrum einer ganzen Schule werden, von dem Schüler und Lehrer profitieren werden. Langfristig wird ein solches Zentrum das Potenzial besitzen, den Austausch der Fächer untereinander zu fördern sowie Kontakte über die Grenzen der Schule hinaus in die Gemeinschaft oder die Region zu knüpfen. Die Kon-texte öffentlichen und privaten Schreibens lassen sich auf diese Weise immer wieder und vor allem immer wieder anders erfahren. So vermittelt Schreibunterricht Schreiben und Lesen als Kulturaneignung.

Lehrerinnen und Lehrer lernen, anzunehmen statt anzuzweifeln. Lehrerinnen und Lehrer finden die Balance zwischen Schreiben als Wachsenlassen und Schreiben als Zeigen. Lehrerinnen und Lehrer werden zu Lektoren von Schülertexten. Lehrerinnen und Lehrer beginnen, selber zu schreiben. Auch so wird der Schreibunterricht am Ende ganzheitlich.

Literatur

Becker-Mrotzek, Michael (1997): Warum Schreiben schwer ist. In: Becker-Mrotzek, Michael/Hein, Jürgen/Koch, Helmut H. (Hg.): Werkstattbuch Deutsch: Texte für das Studium des Faches. Münster. S. 88-96.

Berning, Johannes (2002): Schreiben als Wahrnehmungs- und Denkhilfe. Elemente einer holistischen Schreibpädagogik. Münster u.a.

Bräuer, Gerd (2000): Schreiben als reflexive Praxis. Tagebuch, Arbeitsjournal, Portfolio. Freiburg im Breisgau.

Brugger, Paul (2004): Wissen schaffendes Schreiben. Innsbruck u. a.

Gössmann, Wilhelm (1976): Sätze statt Aufsätze. Schriftliches Arbeiten auf der Primarstufe. Düsseldorf.

Habersaat, Steffi/Dehn, Mechthild (1998): Komplexität in Kindertexten – konzeptionelle Schriftlichkeit als Aufgabe für den Anfangsunterricht. In: Spitta, Gudrun (Hg.): Freies Schreiben – eigene Wege gehen. Lengwil. S. 169-197.

Murray, Donald M. (1982): Learning by Teaching. Selected Articles on Writing and Teaching. Portsmouth, N. H.

Nizon, Paul (1985): Am Schreiben gehen. Frankfurter Vorlesungen. Frankfurt am Main.

Nizon, Paul (1997): Das Jahr der Liebe. Roman. Frankfurt am Main.

Nussbaumer, Markus (1993): Textbegriff und Textanalyse. In: Eisenberg, Peter/Klotz, Peter (Hg.):

Sprache gebrauchen – Sprachwissen erwerben. Stuttgart u. a., S. 63-84.

Nussbaumer, Markus (1996): Lernerorientierte Textanalyse – Eine Hilfe zum Textverfassen? In: Feilke, Helmuth/Portmann, Paul R. (Hg.): Schreiben im Umbruch. Schreibforschung und schulisches Schreiben. Stuttgart u.a., S. 96-112.

Ortner, Hanspeter (2000): Schreiben und Denken. Tübingen.

Portmann, Paul R. (1996): Arbeit am Text. In: Feilke, Helmuth/Portmann, Paul R. (Hg.): Schreiben im Umbruch. Schreibforschung und schulisches Schreiben. Stuttgart u. a., S. 158-171.

Selling, Bernard (1996): Schreiben wie der Schnabel wächst. Kreatives Schreiben für kleine und große Kinder. Braunschweig.

Spitta, Gudrun (1998): Freies Schreiben – kurzlebige Modeerscheinung oder didaktische Konsequenz aus den Ergebnissen der Schreibprozeßforschung? In: Spitta, Gudrun (Hg.): Freies Schreiben – eigene Wege gehen. Lengwil. S. 18-42.

Alle Schülertexte stammen von Kindern der Neuen Grundschule Potsdam und des Neuen Gymnasiums Potsdam. Ihr Klassenlehrer ist Berthold Seibt, dem ich für die Anregung und die Überlassung der Texte herzlich danke.

Jürgen Baurmann
Förderung des Schreibbewusstseins bei Schülerinnen und Schülern

1 *Beim Schreiben bekomme ich Flügel* - Ein Beispiel zur Hinführung

1991 und 1992, wenige Jahre vor seinem Tod, hat Charles Bukowski, unangepasster und zugleich namhafter us-amerikanischer Autor aus dem Underground, Tagebuch geführt. In diesem Tagebuch, das 2006 auch in deutscher Sprache erschienen ist, kann man zum Schreiben unter anderem lesen:

„Ich kenne zwei Herausgeber von Zeitschriften, die sich an Computern sehr stören. Ich habe ihre beiden Briefe hier – sie wüten gegen den Computer. Ich war sehr überrascht von ihrer Verbitterung. Und ihrer kindischen Art. Ich weiß, daß der Computer mir das Schreiben nicht abnimmt. Wenn er es könnte, würde ich es nicht wollen. Die beiden konnten sich gar nicht mehr beruhigen. Hinter allem steckte die Andeutung: Der Computer verhunzt dir die Seele. Na, das gilt für die meisten Dinge. Ich hab es aber gerne einfach: Wenn ich doppelt so viel schreiben kann, dann nehme ich jederzeit den Computer. Beim Schreiben bekomme ich Flügel und setze einiges in Brand. Beim Schreiben fische ich den Tod aus der linken Tasche, werfe ihn an die Wand und fange ihn wieder auf." (Bukowski 2006, S. 14)

Dieser Tagebucheintrag zeigt in seiner Souveränität, sprachlich einfach und zugleich in kühnen Bildern, hoch entwickeltes Schreibbewusstsein. In diesem Zitat deutet sich außerdem an, dass reflektiertes Bewusstheit über das Schreiben an kreative, handwerkliche und pragmatische Erfahrungen gebunden ist. Doch – was ist eigentlich Schreibbewusstsein? Um diese Frage zu beantworten, sollte zunächst die

Grundlage – der Sachverhalt *Schreibkompetenz* – geklärt werden.

2 Schreibkompetenz als Ausgangspunkt des Schreibbewusstseins

Sucht man nach einer Antwort auf die Frage, was denn Schreibkompetenz sei, ist man überrascht: Es gibt bisher lediglich erste Annäherungen an eine Klärung. Als Grundlage weiterer Überlegungen ist dabei die weithin akzeptierte Definition zur *Kompetenz* allgemein geeignet. Nach Weinert (^{2}2002, S. 27 f.) kann man unter Kompetenz fassen

> *„die ... verfügbaren oder erlernbaren kognitiven Fähigkeiten und Fertigkeiten, um bestimmte Probleme zu lösen sowie die damit verbundenen motivationalen, volitionalen und sozialen Bereitschaften und Fähigkeiten, um die Problemlösungen in variablen Situationen erfolgreich und verantwortungsvoll nutzen zu können."*

Dies bedeutet konkret, dass – beides – Kognition einerseits und Motivation, Willen und soziales Verhalten andererseits wichtig sind, um in künftigen „variablen Situationen" erfolgreich und verantwortungsvoll zu handeln. Gibt es nun in der Schreibforschung Ansätze, die mit Weinerts Definition korrespondieren? Ich denke schon und gehe auf zwei Versuche näher ein.

Carl Bereiter hat 1980 den Komplex *Schreiben* in „Teilsysteme" zerlegt, also Teilkompetenzen benannt. Es sind bei Bereiter sechs Teilsysteme, die das Schreiben von Texten letztlich ausmachen – nämlich die Fähigkeiten,

- geschriebene Sprache zu produzieren,
- Ideen und Einfälle zu finden,
- Schreibkonventionen (orthografische, grammatische, stilistische) zu beherrschen,
- sich adressatenorientiert zu verhalten,
- Geschriebenes differenziert zu beurteilen und
- Schreiben als Mittel des Denkens einzusetzen.

(vgl. Bereiter 1980, S. 82 ff.)

Wenn auch Bereiter diese Ausdifferenzierung in „Teilsysteme" ursprünglich zur Modellierung der Schreibentwicklung entworfen hat, so lässt sich dieser Ansatz doch zur näheren Beschreibung von Teilkompetenzen der Schreibkompetenz heranziehen. In der Schreibforschung und Schreibdidaktik ist dies in den letzten Jahren geschehen.

Neben diesem Ansatz von Bereiter existiert ein genuin deutschdidaktischer Entwurf. Im kürzlich erschienenen Sammelband „Kompetenz im Deutschunterricht" (Rösch, hg. 2005) hat Martin Fix zum „Kompetenzerwerb im Bereich 'Texte schreiben'" einen Vorschlag entwickelt. Martin Fix geht bei seiner Modellierung davon aus, dass Schreiben grundsätzlich funktional aufzufassen sei. Daraus leitet der Autor „vier Felder" der Schreibkompetenz ab – konkretisierbar über folgende Fragen (Fix 2005, S. 115, hier geringfügig gekürzt):

	Was schreibe ich? inhaltliche Kompetenz	
Warum und für wen schreibe ich? pragmatische Kompetenz		*Wie formuliere und überarbeite ich?* Formulierungs-kompetenz
	Wie baue ich den Text auf? Strukturierungs-kompetenz	

Es ist offensichtlich, dass der Entwurf mit seinen vier Fragen „prozessorientiert" und „integrativ" ist (so der Verfasser selbst). Was Martin Fix mit „Formulierungskompetenz" und „Strukturierungskompetenz" bezeichnet, korrespondiert in der Tat mit vertrauten prozessorientierten Vorstellungen. Die beiden übrigen Komponenten (die „pragmatische" und die „inhaltliche Kompetenz") deuten an, dass der Schreibprozess und dessen Umfeld vielfach miteinander verflochten sind.

Zweifelsohne werden mit den beiden Ansätzen von Bereiter und Fix relevante Momente der schreibdidaktischen Diskussion aufgenommen. Allerdings sind beide Vorschläge stark kognitionsorientiert, in ihrer Ausrichtung entweder kumulativ (so Bereiter 1980) oder auswählend-selektiv (so Fix 2005) angelegt. Infolgedessen liegt es nahe, die beiden Vorschläge zu ergänzen. Mögliche Ergänzungen betreffen textbezogene Komponenten, Schreibstrategien und die Schreibmotivation.

Textbezogene Komponenten

Insbesondere die anglo-amerikanische Schreibforschung hat eine Tendenz, die der Komplexität der Texte kaum gerecht wird, überwiegt doch – so auch bei Bereiter (1980) – eine tendenziell auf Sätze fixierte Sicht. Feilke (1996) lenkt stattdessen die Aufmerksamkeit auf den „Aufbau einer Textwelt". Dazu sind „textbezogene Schreibkompetenzen" (Feilke 1996) nötig, die der Autor für einen Bereich des Schreibens – nämlich für das Argumentieren – erarbeitet. Gestützt auf prägnante Beispiele arbeitet Feilke (1996) vier unterschiedliche Prinzipien heraus, nach denen Kinder, Jugendliche und junge Erwachsene den Sinnzusammenhang im Text sichern.

Bei der Erörterung des Werts oder Unwerts von Hausaufgaben gehen Schreiberinnen und Schreiber unterschiedlichen Alters verschieden vor: Es gibt Texte, die dem „Prinzip der szenischen Kontiguität" folgen und nach Episoden organisieren. Dabei orientiert sich der Schreiber etwa am Verlauf eines Tages mit Schulbesuch, Mittagessen, Spiel, Fernsehen usw. Andere Schreiber bedienen sich der „sachlogischen Ordnung" des zu erörternden Sachverhalts, um den Text zu organisieren. In diesem Fall unterscheiden Schreiber bei ihrer Antwort etwa Hausaufgaben in den Hauptfächern und solche in den Nebenfächern. Wieder andere Schreiberinnen und Schreiber gehen nach der uns vertrauten „formalen Ordnung" vor (etwa im Sinne des Pro- und Kontra-Verfahrens); oder sie orientieren sich am „Prinzip der dialogischen Ordnung", indem sie beispielsweise mögliche Einwände von Lesern vorausdenkend berücksichtigen. Solche textbezogenen Schreibkompetenzen sind bei der weiteren Klärung der Schreibkompetenz zu berücksichtigen – natürlich über das Erörtern hinaus.

Schreibstrategien

Bereiter und Fix haben in ihren Vorschlägen noch nicht berücksichtigt, dass sich Schreiberinnen und Schreiber an „erprobten und bewährten Verfahren" orientieren, die bei der „Bewältigung spezifischer Schreibanlässe und potentieller Schreibschwierigkeiten" helfen. Ortner (2000) hat solche Vorgehensweisen (Schreibstrategien) aus Befragungen zumeist professioneller Schreiber gewonnen und schreibtheoretisch fundiert zusammengestellt. Zu den Schreibstrategien zählen bei Ortner beispielsweise das Schreiben in einem Zug, das planende Schreiben, etwa gestützt auf eine Gliederung, Stichwortsammlungen bzw. eine Skizzierung des Aufbaus oder ein Zerlegen der Textproduktion in Produktsegmente bzw. Textteile.

Zur Schreibmotivation

Motivationale Aspekte beim Verfassen von Texten ergänzend aufzunehmen, liegt nach unseren Schreiberfahrungen und nach der Begriffsbestimmung von Weinert nahe (siehe oben). Wenn dies berücksichtigt wird, bedarf es allerdings klarer Vorstellungen zur Schreibmotivation, die über den gegenwärtig gebräuchlichen, reichlich unverbindlichen und beliebigen Gebrauch hinausreichen. Anhand eines Beispiels sollen drei Merkmale herausgestellt werden, die heute in der Motivationsforschung unumstritten sind:

Ein ansonsten eher bequemer Achtklässer berichtet eines Morgens in der Schule, dass er bis Mitternacht gemeinsam mit zwei Freunden „wieder und wieder" an einem Text gearbeitet habe.

Zweifelsohne liegt hier ein Fall hoher Schreibmotivation vor. Denn nach Rheinberg (1995, S. 124 ff.) setzt Schreibmotivation *eine herausfordernde Situation* zum Schreiben voraus (hier: Die Schüler hatten für eine Klassenfeier einen Sketch übernommen); zusätzlich basiert Motivation auf der Erwartung eines *vorzeigbaren Ergebnisses* (hier: Die Schüler waren davon überzeugt, gemeinsam eine Textvorgabe für einen Sketch verfassen zu können). Schließlich verbinden Schreiber mit der Textproduktion die Erwartung, dass ihr Handeln *Folgen* haben wird (hier: die Schreiber gingen davon aus, dass ihr Sketch Mitschüler und Lehrer beeindruckt).

Von der Motivation sind die volitionalen Momente nicht zu trennen (vgl. dazu Weinerts Definition). Gemeint ist damit, dass motivierte Schreiber selbst gegen Widerstände ihr Schreibziel verfolgen. De Charms bezeichnet Motivation deshalb als eine „milde Form von Besessenheit".

Insgesamt lässt sich infolgedessen „Schreibkompetenz" etwa so darstellen, wenn man es um die Faktoren textbezogene Komponenten, Schreibstrategien und Schreibmotivation ergänzt:

Teilsysteme (nach Bereiter 1980) als „kognitive Teilkompetenzen" *verbinden mit ...* textbezogenen Komponenten (Aufbau einer Textwelt -> Sichern von Kohärenz im Text; nach Feilke 1996)	*zu ergänzen um ...* Schreibstrategien (Ortner 2000) und Schreibmotivation (Aufgabe, Ergebnis, Folgen), Weiter-(Schreiben) auch gegen Widerstände; nach Rheinberg 1995, Baurmann [2]2006)

3 Was ist unter Schreibbewusstsein zu verstehen?

Schlägt man in didaktischen Handreichungen und Lehrplänen nach und recherchiert man im Netz, dann stößt man hinsichtlich des Phänomens *Schreibbewusstsein* auf zwei Belege: Zumeist ist – für unseren Zusammenhang zu eng – von „Rechtschreibbewusstsein" die Rede; oder der Ratsuchende wird auf den Bereich Sprachbewusstsein bzw. -bewusstheit (language awareness) gelenkt, der in den Arbeiten der Fremdsprachendidaktik oder des Bilingualismus eine große Rolle spielt. Nach Wolff (2002, S. 34), der sich auf van Lier (1995) stützt, möchte ich Schreibbewusstsein als ein fundiertes, weit reichendes Verstehen von Schreiben und Schriftlichkeit verstehen. Ein entwickeltes Schreibbewusstsein zeichnet sich durch klare Vorstellungen zur Schreibkompetenz aus (siehe oben unter 2). Zur näheren Klärung kann man sich auf die Language-Awareness-Forschung stützen, die das Konstrukt *Schreibbewusstsein* in vier Bereiche auffächert (vgl. Wolff 2002, S. 33). Entwickeltes Schreibbewusstsein zeichnet sich (1) durch eine performanz-orientierte Komponente aus. Wer sich darüber im Klaren ist, was er bewirkt, wenn er beispielsweise eine Entschuldigung verfasst oder eine Textstelle zur Verdeutlichung verändert, der verfügt über Schreibbewusstsein. Eine kognitive Komponente (2) kommt hinzu: Wer beim Schreiben und Überarbeiten Kenntnisse und klare Vorstellungen zu Schreibmustern und Vorgaben, auch zu Schreibstrategien hat (siehe oben), den zeichnet entwickeltes Schreibbewusstsein aus. Ergänzt wird das Schreibbewusstsein durch zwei weitere Komponenten – den affektiven und den (schreib-)kritischen. Der affektive Bereich (3) spricht die Tatsache an, dass sich mit dem Nachdenken über Schreiben zunehmend Interesse, Neugier, Aufmerksamkeit und sprachlich-ästhetische Sensibilität herausbildet. Der schreibkritische Bereich (4) schließlich weist auf die Notwendigkeit hin, dass sich Schreiber gegenüber Geschriebenem (selbst-) kritisch verhalten.

Schreiben fördert das Verfassen von Texten (*Schreiben lernt man durch Schreiben*) und initiiert Schreibbewusstsein. Darüber hinaus wird die Entwicklung schriftsprachlicher Fähigkeiten dank des entfalteten Schreibbewusstseins intensiviert. Einzelbeobachtungen stützen diese These, fundierte Arbeiten oder empirische Belege dazu fehlen allerdings bis jetzt. Das ist nicht verwunderlich, ist doch selbst die weiter vorangeschrittene Language-Awareness-Forschung in dieser Hinsicht noch nicht weiter vorangeschritten. Angesichts dieser Sachlage empfiehlt es sich zunächst, die zugänglicheren Bereiche (den performanz-orientierten und den kognitiven) zu betrachten. (vgl. dazu Wolff 2002).

Das Verfassen von Texten ist ein komplexer Prozess, der erheblicher Planung, Kontrolle und demzufolge der Koordination einzelner Teilprozesse bedarf. Gelingen wird diese Verzahnung, wenn sich Schreiber und Schreiberinnen dieser Prozesse bewusst sind und je nach Schreibsituation gezielt und reflektiert auf ihr Schreibwissen zurückgreifen. Denn wenn man – wie die kognitionsorientierte Psychologie – Schreiben als Problemlösungsprozess auffasst, dann sind erhebliche Koordinationsleistungen verlangt, die letztlich diesen Prozess sichern. Ludwig (1983) hat diesen Sachverhalt anhand einiger Merkmale des Schreibprozesses gezeigt. Das im Sinne dieses Beitrags besonders relevante Merkmal des „Rekursiven" zeigt sich etwa dort, wo erste Schreibversuche durch Überarbeitungen verändert werden. Solche Revisionshandlungen erfordern in aller Regel, dass über das Revidieren selbst nachgedacht wird. Dieser Teilprozess ist also (wie die anderen Teilprozessen auch) auf sich selbst bezogen.

In welchem Maße und mit welcher Intensität dies geschieht, ist von 'Schreibfall zu Schreibfall' verschieden. Hilfreich ist gewiss die Unterscheidung bei Wolff (2002, S. 34), der „peripheres" (unterstützendes) Bewusstsein von „fokalem" (also zentral bestimmtem) Bewusstsein unterscheidet. Bei letzterem rückt die Reflexion über Schreiben und Schriftlichkeit ausdrücklich ins Zentrum der Aufmerksamkeit. Dass die beiden Modi unterschiedlicher Komplexität nicht strikt aufeinander folgen, liegt nahe. Der jeweilige Rückgriff auf einen Modus hängt erheblich von der Schreibaufgabe und vom konkret entstehenden Text ab.

Die vorgestellten Modi sollen durch Äußerungen innerhalb einer Schreibkonferenz belegt werden. Da die Schreibkonferenz als in der Schule vertrauter Weg zur Überarbeitung von Texten angesehen wird, verbinde ich Hinweise zu Schreibkompetenz und Schreibbewusstsein mit dem Grundmuster des Überarbeitens. Nach diesem dreigliedrigen Grundmuster geht es beim Überarbeiten von Texten oder einzelner Texte darum,
- Missverhältnisse oder Auffälligkeiten zu *identifizieren,*
- Unzulänglichkeiten oder Merkmale von Auffälligkeiten präzise zu *diagnostizieren,*

und schließlich …
- entsprechende Textstellen durch geeignete Operationen zu *revidieren.*

(vgl. Baurmann [2]2006, S. 92 f. bzw. S. 106)

297

Das Beispiel

Nach einem Streit in der Pause, bei dem Angela Stefans Rad beschädigt hat, regt die Lehrerin in einer vierten Klasse an, dass sich Angela bei Stefan schriftlich entschuldigen möge (siehe zum Folgenden Baurmann/Ludwig 1996, S. 19). Angela schreibt den folgenden Brief, der anschließend in einer Schreibkonferenz im Beisein der Verfasserin besprochen wird.

Lieber Stefan,

als ich aus Wut gegen dein Rad getreten habe und das Katzenauge getroffen habe und es rausgesprungen war, da dachte ich, es wäre noch ganz, weil ich eigentlich ganz leicht zugetreten habe. Aber zu meinem Bedauern war es kaputt. Innerlich dachte ich: „Das haste jetzt davon!" weil ich total sauer war. Aber trotzdem hatte ich Angst, ich weiß auch nicht, warum. Aber du willst sicher wissen, warum ich gegen dein Rad getreten habe. Also, ich fang mal an: Ich habe gegen dein Rad getreten, weil du nur mit deinem Rad angegeben hast und weil du auch immer der Beste sein willst. Ich war auch wütend, weil du mit deinem Scheißfußball angibst. Ich hoffe, du hast mich verstanden.

Angela

Peripher-unterstützendes Schreibbewusstsein

Da das Verfassen von Texten von vornherein rekursiv ist (siehe oben), werden bereits Kinder bei einzelnen Textstellen sich des peripher-unterstützenden Schreibbewusstseins bedienen. Ein solches Bewusstsein bezieht sich zumeist auf einzelne Formulierungen, die auf der Textoberfläche sichtbar sind. Entsprechende Auffälligkeiten werden dabei von einzelnen Schreibern und Lesern auch erkannt, hier von der Schreiberin auch teilweise akzeptiert (siehe unten). Die Konsequenzen für die weitere Arbeit am Text werden allerdings nicht näher begründet; oft argumentieren jüngere und ungeübte Schreiber im Sinne dieses Modus' pauschal und emotional. So beantwortet die Schreiberin die Hinweise und Vorschläge ihrer Mitschülerinnen und Mitschüler u.a. so:

„Ja, ich werde schon 'n paar (Vorschläge, J. B.) annehmen. Ich weiß zwar noch nicht welche, aber das mit dem Scheißfußball, das möchte ich lassen. Ich weiß auch nicht, warum, aber es gefällt ihm zwar, aber mir gefällt es nicht."

Fokal-zentriertes Schreibbewusstsein

Fokal-zentriertes Schreibbewusstsein äußert sich dort, wo Schülerinnen und Schüler als Schreiber oder Beurteiler ihre Aufmerksamkeit auf ausgewählte Aspekte eines Textes lenken.

Eine solche Art des Schreibbewusstseins wird sich nach Bereiter (siehe oben) auf Ideen und Einfälle richten, die Beherrschung von Schreibkonventionen (orthografische, grammatische, stilistische) prüfen oder danach fragen, ob der Text den Adressaten berücksichtigt. Die folgende Äußerung zeigt, dass eine Schülerin in der Schreibkonferenz einen durchgehenden Textzug im Blick hat (nämlich die emotionale Beteiligung der Schreiberin).

Ich finde da ganz viele Stellen so gut ... wie die Angela geschrieben hat: Das haste jetzt davon. Als ob's ihr so richtig von Herzen kommt.

Die Schülerin zitiert eine Textstelle als Beleg, ohne dass sie weitere ähnliche Stellen im Text ausdrücklich nennt oder schon präzise identifizieren kann. Da Gelesenes hier gebündelt beurteilt wird, liegt im Ansatz fokal-zentriertes Schreibbewusstsein vor.

Eine weitere Äußerung der erwähnten Schreibkonferenz ist bemerkenswert, geht sie doch über die bisher zitierten Schülerbeiträge hinaus:

Mir ist aufgefallen, dass die Angela gar nichts von Entschuldigung in den Brief reingeschrieben hat ... Vielleicht könnte sie das so in der Art ausdrücken: deine dich um Vergebung bittende Angela. So was in der Art.

Die Äußerung verweist auf einen Grad an Schreibbewusstsein, der textbezogene Komponenten der Schreibkompetenz (siehe oben) anspricht. Die Schülerin ahnt hier eine entscheidende Schwäche im Brief (*Angela rechtfertigt sich, sie entschuldigt sich nicht*); doch ihr Änderungsvorschlag in konzeptionell anspruchsvoller Schriftlichkeit (*Deine dich um Vergebung bittende Angela.*) bleibt auf der Textoberfläche und passt stilistisch eher in einen Heftchenroman als in einen Kinderbrief. Das erwähnte Grundmuster zum Überarbeiten aufnehmend kann der Sachverhalt auch erklärt werden: Die Schülerin bemerkt eine Auffälligkeit, die über die Textoberfläche hinaus 'tiefer' in den Text hineinreicht. Da sie diese Auffälligkeit allerdings noch nicht als unangemessene Sprachhandlung zu diagnostizieren weiß (*rechtfertigen* statt *entschuldigen*), führt die lokal begrenzte Revision auf der Textoberfläche nicht weiter.

4 Wege zur Förderung des Schreibbewusstseins

Wie kann nun Schreibbewusstsein bei Kindern und Jugendlichen gefördert werden? Vor dem Hintergrund einer erweiterten Auffassung von *Schreibkompetenz* (siehe unter 2) und der Unterscheidung zweier Modi des Schreibbewusstseins (siehe unter 3) werden zum Abschluss einige Wege zur Förderung des Schreibbewusstseins vorgestellt.

4.1 Sich auf spielerische Weise dem komplexen Prozess des Schreibens nähern

Das Verfassen von Texten als komplexer Prozess bereitet den Kindern in der Regel erhebliche Schwierigkeiten (vgl. u. a. Baurmann [2]2006, S. 8 ff.). Mit dem Ziel, Kindern nach ersten Schreiberfahrungen diesen Prozess bewusst zu machen, führt Jurt (1996, S. 17) analog zum geschäftigen Tun der „Heinzelmännchen" in der allseits bekannten Sage Figuren ein, die beim Verfassen von Texten verschiedene Aufgaben übernehmen:
Prüfius prüft ob das von Netzus fabrizierte Beziehungsnetz mit dem Ergebnis von Analysius (der die Schreibaufgabe analysiert hat, J. B.) übereinstimmt ... Er untersucht weiter, ob die Aussagen von Textus (der den Text formuliert und der, wenn dies gelingt, regelrechte Freudensprünge macht, J. B.) den strengen Anforderungen von Analysius gerecht werden.

Für die Kinder kleidet Jurt (1996, S. 21) das Gesagte in einen Rollentext, in dem die einzelnen Heinzelmännchen über ihre Arbeit sprechen. Beispiele:

Textus:
... ich werde ständig gegängelt! Aber ich erkläre ... gerne, was ich zu tun habe. Also: Ich versuche einmal aus dem (zu Netzus gerichtet), oft wilden' Netz der Zusammenhänge eine Reihenfolge der Gedanken zu bestimmen und daraus anschließend schriftsprachliche Sätze zu bilden.

Prüfius:
Ja, und dabei überprüfe ich immer wieder, ob Textus auch das formuliert, was das Netz der Zusammenhänge festhält.

4.2 Auffälligkeiten bemerken: Von der Fragelawine zur Textlupe

Um den Übergang vom peripher-unterstützenden zum fokal-zentrierten Modus des Schreibbewusstseins anzubahnen, bieten sich bereits in der Grundschule Verfahren an, die der häufig in seinen Schwierigkeiten unterschätzten Schreibkonferenz vorausgehen sollten – nämlich Fragelawine und „Textlupe" (Böttcher/Wagner 1993, S. 24 ff.). Bei der Fragelawine notieren einzelne Kinder Fragen zu einem vorgelegten Text jeweils an den Rand. Das Blatt mit den Fragen wandert dann von einem Kind zu weiteren Kindern der Lerngruppe (etwa drei bis vier Kinder), wobei die später an die Reihe Kommenden mit ihren Einträgen bereits vorhandene Fragen neben dem Text ergänzen. Die Kinder werden auf diese Weise besonders aufmerksam auf das Geschriebene. Fragen an den Text häufen sich, es entsteht eine Fragelawine. Ein Beispiel:

Artemij (Klasse 3) schreibt über die fantastische Welt der Kuddelmuddel. Unter anderem erzählt er, dass er dort ein Fabelwesen getroffen hat, dem er ganz viel erzählt hat, dass dieses Wesen „in unserer Sprache" geantwortet und plötzlich vor seinem Bett gestanden hat. Mitschüler, die Artemijs Geschichte gelesen haben, haben nacheinander zwei Fragen neben diese Textstelle geschrieben: Worüber habt ihr gesprochen? Und: Warum steht das Wesen vor deinem Bett?

  Bei der „Textlupe" erhalten die Kinder zu einem Text, der überarbeitet werden soll, einen systematisch aufgebauten Beurteilungsbogen, der wie mit einer Lupe den Text durchmustert. Eine Textlupe kann so aussehen (Böttcher/Wagner 1993, S. 26):

Das hat mir besonders gut gefallen	Hier fällt mir etwas auf! Hier habe ich noch Fragen!	Meine Tipps! Meine Angebote
...	...	...

Leser tragen in die Spalten ihre Eindrücke und Beobachtungen ein – Positives, Unklares bis Frag-würdiges, Vorschläge und Angebote zur Hilfe. Das Verfahren hat u.a. den Vorteil, dass die Aufmerksamkeit der Schüler beim Lesen gezielt auf den Text und bestimmte Aspekte gerichtet wird. Da das Verfahren vorstrukturiert ist, wird peripher-unterstützendes Schreibbewusstsein aufgebaut und fokal-zentriertes vorbereitet. Insbesondere durch Karteikarten unterstützte Schreibkonferenzen (Fix 2000) und vorstrukturierende Überarbeitungspläne (Bereiter/Scardamalia 1987; vgl. auch Baumann [2]2006, S. 97 bzw. S. 110 ff.) bauen fokal-zentrierte Ansätze weiter aus.

4.3 Den Aufbau einer Textwelt im Wechselspiel von Lesen und Schreiben erfassen

Auf attraktive Weise kann die Erfassung des Aufbaus einer Textwelt durch die Schreibateliers angebahnt werden. „Ateliers" sind nach *Schneuwly* (1995, S. 120 ff.) „kurze Schreibaufgaben", die über verschiedene Formen und Operationen eine umfangreiche Schreibaufgabe vorbereiten. Dabei können obligatorische, für alle verpflichtende, von fakultativen, frei wählbaren Ateliers, unterschieden werden. Soll beispielsweise ein historischer Sachverhalt erklärt werden, dann liegen obligatorische und fakultative „Ateliers" wie die folgenden nahe: In einem obligatorischen Atelier machen sich die Schülerinnen und Schüler zunächst lesend damit vertraut, wie Informationen in Sachtexten organisiert werden. Dabei erkannte Vorgehensweisen werden reflektiert und anschließend in eigenen Schreibversuchen umgesetzt. Innerhalb eines fakultativen Ateliers werden Einleitungen für den zu schreibenden Sachtext geübt. Dazu werden verschiedene Möglichkeiten des Einführens in Sach- und Fachbüchern untersucht, anschließend eigene Versuche des Einleitens verfasst (Schneuwly 1995, S. 120 f.). Die Arbeit mit den „Ateliers" geht davon aus, dass das Verfassen von Texten bei Schülerinnen und Schülern auf Vorerfahrungen und Erfahrungen, auf Schreibwissen und Schreibkönnen basiert. Die Ateliers regen die Textproduktion an und stützen sie. Der Wechsel zwischen Produktion und Rezeption, zwischen obligatorischen und fakultativen Übungen, auch zwischen schriftlicher Reproduktion und dem Erproben neuer Möglichkeiten des Schreibens machen das Verfassen von Texten überschaubar und einprägsam bewusst: Peripher-unterstützendes und fokal-zentriertes Schreibbewusstsein greifen dabei ineinander.

4.4 Der Einsatz des Schreibbewusstseins in seiner Fülle: Begleitendes Kommentieren eines Schreibprojekts

Sind die beiden Modi des Schreibbewusstseins angestoßen (vgl. 4.1 und 4.2) und in zunehmend komplexeren Schreibsituationen erprobt worden (vgl. 4.3), dann bietet sich insbesondere bei umfangreichen Schreibvorhaben eine anspruchsvolle Möglichkeit an, das eigene Schreibbewusstsein zunehmend gekonnter und eigenständiger in wechselnden Schreibzusammenhängen zu nutzen. Ich möchte dies an einem Beispiel belegen. Im Zusammenhang mit einer Schreibaufgabe (Schreiben eines Liebesromans) bittet der Lehrer die Schreiber und Schreiberinnen den gesamten Schreibvorgang zu reflektieren und eigene Vorgehensweisen schriftlich zu dokumentieren und zu kommentieren. In welchem Maße bereits 15- bis 16-jährige dazu fähig sind, ist aus Melanies Arbeit und ihrer schriftlichen Stellungnahme abzulesen (Baurmann 1993, S. 25 f.).

Zunächst zu Melanies 'Liebesroman': Die Geschichte besteht aus einem Rahmen (1. und 9. Kapitel) sowie einer Binnenerzählung. Julia, die Ich-Erzählerin, stellt insgesamt die Schwierigkeiten mit ihrem drogenabhängigen Freund dar, der die Schule verlassen muss und sich erst spät zu einer Drogentherapie entschließt. Als Julia im Laufe der Geschichte allein nicht mehr weiter weiß, vertraut sie sich ihrer Mutter an. Dort heißt es dann:

... Vielleicht sollte ich mich ihr doch anvertrauen? ... Wer weiß, vielleicht würde sie mich sogar verstehen, oder sie wüßte eine Lösung für mein Problem?! Es käme auf einen Versuch an. Vorsichtig begann ich: 'Du, Mutti, wie war das eigentlich damals bei dir und Vati gewesen? Woher wußtest du, ich meine, wie hast du herausgefunden, daß er dich auch mochte und es ernst meinte?' Meine Mutter war anscheinend ins richtige Fahrwasser gelotst, denn für die nächste ¾ Stunde sprach sie nur noch über sich und Vati. Während sie erzählte, leuchteten ihre Augen und ihre Wangen bekamen einen rosigen Schimmer ... Als sie ihre Erzählung schließlich beendet hatte, holte sie erst einmal kräftig Luft, bis sie sich wieder mir zuwandte: 'Aber jetzt sag mal, Julia, warum wolltest du das alles wissen? Hast du etwa Probleme mit Timm?' Das war das Stichwort. Wie ein Wasserfall sprudelte nun alles aus mir heraus ... Aufmerksam und ohne mich zu unterbrechen, hörte sich meine Mutter alles genau an, und je weiter ich kam, desto mehr wurden auf ihrer Stirn drei dicke Dackel-Denkfalten sichtbar. Schließlich sagte sie: ' Du hast recht, Julia. Da ist etwas im Busch. Also wenn du meine ehrliche Meinung hören willst, dann gibt es nur drei Möglichkeiten. Erstens er liebt dich nicht mehr, ist aber zu feige, um Schluß zu machen. Zweitens, er hat eine andere, also verbunden mit der ersten Möglichkeit, oder drittens, aber daran glaub' ich persönlich nicht, führt er irgendetwas Kriminelles, wie zum Beispiel Drogenprobleme, mit sich herum.' Sprachlos sah ich meine Mutter an.

Zu ihrem Schreibvorhaben insgesamt äußert sich Melanie wie folgt:

„Mein Roman, der das Thema Drogen aufgreift, entstand eigentlich erst nach mehreren Versuchen. Da ich lieber über aktuelle Themen schreibe als über irgendeine belanglose 'Beziehungskiste', kam ich schließlich zu den Drogen ...

Der Grundriss meines Romans war mir eigentlich sofort klar, nämlich dass ein Junge durch den Druck und Ärger zuhause zu den Drogen greift ... Bisher hat mir das Schreiben großen Spaß gemacht, vor allen Dingen weil einem immer neue Ideen einfallen, die man gut einbringen kann. Mein Roman ist aus der Sicht der Freundin geschrieben ... Es wird nicht stur der Verlauf erzählt, sondern (es werden, J. B.) auch Hintergründe, Fragen undsoweiter aufgegriffen."

Text und Kommentar zeigen, dass die kompetente, erfrischend selbstbewusste und gewitzte Schreiberin über ein erhebliches Maß an Schreibbewusstsein verfügt. Sie spricht in ihrem Kommentar reflektiert Fragen der Schreibmotivation und Merkmale des Schreibprozesses an. Sie weiß um die Bedeutung eines „Grundrisses" für ihren umfangreichen Text (über 20 Schreibmaschinenseiten!), wählt bewusst eine bestimmte Perspektive und erzählt nicht nur chronologisch (nicht „stur den Verlauf").

Eine weitere Möglichkeit der Externalisierung innerer geistiger Prozesse, die durch ein entwickeltes Schreibbewusstsein begünstigt wird, stellt das „laute Denken" dar. Ähnlich wie in der Schreibforschung wird hier die Schreibtätigkeit mündlich begleitet und per Cassettenrecorder aufgezeichnet. Die Reflexionstiefe wird im Rahmen medialer (auch konzeptioneller) Mündlichkeit schon wegen der geringeren Distanz zumeist geringer als bei einem schriftlichen Kommentar sein. Die enge Verflechtung zwischen Schreiben und Kommentieren stellt allerdings an die Schreiber erhebliche geistige und sprachliche Anforderungen.

5   Fazit

Es ist – so hoffe ich – in diesem Beitrag deutlich geworden, dass Schreibbewusstsein mit einer zunehmend entwickelten Schreibkompetenz korrespondiert. Wenn es auch noch kein entwickeltes Konzept zum Schreibbewusstsein gibt, so lassen sich in Anlehnung an die Language-awareness-Forschung einige Merkmale und zwei Modi von Schreibbewusstsein unterscheiden – der peripher-unterstützende und der fokal-zentrierte. Beide Modi werden nach den jeweiligen Anforderungen der Schreibaufgabe und Schreibsituation wirksam. Eine angemessene Aktivierung des Schreibbewusstseins wird beide Modi berücksichtigen, die im konkreten Fall nicht klar zu trennen sind. Künftig wird es Aufgabe der Schreibforschung und Schreibdidaktik sein, ausgehend von den vorgestellten Modi die Entwicklung des Schreibbewusstseins ausführlich zu entfalten und in daraus resultierende Entwürfe in der Schreibpraxis zu überprüfen. Dieser Weg wird in Anbetracht des notwendigen Aufwands weder einfach noch ohne erhebliche Mühen zu meistern sein.

Literatur

Baurmann, Jürgen (1993): Liebesromane verfassen – die etwas andere Schreibaufgabe. In: Helmut Meyer/Clausdirk Pollner/Astrid Schmitt – v. Mühlenfels/Volker Schulz, hg.: Lehren lehren. Aufsätze für Gertrud Jungblut. Essen, S. 19-33.

Baurmann, Jürgen (^{2}2006): Schreiben – Überarbeiten – Beurteilen. Ein Arbeitsbuch zur Schreibdidaktik. Seelze.

Baurmann, Jürgen/Otto Ludwig (1996): Schreiben: Texte und Formulierungen überarbeiten. Basisartikel. In: Praxis Deutsch, H. 137, S. 13-21.

Bereiter, Carl (1980): Development in Writing. In: Lee W. Gregg/Erwin R. Steinberg, hg.: Cognitive Processes in Writing. Hillsdale, S. 73-93.

Bereiter, Carl/Marlene Scardamalia (1987): The Psychology of Written Composition. Hillsdale.

Böttcher, Ingrid/Monika Wagner (1993): Kreative Texte bearbeiten. In: Praxis Deutsch, H. 119, S. 24-27.

Böttcher, Ingrid/Michael Becker-Mrotzek (2003): Texte bearbeiten, bewerten und benoten. Schreibdidaktische Grundlagen und unterrichtspraktische Anregungen. Berlin.

Bukowski, Charles (2006): Den Göttern kommt das große Kotzen. Illustriert von Robert Crumb. Köln.

Feilke, Helmuth (1996): Die Entwicklung der Schreibfähigkeiten. In: Hartmut Günther/Otto Ludwig, hg.: Schrift und Schriftlichkeit. Ein interdisziplinäres Handbuch. 2. Halbband. Berlin/New York, S. 1178-1191.

Fix, Martin (2000): Textrevisionen in der Schule. Prozessorientierte Schreibdidaktik zwischen Instruktion und Selbststeuerung. Empirische Untersuchung in achten Klassen. Hohengehren.

Fix, Martin (2005): Kompetenzerwerb im Bereich „Texte schreiben". In: Heidi Rösch, hg.: Kompetenzen im Deutschunterricht. Frankfurt, S. 111-123.

Jurt, Ueli (1996): Textproduktion. Eine prozessorientierte Aufsatzdidaktik. Bern: Unveröffentlichte Lizenziatsarbeit.

Ludwig, Otto (1983): Einige Gedanken zu einer Theorie des Schreibens. In: Siegfried Grosse, hg.: Schriftsprachlichkeit. Düsseldorf, S. 37-73.

Ortner, Hanspeter (2000): Schreiben und Denken. Tübingen.

Rheinberg, Falko (1995): Motivation. Stuttgart.

Schneuwly, Bernard (1995): Textarten – Lerngegenstände des Deutschunterrichts. In: Osnabrücker Beiträge zur Sprachtheorie, H. 51, S. 116-132.

Weinert, Franz. E. (^{2}2002b): Vergleichende Leistungsmessung in Schulen – eine umstrittene Selbstverständlichkeit. In: Franz E. Weinert, hg.: Leistungsmessungen in Schulen. Weinheim/Basel, S. 1-31.

Wolff, Dieter (2002): Sprachbewusstheit im Fremdsprachenunterricht. In: Der Deutschunterricht, H. 3, S. 31-38.

Wilhelm Grießhaber
Schreiben mit ausländischen Kindern[1]

Der folgende Beitrag stellt empirische Studien zum Schreiben nichtdeutschsprachiger Kinder der Primarstufe und dem direkt anschließenden Sekundarstufenbereich vor. Zunächst werden kurz Merkmale schriftlicher Texte und die Bedingungen des Schreibens behandelt und das für das erstsprachliche Scheiben entwickelte Schreibmodell von Hayes & Flower für die Bedingungen des Schreibens in der Zweitsprache ergänzt. Sodann werden Probleme von ViertklässlerInnen bei der Verschriftlichung einer Bilderfolge vorgestellt. Sodann werden der komplette Prozess der Erstellung eines Textes durch einen Drittklässler und die Interventionen der Lehrerin in die Texterstellung behandelt. Sodann werden verschiedene Stadien der tutoriell angeleiteten Textproduktion am Computer betrachtet. Aus den Beobachtungen und Analysen werden schreibdidaktische Konsequenzen abgeleitet.

Spätestens seit den ersten PISA und IGLU-Untersuchungen ist offenkundig, dass die schriftsprachlichen Leistungen von Kindern aus Migrantenfamilien deutlich unter dem Niveau gleichaltriger Kinder aus deutschsprachigen Familien liegen. Von diesen Problemen sind nicht primär Seiteneinsteiger betroffen, die erst nach einem mehrjährigen Schulbesuch in ihrer Heimat in das deutsche Schulsystem kommen, sondern vor allem Kinder, die hier in Deutschland eingeschult wurden und das deutsche Schulsystem durchlaufen haben. Dies ist Anlaß genug für einen genaueren Blick darauf, wie Kinder in der Zweitsprache Deutsch schreiben.

[1] Den an den Projekten in Frankfurt (Deutsch & PC), Hamburg und Münster (Schreibwerkstatt) beteiligten Lehrkräften und SchülerInnen danke ich für Ihre aktive Mitarbeit. Weiterhin danke ich der Gemeinnützigen Hertie Stiftung und dem Hessischen Kultusministerium, die die Wissenschaftliche Begleitung Förderprojekts "Deutsch & PC" finanziell unterstützten.

Inhaltsübersicht

1   Schreiben und Texte

Was macht das Schreiben von Texten gegenüber dem mündlichen Erzählen so viel schwerer? Vordergründig geht es dabei ja nur um die Kodierung lautsprachlicher Einheiten mit dem Zeicheninventar einer Schrift. Dieser Prozess steht im Zentrum der Erlernung der Schriftsprache überhaupt. Obwohl das Deutsche etwa im Vergleich zum Englischen eine ziemlich enge Verbindung von Laut und Schrift aufweist, ist es keineswegs so, dass sich der Lautstrom einfach auf Grapheme abbilden ließe. Zum einen haben wir keine eindeutige Zuordnung von Laut und Graphem und zum anderen werden beim normalen Sprechen einzelne Silben betont, während andere fast oder ganz verschluckt werden (s. Grießhaber 2004). Noch problematischer gestaltet sich das Schreiben durch die unterschiedlichen Produktions- und Rezeptionsbedingungen. In der mündlichen Kommunikation, in der Sprecher und Hörer kopräsent sind, kann der Sprecher laufend kontrollieren, wie seine Rede beim Hörer ankommt, so dass er seine Äußerungen gegebenenfalls reparieren kann. Umgekehrt kann der Hörer den Sprecher um die Modifikation unverständlicher Äußerungen bitten. Beide können sich auf Sachverhalte des situativen Kontexts beziehen, auf die sie mit Gesten und Worten ‚zeigen' können. Dadurch wird der Prozess des Sprechens entlastet. Bei der Kommunikation mittels schriftlich fixierter Texte muss der Schreiber in der zerdehnten Sprechsituation (Ehlich 1984) ohne kopräsenten Hörer dessen Wissen vorwegnehmen und seine Äußerungen so gestalten, dass sie auch ohne nachgeschobene Erläuterungen verständlich sein werden. Insbesondere das Verhältnis der sinntragenden Wörter des Symboldfeldes (Bühler 1934) zueinander muss mit grammatischen Mitteln so präzise bestimmt werden, dass der Leser sie im intendierten Sinn aufeinander beziehen kann. Zur Rolle dieser Einheiten mag ein kleiner Ausschnitt aus einem Grimmschen Märchen dienen:

„Dann befahl ihr[1] die Kammerfrau mit harten Worten, die königlichen Kleider auszuziehen und ihre[2] schlechten anzulegen, und endlich mußte sie sich unter freiem Himmel verschwören, daß sie am königlichen Hof keinem Menschen etwas davon sprechen wollte; und wenn sie diesen Eid nicht abgelegt hätte, wäre sie auf der Stelle umgebracht worden." (Grimm & Grimm, Die Gänsemagd)

In dem kleinen Textausschnitt beziehen sich ihr[1] und ihre[2] auf verschiedene Personen: ihr[1] (Dativ, Singular, feminin) bezieht sich auf die Prinzessin, während sich ihre[2] (Akkusativ, Plural, unbest.) auf die Kleider der Kammerfrau bezieht. Nur wer die Pronomina auf der Basis ihrer Formen den verschiedenen Bezugsobjekten zuordnen kann, kann auch die Textpassage richtig verstehen. Solche Kenntnisse erwerben deutschsprachige Kinder schon im Vorschulalter, nichtdeutschsprachige Kinder werden in der Schule damit konfrontiert. Nicht alle erwerben diese feinen Mittel der Aufeinanderbeziehung von Äußerungseinheiten. Während diese Mittel in der mündlichen Kommunikation durch andere Verfahren bis zu einem gewissen Grad kompensiert werden können, sind sie insbesondere beim Schreiben von Texten erforderlich. Hier haben L2-Lerner Schwierigkeiten beim Schreiben (s. u. §3 Umschreiben).

Zur Untersuchung von Schreibprozessen hat sich das von Hayes & Flower 1980 vorgestellte Modell der psychischen Prozesse beim Schreiben bewährt. In ihrem Modell (s. Abb. 1 ohne schraffierte Bereiche) werden drei ‚Werkstätten' unterschieden: das Aufgabenumfeld (task environment) enthält die Schreibaufgabe mit Informationen zum Thema, zu den (antizipierten) Lesern und Verfahren, um das Interesse der Leser zu gewinnen; außerdem enthält es den bereits produzierten Text; das Langzeitgedächtnis des Schreibers (long term memory) enthält Informationen über das Thema, das Lesepublikum und verfügbare Schreibpläne; das eigentliche Schreiben wird in mehrere Teilprozesse zerlegt, die sich gegenseitig beeinflussen und die von einem Monitor gesteuert werden; als einer der zentralen Prozesse wird die Generierung psychischer Ideen betrachtet, die organisiert und anschließend aus einer vorsprachlichen Form in Sprache ‚übersetzt' werden (translating); schließlich werden die bereits geschriebenen Textteile gelesen, bewertet und gegebenenfalls überarbeitet (reviewing). Im Kern lassen sich aus dem Modell drei Phasen gewinnen, die für die Untersuchung von Schreibprozessen und schreibdidaktische Förderungen besonders wichtig sind: (a) das Planen, (b) das Schreiben im engeren Sinn und (c) das Überarbeiten.

ABB. 1: Zweitsprachliche Schreibprozesse (Grießhaber 2005–2006)

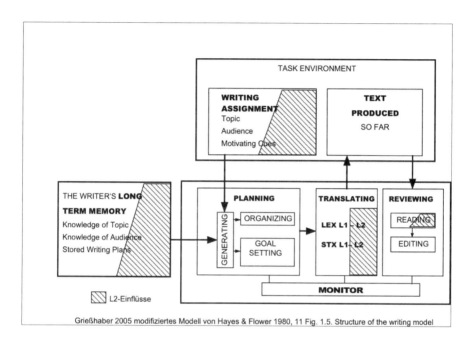

Grießhaber 2005 modifiziertes Modell von Hayes & Flower 1980, 11 Fig. 1.5. Structure of the writing model

Für das Schreiben in der zweiten Sprache nimmt Grießhaber 2005–2006 (s. Abb. 1 mit schraffierten Bereichen) folgende Modifikationen an dem Modell von Hayes & Flower vor: für den L2-Schreiber können sich die Schreibaufgaben hinsichtlich Thema, Lesepublikum und Motivierungsverfahren in der L2 von den aus der L1 vertrauten unterscheiden; auch im Bereich des Langzeitgedächtnisses hat der L2-Schreiber Wissen, das sich vom Wissen eines L1-Muttersprachlers unterscheidet; besonders auffällig sind Unterschiede im sprachlichen Bereich im engeren Sinne, im Wortschatz und in der Grammatik; nach Erhebungen von Krings 1990 beruhen zweitsprachliche Schreibprozesse fast zur Hälfte auf erstsprachlich entwickelten Plänen (zur Wortsuche s. u. §2 Fragen türkischer Schüler nach dem Wort Kran); zu Problemen zweitsprachlicher Syntax s. u. §3 den Ausschnitt aus SEYEs begründender Passage); schließlich lesen L2-Lerner L2-Texte anders als L1-Schreiber/Leser; sie können z. B. orthographische Regeln nicht auf der Basis einer L1-lautsprachlichen Lexemkenntnis überprüfen (s. dazu u. die Resultate in §2 Jugendherberge und SEYEs Überarbeitungsprozesse in §3).

2   Jugendherberge

Bei den Schreibprozessen Jugendherberge sollten insgesamt 12 SchülerInnen (davon 3 deutsch, 8 türkisch, 1 deutsch/indonesisch) am Ende der Grundschulzeit eine Geschichte zu 10 Bildern schreiben (weitere Informationen zur Schreibaufgabe und zum Hintergrund s. Grießhaber 1999, 2001a, Bilder im Internet). Auf den Bildern wird die recht abenteuerliche Busreise zu einer Jugendherberge dargestellt. Unter anderem wird der Bus von einem Kran über einen Haufen und eine Schlucht hinweggebracht, bevor er endlich bei der Jugendherberge ankommt. Das Wort für *Kran* ist der Mehrzahl der türkischen SchülerInnen nicht bekannt. Auf den Ton- und Videoaufnahmen der Schreibphase finden sich mehrere Fragen nach diesem Wort (s. B 1). Insgesamt fragen fünf der acht türkischen Kinder nach dem Wort, ein Junge zweimal. Das Wort *Kran* zählt nach dem Wörterbuch von Sennlaub 2001[2] zum Grundwortschatz der Klassen 3 und 4, so dass man seine Kenntnis eigentlich erwarten könnte. Die Kinder umschreiben jedoch das Hebe- und Transportwerkzeug wie Lerner ein unbekanntes, aber benötigtes Wort einer Fremdsprache erfragen oder zeigen, wie Meo, unter Vermeidung einer verbalen Umschreibung einfach auf die Abbildung.

(B 1) Ausschnitte mit Fragen nach *Kran*:

(200)	Amt	(Wie heißt denn der), **wo_wo_man_diesen Wagen da hoch hebt?**
(201)	Clm	• **Kran**, nä?
(202)	Lehr	Brücke, **Kran**, ne.
(203)	Amt	**Kran**.
		((45 s))
(235)	Kml	Psst • • • Psst • • • Frau Walzer, wie heißt denn **diese äh der Schleppding mit dem Busse da am Seil**?
(241)	Meo	((21s)) [( )] • • Frau Walzer· *[Stuhlrücken*
(242)	Su	[Ich weiß, wie man s schreiben soll]. *[sehr leise, Meo geht nach vorne*
(243)	Meo	Frau Walzer·
(244)	Meo	((1,5s)) Frau Walzer.
(245)	Lwi	Mhm·
(246)	Meo	• Was ist **dieses Ding hier, wie schreibt man das**?

Die Nennung des Wortes genügt jedoch noch nicht, es auch korrekt zu schreiben, wie B 2 mit allen Schreibweisen für Kran in den 12 Schülertexten zeigt. Unter

Berücksichtigung des Genus sowie der Groß- und Kleinschreibung schreiben nur die zwei türkischen Kinder Hac und Msa das Wort korrekt. Von den insgesamt 18 Schreibungen sind 10 korrekt. Von den insgesamt 11 Schreibungen der deutschsprachigen Kinder sind fast zwei Drittel korrekt. Tna längt es drei mal konsequent mit Dehnungs-/h/, Clm schreibt es einmal klein statt groß. Eine falsche Genuszuweisung, wie sie Dni vornimmt, tritt bei den deutschsprachigen Kindern nicht auf. Die abweichenden Schreibungen sind auch ein Indiz für die insgesamt hohe mentale Belastung während des Schreibens, die bei nichtmuttersprachlichen SchreiberInnen zu einer hohen Fehlerzahl führt. Die Empfehlung der Lehrerin, bei Unsicherheiten im Wörterbuch nachzuschauen, wird nicht befolgt.

(B 2) Schreibweisen für Kran

Amt	TR	mit demm Kram
Dni	TR	eine Kran – der Kran
Hlm	TR	eine Riesige krahke – die krake – die krahke
Hac	TR	der Kran – der Kran
Kml	TR	Ein Kran – der kran
Meo	TR	mit dem kran
Msa	TR	Der Kranfahrer – mit dem Kran - Der Kranfahrer – Der Kranfahrer – den Kranfahrer
Sma	TR	von einem kran – der Kran
Clm	D	von einem Kran – Der kran – Der Kran – an den Kran=führer
Jta	D	ein Kran – der Kran
Nby	D/IN	ein Kran – der Kran
Tna	D	Ein Krahn – der Krahn – Der Krahn

Planungsprozesse und deren Umsetzung in Texte lassen sich an der Verschriftlichung eines der zehn Bilder näher betrachten. Auf dem vorletzten Bild (s. Abb. 2) sieht man am rechten Bildrand ein Gebäude mit der Aufschrift „JUGEND-HERBERGE", auf das der Bus zufährt. Von links scheint ein Mann hinter dem Bus herzulaufen, der ‚Nachzügler'. Um ihn herum sind rote Flecken. Während der Schreibphase war die türkische Schülerin Sma von der Aufsicht aufgefordert worden, noch etwas zu diesem Bild zu schreiben. Daraufhin machte sie sich an die Realisierung dieser Aufgabe, wobei sie ihre Überlegungen und ihre geschriebenen Abschnitte den übrigen SchülerInnen laut kundgab. Dadurch wurden wohl auch andere Schüler dazu angeregt, etwas zu dem Bild und dem ‚Nachzügler' zu schreiben (s.u. Abb. 2 und B 3). Insgesamt haben sieben der 12 SchülerInnen etwas zu dem Bild geschrieben. Während alle vier deutschsprachigen SchülerInnen etwas dazu schrieben, haben von den acht türkischen SchülerInnen nur vier etwas geschrieben.

ABB. 2: Jugendherberge Bild 9: ,Nachzügler' (Rehbein o. J.)

(B 3) Textauszüge zum ,Nachzügler' auf Bild 9

Amt	TR	Als sie runter kamen ein junge muste mall und der Bus fhur weiter und der junge lief hinter her.
Dni	TR	Als der Bus wieder in der Straße war. Hat ein Mann bekleitet. Und der Bus fahrer hat den Mann nicht gesehen und farte weiter.
Kml	TR	da haten wir ein bekanten gesehn.
Sma	TR	ein jeinge felte er war ruter gefalen sie bekanen angs auf ein-mal sachen sie wie der jeinge hinter die laufte foler blut.
Clm	D	Kurz vor dem Ziel läuft ein Blutender Bauarbeiter hinter dem Bus her.
Jta	D	Als sie wieder weiter fahren fehlt eine Frau aus dem Bus und sagt warum bin ich rausgefalen da ruft ein Kind weil sie dumm sind
Nby	D/IN	Und sie merckten gar nicht das ein Mädchen aus dem Fenster ge fallen und hinter inen her läuft.
Tna	D	Er trägt den Bus bis zum anderen Straßen=ende wo ein Mann steht und winkt. Die Kinder haben den Mann gesehen aber der Busfahrer nicht und fährt zu der Jugendherberge den Mann über/fahren/

Offensichtlich war es für die SchülerInnen nicht einfach, den ,Nachzügler' kohärent in ihre Geschichte einzubauen. So thematisierte der türkische Schüler Amt in einer Gesprächsrunde im Anschluß an die Schreibphase von sich aus, dass er nicht verstehe, warum der Mann hinterherlaufe (s. u. B 4).

(B 4) retrospektive Diskussion über den ‚Nachzügler'

(52)	Amt	Ich versteh nicht, warum der Mann hinterherläuft.
(55)	Sma	(Hab) ich auch nicht verstanden.
(61)	Kml	Ja ich hab gesa/ich hab geschrieben, da war so ein Nachbar.
(62)	S	Der könnte ja den Koffer (so gebracht haben).

| (74) | Amt | Wenn von Burg, von diesem Dings da oder Kran runter(gekraben) ist, da mußte mal er. |

(80)	Amt	Und danach ist der Bus außer dem weitergefahren.
(84)	Nby	Ich hab geschrieben: „Ein Mädel ist aus m Fenster geflogen."
(93)	S	Ich hab gesagt: „Er rennt."

| (96) | Kml | Ääh so eine Frau, äh ein Mann, äh der sein Sohn mit • ist. |

(118)	Clm	Also/ als auf deem …
(120)	Clm	Da war s ja rot, und da dacht ich, der würde irgendwie bluten oder so.
(121)	Clm	((1s)) Ja, das war ja auch auf der Wand da, ja rot gezeichnet war.

Erst der deutsche Clm gibt mit seinen Äußerungen am Ende der Gesprächsphase einen Einblick in seinen Planbildungsprozeß. Er bringt die rote Farbe mit dem Mann in Verbindung und zieht daraus die Schlussfolgerung, dass der Mann irgendwie blutet. Daraus wird dann in der schriftlichen Version ein blutender Bauarbeiter, der hinter dem Bus herläuft. Auf diese Weise hat er eine Verbindung zwischen der Baustelle und dem Bus hergestellt. Diese Zusammenhänge sind jedoch als solche auf dem Bild nicht dargestellt, sondern von dem Schreiber auf der Basis der Bilder und ihrer Interpretation selbst hergestellt worden. Ähnlich komplex und eigenständig sind die Äußerungen von Jta, die aus dem Menschen eine Frau macht, die aus dem Bus gefallen ist. In ähnlicher Weise lässt Nby ein Mädchen aus dem Busfenster fallen. Tna macht den Menschen zum Opfer eines Missverständnisses zwischen einem Bauarbeiter und dem Busfahrer, auch dies eine eigenständige planerische Tätigkeit. Die Version der türkischen Schülerin Dni fällt einfacher aus. Sie lässt den Busfahrer den ‚Nachzügler' einfach übersehen und diesen hinterherrennen. Noch einfacher ist Kmls Version, der aus dem Menschen ohne einen Bezug zum Bus einen Bekannten, mündlich ein Nachbar, macht. Die Version von Sma ist dagegen wieder komplexer, da sie die Innenperspektive der im Bus Reisenden einnimmt und ihnen das Gefühl der Angst zuschreibt.

Insgesamt hat von den türkischen SchülerInnen lediglich Sma auch die Innenperspektive der Reisenden versprachlicht, während sich die übrigen nichtdeutschsprachigen SchülerInnen auf die äußerlich wahrnehmbaren Sachverhalte konzentrieren oder die Episode ganz auslassen. Bei den deutschsprachigen SchülerInnen wird generell eine Verbindung zwischen dem ‚Nachzügler' und der Busfahrt hergestellt. Sie versuchen, den dargestellten Sachverhalt kohärent in die Busfahrt zu integrieren. Dabei dominiert das Herausfallen, wodurch auch implizit die rote Farbe als Blut berücksichtigt wird. Zusätzlich versuchen sie noch eine weitere Motivierung, wie Tna mit dem Mißverständnis, oder eine witzige Wendung, wie Jta mit der Dummheit oder der Nichtbemerkung, wie bei Nby. Clm integriert seine Episode dagegen im Stil eines knappen Berichts. Derartig komplexe Ausarbeitungen finden sich bei den nichtdeutschsprachigen SchülerInnen lediglich bei Sma.

Vor dem Hintergrund dieser hohen narrativen Gestaltung fällt bei Sma ihre geringe orthographische Kompetenz auf (s. Grießhaber 2001a). In ihrer Schreibung *jeinge* kann man nur aus dem Kontext das gemeinte *Junge* erschließen, obwohl ihre mündliche Artikulation absolut unauffällig ist. Ihr Text belegt, dass Lehrkräfte im Unterricht mit nichtdeutschsprachigen SchülerInnen zur Diagnose von Problemen im Schriftspracherwerb und zur Konzeption von Fördermaßnahmen fundierte Kenntnisse in Phonetik und Phonologie benötigen (s. Dieling & Hirschfeld 2000, Röber-Siekmeyer 1998).

3   Umschreiben

Am Beispiel ‚Umschreiben' aus dem Förderunterricht im Förderprojekt „Deutsch & PC" in einer dritten Klasse sollen die Interventionen der Lehrerin in den Schreibprozess des türkischen Jungen SEYE näher betrachtet werden. Die Lehrerin behandelt in der kleinen Fördergruppe zunächst einen Text, der von einem Jungen mit magischen Fähigkeiten handelt, die sich jedoch als problematisch erweisen, so dass der Junge schließlich froh ist, wenn er wieder ‚normal' ist. Nach diesem Muster sollen sich die SchülerInnen nun selbst eine Geschichte ausdenken und schreiben, d. h. die vorgegebene Geschichte ‚umschreiben'. Während der Schreibphase geht die Lehrerin zu den SchülerInnen und bespricht mit ihnen jeweils das Geschriebene bzw. beantwortet Fragen der SchülerInnen. SEYEs etwa 17 minütiger Schreibprozess konnte fast komplett mit einer Handkamera gefilmt werden, so dass auch erste Fassungen und anschließende Änderungen in ihrer zeitlichen Abfolge rekonstruiert werden konnten (s. Text im Anhang). Im folgenden sollen folgende Bereiche näher betrachtet werden: die Revisionen beim Schreiben, die Intervention der Lehrerin und ein begründender Satz.

SEYE beginnt nach längerem Spitzen seines Bleistifts mit dem Schreiben. Für die insgesamt sechs satzwertigen Einheiten plus Überschrift benötigt er 17:28 min. Seine Schreibgeschwindigkeit ist mit 87 sec pro Zeile deutlich langsamer als die 20 sec pro Zeile des 10-jährigen deutschsprachigen Schülers Christian, den Baurmann u. a. 1987 untersuchten. Die Revisionen verteilen sich über den gesamten Text. Sie betreffen vorwiegend Flexionsendungen und orthographische Regeln, wenn man von größeren Revisionen beim Schreiben des fünften Satzes absieht, der unten eingehender analysiert wird. Während des Schreibprozesses interveniert die Lehrerin dreimal: nach Satz 2, bei Satz 4 und nachdem SEYE erklärt, dass er das Ganze (fertig) habe. Bei den beiden ersten Interventionen geht die Initiative von SEYE aus, der die Lehrerin zur Klärung eines Problems anspricht. Die Lehrerin bearbeitet das orthographische Schärfungsproblem bei *Tonne*, drei Flexionsonsendungen und hilft SEYE beim Schreiben von *geärgert*, das er zuvor in seiner Frage an die Lehrerin korrekt artikuliert. SEYE bearbeitet von sich aus nur die Flexionsendung von *Junge* in der Überschrift und die Schärfung in *hatten*. Der Text enthält am Ende noch einige orthographische Abweichungen, in den Worten der Lehrerin: „Hm, da sind noch ein paar kleine Fehler dabei, aber ((1s)) ansonsten hast du dir viel Mühe gegeben." Sie lässt die von ihr bemerkten kleinen Fehler, z. B. Kleinschreibung von *streit*, jedoch unbearbeitet stehen.

Tabelle 1: Revisionen im Schreibprozess

Satz	Ausgang	Steuerung	Veränderung	Bereich	Resultat
0	Jung*e*	Selbst	–e → –e	Flexion Nomen	Jung*e*
1	*Ei*	Selbst	Ei– → Es	Satzbeginn	*Es*
1	Hände*n*	Fremd	Löschung –n	Flexion Nomen	Hände
2	*Z*wei	Selbst	Z– → z–	Orth. Groß-Klein-schr.	zwei

2	To*n*en	Fremd	` –n–	Orth. Länge	To*nn*en
3	seine*r*	Fremd	–r → –m	Flexion Kasus Adj.	seine*m*
4	g…	Selbstinit. Fremdverbesserung	Silbenschnitt	Vokale	ge*ä*rgert
6	ha*t*en	Selbst	` –t–	Orth. Länge	ha*tt*en
6	vertrag*t*	Fremd	–t → –en	Flexion Part. Verb	vertrag*en*

Nach der von Baurmann & Ludwig 1984 vorgeschlagenen Systematik zur Erfassung von Revisionen handelt es sich außer bei der Revision von *Ei* zu *Es* um Korrekturen an der Textoberfläche. Bei der Veränderung des Satzanfangs arbeitet SEYE an der textuellen Ebene seiner Geschichte. Der zunächst gewählte unbestimmte Artikel ist für den Beginn der Geschichte geeignet, wird jedoch zugunsten eines Einstiegs verworfen, wie er bei Märchen üblich ist. Damit bringt SEYE auch stilistisch zum Ausdruck, dass es sich um eine unwahrscheinliche, sozusagen märchenhafte Geschichte handelt, die er nun schreibt. Diese Ebene wird von der Lehrerin nicht bearbeitet. Sie konzentriert sich auf orthographische und grammatikalische Abweichungen.

Betrachten wir nun, wie die Lehrerin ihre Interventionen gestaltet, wenn sie einem Schüler beim Schreiben hilft. Typischerweise liest sie den bis dahin geschriebenen Text durch und orientiert dann den Schreiber auf eine problematische Stelle (B 5).

(B 5) *Händen, Satz 1*
(37)	Li	Lies dir immer noch mal durch, was du da geschrieben hast,
((1s))		und guck, ob das auch stimmen kann.
(38)	Li	Also: [„Es war ein Junge, der hatte • starke • • Hände."] *[liest vor*
		[Es war ein Junge er hatte starke Händen.] [von SEYE geschriebener Text
	Li	((2s)) Kann das stimmen?
(39)	SEYE	Eh „Hände".
(40)	Li	Ja, ((1s)) deshalb sollst du dir das auch immer wieder durchlesen.

Die Lehrerin liest den Satz mit der abweichenden Form vor und lenkt durch die zwei kurzen Pausen vor dem kritischen Wort die Aufmerksamkeit darauf. Nach einer Pause fragt sie den Schüler direkt, ob *das* stimmen könne und löst damit einen

Such- und Bewertungsprozess aus. Der Schüler identifiziert das Wort *Händen* als problematisch, sucht – unterstützt durch die von der Lehrerin korrekt vorgelesene Form *Hände!* – nach der korrekten Form und bietet ihr dann als richtiges Wort *Hände* an. Das wird von der Lehrerin bestätigt, der Schüler radiert sodann das falsche *–n* aus. Die Lehrerin versucht also, den Schüler dazu zu bringen, das geforderte richtige Wissenselement selbst zu verbalisieren. Mit ihrem Vorgehen vermeidet sie es, eine falsche Form zu verwenden, wohl in der Annahme, dass dies beim Schüler eher hängen bleibt als die später ermittelte korrekte Form. Gleichzeitig versucht sie, den Schüler in die Lage zu versetzen, das gewünschte Element (scheinbar) selbständig zu finden und zu verbalisieren. In Anlehnung an Rehbeins (1984) Systematik reparativer Lehrerhandlungen handelt es sich um eine fremdinitiierte Aufforderung zur Selbstverbesserung mit Wink.

Bei genauerem Betrachten des Vorlesens fällt auf, dass die Lehrerin abweichend vom geschriebenen Text aus dem anaphorischen Personalpronomen *er* ein deiktisches *der* macht, wie es für die Grimmschen Märchen üblich ist (Es war einmal ein König, der hatte ein ...). Diese Veränderung beim Lesen wird von ihr nicht als Veränderung des Textes eingefordert. Auch das fehlende Komma zwischen *Junge* und *er* wird von ihr nicht moniert. Falsch im Sinne einer Verbesserung sind nur die Äußerungen, die von der Lehrerin so behandelt werden. Welche mentalen Prozesse SEYE bei der Prüfung des Wortes und der Entwicklung des passenden durchläuft, lassen sich nicht analysieren. Interessant ist die partielle Parallelität zu Formulierungen in der Überschrift. Dort hat er die von der Präposition *mit* eingeleitete Nominalphrase korrekt im Dativ Plural als *mit starken Händen* geschrieben. Möglicherweise wirkte diese Formulierung auch noch beim Schreiben der NP im Akkusativ Plural nach dem Verb *haben*.

Betrachten wir nun eine Intervention, bei der die Lehrerin das geforderte korrekte Element nicht vorgibt. Es geht um die Schreibweise des Wortes *Tonnen* (B 6).

(B 6) *Tonnen, Satz 2*
(22)   Li   Was heißt [das Wort]? *[zeigt auf „Tonen"*
(23)   SEYE   „Tonnen".
(24)   Li   Hm·
(25)   Li   [• • • Was steht da]? *[deutet auf „Tonen"*
(26)   Li   ((1,5s)) Was kann da nicht stimmen?
(27)   SEYE   Ah, ein „ha" fehlt.
(28)   Li   • [Ein „ha"]? *[ungläubig*

(29)	Li	Du sagst doch das/ du sprichst doch das Wort wie aus.
		Sag's noch mal.
(30)	SEYE	„Tonnen".
(31)	Li	„Tonnen".
		((1s)) Also, was hören wir?
(32)	SEYE	Zwei „en".
(33)	Li	*[nickt]*
(34)	Li	Das haben wir eigentlich auch geübt.
(35)	SEYE	*[verbessert Tonen zu Tonnen]*
(36)	Li	SEYE. So.
		• • Lies dir immer noch mal durch, was du da geschrieben hast,
		((1s)) und guck, ob das auch stimmen kann.

In B 6 führt die Lehrerin den Schüler zur Selbstverbesserung des Wortes *Tonen*. Die genaue Betrachtung der Interaktionssequenz sollte jedoch Anlaß zu Skepsis geben. Der Schüler geht nämlich zunächst nicht in die Richtung einer Schärfung durch Konsonantenverdopplung, sondern in die entgegengesetzte Richtung der Dehnung durch Einfügen eines *–h* (Segment 27). Wie ist das zu erklären? Bei einer Schreibung, die sich an der Vergewisserung der Lautierung des Wortes orientiert, werden die Vokale generell länger als sprechüblich gesprochen. Aus dieser Beobachtung resultiert auch eine Kritik an der von Reichen (2001) vertretenen Position des Lesen-Lernens-durch-Schreiben. Wenn nun wie in Segment 25 die Aufmerksamkeit auf die Schreibung des Wortes gelenkt wird, wird der Analyseprozess noch einmal durchlaufen mit einer Bestätigung des ursprünglichen Ergebnisses und der Schlußfolgerung, dass das Dehnungs-*h* fehlen müsse. Andererseits kann der Schüler das Wort in der gleichen Interaktionssequenz, wenn die Aufmerksamkeit nicht auf die Schreibung gerichtet ist, mit sprechüblich kurzem Vokal äußern, wie in den Segmenten 23 und 30. Was ihm misslingt, ist die Nutzbarmachung der sprechüblich korrekten Lautierung für die Analyse der Schreibung. An dieser Stelle weist die Lehrerin unzutreffenderweise darauf hin, dass man bei Tonnen zwei ns höre. Auch bei genauer Analyse wird man nur ein *n* hören. Die doppelte Schreibung ist lediglich eine Konvention zur Kodierung der ‚kurzen' Artikulation des Vokals als Kern einer konsonantisch auslautenden Silbe. Unter orthographischen Gesichtspunkten wird dies genutzt, um die folgende Silbe, die ohne Konsonant beginnt, in der Schreibung ebenfalls mit einem Konsonant beginnen zu lassen, so dass sie der kanonischen Silbenstruktur mit CVC, d.h. initialem Konsonant gefolgt von einem Vokal als Silbenkern und einem Konsonant am Silbenende, entspricht. Weil man keine zwei *n-s* hören kann, geht der Hinweis der Lehrerin ins Leere. Er befähigt den Lerner auch nicht, durch eigene Tätigkeiten die korrekte Schreibung zu erschließen. Ein linguistisch basiertes Vermittlungsmodell für diesen Fall schlägt Röber-Siekmeyer 1998 mit ihrem Silbenstrukturmodell vor. Im vorliegenden Fall hat der Schüler wohl einfach nach der Zurückweisung des zunächst entwickelten und mit der eigenen Wortanalyse verträglichen Änderungsvorschlags die systematisch gesehen andere Variante einer Schärfung durch Konsonantenverdopplung vorgeschlagen. Eine innere Einsicht in die Zusammenhänge von Lautung und Schreibung wurde nicht erreicht. Deshalb kann der Schüler auch mit der Ermahnung, die die Lehrerin am Ende der Sequenz in Segment 36 äußert, bei der Analyse seiner Schreibungen wenig anfangen.

Kommen wir nun zu Satz 5 (s. u. B 7), für dessen Produktion SEYE drei Minuten benötigt. Es ist, wie oben schon kurz erwähnt, der einzige Satz, bei dem SEYE eine Veränderung der syntaktischen Konstruktion vornimmt. In diesem Satz gibt der Autor eine Begründung für den Streit zwischen dem Jungen und dessen Freund. Der Satz erklärt, warum der Junge von seinem Freund geärgert wurde. Er hat also eine wichtige Funktion in der Geschichte. Zunächst beginnt SEYE den Satz mit einleitendem *Weil* (Schritte 01 und 02), bevor er im dritten Schritt (Segment 03) zur späteren Einleitung mit *Er war neidich* wechselt und zwei Schritte später (Segment 05) mit der subordinierenden Konjunktion *weil* weiterführt und im folgenden Schritt (Segment 06) mit *(weil) er stark war*, das Grundgerüst des Satzes zu Papier gebracht hat. Bis zur endgültigen Formulierung der Schlussfolgerung (Segment 12) aus dem bis dahin formulierten nimmt er noch fünf Änderungen vor.

(B 7) *das wegen*, sukzessive Schreibung von Satz 5

01	W eil sein
02	W eil sein neidich war
03	Er war neidich weil
04	Er war neidich
05	Er war neidich weil
06	Er war neidich weil er stark war
07	Er war neidich weil er stark war, das wegen vor
08	Er war neidich weil er stark war, das wegen
09	Er war neidich weil er stark war, das wegen hat er sein
10	Er war neidich weil er stark war, das wegen hat er geärgert
11	Er war neidich weil er stark war, das wegen hat er
12	Er war neidich weil er stark war, das wegen hat er ihn geärgert.

Sowohl beim ursprünglichen Ansatz in Segment 02 als auch bei der vorläufigen Endversion in Segment 10 fällt auf, dass ein sprachliches Element für eine der handelnden Personen fehlt: in Segment 02 wäre *sein Freund* zu ergänzen, in Segment 10 *ihn*, bzw. *seinen Freund.* Korrespondierend mit dieser knappen Bezugnahme auf handelnde Aktanten irritiert in der Endversion in Segment 12 die unterschiedliche Bezugnahme von *er*: das satzeinleitende *Er* bezieht sich auf den im Vorhergehenden Satz erwähnten *Sein Freund*, das auf *weil* folgende *er* bezieht sich dagegen nicht mehr auf den Freund, sondern auf den Jungen mit den starken Händen und das dritte *er* bezieht sich schließlich wieder auf den Freund, der den Jungen *(ihn)* geärgert hat. Diese Verwendung anaphorischer Pronomina ist vor dem Hintergrund der L1 des Schreibers erklärbar. Im Unterschied zum Deutschen hat das Türkische keine Anaphern, aus den Personalendungen der Verben ist der Bezug zu erschließen. Wenn türkische Lernende ihre deutschen Sätze auf grammatische Richtigkeit überprüfen, machen sie dies mit ihrem türkischen grammatischen Wissen und bemerken die für einen deutschsprachigen Leser erkennbaren Lücken nicht, da für sie ja alles verständlich ist (s. Aksoy u. a. 1992). Das führt einerseits zu Äußerungen ohne Anaphern oder personenreferentielle Ausdrücke wie in den Segmenten 02 und 10 und andererseits zu einer unklaren Verwendung wie in Segment 12. Diese Aspekte werden von der Lehrerin nicht behandelt.

Schließlich soll noch die Formulierung *das wegen* (Segment 07 und folgende) genauer betrachtet werden. Bei der abschließenden Besprechung des Textes mit SEYE interveniert die Lehrerin, als SEYE den Satz vorliest (B 8).

(B 8) *das wegen, Satz 5*
(137) SEYE [„Daswegen"] … *[liest vor*
                [das wegen hat er ihn geärgert.] [von SEYE geschriebener Text
(138) Li   Deswegen·
(139) SEYE „Deswegen hat er ihn geärgert."
(140) Li   Ja.

Die Lehrerin verbessert SEYE in Segment 138 und bestätigt in Segment 140 die von SEYE in Segment 139 korrekt vorgelesene Version. Allerdings verbessert SEYE die Stelle nicht in seinem Text, sondern lässt weiterhin *das wegen* stehen. Hinter der kleinen Aussprachevariante (und leicht veränderten Schreibweise) steckt jedoch ein grundlegenderes Problem von SEYE mit der deutschen Sprache. Seine Schreibvariante basiert auf einer türkischen konnektiven Konstruktion. Der deutschen Konjunktion *deswegen* entspricht Türkisch *bu yüzden*, wörtlich *bu* (= das)

+ *yüzden* (= Grund, Ursache; von *yüz-den*: Gesicht-von). Die deutsche Konjunktion *deswegen* repräsentiert in ihrem Aufbau geradezu vorbildlich die verbindende Struktur solcher Ausdrücke (s. dazu Rehbein 1995, 183): der erste Teil (: *des*) verweist als deiktisches Element im Genitiv auf propositionale Gehalte im vorhergehenden Äußerungsteil (hier: *Er war neidich, weil er stark war*), der zweite Teil (: *wegen*) leitet den Rezipienten an, das zuvor fokussierte Wissen als ursächlich für das im Folgenden ausgeführte zu verbinden (hier: *hat er ihn geärgert*). Der verbindende Ausdruck verbindet also die zwei propositionalen Gehalte der Teilsätze.

Wenn nun SEYE den Ausdruck als *das wegen* verwendet, orientiert er sich an der türkischen Verbindungskonstruktion und nicht am deutschen zusammengesetzten Verweiswort. Er verwendet das lautlich ähnlich klingende deiktische *das* im Nominativ, bzw. Akkusativ so wie die türkische Deixis *bu*, ohne schon Form und Funktionalität des komplexen deutschen Ausdrucks erworben zu haben. Deshalb revidiert er auch seine Schreibung nicht, da der Hinweis der Lehrerin auch als Verbesserung der Aussprache aufgefasst werden kann. SEYE hat noch ein Stück Wegs zur komplexen deutschen Syntax zurückzulegen.

Damit kommen wir nun zur Einschätzung des Sprachstands von SEYE. Nach der Profilanalyse nach Grießhaber 2005 weist sein Text folgende Strukturen auf:

Stufe 0 (bruchstückhafte Äußerungen):	1
Stufe 1 (einfache Sätze mit Finitum):	3
Stufe 2 (Satzklammer):	1
Stufe 3 (Inversion von Subjekt und Finitum):	2
Stufe 4 (Verbendstellung in Nebensätzen):	2

Insgesamt hat er damit Stufe 1 mit einfachen Sätzen und Finitum erreicht. Die geringe Anzahl von Äußerungen einer höheren Stufe genügen noch nicht zur Feststellung, dass er diese Stufen schon erreicht hat. Was bedeutet diese Einschätzung? SEYE macht noch etliche Kasusfehler, die auch von der Lehrerin herausgegriffen und korrigiert werden. Allerdings kann er, wie die Transkription der Videoaufnahme zeigt, abweichende und korrekte Formen nicht sicher bestimmen. Als Beispiel möge *seiner Freund* statt *seinem Freund* (s. o. Tabelle 1) genügen. Derartige Fehler weisen in einer Längsschnittstudie der Sprachentwicklung Schüler mit mittlerem oder schlechtem Sprachstand auf (Grießhaber 2006). Gute Lernerinnen haben von Anfang an Dative und diese überwiegend korrekt.

SEYEs Unsicherheit bezüglich der Kasusmarkierungen und seine nur oberflächliche Aneignung der konnektiven deutschen Konstruktion gewähren weiterhin einen Ausblick auf die Schwierigkeiten, denen der Lerner bei einer verstärkten Nutzung komplexer Texte ausgesetzt ist. Dies ist insbesondere in der weiterführenden Schule der Fall, wie Knapp 1999 mit der zunehmenden Schriftlichkeit des Unterrichts ausführt. Dort wird Wissen mehr und mehr in sprachlich komplexen Sachtexten dargeboten und die Lerner müssen in ihrem Lernprozess mehr und mehr schriftliche Texte produzieren. Mit der aktuellen Analyse von SEYEs Schreibprozess und -produkt lässt sich dieser Befund präzisieren: dem Lerner fehlt die nötige Sicherheit in der Verwendung der Suffixe. Damit fehlt ihm auch die Sicherheit in der Verknüpfung der im Text enthaltenen Wissenspartikel.

Es ist also nicht nur fehlende Unachtsamkeit, die ihn solche fehlerhaften Äußerungen produzieren lässt, wie die Lehrerin in einer Ermahnung des Lerners durchblicken lässt (B 9).

(B 9) Ermahnung
(144) Li   [Du] kannst die Wörter eigentlich immer richtig. *[SEYE nickt*
             Wenn ich dich/wenn ich dich frage, kannst du es doch.
             Warum schreibst du es dann immer falsch?
             ((2s)) Bis jetzt jedes Mal wenn ich dich nachgefragt/wenn ich
             nachgefragt habe, hast du es dann richtig gewußt.

Die Annahme der Lehrerin, dass der Lerner die Wörter eigentlich immer selbst kannte, trifft nicht zu, wie wir an den Beispielen oben gesehen haben. Allerdings verleitet der Umstand, dass der Lerner das gewünschte Element in den meisten Fällen, wenn auch, wie in B 5, mit einem deutlichen Wink von ihr findet, blendet sie bei dieser Einschätzung aus. Sie ist sich offensichtlich nicht bewusst, in welchem Ausmaß der Lerner hinsichtlich der kritischen Suffixe auch gegen Ende der dritten Klasse unsicher ist. Dies zeigt sich auch in einer schriftlichen Einschätzung des Lerners, die die Lehrerin angefertigt hat:

Schreibleistungen zu Beginn des dritten Schuljahrs:
SEYE ist beim Schreiben häufig unaufmerksam, so dass zahlreiche Flüchtigkeitsfehler entstehen.
Schreibleistungen am Ende des dritten Schuljahrs:
SEYE fertigt seine schriftlichen Arbeiten inzwischen sorgfältiger an, seine Rechtschreibleistungen haben sich in den letzten Monaten auch deutlich verbessert.

Eine wirksame auf die Bedürfnisse des Lerners abgestellte Sprachförderung müsste also zunächst das tatsächliche Ausmaß an Unsicherheit erkennen und aufarbeiten. Wahrscheinlich ist dies im normalen Unterrichtsgeschehen von den Lehrkräften nicht zu leisten. Erst der mikroskopisch genaue Blick mit der transkribierten Videoaufnahme sind die lehrerseitigen Hilfestellungen wie die Unsicherheiten des Lerners erkennbar. Fördermaßnahmen sollten dann das sprachliche Wissen so vermitteln, dass die zugrunde liegenden Regelmäßigkeiten von den Lernern fassbar werden. Bei dem Akkusativ könnte hier nicht nur allgemein auf einen Fehler hingewiesen werden, wie dies die Lehrerin in Segment 37 in B 5 macht, sondern man könnte die abweichende Form auch mit dem Dativ nach der Präposition *mit* kontrastieren, also einen syntaktischen Rahmen für Vergleichsoperationen schaffen, um so das Sprachbewusstsein zu fördern.

4 Tutoriell angeleitetes Schreiben am Computer

Im letzten Kapitel wird vorgestellt, wie der zwölfjährige Junge Ivan in der Schreibwerkstatt beim tutoriell angeleiteten Schreiben am Computer seine Deutschkenntnisse entwickelt (zum Konzept der Schreibwerkstatt s. Brinkschulte 2002, Brinkschulte & Grießhaber 2000). Das von Kochans (1996) gleichnamiger Schreibwerkstatt an der TU Berlin inspirierte Konzept will SeiteneinsteigerInnen der Sekundarstufe eine kommunikativ orientierte Ergänzung zum intensiven Grammatikunterricht bieten. Unter der Anleitung und Hilfestellung studentischer TutorInnen können sie in Einzel- oder Partnerarbeit am Computer Texte erstellen. Die TutorInnen sollen keinen Fremdsprachunterricht erteilen, sondern in die Arbeit am Computer einführen, Anregungen zum Schreiben geben und bei Fragen zur Sprache helfen. Zu Beginn der Schreibwerkstatt haben sie sich ihren LernerInnen mit einem kurzen persönlichen Text vorgestellt, der auch den Lernenden als Anregung für erste eigene Texte diente. Zur Analyse werden die jeweils erstellten Texte archiviert, die Interaktionen werden auf Minidisc aufgenommen und die TutorInnen verfassen zu ihren Stunden Protokolle. Auf der Basis dieser Daten werden im Folgenden einige Stationen der Entwicklung von Ivan vorgestellt und untersucht. Ivan kommt aus der ehemaligen jugoslawischen Teilrepublik Bosnien-Herzegowina, seine Muttersprache ist Serbisch. Von Ivan liegen vier verschiedene Versionen seines persönlichen Vorstellungstextes aus dem Herbst 1997 (Ivan-Vorstellung 1 bis 4) und ein Text anlässlich seines Geburtstags (Ivan-Geburtstag) vor. Ergänzend zu diesen Lernertexten wird abschließend auch der Vorstellungstext seiner Tutorin Marianne in die Analyse einbezogen.

(B 10) Ivan-Vorstellung 1, Oktober 1997; 19 Wörter, 4 Themen
1) HALLO, ICH BIN Ivan!
2) ICH KOMME AUS Jugoslavien in Münster bin ich seit 9 Monaten.
3) Mein Fach ist Deutsch.

(B 11) Ivan-Vorstellung 2 und 3, 03.11.1997

ABBILDUNG Ivan 2

Ivan 3/2 – 03.11.97

[BILD von Ivan]

Hallo, ich bin   !
Ich komme aus Jugoslavien. Ich hab 12 Jahre alt. Meine Freund
ist gut. Meine Freund heißt Konstantin. vie beide Fußball
spielen und Basketball und lehren

Ivan 3/3 – 03.11.97
Datum: ....
SchreiberInnen: ....
Thema der Stunde: ....

Hallo, ich bin Ivan!
Ich komme aus Jugoslavien. Ich hab 12 Jahre alt. Mein Freund ist gut.
Mein Freund heißt Konstantin. Wir beide Fußball spielen und Basketball
und lernen.

(B 12) Ivan-Vorstellung 4, November 1997; 58 Wörter, 8 Themen
1) Hallo, ich bin Ivan.
2) Ich komme aus Jugoslavien. In Münster bin ich seit 8 Monaten.
3) Ich gehe in die vk3-Klasse der Geist-Schule. Mein liebstes Fach ist
   Deutsch.
4) In meiner Freizeit lese und schreibe ich.
5) Am liebsten jedoch habe ich Ferien, denn dann ich gehen in das Ausland.
   Ich möchte mal nach Amerika reisen.
6) Später möchte ich Fußballprofi werden.

(B 13) Ivan-Geburtstag, 1997; 67 Wörter, 6 Themen

1) Ivan
2) Ich habe am 19. Januar Geburtstag. Dann werde ich 13 Jahre alt. Meine
3) Mutter kauft Torte mit Schokolade. Dann kommen meine Freunde und wir
4) Gehen in das Restaurant „Balkan-Hütte".
5) Dort essen und trinken wir und essen die Torte. Meine Freunde schenken mir
6) Geschenke und wünschen mir herzlichen Glückwunsch.
7) Letztes Jahr war ich noch neu hier und hatte noch keine Freunde. Da ist
8) niemand zu meinem Geburtstag gekommen.

Die sprachliche Entwicklung ist unmittelbar an der von Version zu Version gestiegenen Textlänge und der Zunahme der behandelten Themen ersichtlich. Auch bei der Verwendung grammatischer Mittel ist ein großer Zuwachs festzustellen. Verwendete er im ersten Text ausschließlich einfache Sätze mit finitem Verb, sind im dritten Text Konstruktionen mit Modalverb und komplexe Satzgefüge mit begründender Konjunktion.

Die Arbeit an der sprachlichen Form lässt sich besonders gut an den Texten vom 03.11. nachvollziehen. Die Orthographie bildet den Schwerpunkt der Revisionen, dabei wiederum die Groß-Kleinschreibung. In der letzten Fassung sind alle Nomen groß geschrieben. Am 03.11. ist die Arbeit selbst zu beoachten: *Jugoslavien* war in Text 1 zwar korrekt groß geschrieben, in Text 2 dann klein (wohl im Zusammenhang mit der Kleinschreibung der in Text 1 noch komplett mit Feststelltaste groß geschriebenen Wörter). Nach Punkt am Satzende führt er Großschreibung ein, außerdem schreibt er Nomen groß. Ein weiterer Schwerpunkt bilden Laute, deren Schreibung im Serbokroatischen und Deutschen verschieden ist sowie orthographische Besonderheiten des Deutschen (s. Tabelle 2). Mit Bleistift nimmt er Verbesserungen am Ausdruck von Text 2 vor und notiert einige offensichtlich besonders auffällige Schreibweisen außerhalb des Textes (z. B. *Wir*). Text 3 ist unter orthographischen Gesichtspunkten fast ganz korrekt. Lediglich beim Ländernamen *Jugoslavien* ist die Schreibung mit /v/ statt /w/ so in Fleisch und Blut übergegangen, dass es selbst bis zur letzten Version in Text 4 überlebt. Der Geburtstagstext ist orthographisch unauffällig.

Tabelle 2: Laut-Graphem-Zuordnungen Deutsch – Serbokroatisch (Auswahl)

Laut:	Deutsch:	Serbokroatisch:
[v] labio-dentaler Reibelaut	/w/, /v/	/v/
[ʃ] stimmloser Reibelaut	/sch/	/š/
[s] stimmloser Reibelaut	/s/, /ss/, /ß/	/s/
[iː] gespannt-langes i	/i/, /ie/	–

Auch unter grammatischen Aspekten ist eine Entwicklung festzustellen. Die direkt aus dem Serbokroatischen ins Deutsche übertragene Wendung *Ich hab 12 Jahre alt* (Texte 2 und 3) verschwindet. Im Geburtstagstext verwendet Ivan dann die deutsche Wendung *Dann werde ich 13 Jahre alt*. In ähnlicher Weise verschwindet die Aussage *Wir beide Fußball spielen* (Texte 2 und 3). Die feste Wendung *Fußball spielen*, die in der Alltagssprache häufig ist, kann nur mit veränderter Verbstellung in den schriftlichen Text übertragen werden. Diese Operation vermeidet Ivan, wenn er die gesamte Wendung fallen lässt und durch die inhaltlich zwar auch sportbezogene aber anderes fokussierende Aussage über seinen Profiwunsch ersetzt. Diese Veränderung zeigt die eigentliche Bewegung des sprachlichen Repertoires in den Texten. Zunächst umgangssprachlich mündliche Wendungen werden orthographisch angepasst (z.B. *heist* (Text 2) zu *heißt* (Text 3)) und werden dann ganz aus dem Text herausgenommen. Die in Text 4 noch abweichende Wortstellung, z.B. ohne Inversion von Finitum und Subjekt in einer Struktur, die diese Wortstellung erfordert, z.B. in *dann ich gehen in das Ausland*, wird durch Strukturen mit Inversion in Text 5 abgelöst, z.B. *Dort essen und trinken wir*.

Ivan nutzt bei seinem Deutscherwerb auch in besonderem Maße den Vorstellungstext seiner Tutorin Melanie (s.B 14). Die von Ivan mehr oder weniger direkt übernommenen Teile sind unterstrichen. Idiomatische Ausdrücke sind kursiv markiert.

(B 14) Vorstellungstext der Tutorin Melanie
1) Hallo, ich bin Melanie!
2) Wie Ihr *drücke* auch ich *die Schulbank*, und zwar an der Universität. Meine Fächer sind Deutsch und Katholische Religion.
3) Neben meinem Studium *backe ich „kleine Brötchen"*: Ich verdiene ein wenig Geld nebenbei beim Bäcker.
4) In meiner Freizeit schreibe ich gerne Briefe, höre Musik, gehe ins Kino oder treffe mich mit Freunden.

5)   Am liebsten jedoch habe ich Ferien, denn dann geht es jedesmal in die
      Türkei, wo mein Freund lebt. Die Türkei ist ein sehr schönes Land, nur
      die Sprache ist gar nicht so einfach...

Vor dem Hintergrund dieses sprachlichen Vorbilds werden weitere Entwicklungs-
bewegungen in Ivans Texten deutlich. Aus dem zunächst unverständlich wirkenden
Mein Fach ist Deutsch. (Text 1) wird *Mein liebstes Fach ist Deutsch.* (Text 4). Wie
andere komplexe Äußerungen war es in den Zwischenstufen 2 und 3 verschwunden. In Text 1 hat sich Ivan noch direkt am Vorbild orientiert, lediglich aus Plural
(*Fächer sind*) Singular gemacht. Dass aber ‚ein Fach haben' im Kontext der Universität etwas anderes bedeutet als in der Schule, ist ihm noch nicht zugänglich.
Erst nach weiteren Erwerbsfortschritten kann er mit der zusätzlichen Qualifizierung
liebstes in seiner Äußerung das schon in Text 1 gemeinte ausdrücken. Die Übernahme von Elementen der Vorlage passiert also eine Art Filter. Insbesondere idiomatische Ausdrücke (z. B. *die Schulbank drücken*), die von Ivan nicht zu durchschauen
sind, werden ausgefiltert. Sie sind bei dem gegebenen Erwerbsstand offensichtlich
nicht in den eigenen Äußerungsplan zu integrieren. Die Übernahme ist also ein sehr
selektiver Prozess in Abhängigkeit vom erreichten Erwerbsstand.

Die Entwicklung zeigt auch, dass der Text im Laufe der Zeit tiefgreifende Änderungen durchmacht und nach den Revisionsbestimmungen von Baurmann &
Ludwig weit über Korrekturen der sprachlichen Form oder einzelne syntaktische
Verbesserungen hinausgeht und Redigierungen umfasst. Diese Veränderungen
sind zum einen den besseren L2-Kenntnissen zuzuschreiben, zum anderen aber
auch den besonderen Schreib- und Interaktionsbedingungen des tutoriell angeleiteten Schreibens am Computer. Am Monitor können zwei und mehr Personen den
aktuellen Stand verfolgen und gemeinsam den Text besprechen. Dadurch werden
Planungs- und Revisionsprozesse unterstützt. Revisionen können anders als bei der
Arbeit mit Papier und Bleistift so durchgeführt werden, dass sie im Endprodukt
nicht mehr wahrgenommen werden können. Das führt zu formal ansprechenden
Schreibprodukten und erhöht auch dadurch die Schreibmotivation. Die Erfahrung,
dass man den Text nahezu beliebig verändern kann, führt auch dazu, dass größere
Veränderungen vorgenommen werden.

5   Schreibdidaktischer Ausblick

Was können wir aus der Analyse der drei Beispiele für die Schreibdidaktik mit ausländischen Kindern mitnehmen? Als Ausgangspunkt entsprechender Überlegungen soll das von Hayes & Flower 1980 vorgelegte Schreibprozessmodell mit den Modifikationen von Grießhaber 2005–2006 dienen. Dabei ist noch stärker als im muttersprachlichen Schreibunterricht die Entzerrung des komplexen Schreibprozesses in leichter überschau- und beherrschbare Teilprozesse zentral. Für didaktische Zwecke zentral ist die Unterscheidung der drei Phasen des Planens, des Schreibens im engeren Sinn und der Überarbeitung.

Bei der Aufgabenstellung sollten besonders mögliche differente Wissensbestände ausländischer Kinder berücksichtigt werden. Das Beispiel Jugendherberge zeigt, dass am Ende von vier Grundschuljahren weder das Wort *Jugendherberge* noch die damit bezeichnete Einrichtung als bekannt vorausgesetzt werden können. Auch so ein alltägliches Wort wie *Kran* war bei vielen nichtdeutschsprachigen Kindern unbekannt. Deshalb gilt es, vor dem eigentlichen Schreiben themenbezogenes Vorwissen zu aktivieren und eventuelle Wissenslücken zu schließen. Dies kann auf verschiedene Arten realisiert werden: z. B. durch Projektarbeit, in der die Lernenden Erfahrungswissen erwerben oder aus Texten zum Thema, die gleichzeitig Wissen über die zweitsprachlichen Bündelungen von kommunikativen Zwecken und ihrer Umsetzung in verschiedenen Arten von Texten vermitteln. Schließlich sind die genuin schriftsprachlichen grammatischen Mittel zur Verfügung zu stellen. Die Entwicklung von Ivan zeigt am Beispiel des tutoriell angeleiteten Schreibens den Prozess der Ablösung mündlicher Ausdrucksformen durch schriftsprachliche. Sein Beispiel zeigt insbesondere, dass dies nicht durch eine einmalige Instruktion zu erreichen ist, sondern dass dies einen längeren Prozess erfordert, in dem zunächst verwendete Mittel unter Umständen ausgeblendet werden, bevor sie auf einer höheren Stufe der Sprachbeherrschung in angemessener Form wieder erscheinen. Schließlich ist schon bei der Aufgabenstellung die bei den Rezipienten eines Textes beabsichtigte Wirkung wichtig.

Während der Schreibphase können die zweitsprachlichen SchreiberInnen durch die Vermittlung und Anwendung von Schreibtechniken entlastet und unterstützt werden. In keinem Fall war eine explizite Planungsphase festzustellen. Hier sollte der Unterricht entsprechende Techniken vermitteln. Das Revidieren machten die SchreiberInnen im Beispiel Jugendherberge ohne Anleitung. Entsprechend gering sind Revisionsspuren in den Texten. Umgekehrt ist die Belastung durch die vorherige Planung entsprechend hoch. Im Beispiel Umschreiben unterstützt die Lehrerin die SchreiberInnen in unregelmäßigen Intervallen. Kinder wenden sich mit ihren Problemen an die Lehrerin, die dann nicht nur das vom Kind erfragte Problem bearbeitet, sondern noch weitere, ihr als verbesserungswürdig erscheinende Passagen. Ihre Anweisung an die Kinder, alles aufmerksam und genau durchzulesen, geht jedoch ins Leere, da die Kinder ihren Fehlern gegenüber blinde Wahrnehmungsflecken haben. Hier könnte ein ausgearbeitetes Schema zur schrittweisen Überprüfung der Texte weiterhelfen. Das Beispiel Ivan schließlich zeigt, dass eine tutorielle Unterstützung des Schreibens über einen längeren Zeitraum hinweg zu einer quantitativen und qualitativen Verbesserung des Textes führen kann. Generell bieten sich zur Verbesserung beim Schreiben alle Formen kooperativen Schreibens an, wie sie z. B. von Spitta 1993 mit dem Konzept der Schreibkonferenz vorgeschlagen wurde. Ivans Beispiel zeigt auch die unterstützende Wirkung des Schreibens am Computer. Generell konnte im Förderprojekt „Deutsch & PC" ein positiver Effekt der Computernutzung festgestellt werden: die lautliche Durchgliederung gelang am Computer besser als beim Schreiben mit der Hand, die Texte waren besser lesbar und in der Regel länger.

Von nicht zu unterschätzender Bedeutung ist die Phase der Nachbereitung. Schreiber benötigen zur (Weiter-)Entwicklung ihrer Schreibfertigkeiten Rückmeldungen darüber, wie ihre Schreibprodukte bei den Rezipienten ankommen. Damit wird wieder die Brücke zum Wissen um Themen, Textarten und Schreibmuster geschlagen, allerdings nicht in der Form von Wissen, wie bestimmte Textmuster auszusehen haben, sondern in der Form von Reaktionen auf Texte, die die Schreibenden verfasst haben. Dann können sie überprüfen, ob die beabsichtigte Wirkung oder eine andere erzielt wurde und woran das gelegen haben könnte. Diese Rückmeldung ermöglicht Verbesserungen beim nächsten Schreiben. Für Lehrpersonen gilt jedoch als allerwichtigste Maxime: Fokussierung auf die Inhaltsseite der Texte, nicht auf ihre sprachliche Form! Das Beispiel Umschreiben zeigte, wie stark die Lehrerin auf die formale Seite achtete, während sie die inhaltliche Seite völlig außer acht ließ. So hätte sie z. B. fragen können, ob zum Heben von zwei Tonnen zwei starke Hände ausreichend sind und nicht auch starke Arme erforderlich sind. Oder sie hätte fragen können, wie denn der Freund den Jungen mit den starken Händen geärgert hat, wenn der so stark war, oder wie die beiden sich wieder vertragen haben, ob der Junge die Fähigkeit plötzlich erhalten hat und ob sie wieder verschwand, ... eine Fülle von Fragen, die nicht gestellt wurden. Auch in dem aktuellen Forschungsprojekt „Missverständnisse durch Nutzung latenter kommunikativer Ressourcen und Maßnahmen zu ihrer Vermeidung" sehen wir, dass sich die LehrerInnen besonders auf die formale Seite von Schülertexten beziehen, während die inhaltliche Seite kaum behandelt wird.

Schließlich sollten die Hilfestellungen und Bewertungen relativ zum erreichten Stand der Zweitsprachkenntnisse erfolgen. Mit der Profilanalyse (Grießhaber 2005) liegt ein Instrument vor, mit dem sich schnell und zuverlässig der Sprachstand allgemein und so wie er sich in einem Text darstellt ermittelt werden kann. Mit dem Wissen um den erreichten Sprachstand kann die Bewertung diejenigen Strukturen ausklammern, die der Schreiber zu dem gegebenen Zeitpunkt nicht beherrscht. Dazu zählen z. B. bei Ivans Text 4 die fortgeschrittenen Inversionsstrukturen, die er im späteren Geburtstagstext beherrscht. Mit diesem Wissen kann man sich auch bei einem von Fehlern wimmelnden Text auf ausgewählte Bereiche konzentrieren, die dem Lerner bei seinem aktuellen Stand der Zweitsprachkenntnisse zugänglich sind und die ihn weiterbringen.

6 Literatur

Aksoy, Aydan & Grießhaber, Wilhelm & Kolcu-Zengin, Serpil & Rehbein, Jochen (1992): Lehrbuch Deutsch für Türken – Türkler için Almanca ders kitabı. Eine praktische Grammatik in zwei Sprachen. İki dilli uygulamalı Almanca. Hamburg: Signum.

Baurmann, Jürgen & Gier, Eva-Maria & Meyer, Margret (1987): Schreibprozesse bei kindern – eine einzelfallstudie und einige folgerungen. In: OBST 36/87, S. 81-109.

Baurmann, Jürgen & Ludwig, Otto (1984): Texte überarbeiten. Zur Theorie und Praxis von Revisionen. In: Boueke, D. & Hopster, N. (Hgg.) Schreiben – Schreiben lernen. Tübingen: Narr, S. 254-276.

Brinkschulte, Melanie (2002): Schreibprozesse unterrichten lernen. Die Arbeit mit Transkriptionen und eine direkte Theorie-Praxis-Verschränkung als Methode. In: Wolff, A. & Lange, M. (Hgg.) Europäisches Jahr der Sprachen: Mehrsprachigkeit in Europa. Regensburg: FaDaF, S. 281-309.

Brinkschulte, Melanie & Grießhaber, Wilhelm (2000): Übernahme und Kreativität auf dem Weg zur Konvention. In: PALM 03/00 Münster: WWU Sprachenzentrum (URL: http://spzwww. unimuenster.de/~spzwww/publikationen/palm/0300/text.htm [Abrufdatum: 04.04.02]).

Dieling, Helga & Hirschfeld, Ursula (2000): Phonetik lehren und lernen. Fernstudieneinheit. München: Langenscheidt.

Ehlich, Konrad (1984): Zum Textbegriff. In: Rothkegel, A. & Sandig, B. (Hgg.) Text - Textsorten - Semantik. Hamburg: Buske, S. 9-25.

Grießhaber, Wilhelm (1999): Die relationierende Prozedur. Zu Grammatik und Pragmatik lokaler Präpositionen und ihrer Verwendung durch türkische Deutschlerner. Münster/New York: Waxmann.

Grießhaber, Wilhelm (2001a): Erst- und zweitsprachliche Textproduktion nach Bildvorlage. In: Wolff, A. & Winters-Ohle, E. (Hgg.) Wie schwer ist die deutsche Sprache wirklich? Bei träge der 28. Jahrestagung DaF vom 1.-3. Juni 2000 Dortmund. Regensburg: Arbeitskreis Deutsch als Fremdsprache, S. 102-114.

Grießhaber, Wilhelm (2001b): Erwerb und Vermittlung des Deutschen als Zweitsprache. In: Deutsch in Armenien Teil 1: 2001/1, S. 17-24; Teil 2: 2001/2, S. 5-15 Jerewan: Armenischer Deutschlehrerverband.

Grießhaber, Wilhelm (2002): Türkisch auf deutscher Grundlage? Schreibprozesse eines Jungen in der schwächeren Sprache Türkisch. In: Peschel, C. (Hg.) Grammatik und Grammatikvermittlung. Frankfurt/M. u.a.: Lang, S. 163-178.

Grießhaber, Wilhelm (2003): Schriftlichkeit im Zweitspracherwerb: Textproduktion und Schreibprozesse. In: LISUM (Hg.) (2003) Schriftsprachliche Kompetenz in der Sekundarstufe. Fachtagung zu Deutsch als Zweitsprache (DaZ). Dokumentation Berlin: LISUM, S. 9-16.

Grießhaber, Wilhelm (2004): Einblicke in zweitsprachliche Schriftspracherwerbsprozesse. In: Baumann, M. & Ossner, J. (Hgg.) Diagnose und Schrift II: Schreibfähigkeiten. OBST 67/04, S. 65-87.

Grießhaber, Wilhelm (2005): "Jagdeifer und Reue" – Texte von Studierenden aus Almaty in Deutsch. In: Bismark, Heike & Honemann, Volker & Neuß, Elmar & Tomasek, Tomas (Hgg.) Usbekisch - deutsche Studien. Münster: LIT, S. 19-41.

Grießhaber, Wilhelm (2005): Testen nichtdeutschsprachiger Kinder bei der Einschulung mit dem Verfahren der Profilanalyse – Konzeption und praktische Erfahrungen. (erscheint in: Apeltauer, E. & Ahrenholz, B. (Hgg.) Tagungsband zur Sektion Deutsch und Zweitsprache des Symposion Deutschdidaktik, Lüneburg 2004) Tübingen.

Grießhaber, Wilhelm (2005-2006): L2-Schreibprozessmodell. http:spzwww.uni-muenster.de/~griesha/eps/wrt/prozess/griesshaber05.html (Abruf: 10.02.06).

Grießhaber, Wilhelm (2006): Die Entwicklung der Grammatik in Texten vom 1. bis zum 4. Schuljahr. (Erscheint in: Ahrenholz (Hg.) Freiburg i.B.: Fillibach).

Grimm, Jakob & Grimm, Wilhelm (2004): Die Gänsemagd. In: 1000 Märchen und Sagen, die jeder haben muss, Nr. 89. Digitale Bibliothek. Berlin: Direct media.

Hayes, John R. & Flower, Linda S. (1980): Identifying the organization of writing processes. In: Gregg, L. W. & Steinberg, E. R. (eds.) Cognitive Processes in Writing. Hillsdale: Erlbaum, S. 3-30.

Knapp, Werner (1997): Schriftliches Erzählen in der Zweitsprache. Tübingen: Niemeyer.

Knapp, Werner (1998): Lässt sich der gordische Knoten lösen? Analysen von Erzähltexten von Kindern aus Sprachminderheiten. In: Kuhs, K. & Steinig, W. (Hgg.) Pfade durch Babylon. Konzepte und Beispiele für den Umgang mit sprachlicher Vielfalt in Schule und Gesellschaft. Freiburg/B.: Fillibach, S. 225-244.

Knapp, Werner (1999): Verdeckte Sprachschwierigkeiten. In: Die Grundschule 5/99, S. 30-33.

Krapels, Alexandra R. (1990): An overview of second language writing process research. In: Kroll, B. (ed.) Second Language Writing. Cambridge u.a.: Cambridge University Press, S. 37-56.

Kochan, Barbara (1996): Der Computer als Herausforderung zum Nachdenken über schriftsprachliches Lernen und Schreibkultur in der Grundschule - Argumente und Anregungen für entfaltenden Schreibunterricht. Argumente und Anregungen für entfaltenden Schreibunterricht. In: Mitzlaff, H. (Hg.) Handbuch Grundschule und Computer. Weinheim u. Basel: Beltz, S. 131-151.

Krings, Hans P. (1992): Empirische Untersuchungen zu fremdsprachlichen Schreibprozessen: Ein Forschungsüberblick. In: Börner, W. & Vogel, K. (Hgg.) Schreiben in der Fremdsprache: Prozeß und Text, Lehren und Lernen. Bochum: AKS Verlag, S. 47-77.

Ott, Margarete (2000): Schreiben in der Sekundarstufe I. Differenzierte Wahrnehmung und gezielte Förderung von Schreibkompetenzen. Baltmannsweiler: Schneider Verlag Hohengehren.

Rehbein, Jochen (1984): Reparative Handlungsmuster und ihre Verwendung im Fremdsprachenunterricht. In: (ROLIGpapir 34/1984). Roskilde: Universitetscenter.

Rehbein, Jochen (1995): Über zusammengesetzte Verweiswörter und ihre Rolle in argumentierender Rede. In: Wohlrapp, H. (Hg.) Wege der Argumentationsforschung. Stuttgart-Bad Cannstatt: Frommann-Holzboog, S. 166-197.

Reichen, Jürgen (2001): Hannah hat Kino im Kopf. Die Reichen-Methode Lesen durch Schreiben und ihre Hintergründe für LehrerInnen, Studierende und Eltern. Hamburg: Heinevetter.

Röber-Siekmeyer, Christa (1998): Die Bedeutung der Schrift für die phonologische Analyse beim Zweitspracherwerb. In: Apeltauer, E. & Glumpler, E. & Luchtenberg, S. (Hgg.) Erziehung für Babylon. Baltmannsweiler: Schneider Verlag Hohengehren, S. 68-77.

Sennlaub, Gerhard (2001[2]): Wörterbuch für Kinder der Grundschule. Berlin: Cornelsen.

Spitta, Gudrun (1993[2]): Schreibkonferenzen in Klasse 3 und 4. Ein Weg vom spontanen Schreiben zum bewußten Verfassen von Texten. Frankfurt/M.: Cornelsen Scriptor.

Verzeichnis der Abbildungen und Materialien:
Abb. 1: Grießhaber (2005) modifiziertes Schreibmodell von Hayes & Flower 1980
Abb. 2: Jugendherberge Bild 9: ‚Nachzügler'

7   Anhang

Umschreiben: von SEYE erstellte Endversion seines Textes

Rehbein, Jochen (o. J.) Bildergeschichte ‚Jugendherberge'. Hamburg: Germanisches Seminar; URL: http:spzwww.uni-muenster.de/~griesha/llm/bildvorlagen.html (Abruf: 10.02.06).

Grießhaber, Wilhelm (2005): 'Umschreiben'. Videoaufnahme im Förderprojekt "Deutsch & PC". Münster: Sprachenzentrum; Transkription: Eberhardt, Alexandra & Beyer, Julia.

Anhang

Umschreiben: von SEYE erstellte Endversion seines Textes

25.5.05

Ein Junge mit starken
Händen.

Es war ein Junge er
hatte starke Hände. Er
war so stark das er zwei
Tonnen auf heben konnte. Nach
zwei Tagen hatte der Junge
Streit mit seinem Freund. Sein
Freund hatte ihn geärgert.
Er war neidlich weil er stark
war, das wegen hat er ihn geärgert.
Nach ein weile hatten sie sich erwegen

Jürgen Baurmann, Prof. Dr. phil., Dipl. Päd., Bergische Universität Wuppertal, Germanistik: Didaktik der deutschen Sprache und Literatur, Arbeitsgebiete: Schreibforschung und Schriftspracherwerb, Konzepte der Lehrerbildung und Bildungsstandards, sprachliches Lernen und kompetenzorientierter Deutschunterricht.

Michael Becker-Mrotzek, Prof. Dr., Jahrgang 1957, Studium der Fächer Germanistik und Sport für das Lehramt, nach Referendariat und Promotion Wissenschaftlicher Assistent an der Universität Münster, seit 1999 Professor für deutsche Sprache und ihre Didaktik an der Universität zu Köln. Arbeitsschwerpunkte: Angewandte Linguistik, Sprachdidaktik, Schreibforschung

Johannes Berning, Dr., lehrt als Studiendirektor im Hochschuldienst Sprachwissenschaft und Sprachdidaktik am Germanistischen Institut der Westfälischen Wilhelms-Universität Münster. Arbeitsschwerpunkte: Schreibforschung, Schreibpädagogik, Kreatives Schreiben. Zahlreiche fachwissenschaftliche und fachdidaktische Veröffentlichungen.

Gerd Bräuer, Assoc. Prof. Dr. (ehemals Emory University/USA, jetzt Pädagogische Hochschule Freiburg/Deutschland) bildet Schreibberater/innen aus, entwickelt Schreibprojekte und -curricula und begleitet Schulen und Universitäten beim Aufbau von Schreib- und Lesezentren.

Wilhelm Grießhaber, Dr. phil., geb. 1947, studierte Informatik und Physik in Bonn, Sprachlehrforschung, Germanistik und Romanistik in Bochum und arbeitete nach einem DAAD-Lektorat an der Universität Belgrad (1983–1986), bis 1991 als Hochschulassistent am Arbeitsbereich Deutsch als Fremdsprache an der Universität Hamburg. Seit 1993 hat er eine Professur für Sprachlehrforschung am Sprachenzentrum der WWU Münster. Aktuelle Forschungschwerpunkte: Zweitspracherwerb, Schreiben, Neue Medien und Fachsprachvermittlung.

Nicola Keßler, Dr. phil., Jg. 1967, Arbeitsschwerpunkte: Theorie und Praxis des Schreibens, Randgruppenkultur, Gender Studies, Didaktik der Kinder- und Jugendliteratur; wichtigste Veröffentlichungen: Keßler: Schreiben, um zu überleben. Studien zur Gefangenenliteratur. Mönchengladbach 2001; Keßler/Klein/Koch/Theine: Menschen im Gefängnis. Literarische Selbstzeugnisse, authentische Texte und Materialien für den schulischen und außerschulischen Unterricht, Bonn 1996; Koch/Keßler (Hg.): Schreiben und Lesen in psychischen Krisen. 2 Bde. Bonn 1998; Koch/Keßler: Ein Buch muß die Axt sein ... Schreiben und Lesen als Selbsttherapie, Krummwisch 2002.

Helmut H. Koch, Prof. Dr. phil., Westfälische Wilhelms-Universität Münster, Germanistik (Literaturwissenschaft und Literaturdidaktik). Leiter der Arbeitsstelle Randgruppenkultur/-literatur. Schwerpunkte: Literatur und Menschenrechtserziehung, Literatur gesellschaftlich marginalisierter Menschen (u. a. Gefängnis, Psychiatrie), Kinder- und Jugendbuch.

Hanspeter Ortner, a. o. Prof. am Institut für Germanistik, Universität Innsbruck. Arbeitsschwerpunkte: Schreibtheorie, Schreibunterricht, Verhaltenslinguistik. Veröffentlichungen siehe homepage: www.uibk.ac.at/germanistik/mitarbeiter/ortner_hanspeter.

Stephan Porombka, Juniorprofessor für Literaturwissenschaft und Kulturjournalismus, Universität Hildesheim. Publikationen (Auswahl): Kritikenschreiben. Ein Trainingsbuch, Konstanz 2006; Über Theater schreiben. Werkstattgespräche mit Theaterkritikern, Hildesheim 2005; Böse Orte. Stätten nationalsozialistischer Herrschaft – heute, Berlin 2005; Felix Krulls Erben. Die Geschichte der Hochstapelei im 20. Jahrhundert, Berlin 2001; Hypertext. Zur Kritik eines digitalen Mythos, München 2001; Mitherausgeber der wiss. Zeitschrift Non Fiktion. Arsenal der anderen Gattungen und des Jahrbuchs für Kulturwissenschaften und ästhetische Praxis.

Burkhard Spinnen, geb. 1956, Studium v. a. der Germanistik, Magister, Dr. phil., 6 Jahre Assistent am Germanistischen Insitut der Universität Münster. Seit 1995 freier Schriftsteller. Bislang 14 Bücher: Roman, Essay, Kinderbuch, Kritik. Zuletzt: Kram und Würde. Glossen und Feuilletons. Dozent für Literarisches Schreiben u. a. am Deutschen Literaturinstitut Leipzig, an der Uni Tübingen und in Wolfenbüttel. Lebt mit Familie in Münster.

Angela Thamm, Dr. phi., Diplompsychologin, Studium der Germanistik, Pädagogik und Psychologie in Köln und Aachen, tätig zunächst an einer Erziehungsberatungsstelle, seit 1985 in Freier Psychotherapeutischer Praxis in Aachen, Ausbildung u. a. in Verhaltenstherapie und Integrativer Therapie, langjährige Lehrtrainertätigkeit am Fritz-Perls-Institut in Poesie- und

Bibliotherapie, Dissertation im Verfahren der Tiefenhermeneutik (Alfred Lorenzer), seit 2001 Lehrauftrag an der Philipps-Universität Marburg im Fachbereich Erziehungswissenschaft bei Ulrike Prokop, 2003 Gründung einer Integrativen Literaturwerkstatt in Aachen. Homepage: www.erzaehlen-schreiben-lesen.de

usus: Uta Schneider & Ulrike Stoltz, seit 1986 arbeiten Uta Schneider und Ulrike Stoltz als Künstlerinnen zusammen. Bis 2001 waren sie (Gründungs-)Mitglieder der Künstlerinnengruppe Unica T, seither setzen sie ihre gemeinsame Arbeit unter dem Namen ‹usus› fort. Zu ihren künstlerischen Aktivitäten gehören Installationen, Künstlerbücher, Zeichnungen, Druckgrafik, Texte sowie Klangarbeiten/Performances. ‹usus› ist im In- und Ausland an zahlreichen Einzel- und Gruppenausstellungen beteiligt. Ihre Arbeiten sind in bedeutenden Bibliotheken weltweit vertreten.
Uta Schneider ist seit 2001 Geschäftsführerin der Stiftung Buchkunst Frankfurt am Main & Leipzig.
Ulrike Stoltz lehrt seit 1991 als Professorin Typografie und Buchgestaltung, seit 1999 an der Hochschule für Bildende Künste Braunschweig.

Martina Wagner-Egelhaaf, Studium Germanistik und Geschichte in Tübingen; Promotion 1987: Mystik der Moderne. Die visionäre Ästhetik der deutschen Literatur im 20. Jahrhundert (Stuttgart 1989); Wissenschaftliche Assistentin in Konstanz; Habilitation 1994: Die Melancholie der Literatur. Diskursgeschichte und Textfiguration (Stuttgart, Weimar 1997); 1995–1998 Professorin für Neugermanistik insbes. Literaturtheorie und Rhetorik in Bochum; seit 1998 Professorin für neuere deutsche Literaturgeschichte unter bes. Berücksichtigung der Moderne in Münster.

Berbeli Wanning, geb. 1959, Professorin für Deutsche Literatur und ihre Didaktik an der Pädagogischen Hochschule Ludwigsburg mit den Schwerpunkten Literaturgeschichte, kulturökologische Literaturtheorie und Literatur in neuen medialen Formen. Promotion mit einer Arbeit zur Kunstphilosophie Schellings an der Universität Hannover, Habilitation mit einer Untersuchung zum Naturbegriff in der Erzählliteratur an der Westfälischen Wilhelms-Universtität Münster, Professurvertretungen an den Universitäten Marburg und Düsseldorf.

Salzburger Beiträge zu Rhetorik und Argumentationstheorie

hrsg. von Dr. Mag. Günther Kreuzbauer und Prof. Dr. Lothar Kolmer (Universität Salzburg)

Günther Kreuzbauer; Georg Dorn (Hg.)
Argumentation in Theorie und Praxis
Philosophie und Didaktik des Argumentierens
Rationales Argumentieren hat sich in den letzten Jahrzehnten als wichtiges Forschungsobjekt herausgestellt. Die 13 Beiträge des vorliegenden Bandes tragen dazu bei, ein umfassendes Erklärungsmodell dafür zu entwickeln. Den Schwerpunkt bilden zum einen philosophische und logische Ansätze,

zum anderen didaktische Komponenten. Der Band wendet sich deshalb sowohl an Personen, die sich wissenschaftlich mit der Thematik beschäftigen, als auch an alle, denen die Verbreitung rationaler Argumentation ein Anliegen ist.

Bd. 1, 2006, 272 S., 24,90 €, br., ISBN 3-8258-9356-1

LIT Verlag Münster – Berlin – Hamburg – London – Wien
Fresnostr. 2 48159 Münster
Tel.: 0251 – 62 032 22 – Fax: 0251 – 23 19 72
e-Mail: vertrieb@lit-verlag.de – http://www.lit-verlag.de

Literatur – Kultur – Medien

hrsg. von Peter J. Brenner (Universität zu Köln)

Peter J. Brenner
Kultur als Wissenschaft
Aufsätze zur Theorie der modernen Geistes-
wissenschaft
Bd. 1, 2003, 272 S., 19,90 €, br., ISBN 3-8258-6021-3

Nicola Denis
***Tartuffe* in Deutschland**
Molières Komödie in Übersetzungen, in der
Wissenschaft und auf der Bühne vom 17. bis
zum 20. Jahrhundert
Bd. 2, 2002, 552 S., 79,90 €, br., ISBN 3-8258-6022-1

Eva-Maria Ernst
Zwischen Lustigmacher und Spielmacher
Die komische Zentralfigur auf dem Wiener
Volkstheater im 18. Jahrhundert
Seit der Antike ruht das komische Potential der
europäischen Komödie in der Hauptsache auf den
Schultern einer Zentralfigur, die für das Wiener
Volkstheater eine unbestrittene Bedeutung er-
langte, so dass sich alle Vertreibungsversuche *à
la* Gottsched als wenig fruchtbar erwiesen. Die
vorliegende Studie widmet sich unter sozial- und
kulturgeschichtlichem Gesichtspunkt den mannig-
faltigen Bemühungen von Wiener Theaterleitern
und Autoren des 18. Jahrhunderts, für die Gestaltung der komischen Zentralfigur ein innerhalb der
aktuellen poetologischen Diskussion gültiges Konzept zu entwickeln. Gegenstand der Betrachtung
ist dabei vor allem die Entwicklung der komischen
Zentralfigur von einem episodisch auftretenden,
passiv-komischen „Lustigmacher" zu einem aktiv-
komischen „Spielmacher" nach Art antiker Diener-
figuren.
Bd. 3, 2003, 328 S., 29,90 €, br., ISBN 3-8258-6730-7

Franka Marquardt
Erzählte Juden
Untersuchungen zu Thomas Manns „Joseph
und seine Brüder" und Robert Musils „Mann
ohne Eigenschaften"
In dieser Untersuchung der beiden wohl wichtigsten
Romane der deutschsprachigen Literatur zwischen
1930 und 1945 geht es nicht, wie in der literatur-
wissenschaftlichen Antisemitismusforschung sonst
üblich, um „das Bild des Juden" bei Thomas Mann
oder Robert Musil. Vielmehr unternimmt die Arbeit
den Versuch, das Erzählen von Juden, Jüdinnen
und Jüdischem jenseits der imagologischen Ebene in literarischen Texten zu fassen und in seinen
narratologischen, strukturellen und diskursiven
Verflechtungen mit den Beständen der Tradition zu
beschreiben. Das Ergebnis ist überraschend: Thomas Manns vermeintlich biblischer Roman erweist
sich als viel stärker mit dem Ballast der traditionellen Judenfeindschaft behaftet als Robert Musils
Riesenfragment, in dem genau diese Tradition nicht
fortgeschrieben, sondern aufgebrochen wird.
Bd. 4, 2003, 416 S., 29,90 €, br., ISBN 3-8258-6805-2

Tilmann Ochs
Kulturkritik im Werk Wolfgang Koeppens
Mit der Arbeit von Tilmann Ochs liegt erstmals
eine umfassende Untersuchung zu Wolfgang Koeppens Kritik an der Kultur der Moderne vor. Sie
ergänzt und verbindet Forschungsperspektiven,
die zum einen die politische Zeitkritik des Autors
und zum anderen seine Beschäftigung mit über-
zeitlichen Grunderfahrungen in das Zentrum ihres
Interesses stellen. Unter Berücksichtigung des Ge-
samtwerks werden Ursprünge, Entwicklungen und
Konstanten der Kulturkritik ebenso wie ihre literarische Vermittlung, die behandelten Themen und
die Position Koeppens im kulturkritischen Diskurs
seiner Zeit herausgearbeitet.
Bd. 5, 2004, 344 S., 29,90 €, br., ISBN 3-8258-7152-5

Yeon-Soo Kim
**Modalität als Kategorie des modernen
Erzählens**
Uwe Johnsons *Jahrestage* im Diskursfeld
zwischen Fiktion und Historie
In seinen Erzählwerken *Heute Neunzig Jahr* und
Jahrestage versucht Johnson zu zeigen, zu fragen
und abzuwägen, welchen Verhaltensspielraum die
Menschen, insbesondere „einfache Leute", unter
den Lebensbedingungen zweier totalitärer deutscher Staaten gehabt haben. Der historiographische
Diskurs, der auf dem recherchierten historischen
Wissen beruht, ist die Voraussetzung der fiktionalen
Erzählung, die sich auf die individuellen Lebensgeschichten bezieht. Aus der Transformation vom
recherchierten historischen Wissen über die deutsche Geschichte in hypothetisches Wissen über
die Lebensgeschichten der fiktiven Figuren entsteht das ,Wenn-Dann-Erzählsystem' Johnsons,
das Wahrscheinlichkeitskriterienn folgt. Die enge
Verwobenheit von Fiktionalem und Faktualem wird
durch keinen anderen Aspekt des Johnsonschen Erzählens intensiver zum Ausdruck gebracht als durch
den der Modalität.
Bd. 6, 2005, 424 S., 44,90 €, br., ISBN 3-8258-8882-7

LIT Verlag Münster – Berlin – Hamburg – London – Wien
Fresnostr. 2 48159 Münster
Tel.: 0251 – 62 032 22 – Fax: 0251 – 23 19 72
e-Mail: vertrieb@lit-verlag.de – http://www.lit-verlag.de